Kräuter & Gewürze

Kräuter & Gewürze

Jill Norman

Fotografien
von Dave King

DK

Für Paul, der das Buch möglich gemacht hat.

DK INDIEN
Bildredaktion Ivy Rovy, Sourabh Challariya, Tashi Topgyal Laya, Navidita Thapa
Projektbetreuung Janashree Singha
Cheflektorat Alicia Ingty
DTP-Design Satish Chandra Gaur, Anurag Trivedi
Herstellung Sunil Sharma

DK UK
Cheflektorat Dawn Henderson
Bildredaktion Christine Keitly
Umschlaggestaltung Nicola Powling
Herstellung Rebecca Fallowfield, Jen Scothern
Art Director Peter Luff
Redaktionsleitung Peggy Vance

Mitarbeiter der Originalausgabe 2002:
Projektbetreuung Frank Ritter
Lektorat Hugh Thompson
Bildredaktion Toni Kay, Sara Robin
Cheflektorat Gillian Roberts
Redaktionsleitung Mary-Clare Jerram
Art Director Carole Ash
DTP-Design Sonia Charbonnier, Louise Waller
Herstellung Joanna Bull

Für die deutsche Ausgabe:
Programmleitung Monika Schlitzer
Redaktionsleitung Caren Hummel
Projektbetreuung Sarah Weiß
Herstellungsleitung Dorothee Whittaker
Herstellungskoordination Ksenia Lebedeva
Herstellung Sophie Schiela

Titel der englischen Originalausgabe:
Herbs & Spices: The cook's reference

Übersetzung Hannelore Ganslandt, Angelika Feilhauer
Lektorat Sigrun Borstelmann, Agnes Pahler

ISBN 978-3-8310-2947-1

Repro BurdaDruck
Druck und Bindung Hung Hing Printing Group, China

Besuchen Sie uns im Internet
www.dorlingkindersley.de

Inhalt

Gewürze

Rezepte

Einführung

Seit dieses Buch 2002 zum ersten Mal veröffentlicht wurde, ist unsere Bereitschaft, neue Lebensmittel auszuprobieren, gestiegen. Heute werden überall Granatäpfel und Mangos, Fenchel, neue Kartoffel- und Salatsorten und frische Kräuter angeboten, und das Sortiment an Gewürzen und Gewürzmischungen ist größer geworden.

Soßen aus Japan und Korea, frische mexikanische Chilis, Chili- und Kräuterpasten aus Peru, Khmeli-Suneli aus Georgien, alle diese neuen Zutaten zeigen unser Interesse an den jeweiligen Küchen, und Wasabi und Safran werden heute sogar auf den Britischen Inseln kultiviert.

Geranie

Wissenschaftler kreieren neue natürliche Lebensmittelfarben für Gewürze, und auch wenn diese Experimente noch am Anfang stehen, verleiht bereits gefriergetrockneter und gemahlener Meerfenchel (Crithmum maritimum) Speisen wie etwa Nudeln neben einem salzigen Aroma ein lebhaftes Grün.

In der ersten Ausgabe dieses Buches habe ich über Lebensmittelfirmen geschrieben, die »Aroma-Fingerabdrücke« (*S. 128*) erzeugen. So wurden für das Raumfahrt-Ernährungsprogramm der NASA aus essbaren Pflanzen Aromatropfen entwickelt. Diese natürlichen Konzentrate, die zunächst ihren Weg in die Molekularküche fanden, werden heute für jedermann in Internet angeboten. Die Auswahl ist groß und umfasst Obst, Gewürze, Champagner und andere Getränke. Ein ähnlich großes Spektrum gibt es bei natürlichen konzentrierten Kräuter- und Gewürzaromapasten.

Ich empfehle nicht, sie als Ersatz für Kräuter und Gewürze zu verwenden, aber vielleicht möchten Sie mit ihnen experimentieren, wenn Sie große Mengen an Speisen zubereiten, wobei vielleicht nur ein oder zwei Tropfen notwendig sind.

Die Informationen über einzelne Kräuter und Gewürze wurden, wo notwendig, aktualisiert, zudem wurden weitere Gewürze, Kräutermischungen, Soßen und Würzen ergänzt, wie auch ein Kapitel über Salz, das heute aus allen Teilen der Welt importiert und gern als Partner von Kräutern und Gewürzen eingesetzt wird. Das Rezeptkapitel wurde erweitert und spiegelt die zunehmende Verwendung von Kräutern und Gewürzen in der heutigen Küche wider.

Was bezeichnet man als Kraut, was als Gewürz?

Was als Küchenkraut und was als Gewürz zu bezeichnen ist, lässt sich gar nicht so leicht definieren, wie es zunächst scheint. Nicht alles, was wir landläufig als Kraut bezeichnen, wird in der Küche wegen seines Duftes und Aromas verwendet. Ursprünglich bezog sich das Wort Kraut auf eine kleine Blattpflanze oder nur auf das Blattwerk einer Pflanze. Es wurde dann aber bald speziell für Pflanzen gebraucht, die für den Menschen von Nutzen waren. Die meisten Küchenkräuter wachsen gut in gemäßigten Klimazonen. Gewürze hingegen sind Teile tropischer Pflanzen – aromatische Wurzeln oder Sprossen, Rinden, Samen, Knospen und Früchte, die meist getrocknet, entweder ganz oder gemahlen, zum Würzen in der Küche verwendet werden. Diese Produkte sind seit alters wertvolle Handelswaren. Das Wort »Gewürz« leitet sich ab vom althochdeutschen »Wurz« für Kraut oder Pflanze.

Einteilung der Kräuter und Gewürze

Bei der Unterscheidung zwischen Kräutern und Gewürzen bin ich den in Europa üblichen Kriterien gefolgt und habe außerdem die porträtierten Pflanzen nach ihrem vorherrschenden Geschmack in Gruppen zusammengefasst. Einige ließen sich eindeutig in eine bestimmte Kategorie einfügen, andere waren schwerer zu definieren und hätten auch in andere Gruppen gepasst. Ringelblumen zum Beispiel schmecken im Grunde süß, haben aber eine bittere Note. Einige asiatische Basilikumsorten nehmen wir eher scharf als süß wahr. Dazu kommt, dass jeder Gerüche und Aromen anders empfindet und somit unterschiedlich zum Ausdruck bringt.

Zitronenmelisse

Lakritze

Wasabi

Macis

Die europäische Definition, was ein Küchenkraut und was ein Gewürz ist, trifft nicht weltweit zu. In Südostasien gilt jede frisch verwendete aromatische Pflanze als Kraut, sobald sie aber getrocknet ist, als Gewürz.

Der gesundheitliche Wert von Kräutern und Gewürzen

Die Küche der meisten Kulturen trägt den Anforderungen einer ausgewogenen Ernährung Rechnung. Die indische Küche folgt ayurvedischen Regeln, um Kräuter und Gewürze für den Wohlgeschmack und zur Erzeugung körperlichen und seelischen Wohlbefindens zu nutzen. In China stehen seit jeher Ernährung und Medizin im Einklang. Die chinesische Kochkunst gründet auf der Ansicht, dass Wohlbefinden sich herbeiführen lässt durch ein sorgfältig ausgewogenes Verhältnis der Konsistenz, der Farbe und der fünf Geschmacksvarianten von Speisen – süß, salzig, bitter, sauer und scharf. Yin-Kräuter wie Minze und Petersilie verlangsamen den Stoffwechsel, während dieser durch Yang-Gewürze wie Chili und Ingwer beschleunigt wird. Ähnliche Regeln werden auch im Iran befolgt, wo man beim Kochen bestrebt ist, als »wärmend« oder »kühlend« eingeordnete Zutaten in Einklang zu halten. Bei uns stellen Kräuter und Gewürze heute eine wichtige Geschmacksbereicherung für salz- und fettarme Kost dar.

Traditionen des Würzens

Früher waren Kräuter und Gewürze auch wegen ihrer konservierenden Eigenschaften wichtig. Bevor es Kühlgeräte gab, halfen ihre ätherischen Öle und andere Inhaltsstoffe dabei, Lebensmittel haltbarer zu machen. Fleisch, Fisch und Gemüse überdauerten eingelegt oder gepökelt die Wintermonate, und ihr Geschmack wurde durch aromatische Zutaten aufgebessert. Obwohl wir heute auf derlei Konservierungsmethoden nicht mehr angewiesen sind, behalten wir viele von ihnen doch bei, schon wegen des Geschmacks.

Kräuter und Gewürze regen mit ihrem Duft, ihrem Geschmack, ihrer Konsistenz und dem reizvollen Anblick nicht nur die Geschmacksknospen, sondern alle unsere Sinne an. Überall auf der Welt prägten Würztraditionen mit regionalen Zutaten die einheimische Küche: In Spanien geben Safran, Piment, Knoblauch und Nüsse den Ton an; Wein und Kräuter in Frankreich; Basilikum, Knoblauch, Olivenöl und Anchovis in Italien; in England Petersilie, Thymian, Salbei und Senf; in Osteuropa Sauerrahm, Dill und Kümmel. Der Vordere Orient verwendet Zitrone, Petersilie und Zimt. In Nordindien spielen Ingwer, Knoblauch und Kreuzkümmel die wichtigste Rolle; in Südindien Senfsamen, Kokosnuss, Chili und Tamarinde. Thailand hat seine Fischsoße, Zitronengras, Galgant und Chili; in China sind es Sojasoße, Ingwer und Sichuanpfeffer. Und Mexiko vertraut auf Chilis, Koriander und Zimt.

Zum Schluss noch ein kleiner Rat: Kräuter und Gewürze sollten nie im Übermaß verwendet werden, denn nur ihre behutsame Mischung ergibt ein gelungenes Gericht. Und ebenso wie eine Spur zu viel von diesem oder jenem Kraut oder Gewürz ein Gericht verderben kann, heben sich die Aromen in Kräuter- und Gewürzmischungen womöglich gegenseitig auf. Probieren Sie ruhig Kombinationen aus, die Ihnen gefallen könnten, aber tun Sie dies mit Bedacht – Sie werden erleben, dass Kräuter und Gewürze zur Raffinesse, Harmonie und Vielfalt Ihrer Küche beitragen.

Jill Norman

Kräuter

Vielfalt der Kräuter

Duftgeranie

Heute sind so viele frische Kräuter in Supermärkten, Gartencentern und Gärtnereien erhältlich, dass die gebräuchlichsten oft schon auf unserer wöchentlichen Einkaufsliste stehen. Der Fachhandel bietet häufig auch verschiedene Sorten Basilikum, Minze, Thymian oder Majoran an, ebenso Kräuter wie Rau ram und Schnittknoblauch. Andere – wie Perilla, Mitsuba, Kammminze, Rau om oder Epazote – sind immer noch Exoten, aber als Saatgut im Internet erhältlich.

Neue Märkte für frische Kräuter

Heute finden wir in den Regalen der Supermärkte ganz selbstverständlich Kräuter, die in der Türkei, auf Zypern und in Israel kultiviert wurden. Mindestens einmal pro Woche werden Spezialgeschäfte mit weniger bekannten tropischen Kräutern aus Japan, Thailand und Singapur beliefert. Die Nachfrage kommt nicht nur von ausländischen Mitbürgern, sondern ich stelle allgemein bei Liebhabern fremder Küchen eine große Neugier und Experimentierfreude fest. Auch frische Gewürze wie Kaffirlimettenblätter, Zitronengras und Chilis sind heute im Angebot. Im nördlichen Europa gedeihen sie zwar nicht, aber in Teilen der USA und anderen warmen Ländern werden bereits verschiedene tropische Kräuter angebaut, um die wachsende Nachfrage zu decken. Vielleicht werden schon in einigen Jahren auch unsere Geschäfte neben vertrauten europäischen Kräutern frischen Culantro, Rau ram und Epazote anbieten.

Knoblauch

Die europäische Küchentradition

Für unsere Küche sind und bleiben allerdings europäische Kräuter unentbehrlich: in Frankreich Estragon, Thymian, Lorbeer und Knoblauch; in Italien Basilikum, Salbei und Rosmarin; in Griechenland Oregano; in Skandinavien Dill; in Deutschland Petersilie, Schnittlauch, Dill, Kresse, Majoran, Kümmel und Liebstöckel; und in England Petersilie, Salbei, Thymian und Lorbeer. Immer noch werden in unserer Küche die traditionellen Kräuter verwendet, doch es ändern sich die Gerichte, die Art der Zubereitung und die Geschmackskombinationen. Weil man die Zutaten leichter bekommt, werden vielfach aus Neugier andere Möglichkeiten ausprobiert. Können Sie erst einmal einschätzen, wie stark die Mischung von Aromen ein Gericht beeinflusst, wird es Sie reizen, eigene Kombinationen zu erfinden.

Gegenwärtig entdecken wir viele Kräuter neu, die früher alltäglich waren, dann jedoch vergessen oder als Unkraut abgetan wurden. Im Europa des 17. Jahrhunderts wurden viele Salatkräuter gezogen und allenthalben verwendet. 1699 führte John Evelyns *Acetaria* mehr als 30 verschiedene Salatkräuter auf, darunter Basilikum, Melisse, Zichorie, Feldsalat, Muskatellersalbei, verschiedene Kresse-Arten, Löwenzahn, Fenchel, Ysop, Malve, Minze, Melde, Portulak, Rauke und Sauerampfer. Einige hiervon werden inzwischen wieder angebaut und angeboten, doch andere wie Süßdolde, Muskatellersalbei und Ysop werden Sie selber ziehen müssen.

Rosmarin

Basilikum

Schnittlauch

Spezialisierte Gärtnereien erweitern ständig ihr Angebot, um die Nachfrage nach einer größeren Auswahl an Kräutern zu bedienen. Doch manchmal kommen bestimmte Kräuter auch übertrieben in Mode, was hoffentlich nicht zu ihrem Verschwinden führt, wenn die Mode sich wieder ändert.

Estragon

Auswahl und Verwendung von Kräutern

Allgemein verwendet man Kräuter, um das Aroma von Speisen zu heben, nicht aber, um sie geschmacklich dominieren zu lassen. Das leichte Aroma von Dill, Petersilie und Kerbel passt gut zu Fisch und Meeresfrüchten, das intensivere von Rosmarin, Oregano und Knoblauch würzt köstlich geschmortes oder gebratenes Lamm oder Schweinebraten. Thymian und Rosmarin ergänzen sich gut mit Wurzelgemüse, Auberginen mit Kräutern der Provence, grüne Erbsen mit Schnittlauch, Tomaten mit Basilikum und Petersilie. Wichtig ist, dass man immer zarte und kräftige Aromen miteinander in Einklang bringt und die Kräuter mit Bedacht einsetzt.

Die Vielfalt der heute frisch erhältlichen Kräuter hat erfreulicherweise viele Tütchen mit faden getrockneten Kräutern aus der Küche verbannt. Auf einige der angebotenen getrockneten Kräuter wie Basilikum oder Petersilie kann man getrost verzichten – ihr Geruch ist allenfalls heuartig und ihr Geschmack langweilig. Solche Kräuter wollen frisch gegessen werden. Das saubere, krautige Aroma frischer Petersilie und der komplexe, süße Anis- und Nelkenduft, den ein Basilikumbund verströmt, erfreut erst unseren Geruchssinn und später auch die Geschmacksknospen. Anders als viele Kräuter werden uns diese beiden auch in großen Mengen nie zu viel – wie das Basilikum in einem Pesto oder die Petersilie in einem Tabbouleh.

Robuste Kräuter wie Oregano, Thymian, Salbei, Bohnenkraut, Minze und Rosmarin vertragen das Trocknen gut, ihr Aroma bleibt erhalten und wird dadurch sogar oft konzentriert.

Bergminze

Kräuter hacken
Hacken Sie Kräuter immer kurz vor Gebrauch – frisch geschnittene Kräuter riechen und schmecken am besten.

Blätter zerkleinern
Für Soßen oder Pasten werden die Blätter im Mörser zerkleinert. Zugleich lassen sich weitere Zutaten einarbeiten.

Kräuter trocknen
Manche Kräuter kann man selbst trocknen. Die getrockneten Blätter halten sich in einem luftdicht verschlossenen Gefäß.

Fügt man Kräuter beim Kochen frühzeitig hinzu, geben sie ihre Aromen an das Gericht ab. Getrocknete Kräuter sollten immer von Anfang an in den Topf. Kräuter mit harten Blättern wie Rosmarin, Lavendel, Bohnenkraut, Thymian und Lorbeer vertragen langes Kochen gut.

Mitgekochte Kräuterzweige entfernt man vor dem Servieren. Um verlorenes Aroma von Kräutern, die lange mitgekocht wurden, wieder aufzufrischen, rührt man am Ende der Garzeit ein paar fein gehackte Blätter des Würzkrautes unter. Stark aromatische Kräuter wie Minze, Estragon, Fenchel, Majoran und Liebstöckel können Sie während des Kochens jederzeit zugeben. Hingegen verflüchtigen sich die ätherischen Öle empfindlicher Kräuter wie Basilikum, Kerbel, Schnittlauch, Dill, Koriander, Perilla und Zitronenmelisse, sobald sie erhitzt werden. Damit sie in Geschmack, Aussehen und Farbe frisch und intensiver bleiben, fügt man sie am besten erst kurz vor dem Servieren zu.

Petersilie

Petroselinum crispum

Petersilie ist vermutlich das einzige Küchenkraut, das in der westlichen Küche fast durchweg als unverzichtbar gilt. Die winterharte zweijährige Pflanze stammt aus dem östlichen Mittelmeergebiet. Heute wird sie in fast allen gemäßigten Klimazonen kultiviert. Wurzelpetersilie wurde in Deutschland bereits im 16. Jh. angebaut.

AROMA

Petersilie hat ein leicht würziges Aroma mit einem Hauch von Anis und Zitrone. Sie schmeckt würzig mit einer leicht pfeffrigen Note. Die glatte Petersilie mit ihrer feineren Textur schmeckt intensiver und ausgewogener als die krause. Beide bringen die Aromen anderer Gewürze zur Geltung.

VERWENDETE TEILE

Hauptsächlich die frischen Blätter; die Stängel dienen als Gewürz für Brühe. Bei Wurzelpetersilie die verdickte Wurzel.

KAUF UND LAGERUNG

Frische Petersilie im Topf für die Fensterbank oder als großen Bund kaufen; in einer Kunststofftüte im Kühlschrank aufbewahren. Alle ungesund aussehenden Blätter entfernen, dann hält sie sich 4–5 Tage. Man kann sie auch hacken und in kleinen Behältern oder mit etwas Wasser im Eiswürfelbehälter einfrieren.

ANBAU UND ERNTE

Petersiliensamen brauchen einige Wochen zum Keimen, doch kann man den Keimvorgang beschleunigen, indem man sie vor der Aussaat über Nacht in warmem Wasser einweicht. Sämlinge vereinzeln, wenn sie groß genug sind. Jedes Jahr neu aussäen, um auch im zweiten Jahr verwendungsfähige Petersilie zu haben. Ernte ab dem späten Frühjahr.

In der Küche

Petersilie wird wegen ihres reinen, frischen Geschmacks und ihres Gehalts an Eisen und Vitamin A und C geschätzt. In vielen Teilen der Welt wird sie in Soßen, Salaten, Füllungen und Omeletts verwendet. Jedes Gericht schmeckt frisch, wenn am Ende der Garzeit gehackte Petersilie darübergestreut wird. Sträußchen von kurz frittierter krauser Petersilie sind eine beliebte Beigabe zu gebratenem Fisch. Petersilienwurzel wird für Suppen und Eintöpfe verwendet, kann aber auch als Gemüse blanchiert, gebraten, gekocht oder zusammen mit Kartoffeln püriert werden.

Krause Petersilie *P. crispum*

Krause Petersilie ist nicht nur praktisch zum Garnieren, sie verleiht auch Mayonnaise und anderen Soßen einen frischwürzigen Geschmack und eine attraktive grüne Farbe.

Glatte Petersilie

P. c. var. ‚Neapolitanum'

Die glatte Italienische Petersilie hat zum Kochen das beste Aroma und wird in ganz Europa und dem Nahen Osten verwendet.

Stängel

Petersilienstängel schmecken derber als die Blätter. Sie kommen als Bund in lange gekochte Fonds und Eintöpfe. Nach dem Kochen entfernen.

KOMBINATIONEN

Unentbehrlich in traditionellen Würzmischungen wie Bouquets garnis, Fines Herbes und Persillade, italienischer Gremolata und Salsa verde sowie in libanesischem Tabbouleh.

Passt zu Eiern, Fisch, Linsen, den meisten Gemüsen, Reis, Tomaten, Zitrone.

Harmoniert mit Basilikum, Chilis, Estragon, Kapern, Kerbel, Knoblauch, Lorbeer, Majoran und Oregano, Minze, Pfeffer, Rosmarin, Sauerampfer, Gerbersumach, Zitronenmelisse.

Wurzelpetersilie

P. c. var. tuberosum

Die hauptsächlich in Mittel- und Nordeuropa angebaute Wurzelpetersilie ist nicht schwieriger zu ziehen als Blattpetersilie. Die Wurzel sieht aus wie eine kleine Pastinake oder sie wächst rund wie Knollensellerie. Ihr leicht nussiges Aroma liegt zwischen Petersilie und Sellerie. Die Blätter sind in Geschmack und Aussehen derb.

Portulak

Portulaca oleracea

Portulak ist eine einjährige Pflanze mit kriechend-aufsteigendem Wuchs. Seit Jahrhunderten dient er in Südeuropa und dem Nahen Osten zur Ernährung. Er ist nicht nur ein Lieferant von Eisen und Vitamin C, sondern auch die beste pflanzliche Quelle für Omega-3-Fettsäuren, die wichtig für die Herzfunktion sind.

AROMA

Portulak hat wenig Aroma; die fleischigen Blätter und Stängel schmecken erfrischend, leicht pikant und zitronenartig; sie wirken adstringierend und sind knackig und saftig.

VERWENDETE TEILE

Blätter und junge Sprossen. Die Blüten eignen sich für Salate. Wird in aller Regel nur roh verzehrt.

KAUF UND LAGERUNG

Frischer Portulak hält sich in einer Kunststofftüte im Gemüsefach des Kühlschranks 2–3 Tage. Im Sommer bieten griechische und türkische Läden oft große Bündel Portulak an.

ANBAU UND ERNTE

Portulak gedeiht am besten in feuchter, lockerer Erde an einem sonnigen Platz. Die Samen werden ab Frühsommer direkt ins Freie gesät. Die Ernte der Blätter beginnt nach etwa 60 Tagen. Bei Hitze braucht Portulak viel Wasser. Portulak schneidet man knapp über der Erde ab, wobei man zwei Blätter zum Nachtreiben stehen lässt. Für Salat erntet man regelmäßig junge Blätter. Die im Spätsommer erscheinenden gelben Blüten öffnen sich nur kurz um die Mittagszeit.

KOMBINATIONEN

Passt zu Dicken Bohnen, Eiern, Feta, Gurke, Joghurt, jungen Kartoffeln, Roten Beten, Spinat, Tomaten.

Harmoniert mit Borretsch, Kerbel, Kresse, Rauke, Sauerampfer, Wiesenknopf.

In der Küche

Die jungen Blätter isst man als Salat. Im Vorderen Osten werden gehackter Portulak und Joghurtdressing mit Knoblauch zu gegrilltem Fleisch serviert. Im Libanon gehört er in den typischen Fattoush-Salat.

Ältere Blätter serviert man blanchiert als Gemüse. Da die fleischigen Blätter beim Kochen Schleim absondern, dienen sie zum Andicken von Suppen und Eintöpfen. In der Türkei werden große Portulakbündel in einem traditionellen Lammragout mit Bohnen verwendet, und rings um das Mittelmeer trifft man ihn in Suppen an. Die Mexikaner kombinieren Portulak mit Schweinefleisch, Tomatillos und Chilis, vor allem mit ihren geräucherten Chipotle-Chilis *(S. 245)*. Portulak passt gut in einen mit Olivenöl und Zitronensaft angemachten Spinat.

Frische Blätter und Blüten
Portulak hat dicke, sukkulentenartige Blätter und einen runden Stängel, der leicht rötlich gefärbt ist.

Tellerkraut

Claytonia perfoliata

Tellerkraut, auch Winterportulak oder Kubaspinat genannt, ist eine kälteverträgliche einjährige Pflanze, die ausgezeichnet als Wintersalat schmeckt. Bergleute verzehrten die Wildpflanze zur Zeit des kalifornischen Goldrauschs zum Schutz vor Skorbut. Sie enthält, wie der nicht verwandte Portulak *(linke Seite)*, viel Vitamin C.

In der Küche

Die Blätter, jungen Stängel und Blüten passen gut in Salate. Tellerkraut schmeckt vor allem im Winter, wenn das Aroma anderer Salatkräuter zu wünschen übrig lässt. Blätter und Stängel können gekocht werden – allein, mit anderem Grünzeug oder im Wok mit etwas Austernsoße. Harmoniert mit Kresse, Rauke, Schnittlauch, Sauerampfer.

Frische Pflanzen mit Blüten
Die glatten Stiele entspringen dem Zentrum der Blattspreite. Im Sommer zeigen sich winzige weiße Blüten auf dünnen Stielchen.

AROMA

Tellerkraut besitzt wenig Aroma. Es ist mild und hat einen reinen, sauberen Geschmack.

VERWENDETE TEILE

Blätter, junge Stängel und Blüten.

KAUF UND LAGERUNG

In Deutschland wird Tellerkraut häufig von biologisch wirtschaftenden Betrieben und gelegentlich auf dem Wochenmarkt angeboten. Am besten schmeckt es unmittelbar nach der Ernte. Im Gemüsefach hält es sich in einer Kunststofftüte 1–2 Tage.

ANBAU UND ERNTE

Tellerkraut lässt sich aus Samen leicht selber ziehen. Im Frühling gesät, kann man im Sommer ernten. Wird im Sommer gesät, hat man im Winter Nachschub. In milden Wintern und in geschützten Lagen übersteht die Pflanze die Wintermonate im Garten. Sie bevorzugt lockeren Boden, passt sich aber dem Standort an. Gut geeignet als Beeteinfassung.

KOMBINATIONEN

Harmoniert mit Kresse, Rauke, Sauerampfer, Schnittlauch

Borretsch

Borago officinalis

Diese robuste einjährige Pflanze, die aus Südeuropa und Vorderasien stammt, ist heute in ganz Europa und Nordamerika heimisch. Allein schon wegen der blauen, sternförmigen Blüten lohnt es, sie anzupflanzen. Die überlieferte Volksheilkunde verwendete die Pflanze, um die Stimmung positiv zu beeinflussen. Heute weiß man, dass Borretsch die Nebennieren anregt und Depressionen mildert.

In der Küche

Borretsch ist vor allem ein Salatkraut. Die jungen Blätter werden wegen ihrer sonst unangenehmen Borsten klein gehackt. Sie lassen sich gut mit Gurke und Joghurt oder saurer Sahne mischen oder zum Würzen von Dressings und Salsas verwenden. Zähe alte Blätter können kurz angebraten oder gedünstet und wie Spinat behandelt werden. In Italien mischt man Borretsch zu Spinat oder mit Brotkrumen, Ei und Parmesan und füllt damit Ravioli oder Cannelloni. Die Türken würzen damit grüne Erbsensuppe. Die Blüten geben Salaten eine delikate Gurkennote und wirken wunderschön auf einer sahnigen Suppe. Kandiert ergeben sie eine hübsche Dekoration für Kuchen und Desserts. Borretsch sollte sparsam verwendet werden.

Frische Blätter und Blüten

Von den Borretsch-Arten ist nur *B. officinalis* essbar. Die Sorte ‚Alba' mit weißen Blüten wird ebenso wie die blau oder violett blühenden Typen verwendet.

AROMA

Borretsch ist mild im Aroma und riecht recht kräftig nach Gurke. Er schmeckt erfrischend und ganz leicht salzig.

VERWENDETE TEILE

Blätter und Blüten. Auf keinen Fall die behaarten Stängel.

KAUF UND LAGERUNG

Borretsch wird am besten frisch verwendet. Die Blätter halten sich in feuchtem Küchenpapier oder in einer Kunststofftüte im Gemüsefach 1–2 Tage. Die Blüten rasch nach dem Pflücken verwenden, sie welken schnell. Man kann sie für Drinks in Eiswürfel einfrieren.

ANBAU UND ERNTE

Borretsch liebt gut durchlässigen Boden und einen sonnigen Platz. Die große, wuchernde Pflanze sät sich leicht selbst aus. Setzen Sie Borretsch immer gleich an den richtigen Standort, da er mit seiner langen Pfahlwurzel ein Umsetzen schlecht verträgt. Junge Blätter im Frühling und Sommer ernten, Blüten pflücken, sobald sie sich öffnen.

KOMBINATIONEN

Passt zu Gurke, Aal und anderem fettreichen Fisch, Kartoffelsalat, Joghurt, Quark und sommerlichen Longdrinks.

Harmoniert mit Dill, Kerbel, Knoblauch, Kresse, Minze, Rauke, Wiesenknopf.

Kleiner Wiesenknopf

Sanguisorba minor

Wiesenknopf, im Volksmund auch fälschlich Pimpinelle genannt, ist eine zierliche, dichte Staude mit gefiederten dunkelgrünen Blättern. Sie wirkt zwar zart, ist aber kräftig und winterhart, und ihre immergrünen Blätter durchstoßen häufig eine dünne Schneedecke. Das aus Europa und Vorderasien stammende Kraut gelangte über frühe europäische Siedler nach Nordamerika, wo es sich eingebürgert hat.

In der Küche

Am besten genießt man das feine Aroma der jungen gefiederten Blätter im Rohzustand. Der Kleine Wiesenknopf schmeckt im Salat besonders gut im Herbst und Winter, wenn interessante Blattsalate eher knapp sind. Gehackte Blätter garnieren Gemüse oder Eierspeisen. Für Fines Herbes kann man sie mit Estragon, Schnittlauch und Kerbel kombinieren. Gut schmecken Wiesenknopfblätter über Suppen und Schmorgerichte gestreut oder in Soßen und Kräuterbutter.

Frische Zweige
Am besten schmecken die zarten jungen Blätter. Die schönen roten Blütenstände haben keinen Eigengeschmack.

AROMA

Wiesenknopf riecht kaum und schmeckt mild. Er hat eine leicht adstringierende Wirkung. Sein Geschmack erinnert an Gurken mit einer nussartigen Note. Alte Blätter werden bitter und schmecken am besten gekocht.

VERWENDETE TEILE

Blätter und junge Stängel.

KAUF UND LAGERUNG

Wiesenknopf hält sich in einer Kunststofftüte im Gemüsefach des Kühlschranks 1–2 Tage. Manchmal findet man Wiesenknopf gebündelt neben anderen Kräutern und Salaten auf dem Wochenmarkt.

ANBAU UND ERNTE

Lässt sich leicht aus Samen ziehen und gedeiht auf leichtem, durchlässigem Boden in Sonne oder Halbschatten. Blüten und Blätter regelmäßig abzuschneiden regt den Neuaustrieb an. Nach dem zweiten Jahr vereinzeln, damit die Blätter zart bleiben.

KOMBINATIONEN

Passt zu Blattsalat, Dicken Bohnen, Eiern, Fisch, Gurke, Quark, Tomaten.

Harmoniert mit Estragon, Kerbel, Minze, Petersilie, Rosmarin, Schnittlauch, Tellerkraut.

Perilla, Shiso

Perilla frutescens

Die aromatischen Blätter der Perilla – die in Japan Shiso heißt – werden in Japan, Korea und Vietnam ausgiebig verwendet. In den letzten Jahren wurden sie auch für die europäische Küche entdeckt. Das einjährige, mit Minze und Basilikum verwandte Gewürzkraut stammt aus China. Getrocknete Perilla besitzt ein wesentlich schwächeres Aroma als frische.

In der Küche

In Japan wird Rote Perilla hauptsächlich zum Einfärben und Einlegen von Umeboshi (salzige Pflaumen) verwendet. Grüne Perilla reicht man zu Sushi und Sashimi – sie wirkt angeblich gegen Parasiten in rohem Fisch. Die Blätter sind auch geeignet für Suppen, Salate und zum Einwickeln von Reiskuchen. Einseitig mit Teig bestrichen, werden sie für Tempura frittiert. Die Vietnamesen streuen Perilla über Nudeln oder in Salat. Gegrilltes Fleisch, Garnelen und Fisch wickeln sie in Grüne Perilla ein und servieren sie mit einer würzigen Dipsoße.

Gehackte Grüne Perilla, auch getrocknet, gibt gekochtem Reis ein köstliches Aroma. Ich ziehe meine Perilla selbst, und während ich Rote meist nur in Salaten und zum Garnieren verwende, finde ich immer neue Verwendungen für die Grüne: Ich gebe sie zu Limettenscheiben vor dem Braten oder Dünsten in einen Fisch, in Soßen für Fisch und Huhn. Statt Basilikum verwende ich sie in Salsa verde, zu Tomaten, Pasta oder Nudeln.

Öl aus Perillasamen ist eine der reichsten Quellen für essenzielle, mehrfach ungesättigte Omega-3-Fettsäuren.

Grüne Perilla *P. frutescens*

Grüne Perilla hat weiche, flaumige Blätter mit gekräuseltem Rand. Sie ähneln Brennnesselblättern.

AROMA

Grüne Perilla ist süßlich, aber stark aromatisch mit Noten von Zimt, Kümmel, Zitrus und Anisbasilikum. Am Gaumen hinterlässt sie eine angenehme Wärme. Rote Perilla schmeckt weniger aromatisch und zurückhaltender. Sie erinnert entfernt an Most und Hölzer mit Untertönen von Kümmel, Koriandergrün und Zimt.

VERWENDETE TEILE

Blätter, Blütenstände und Sprossen. Aus kommerziell geernteten Samen wird Öl gewonnen.

KAUF UND LAGERUNG

Frische Perillablätter werden als Shiso in Asialäden verkauft. Die Blätter halten sich in einer Kunststofftüte 3–4 Tage im Gemüsefach des Kühlschranks. Hin und wieder gibt es auch Sprossen zu kaufen. Eingelegte rote Blätter gibt es in Vakuumverpackung zu kaufen. Getrocknete Perilla gibt es im Asialaden.

ANBAU UND ERNTE

Perilla stellt kaum Ansprüche an Boden und Standort, ist aber empfindlich gegen Staunässe und Frost. Am besten eignet sich durchlässiger Boden und ein geschützter sonniger oder halbschattiger Platz. Damit die Pflanzen buschig wachsen, die Spitzen auszwicken. Perilla versamt sich leicht, besonders die rote Sorte.

KOMBINATIONEN

Passt zu Fisch, Huhn, Kartoffeln, Mooli (ein weißer Rettich), Nudeln und Pasta, Reis, Rind, Tomaten, Zucchini.

Harmoniert mit Basilikum, Ingwer, Mitsuba, Petersilie, Sansho, Schnittlauch, Wasabi, Zitronengras.

Mitsuba

Cryptotaenia japonica

Mitsuba ist auch als Steinpetersilie oder Japanische Petersilie bekannt. Diese elegante Staude des kühleren Klimas wächst in Japan wild und ist dort ein beliebtes Küchenkraut. Heute wird sie in Australien, Nordamerika und Europa angebaut – ursprünglich, um speziell japanische Restaurants zu beliefern.

In der Küche

In Japan würzt man mit Mitsuba Suppen, langsam gegarte Gerichte (Nabemono), würzige Sülzen, Salate und gebratene oder saure Gerichte. Mit ihrem ganz individuellen, zarten Aroma würzt sie Matsutake No Dobinmushi, ein Gericht, das nur für wenige Wochen während der Erntezeit der teuren Pinienpilze zubereitet wird. Man lässt die Pilze in Brühe ziehen und gibt am Ende der Garzeit Mitsuba für einige Sekunden hinzu. Kleine Mitsuba-Sträußchen werden unterhalb der Blätter verknotet und für Tempura frittiert. Oft wird Mitsuba kurz blanchiert, damit die Blätter zarter werden, oder im letzten Moment Wok-Gerichten beigefügt. Zu starkes Erhitzen macht sie bitter. Die kresseähnlichen Sprossen schmecken gut in Salaten.

Frische Blätter

Mitsuba bedeutet im Japanischen »drei Blätter«, denn jedes Blatt besteht aus drei Fiedern.

AROMA

Mitsuba besitzt wenig Aroma, hat aber einen charakteristischen milden, unaufdringlichen und angenehmen Geschmack. Sie erinnert an Kerbel, Engelwurz und Sellerie mit dem Säuerlichen des Sauerampfers und einem Hauch Nelken.

VERWENDETE TEILE

Blätter und Stängel.

KAUF UND LAGERUNG

Vielleicht finden Sie Mitsuba im Asialaden, andernfalls versuchen Sie eine Pflanze über einen Spezialversand für Kräuter zu kaufen. Die Blätter halten sich in feuchtem Küchenpapier oder in einer Kunststofftüte 5–6 Tage im Gemüsefach des Kühlschranks.

ANBAU UND ERNTE

Mitsuba ist eine Waldpflanze und gedeiht gut im Halbschatten. Sie versamt sich leicht. Im Sommer trägt Mitsuba oberhalb der Blätter unauffällige weiße Blüten. Blätter und dünne Stängel werden vom Frühling bis in den Winter hinein geerntet. Mitsuba ist nicht langlebig. Nach 4–5 Jahren sollte sie ersetzt werden.

KOMBINATIONEN

Passt zu Eiern, Fisch und Meeresfrüchten, Geflügel, Reis und als Garnierung zu den meisten Gemüsen, besonders zu eher süßem Wurzelgemüse wie Karotten und Pastinaken.

Harmoniert mit Basilikum, Ingwer, Majoran, Schnittlauch, Sesam, Zitronengras, Zitronenmelisse.

Melde

Atriplex hortensis

Die Melde ist wie der Epazote *(S. 116)* ein Gänsefußgewächs. Sie wächst wild in Europa und in den gemäßigten Klimazonen Asiens. Früher wurde sie als Gemüse gesammelt und auch kultiviert. Im Volksmund hieß sie früher Bergspinat. Lange Zeit war sie aus der Mode, doch neuerdings wird Melde als attraktiver Blattsalat entdeckt.

In der Küche

Am besten schmeckt Melde als Salat, doch sie kann auch mit Spinat oder Sauerampfer (dessen Säure sie mildert) gekocht werden. Die dreieckigen Blätter, vor allem die der Roten Melde, machen sich ebenso gut in einem gemischten Salat wie als dekoratives Element im Garten.

Frische Blätter

Grüne Melde kann rot getönte Stiele haben. Rote Melde hat violettrote Blätter und Stiele.

AROMA

Die wenig aromatischen Blätter schmecken mild, angenehm, spinatähnlich, was einen guten Kontrast zu schärferem Blattgemüse bildet.

VERWENDETE TEILE

Junge Blätter.

KAUF UND LAGERUNG

Samen und Pflanzen erhält man in Kräutergärtnereien. Am besten verwendet man die Blätter frisch gepflückt, sie halten sich aber in einer Kunststofftüte im Gemüsefach des Kühlschranks 1–2 Tage. Manchmal findet sich Melde als Bestandteil in abgepackten Salatmischungen.

ANBAU UND ERNTE

Melde bringt größere Blätter hervor, wenn sie auf humusreichem, durchlässigem Boden angepflanzt wird. Rote Melde gedeiht gut im Halbschatten, die Blätter versengen nämlich leicht in der Sonne. Da sie schnell wächst, sät man am besten im späten Frühjahr und erneut im Sommer aus, um ständig junge Blätter zu haben. Melde neigt dazu, hoch und sparrig zu wachsen, doch sie bleibt buschig, wenn die Blätter regelmäßig gepflückt und die Blütenansätze ausgezwickt werden.

KOMBINATIONEN

Passt zu Catalogna (Blattzichorie), Feldsalat, Kopfsalat, Mizuna, Seraptasenf und anderem Blattgemüse.

Harmoniert mit Borretsch, Chicorée, Dill, Fenchel, Kresse, Portulak, Rauke, Sauerampfer, Wiesenknopf.

Süßdolde

Myrrhis odorata

Die Süßdolde, auch Myrrhenkerbel genannt, ist ein verkanntes Kraut, denn sie süßt auf natürliche Weise mit feinem Aroma. Ihre Blätter kann man vom frühen Frühjahr bis in den Spätherbst essen. Die seit Langem in Nordeuropa heimische Staude kommt in der Natur auf Gebirgswiesen zwischen Pyrenäen und dem Kaukasus vor.

In der Küche

Kocht man die Blätter und grünen Samen mit Früchten wie Stachelbeeren und Rhabarber, nimmt sie diesen die Säure, wobei der Geschmack des Krautes verschwindet. Blätter und Samen geben Obstsalat und Quarkdesserts einen anisähnlichen Geschmack. Gebäck, Brot und Obstkuchen erhalten damit Süße und eine würzige Note. Sie passen auch in herzhafte Gerichte, wo sie ihren Geschmack am besten bewahren, wenn man sie erst zum Schluss zufügt. Junge Krautspitzen schmecken sehr fein in Blatt- und Gurkensalaten sowie in Sahne- und Joghurtsoßen zu Fisch und Meeresfrüchten. Gehackt würzen die Kräuter Omeletts und klare Brühen.

Frische Zweige

Im späten Frühjahr tragen die großen Pflanzen mit ihren mehrfach gefiederten Blättern süß duftende, filigrane weiße Blütendolden und später attraktive Samenstände.

AROMA

Die Süßdolde besitzt einen reizvollen moschusartigen Duft mit Noten von Liebstöckel und Anis. Im Geschmack ähnelt sie eher Anis mit einem Hauch Sellerie und ist angenehm süß. Die ganze Pflanze ist aromatisch. Unreif schmecken die Samen am intensivsten und nussartig. Die reifen, glänzend schwarzen Samen sind faserig und zäh.

VERWENDETE TEILE

Frische Blätter, Blüten und grüne Samen. Früher gab man die Wurzeln roh in Salate oder aß sie gekocht als Gemüse.

KAUF UND LAGERUNG

Man kann die Pflanzen in Gartenmärkten kaufen oder aus Samen ziehen. Die Blätter verbraucht man möglichst gleich nach dem Pflücken, doch sie halten sich in einer Kunststofftüte im Kühlschrank 2–3 Tage.

ANBAU UND ERNTE

Süßdolde ist einfach anzubauen und bevorzugt Halbschatten. Nach dem Abblühen die ganze Pflanze abschneiden. Die Blätter genießt man zwischen Frühling und Herbst, die Blüten im Frühjahr. Die grünen, unreifen Samen werden im Sommer geerntet.

KOMBINATIONEN

Passt zu Aprikosen, Johannisbeeren, Nektarinen, Pfirsichen, Rhabarber, Stachelbeeren, Wurzelgemüse, außerdem zu Garnelen, Huhn und Muscheln.

Harmoniert mit Kerbel, Minze, Schnittlauch, Vanille, Zitronenmelisse.

AROMA

Die Gartenringelblume besitzt ein süßes, harzähnliches Aroma, die Studentenblume einen eindeutigen Moschusgeruch mit leichten Zitrusnoten, die an Koriandersamen erinnern. Frische Ringelblumenblüten sind von zarter, aromatischer Bitterkeit und schmecken erdig. Die Blätter sind leicht pfeffrig.

VERWENDETE TEILE

Frische und getrocknete Blüten, frische junge Blätter.

KAUF UND LAGERUNG

Blätter der Ringelblume kann man bei schwacher Hitze im Ofen trocknen und anschließend mahlen. In Naturkostläden bekommt man sie getrocknet, seltener gemahlen. Beide bewahrt man luftdicht verschlossen auf. Die Blätter der mexikanischen Glänzenden Studentenblume halten sich in einer Kunststofftüte im Kühlschrank 1–2 Tage.

ANBAU UND ERNTE

Ringelblumen gedeihen in jedem Boden, am besten jedoch an einem sonnigen Platz. Abpflücken der Blumen verlängert die Blühphase, doch sobald die Samen reif sind, versamen sie sich. Die Gartenringelblume ist einjährig, nur Tagetes lucida ist ausdauernd. Sie sollte aber im Haus überwintern.

Ringelblume, Studentenblume

Calendula officinalis und Tagetes-Arten

In Georgien schätzt man die getrockneten, gemahlenen Blüten der Ringelblume *(C. officinalis)* und der Studentenblume *(T. patula)*, in Mexiko und den südlichen US-Staaten ersetzt die Glänzende Studentenblume *(T. lucida)* Estragon, als Huacatay *(T. minuta)* ist sie in Peru ein Grundgewürz und bei uns dienen frische Blütenblätter als Zutat in Salaten.

Gartenringelblume

C. officinalis

Die langlebige einjährige Pflanze hat hellgrüne, langzettliche Blätter und trägt Blütenkörbchen mit einem einfachen oder doppelten Blütenkranz.

Getrocknete Ringelblumen
Getrocknete Blütenblätter der Ringelblume haben ein süßes moschusartiges Aroma mit leichter Zitrusnote.

In der Küche

Abgesehen von ihrer Verwendung als Salatgarnierung werden Ringelblumenblätter schon seit Langem zum Färben und Aromatisieren von Speisen verwendet. Man gibt frische Blüten in Gebäck, Pudding, Kräuterbutter und Suppen. Mit den getrockneten Blüten täuscht man oft Safran vor: So dienen sie als preiswerter Ersatz zum Färben von Reis.

In Georgien sind sie ein Grundgewürz, sie werden in Gewürzmischungen und mit anderen aromatischen Zutaten wie Chilis, Knoblauch und Walnüssen verwendet. Dort bevorzugt man eher die Studentenblume, deren Aroma sich besonders gut mit Zimt und Nelken mischen lässt. Die Glänzende Studentenblume wird zu einheimischen Gemüsen wie Avocado, Mais, Kürbis und Tomaten gegeben, außerdem zu Fisch, Huhn und anderen Nahrungsmitteln, zu denen auch Estragon passen würde. Auch zu Melone, Beerenobst und Steinobst schmeckt sie.

Huacatay, auch Riesengewürztagetes genannt, ist stark aromatisch, mit Zitrus- und Eukalyptusnoten und einem bitteren Nachgeschmack. Außerhalb Südamerikas findet man sie kaum frisch, doch online gibt es sie als Paste im Glas. Zusammen mit Ají amaillo *(S. 247)* würzt man damit Grillfleisch, Suppen und Eintöpfe.

Glänzende Studentenblume

T. lucida

Die langen, schmalen Blätter duften mehr nach Anis als nach Minze, mit leichtem Anklang von Heu und etwas würziger Wärme. Im Englischen heißt sie auch Mexican Tarragon (»Mexikanischer Estragon«), was auf den Estragongeschmack hinweist.

Studentenblume

T. patula

Diese kompakte, einjährige Pflanze besitzt gegenständige, gezähnte Blätter und Blütenkörbchen mit flachem einfachem oder krausem doppeltem Blütenkranz, der von Gelb bis Tieforange variiert.

Basilikum

Ocimum species

Streift man leicht an Basilikum vorbei, entströmt ihm ein Aroma, das Wärme und Sonnenlicht verspricht – in jedem griechischen Dorf ist die Luft von diesem betörenden Duft erfüllt. Basilikum zählt – wie die Minze – zu den Lippenblütlern. Das erkennt man an den Duftnoten, die seine Süße begleiten. In Asien wurde er schon vor 3000 Jahren angebaut. Heute zieht man ihn fast überall, wo es das Klima erlaubt.

AROMA

Basilikum hat ein komplex süßes, würziges Aroma mit Nelken- und Anisnoten. Das Blatt schmeckt mild, pfefferartig und etwas nach Nelken mit Minze- und Anis-Untertönen. Purpur-Basilikum, Busch-Basilikum, Zitronen-Basilikum und rund 60 weitere Arten schmecken ähnlich *(S. 31–33)*.

VERWENDETE TEILE

Frische Blätter. Blütenknospen lassen sich in Salaten oder als Garnierung verwenden.

KAUF UND LAGERUNG

Kaufen Sie keine Sträuße mit hängenden oder schwarzen Blättern. Basilikum hält sich eingeschlagen in feuchtem Küchenpapier oder einer Kunststofftüte 2–3 Tage im Gemüsefach des Kühlschranks. Thai-Basilikum *(S. 35)* ist robuster und hält 5–6 Tage. Basilikum- und Thai-Basilikum-Pflanzen sind oft im Supermarkt erhältlich. Man kann Basilikum bis zu 3 Monate einfrieren: Mit etwas Wasser oder Olivenöl pürieren und in Eiswürfelschalen füllen.

ANBAU UND ERNTE

Die meisten Arten sind einjährig. Basilikum lässt sich leicht aus Samen ziehen. Es verlangt einen geschützten, sonnigen Platz und humusreichen, durchlässigen Boden. In kühleren Regionen sollte es im Kleingewächshaus oder am Fensterbrett stehen. Man erntet bis zum ersten Frost.

Gewöhnliches Basilikum *O. basilicum*

Das Basilienkraut hat große, kräftig grüne, seidige Blätter und kleine weiße Blüten in den Blattachseln. Es ist ideal für Pesto, Pistou und Tomatensalate und lässt sich bestens mit Knoblauch kombinieren. Ein Vorschlag zum Konservieren: Basilikum in ein luftdicht verschließbares Glas geben, leicht salzen und dann mit Olivenöl bedecken. Im Kühlschrank aufbewahrt, werden die Blätter zwar schwarz, doch sie würzen köstlich das Öl.

In der Küche

In der westlichen Küche ist Basilikum der natürliche Begleiter von Tomaten. Es ergibt ein raffiniertes Geflügelgewürz: Dazu kombiniert man weiche Butter mit gehacktem Basilikum, Knoblauch, geriebener Zitronenschale und Semmelbröseln und schiebt die Mischung vor dem Braten unter die Haut des Hähnchens. Das Kraut passt zu Fisch und Meeresfrüchten, besonders zu Hummer und Jakobsmuscheln, aber auch zu Kalb und Lamm. Es verträgt sich gut mit Johannisbeeren. Aromatisiert man Essig mit Purpur-Basilikum, färbt er sich blassrosa. Gewöhnliches Basilikum wird schwarz, behält aber seinen Geschmack, wenn man es in Tomatensoße oder in anderen sauren Flüssigkeiten mitkocht. Da es beim Kochen schnell sein Aroma verliert, sollte man am Ende zusätzlich mit frischem Blatt nachwürzen. Man kann es zerrupfen, hacken oder in Streifen schneiden, wobei es sich durch das Quetschen schnell schwarz verfärbt.

KOMBINATIONEN

Unentbehrlich für Pesto und Pistou.

Passt zu Auberginen, Eiern, Erbsen, Frischkäse, grünen Bohnen, Kartoffeln, Mozzarella, Oliven, Pasta, Pizza, Reis, Roter Bete, Sahnequark, Tomaten, Zitrone, Zucchini, Zuckermais.

Harmoniert mit Kapern, Knoblauch, Koriander, Majoran, Minze, Oregano, Petersilie, Rosmarin, Schnittlauch, Thymian.

Purpur-Basilikum

O. b. var. purpurascens

Diese hübsche Pflanze, auch Opal-Basilikum genannt, besitzt violette oder fast schwarze Blätter und rosa Blüten. Sie ist sehr aromatisch mit Anklängen von Minze und Nelken. Verwenden Sie es zu Reis und Getreide und geben Sie es als Farbtupfer in Salate.

Weitere Basilikum-Arten

Es gibt viele verschiedene Arten von Basilikum, deren Bezeichnungen zum Teil auf ihr Aroma oder ihr Aussehen hinweisen. Alle haben als Grundnote das angenehm süßliche, nelken- und anisähnliche Aroma des Gewöhnlichen Basilikums, doch dominieren unterschiedliche Geschmacksnoten: eine wohltuende Schärfe bei ‚Purple Ruffles' oder eine pfeffrige Note beim Busch-Basilikum. In der mediterranen Küche sind Knoblauch, Olivenöl, Zitrone und Tomate die natürlichen Partner des Basilikums.

O. b. ‚Purple Ruffles'

Die dekorative Sorte ‚Purple Ruffles' besitzt große, glänzende, bräunlich violette Blätter mit gekräuseltem Rand und rosa Blüten. Das angenehme Aroma erinnert an Lakritze. ‚Green Ruffles' hat große, limettengrüne Blätter mit gerüschtem Rand und weißen Blüten. Beide werden wie Gewöhnliches Basilikum verwendet *(S. 30)*.

Busch-Basilikum *O. b.* var. minimum

Das griechische Busch-Basilikum wächst zu einem dichten Strauch mit kleinen Blättern, weißen Blüten und pfeffrigem Aroma heran. Es lässt sich gut im Topf ziehen. Wie Gewöhnliches Basilikum verwenden.

O. b. ‚Cinnamon‘

Bei dieser Sorte aus Mexiko sind die Blätter violett überhaucht und die Blüten rosa. Sie hat einen deutlich süßen Duft mit klaren Zimtnoten, über die sich Spuren von Kampfer legen. Man würzt damit Bohnen- und andere Gerichte mit Hülsenfrüchten sowie würziges pfannengerührtes Gemüse.

O. ‚African Blue‘

Die Blätter sind grünviolett gesprenkelt, die Blüten sind violett. Die Pflanze duftet stark nach Pfeffer, Nelken und Minze mit einer Spur Kampfer im Hintergrund. Man verwendet die Sorte zu Reis, Gemüse und Fleisch. Sie würzt ebenso einen Kartoffelsalat sehr gut und ergibt ein köstliches Pesto. Im Gegensatz zu den anderen ist dieses Basilikum langlebig, vorausgesetzt es erleidet keinen Frost.

Salatblättriges Basilikum

O. b. var. crispum

Dieses Basilikum trägt große, weiche, runzlige Blätter mit weicher Textur und ist vor allem in Süditalien beliebt. Es passt ausgezeichnet in Salate oder ergibt, gehackt und mit Tomatenwürfelchen und Olivenöl gemischt, ein Pasta-Dressing.

Asiatische Basilikum-Arten

Es gibt ebenso viele asiatische Basilikum-Arten wie europäische, einige werden bereits in hiesigen Gärtnereien gezogen. Sie schmecken ganz anders als westliches Basilikum, weil ihre ätherischen Öle völlig anders zusammengesetzt sind. Während der dominierende Geschmacksstoff des Gewöhnlichen Basilikums *(S. 30)* Linalool (blumig) mit etwas Methylchavicol (Anis) und etwas Eugenol (Nelke) ist, dominiert im asiatischen Basilikum Chavicol mit etwas Eugenol und Kampfer.

In der Küche

Asiatische Basilikum-Arten würzen südostasiatische Salate, Wok-Gerichte, Suppen und Currys. Das Kraut wird nach dem Kochen hinzugefügt. Es ist außerdem Bestandteil der thailändischen grünen Currypaste.

Passt zu Fisch und Meeresfrüchten, Huhn, Kokosmilch, Nudeln, Reis, Rind, Schwein.

Harmoniert mit Chilis, Fingerwurzel, Galgant, Ingwer, Kaffirlimetten, Knoblauch, Korianderkraut und -wurzel, Kurkuma, Tamarinde, Zitronengras.

Zitronenbasilikum *O. b. citriodorum*

Dieses kompakt wachsende Basilikum hat einen zitronenartigen Duft. In Indonesien, wo man es Kemangie nennt, wird es mit Fisch und Meeresfrüchten gebraten. Man gibt es in Salate und streut es über gedünstete Jakobsmuscheln, gegrillten Fisch oder Schweine-Kebabs.

Rotes Tulsi *O. sanctum*

Rotes Tulsi, oder in Thailand Bai Gaprao, ist intensiv aromatisch mit einer würzigen, süßen Schärfe, Spuren von Minze und Kampfer und einem Hauch von Moschus. Als Ersatz bietet sich Gewöhnliches Basilikum mit einigen Minzeblättern an. Durch Kochen verstärkt sich das Aroma, roh schmeckt das Kraut etwas bitter. Es ist Hauptzutat für Thai-Huhn mit Chilis und Basilikum und ebenso in Fleischcurrys.

Limonenbasilikum

O. americanum

Dieses Basilikum ähnelt *O. canum*, doch sind die Blätter etwas dunkler, und das Aroma entspricht eindeutig dem von Limetten und nicht dem von Zitronen. Geeignet für Salate, zu Fisch und Meeresfrüchten.

Thai-Basilikum *O. b. horapa*

Thai Bai Horapha hat ein schweres, süßlich pfeffriges Aroma, das von ausgeprägten Anisnoten und einem angenehmen, langsam abklingenden Anis- und Lakritzaroma begleitet wird.

Anis-Basilikum *O. b. Anise*

Diese dekorative Pflanze, auch Anis-Basilikum genannt, hat violett geäderte Blätter, rötliche Stängel, rosa Blüten und ein angenehmes Anis- und Lakritzaroma. Wird wie Thai-Basilikum verwendet.

Thai-Zitronenbasilikum *O. canum*

Dieses auch Bai Manglak genannte Basilikum hat ein attraktives zitronenartiges, kampferähnliches Aroma und einen pfeffrigen Zitronengeschmack. In der Thai-Küche wird das Kraut kurz vor dem Anrichten in Nudeln oder in Fischcurry gerührt. Die Samen gibt man eingeweicht in Kokosmilch-Desserts und Erfrischungsgetränke. Manchmal wird es auch als »Grünes Tulsi« verkauft.

Lorbeer

Laurus nobilis

Der Lorbeerbaum stammt aus Kleinasien, wird aber schon seit Langem im ganzen Mittelmeerraum kultiviert. Griechen und Römer machten ihn zu einem Symbol für Weisheit und Ruhm und flochten Herrschern, Dichtern, siegreichen Feldherren und Olympioniken Kränze aus den glänzenden, ledrigen Blättern. Aus der großen Lorbeerfamilie wird nur L. nobilis in der Küche verwendet.

AROMA

Lorbeer hat ein süßes Balsamaroma mit Anklängen von Muskat und Kampfer sowie eine kühlende Säure. Frische Blätter schmecken etwas bitter, doch die Bitterkeit verliert sich nach 1–2 Tagen Aufbewahrung. Völlig getrocknete Blätter haben ein kräftiges Aroma und sind kurz nach dem Trocknen am besten.

VERWENDETE TEILE

Frische und getrocknete Blätter.

KAUF UND LAGERUNG

Frisch gepflückte Blätter können zwar gleich verwendet werden, doch etwas länger aufbewahrt sind sie weniger bitter. Zum Trocknen legt man sie flach an einen dunklen, gut belüfteten Ort. In einem luftdichten Gefäß behalten sie Aroma und Duft für mindestens ein Jahr, doch zu alte Blätter schmecken nicht mehr.

ANBAU UND ERNTE

Obwohl Lorbeer ein Gewächs wärmerer Klimate ist, hält er sich bei uns gut als Kübelpflanze, die man allerdings im Haus überwintern muss. In wärmeren Regionen bringt er im Frühjahr kleine gelbe Blüten hervor, die violette, nicht essbare Beeren bilden. Die Blätter lassen sich das ganze Jahr über ernten.

In der Küche

Lorbeerblätter verströmen ihr Aroma langsam, was Brühen, Suppen, Eintöpfen, Soßen, Marinaden und Pickles zugutekommt. Vor dem Garziehen legt man ein oder zwei Lorbeerblätter auf eine selbst gemachte Pastete oder Terrine, man gibt sie in Fischragouts oder mit Zitrone und Fenchel in einen ausgenommenen Fisch. Man fädelt sie auf Kebabspieße (trockene Blätter vorher einweichen) oder würzt damit Pilaws. Lorbeer gehört immer in ein Bouquet garni und zieht in der Béchamelsoße mit. Er passt zu Bohnen, Linsen und Tomaten, vor allem in Tomatensoße.

Die Türken verwenden Lorbeer in gedünsteten Lammgerichten, die Marokkaner in Huhn- und Lamm-

Frische Blätter
Frische Blätter müssen zerstoßen oder zerhackt werden, damit sie ihr Aroma abgeben können. In der mediterranen Küche ist Lorbeer unverzichtbar.

tagines, bei den Franzosen kommt er in den Rinderschmorbraten (Daube). Lorbeer verleiht auch Sülzen, Reispudding und Früchtekompotts ein angenehm würziges, ungewöhnliches Aroma. Im türkischen Gewürzbazar werden die Kisten mit getrockneten Feigen mit Lorbeerblättern besteckt.

Zwei oder drei Lorbeerblätter reichen für ein Gericht für 4–6 Personen. Nimmt man zu viele, drängt sich der Geschmack zu sehr auf. Die Blätter werden vor dem Servieren entfernt. Übrigens werden in Indien, Teilen der Karibik und in Südamerika Blätter anderer Arten als Lorbeer bezeichnet.

KOMBINATIONEN

Unentbehrlich in Bouquet garnis und in Béchamelsoße.

Passt zu Fisch, grünen Bohnen, Huhn, Maronen, Lamm, Linsen, Reis, Rind, Tomaten, Wild, Zitrusfrüchten.

Harmoniert mit Bohnenkraut, Knoblauch, Majoran und Oregano, Petersilie, Piment, Salbei, Thymian, Wacholderbeeren.

Bouquet garni

Ein Bouquet garni ist ein Kräutersträußchen, das man zum Würzen von langsam gekochten Gerichten verwendet. Dieses hier besteht aus ein paar Thymian- und Petersilienzweigen mit Lorbeer *(Rezepte S. 266)*.

Getrocknete Blätter

Getrocknete Lorbeerblätter sollten matt und blassgrün, aber nicht gelblich oder bräunlich sein. Sie werden erst kurz vor Gebrauch zerstoßen oder gemahlen.

Myrte

Myrtus communis

Die Brautmyrte oder Gewöhnliche Myrte ist heimisch in den hügeligen Regionen rund um das Mittelmeer und im Vorderen Orient. Obwohl das europäische Festland mit der Zeit lieber orientalische Gewürze einführte, blieb Myrte auf den Mittelmeerinseln Kreta, Korsika und Sardinien ein wichtiges Gewürz.

GESCHMACK UND AROMA

Alle Teile der Pflanze sind aromatisch. Die Blätter haben ein etwas harziges Aroma mit einer süßen Orangenblütennote. Sie schmecken wacholderähnlich und säuerlich. Die Beeren sind süß mit Anklängen an Wacholder, Piment und Rosmarin. Der Duft der Blüten ist zarter.

VERWENDETE TEILE

Blätter, Blütenknospen, Beeren; alle drei können getrocknet werden.

KAUF UND LAGERUNG

Myrtenpflanzen findet man häufig in Gartencentern und Staudengärtnereien. Man verwendet die Blätter frisch oder trocknet sie, ebenso wie die Blüten und Beeren, an einem dunklen, gut belüfteten Ort. Anschließend in einem luftdichten Behälter aufbewahren.

ANBAU UND ERNTE

Myrte ist ein nicht winterharter, immergrüner Strauch mit kleinen glänzenden, ovalen Blättern, der im Sommer weiße Blüten mit hübschen gelben Staubblättern und im Herbst blauschwarze Früchte trägt. Kälte und Frost verträgt Myrte auf keinen Fall, deshalb hält man sie am besten im Kübel und überwintert sie im Haus.

In der Küche

Die Myrtenblüten werden direkt vom Strauch gepflückt in Salaten oder als Garnierung verwendet. Die Blätter würzen Schwein und Wildschwein, Reh, Hase und Tauben. Man verwendet sie äußerst sparsam und fügt sie einem Ragout erst gegen Ende der Garzeit zu. Zu Fleisch- und Wildgerichten kann man sie mit Thymian oder Bohnenkraut kombinieren, zu Fisch mit Fenchel. Vor dem Braten oder Grillen füllt man in Täubchen oder Wachteln ein paar Myrtenbeeren und eine Knoblauchzehe ein. Ein gutes Gewürz bilden zerstoßene getrocknete Blüten und Beeren.

Noch heute packt man in Süditalien Frischkäsewürfelchen in Myrtenblätter ein. Während der Käse reift, saugen die Blätter seine Feuchtigkeit auf und geben ihm zugleich eine feine Würze.

Frische Zweige
Am häufigsten wird die Gewöhnliche Myrte verwendet, aber die auf Korsika und Sardinien heimische *M. communis subsp. tarentina* besitzt die gleichen aromatischen Eigenschaften.

Engelwurz

Angelica archangelica

Die Engelwurz, eine stattliche zweijährige Pflanze, die über zwei Meter hoch wachsen kann, gedeiht besonders gut in kühlerem Klima und kommt sogar im nördlichen Skandinavien und in Russland vor. Obwohl sie sehr viel Platz braucht, lohnt es, sie wegen ihres dekorativen Laubes und der handgroßen grüngelben Blütendolden anzupflanzen.

In der Küche

Junge Blattstiele werden kandiert. Junge Blätter und Stiele werden in Marinaden und Laken für Fisch und Meeresfrüchte verwendet oder als Gemüse gegessen. In Island und Nordskandinavien ist gekochte oder gedämpfte Engelwurz sehr beliebt. Man gibt die Blätter auch in Salate, zu Füllungen, Soßen und Salsas.

Die moschusähnliche Süße der Engelwurz ergänzt sich gut mit Rhabarber in Kompott, Obstkuchen und Marmelade. Man rechnet eine Hand voll geschnittene oder gehackte junge Stiele auf 1 kg Rhabarber. Auch Milch oder Sahne für Eis oder Pudding kann mit Engelwurz parfümiert werden.

Frische Blätter und Stängel
Junge Stängel und Blätter werden am besten im ersten Sommer geschnitten.

AROMA

Die ganze Pflanze ist aromatisch. Beim Zerreiben verströmen junge Stiele und Blätter einen süßen, moschusähnlichen Duft. Auch ihr Geschmack ist moschusähnlich und bittersüß, leicht erdig, mit Noten von Sellerie, Anis und Wacholder. Die Blüten duften honigsüß.

VERWENDETE TEILE

Junge Blätter und Stiele. Das ätherische Öl der Samen und Wurzeln wird zum Würzen von Spirituosen wie Wermut und Likören verwendet.

KAUF UND LAGERUNG

Frische Engelwurz bekommt man nicht im Handel, deshalb muss man sie selber ziehen. Manche Staudengärtnereien führen die Pflanze. Man kann sie auch aus Samen ziehen. Junge Stiele halten sich in einer Kunststofftüte im Kühlschrank bis zu einer Woche, Blätter welken nach 2–3 Tagen.

ANBAU UND ERNTE

Engelwurz gedeiht am besten auf humusreichem Boden und im Halbschatten. Sie bildet im ersten Jahr lange, rübenförmige Wurzeln, stirbt im Winter ab und kommt im Frühjahr kraftvoll wieder. An ihren rötlichen Blütenstielen öffnen sich spektakuläre Blüten. Nach der Samenreife geht die Pflanze ein, aber sie samt sich bereitwillig aus.

KOMBINATIONEN

Passt zu Aprikosen, Erdbeeren, Fisch und Meeresfrüchten, Haselnüssen, Mandeln, Orangen, Pflaumen, Rhabarber.

Harmoniert mit Anis, Lavendel, Muskat, Pfeffer, Zitronenmelisse.

AROMA
Es gibt Hunderte von Duftpelargonien-Sorten, die nach Apfel oder Zitrusfrüchten, Zimt, Nelken, Muskat oder Minze, Rosen oder Pinie duften. Für die Verwendung in der Küche eignen sich am besten die nach Rosen und Zitrone duftenden Sorten.

VERWENDETE TEILE
Frische Blätter. Die Blüten duften kaum, wirken aber dekorativ auf Desserts. Obwohl die Blätter, wenn sie an der Pflanze absterben oder getrocknet werden, ihr Aroma behalten, schmecken sie gekocht nicht gut.

KAUF UND LAGERUNG
Jedes Frühjahr gibt es in den Gärtnereien neuen Nachschub an Duftpelargonien. Abgeschnittene Blätter sind recht robust und halten 4–5 Tage in einer Kunststofftüte im Gemüsefach des Kühlschranks. Blüten pflückt man unmittelbar vor Gebrauch.

ANBAU UND ERNTE
Duftpelargonien sind zarte, mehrjährige Pflanzen, die beim leisesten Frost welken. Daher müssen sie den Winter über an einem geschützten Platz stehen. Sie lassen sich gut im Topf auf einer Fensterbank ziehen. Blätter kann man den ganzen Sommer über abschneiden. Stecklinge zur Vermehrung entnimmt man im Frühherbst.

Duftpelargonien

Pelargonium-Arten

Duftpelargonien bieten eine ungeheure Vielfalt an Düften, in denen sich der Wohlgeruch vieler anderer Pflanzen wiederfindet. Die Pflanzen wurden im 17. Jh. von Südafrika nach Europa gebracht. In der Mitte des 19. Jh.s entdeckte man ihr Handelspotenzial, als die französische Parfümindustrie eine Methode fand, statt des importierten teuren Rosen-Attars das Öl der nach Rosen duftenden Pelargonien zu verwenden.

Zitronen-Pelargonie

P. crispum

Diese Art wächst straff aufrecht und trägt kleine, raue, gekräuselte Blätter und lavendelfarbene Blüten. Sie besitzt einen frischen Zitronenduft.

Frische Blätter
Beim Zerreiben oder auch nur bei Berührung verströmen Pelargonienblätter ihren Duft.

In der Küche

Mit Rosen-Pelargonie aromatisierter Zucker eignet sich für Desserts und Kuchen: Man füllt ein Glas mit Zucker, mischt eine Handvoll Blätter darunter und lässt das Ganze zwei Wochen stehen. Vor Gebrauch werden die Blätter entfernt.

Den Blattsirup verwendet man für Sorbets, zum Dünsten von Obst oder mit Wasser als Erfrischungsgetränk. Man kocht 250 ml Wasser mit 150 g Zucker auf, fügt 10–12 leicht zerstoßene Pelargonienblätter hinzu, zieht den Topf vom Herd und lässt die Flüssigkeit abkühlen. Durchseihen und bei Blättern mit Zitronenduft 2 EL Zitronensaft, bei solchen mit Rosenduft 1 EL Rosenwasser hinzugeben. Das Ganze lässt sich für etwa eine Woche luftdicht verschlossen im Kühlschrank aufbewahren.

Man kann Sommerfrüchte in Wein oder einem Sirup mazerieren, dem Pelargonienblätter beigefügt sind. Beim Einkochen von Marmelade kann man für die letzten Minuten Blätter zugeben: Rosen-Pelargonie zu Äpfeln, Brombeeren und Himbeeren, Zitronen-Pelargonie zu Pfirsich, Aprikose und Pflaume. Für Eiscreme, Pudding und Soßen lässt man 10–12 Blätter in 500 ml erhitzter Sahne oder Milch ziehen. Die Flüssigkeit abkühlen, durchseihen und verwenden.

Um einen Biskuitkuchen zu parfümieren, kann die Kuchenform vor dem Teigeinfüllen mit Blättern der Rosen-Pelargonie ausgelegt werden. Nach dem Backen entfernen.

Rosen-Pelargonie

P. graveolens

Diese Art entwickelt sich zu einer aufrechten Pflanze mit tief geschlitzten, im Grundriss dreieckigen Blättern und kleinen rosa Blüten. Ihr Duft ist eine Mischung von Rosen und Gewürzen.

P. ‚Lady Plymouth'

Diese nach Zitrone, Minze und Rose duftende mehrfarbige Sorte hat cremefarben gerandete Blätter und rosa Blüten.

Lavendel

Lavandula-Arten

Der Anblick tiefvioletter Lavendelfelder, die in der flirrenden Hitze schimmern, ist auf der Fahrt gen Süden, die Rhone entlang, das untrügliche Zeichen dafür, dass man sich dem warmen Süden nähert. Der aus dem Mittelmeerraum stammende Lavendel entwickelte sich in den Schlossgärten des Barocks zur beliebten Rabattenpflanze. Heute schätzt man ihn wegen seiner Blüten, seiner Würzkraft und seines aromatischen Öls.

AROMA

Lavendel hat einen süßlich blumigen und würzigen Duft mit Zitronen- und Minze-Noten. Der Geschmack geht in die gleiche Richtung mit Kampfertönen und einem leicht bitteren Nachgeschmack. Den höchsten Duftstoffgehalt weisen die Blüten auf, doch auch die Blätter können verwendet werden.

VERWENDETE TEILE

Frische und getrocknete Blüten, Blätter.

KAUF UND LAGERUNG

Ab dem Frühling bieten Gärtnereien verschiedene Lavendelsorten an. Frische Lavendelblüten und -blätter halten sich bis zu einer Woche in einer Kunststofftüte im Kühlschrank. Getrockneter Lavendel lässt sich über ein Jahr aufbewahren. Zum Trocknen die Blütenstände in Bündeln aufhängen, danach Blüten von den Stängeln reiben.

ANBAU UND ERNTE

Ob im Topf oder im Beet – Lavendel braucht einen offenen, sonnigen Standort und durchlässigen Boden. Man erntet die Blüten am besten kurz ehe sie sich öffnen – wenn der Gehalt ätherischer Öle besonders hoch ist. Blätter kann man jederzeit während der Wachstumsperiode ernten.

KOMBINATIONEN

Passt gut zu Blaubeeren, Brombeeren, Erdbeeren, Fasan, Huhn, Kaninchen, Kirschen, Lamm, Pflaumen, Rhabarber.

Harmoniert mit Bohnenkraut, Majoran, Oregano, Perilla, Petersilie, Rosmarin, Thymian.

Echter Lavendel *L. angustifolia*

Das graugrüne Blattwerk und die violetten, purpurroten oder weißen Blüten dieses winterharten, immergrünen Kleinstrauchs machen ihn zu einer der attraktivsten Gartenpflanzen. Wegen ihres geringen Kampfergehalts eignet sich diese Art am besten für die Verwendung in der Küche.

Frische Blätter
Lavendel hat zähe Blätter, die sehr fein gehackt werden müssen. Die Blütenblätter lassen sich von ihrem festen Stängel leicht auszupfen.

Getrocknete Blüten
Der hierzulande kultivierte Echte Lavendel mit seinem zarten, blumigen Duft wird wegen seiner Öle nicht minder geschätzt als die hocharomatische Ausgangsform des Lavendels aus der Provence.

Schopflavendel *L. stoechas*

Dieser Halbstrauch hat schmale grüne Blätter und lila Blüten mit lila Hochblättern an der Spitze. Schopflavendel ist nicht zuverlässig winterhart, wobei die Frosthärte je nach Sorte variiert. Die Art weist im Vergleich zu *L. angustifolia* eine schärfere Kampfernote auf.

In der Küche

Lavendel ist sehr kräftig und muss sparsam eingesetzt werden. Lässt man einige getrocknete Blüten für etwa eine Woche in einem Glas mit Zucker, nimmt dieser ein feines, süßes Aroma an. Man kann aber auch frische Blüten mit Zucker zu einem Pulver vermahlen – das gibt ein stärkeres Aroma, weil durch das Mahlen die Knospen aufgebrochen werden und der Zucker die ätherischen Öle absorbiert. Damit ergibt sich ein guter Zucker zum Backen und für Desserts.

Frische Blüten kann man hacken und in Kuchen- und Gebäckteig mischen. Man kann sie auch auf Kuchen oder Süßspeisen streuen, oder man gibt sie für die letzten Kochminuten in Marmelade, Gelee oder Fruchtkompott. Man kann sie in Sahne, Milch, Sirup oder Wein zum Aromatisieren von Sorbets und anderen Desserts ziehen lassen. Sehr gut schmeckt Lavendeleis. Probieren Sie auch Lavendel in Schokoladeneis oder Mousse.

Würzen Sie einen Salat mit gehackten Blättern oder bestreuen Sie ihn mit Blüten. Mischen Sie gehackte Blüten unter Reis, oder würzen Sie Lammhaxe, Kaninchen, Huhn oder Fasan mit gehackten Blüten und Blättern. Geben Sie Lavendel in Marinaden und in Essig zum Aromatisieren.

Rund um das Mittelmeer verwendet man Lavendel in Gewürzmischungen. In der Provence wird Lavendel mit Bohnenkraut und Rosmarin kombiniert, in Marokko mischt man ihn manchmal in Ras el-Hanout.

Lavendel *wird hauptsächlich wegen des ätherischen Öls in großem Umfang erwerbsmäßig angebaut. Er wurde lange*

als Küchengewürz vernachlässigt, doch heute entdecken wir allmählich wieder seine verblüffende Vielseitigkeit.

Waldmeister

Galium odoratum

Wie sein Name sagt, ist der Wald der natürliche Lebensraum dieses niedrigen, ausdauernden Krautes. Im Frühling handelt es sich um eine höchst attraktive Gartenpflanze mit hübschen sternförmigen Blüten und übereinanderstehenden Quirlen aus schmalen, glänzenden Blättern, die den Stiel wie eine Halskrause umrahmen.

In der Küche

Am stärksten ausgeprägt ist das angenehme Aroma von Waldmeister, wenn das Kraut welkt. Berühmt ist Waldmeister wegen der Waldmeister- oder Maibowle. Sie wird mit dem Kraut, Weißwein, Zucker und Sekt und manchmal auch Minze oder Zitronenmelisse angesetzt. Man kann Waldmeister auch in Marinaden für Huhn und Kaninchen ziehen lassen, in Salatdressings und in Wein, aus dem man dann Zabaione oder Sorbet zubereitet. Ein oder zwei Stängel genügen, vor dem Servieren entfernt man sie aus dem Gericht oder der Flüssigkeit. Die Blüten machen sich dekorativ auf Salaten.

Frische Blätter und Blüten
Da Waldmeister Cumarin enthält und diese Substanz, im Übermaß eingenommen, die Leber schädigt und heute als krebserregend gilt, sollte man ihn nur in sehr geringen Mengen genießen. Zum Glück genügen 1–2 Stängel, um das betörende Aroma des Krautes zu vermitteln.

AROMA

Die frische Pflanze duftet nur schwach, doch beim Abschneiden entfaltet sich der Geruch von frisch geschnittenem Heu und Vanillin. Die Blüten sind weniger intensiv als die Blätter, der Geschmack gleicht dem Duft.

VERWENDETE TEILE

Blätter und Blüten, ganze Stängel.

KAUF UND LAGERUNG

Man kann die Pflanzen in Gärtnereien kaufen. Am besten pflückt man das Kraut 1–2 Tage bevor man es verwendet. Das Aroma entwickelt sich intensiver, wenn die Blätter welk oder getrocknet sind. Zum Einfrieren breitet man die Blätter auf einem Tablett aus. Danach bewahrt man die gefrorenen Blätter am besten in einer Kunststofftüte im Gefrierschrank auf.

ANBAU UND ERNTE

Waldmeister lässt sich aus Samen ziehen, doch er braucht lange zum Keimen. Hat sich die Pflanze einen Platz erobert, vermehrt sie sich an schattigen Standorten gern weiter. Blätter und Blüten kann man im Frühling und Frühsommer sammeln, später im Jahr lässt die Intensität des Aromas nach.

KOMBINATIONEN

Passt gut zu Äpfeln, Birnen, Erdbeeren, Melone.

Pandan

Pandanus amaryllifolius, P. tectorius

Den Schraubenbaum findet man in den Tropen von Indien über Südostasien, Nordaustralien bis zu den pazifischen Inseln. Die Blätter der Art *P. amaryllifolius* werden als Gewürz und zum Einwickeln von Speisen verwendet. Kewra-Essenz, ein beliebtes Gewürz der indischen Mogule, wird aus den Blüten des *P. tectorius* gewonnen.

In der Küche

Um das Aroma der Pandanusblätter freizusetzen, kratzt oder scharrt man die Oberfläche mit den Zinken einer Gabel an und verknotet das Blatt dann locker, damit sich keine Fasern lösen.

In Malaysia und Singapur fügt man dem Reis zum leichten Aromatisieren vor dem Kochen ein oder zwei Blätter hinzu. Auch Pfannkuchen, Kuchen und cremige Klebreis- oder Tapioka-Desserts werden so aromatisiert.

Man verwendet die Blätter auch zum Einwickeln von Speisen. In der Thai-Küche dämpft oder brät man Huhn in Pandanuspäckchen oder flicht aus den Blättern Behälter für Desserts.

Kewra-Essenz wird in Indien für Pilaws und Fleischgerichte, aber auch für Süßigkeiten und Kulfi verwendet. Sie kann in etwas Wasser aufgelöst und vor dem Servieren über eine Speise gesprenkelt werden. Auch selbst gemachte Limonade wird damit aromatisiert.

Frische Blätter

Der Saft der Blätter wird als Speisefarbe verwendet. Zur Saftgewinnung gibt man 4–5 grob gehackte Blätter mit etwas Wasser in einen Mixer.

AROMA

Pandanusblätter duften süßlich frisch und blumig, etwas moschusartig, mit Noten von frischem Heu. Im Geschmack sind sie angenehm grasig und blumig. Kewra-Essenz hat ein süßes, zartes Moschus- und Rosenaroma.

VERWENDETE TEILE

Blätter und Blüten.

KAUF UND LAGERUNG

Frische Pandanusblätter findet man gelegentlich in Asialäden. Weder gefrorene noch getrocknete Pandanusblätter reichen an das Aroma frischer Blätter heran. In Flaschen erhältlicher Blätterextrakt hat eine unnatürlich grelle Farbe und verliert schnell das wenige Aroma. Pandanuspulver hat eine leichte Grasnote, die nach wenigen Monaten verfliegt. Kewra-Essenz oder Kewra-Wasser (Essenz mit Wasser verdünnt) hält sich, gut verschlossen und lichtgeschützt aufbewahrt, 2–3 Jahre.

ANBAU UND ERNTE

Die Pandanusbäume mit ihren glänzenden, schwertförmigen und spiralartig um den Stamm angeordneten Blättern findet man in vielen Gärten Südasiens. Die Blätter lassen sich jederzeit ernten, die Blüten werden kurz nach dem Öffnen gepflückt.

KOMBINATIONEN

Passt gut zu Currys, Huhn, Kokosnuss, Palmzucker, Reis.

Harmoniert mit Chili, Galgant, Ingwer, Kaffirlimette, Koriander, Zitronengras.

Monarde, Goldmelisse

Monarda didyma

Die in Nordamerika heimische Gattung *Monarda* ist nach dem spanischen Arzt Nicolas Monardes benannt, dessen im 16. Jh. verfasstes *Joyfull Newes Out of the Newe Founde Worlde* das erste amerikanische Pflanzenbuch war. Der englische Name »Wild Bergamot« deutet darauf hin, dass das Aroma dem der Bergamotte-Orange sehr ähnelt. Ein anderer Name ist Goldnessel oder Indianernessel.

AROMA

Die ganze Pflanze weist ein deutliches Zitrusaroma auf. Sie schmeckt nach Zitrus mit einer zusätzlichen angenehm würzigen Note. Die Blüten haben im Vergleich zu den Blättern ein ausgewogeneres Aroma.

VERWENDETE TEILE

Frische und getrocknete Blätter und Blüten. Getrocknete Blätter werden für Aufgüsse verwendet.

KAUF UND LAGERUNG

Man bekommt die Pflanzen in Gartencentern und Staudengärtnereien. Blüten und Blätter welken schnell und sollten kurz nach dem Pflücken verwendet werden. Man kann sie klein hacken und einfrieren. Zum Trocknen Blätter und Blüten auf Tabletts ausbreiten oder in kleinen Sträußen an einem dunklen, gut durchlüfteten Ort aufhängen. Danach luftdicht verschließen.

ANBAU UND ERNTE

Diese Staude gedeiht fast überall, am besten aber in humosem, gut Wasser haltendem Boden an einem sonnigen bis halbschattigen Platz. Alle drei Jahre wird die Pflanze ausgegraben. Blüten pflückt man voll erblüht, die Blätter werden den ganzen Sommer über geerntet.

Frische Blätter

Alle in Kultur gezogenen *Monarda*-Arten mit ihren auffallenden Blütenquirlen in unterschiedlichen Farben und mit etwas verschiedenen Düften werden in gleicher Weise verwendet.

In der Küche

Verwenden Sie nur frische junge Blätter und Blüten zum Kochen. Man kann sie fein geschnitten unter grünen Salat ebenso wie in Obstsalat mischen. Die Monarde passt gut zu Ente, Huhn und Schwein. Gehackt kann man sie in Joghurt- oder Sahnesoßen mischen oder an Salsa geben. Die Blüten schmecken gut in Brötchen mit Frischkäse und Gurke.

Aus der Monarde wird auch der in den USA populäre Oswego-Tee hergestellt – benannt nach dem Oswego-Tal in der Nähe des Ontario-Sees, wo Indianerstämme einen Tee daraus bereiteten. Die frühen europäischen Siedler übernahmen diese Sitte. Geben Sie ein paar frische oder getrocknete Blüten oder Blätter zum Aromatisieren in eine Kanne Ceylon-Tee, in selbst gemachte Limonade oder in sommerliche Erfrischungsgetränke.

Monarda-Soße

Eine Salsa aus gehackten *Monarda*-Blättern, Petersilie und Orange schmeckt köstlich zu Schweine-Kebabs oder gegrilltem Fisch.

KOMBINATIONEN

Passt zu Äpfeln, Ente, Erdbeeren, Huhn, Kiwi, Melone, Papaya, Schwein, Tomaten, Zitrusfrüchten.

Harmoniert mit Dill, Fenchel, Knoblauch, Kresse, Minze, Petersilie, Rosmarin, Schnittlauch, Thymian, Zitronenmelisse.

WEITERE MONARDE-ARTEN

Wilde Bergamotte *(M. fistulosa)*, auch als Beebalm (»Bienenmelisse«) bekannt, hat einen stärkeren und derberen Duft als die kultivierten Sorten. Sparsam verwenden. Eine andere Varietät, *M. fistulosa* var. *menthaefolia*, ähnelt im Geschmack dem Oregano und wird manchmal im Südwesten Amerikas als Ersatz für Oregano verwendet.

Zitronenmelisse

Melissa officinalis

Zitronenmelisse stammt aus Südeuropa und Westasien. Heute wird sie in allen gemäßigten Klimazonen angebaut. Mit ihren runzligen, deutlich gezähnten Blättern und den kleinen weißen oder gelblichen Blüten fällt sie zwar nicht sehr auf, sie verdient aber ein Plätzchen im Garten, denn sie lockt Bienen an und duftet angenehm nach Zitrone.

In der Küche

Hauptsächlich wird Melisse als wohltuender, beruhigender Tee verwendet, der aus getrockneten oder frischen Blättern bereitet wird. Außerdem kann man ein frisches Blatt zu Erfrischungsgetränken oder Longdrinks geben. Der zitronig-minzige Geschmack frischer Melisse eignet sich besonders zu Fisch und Huhn in Soßen, Füllungen, Marinaden und Salsas. Mit Melisse lässt sich köstliche Kräuterbutter und duftender Essig herstellen. Sie schmeckt erfrischend in Obstdesserts, Eiscremes und Kuchen. Ein starker, gut gesüßter Melissentee ist die Grundsubstanz für ein gutes Sorbet.

Frische Blätter

Kochen Sie immer mit frischen Blättern und gehen Sie großzügig damit um, denn das Aroma ist köstlich. Auch die buntlaubige Sorte ‚Aurea' eignet sich dafür.

AROMA

Zerdrückt duften junge Blätter nach Zitrone und schmecken zitronenartig-minzig. Das raffinierte Aroma ist angenehm und längst nicht so durchdringend wie das von Zitronenverbene oder Zitronengras.

VERWENDETE TEILE

Blätter, frisch oder getrocknet.

KAUF UND LAGERUNG

Samen und Pflanzen kann man in Gärtnereien kaufen. Frische Blätter halten in einer Kunststofftüte im Gemüsefach des Kühlschranks 3–4 Tage. Zum Trocknen der Blätter hängt man Kräuterbündel an einen dunklen, gut belüfteten Ort. Die trockenen Blätter zerkrümeln und luftdicht verschlossen aufbewahren. Sie behalten das Aroma für 5–6 Monate.

ANBAU UND ERNTE

Zitronenmelisse lässt sich einfach aus Samen oder durch Teilung des Wurzelstocks im Frühling oder Herbst ziehen. Für einen kräftigen Durchtrieb schneidet man die Pflanzen nach dem Blühen zurück. Zitronenmelisse neigt zum Wuchern – in einem kleinen Garten hält man sie daher besser im Topf. Die Blätter sollte man schon früh abernten.

KOMBINATIONEN

Passt zu Äpfeln, Aprikosen, Eiern, Feigen, Fisch, Frischkäse, Huhn, Karotten, Melone, Nektarinen, Pilzen, Zucchini.

Harmoniert mit Brunnenkresse, Dill, Fenchel, Ingwer, Kerbel, Minze, Monarde, Petersilie, Schnittlauch.

Echte Kammminze

Elsholtzia ciliata

Die im gemäßigten Ost- und Mittelasien beheimatete Echte Kammminze oder Vietnamesische Melisse ist eine buschig verzweigte einjährige Pflanze mit hellgrünen gesägten Blättern und lavendelfarbenen Blüten in quirligen Ständen. Im Aroma ähnelt sie etwas der Zitronenmelisse, doch sind die Pflanzen nicht näher miteinander verwandt. In einzelnen Teilen Europas und Nordamerikas ist die Kammminze inzwischen bereits verwildert.

In der Küche

Man verwendet die Kammminze zum Würzen von Gemüse, Eier- und Fischgerichten und zu Nudeln und Reis. Manchmal findet man sie auf den Kräutertellern, die bei vielen vietnamesischen Mahlzeiten mit gereicht werden. In Thailand genießt man sie hauptsächlich als Gemüse.

Frische Blätter

Vietnamesische Melisse wird seit Jahren in Südostasien als Küchenkraut und Heilpflanze genutzt, doch ist sie in Mitteleuropa noch wenig bekannt.

AROMA

Vietnamesische Melisse hat einen klaren Zitronenduft mit blumigen Untertönen. Im Geschmack erinnert sie an Zitronenmelisse, doch ist sie konzentrierter, eher wie Zitronengras. Falls man das eine oder andere nicht bekommt, können die Kräuter einander ersetzen.

VERWENDETE TEILE

Frische Blätter und junge Sprossen.

KAUF UND LAGERUNG

Die Kammminze wird in Gärtnereien gezogen, die südostasiatische Restaurants beliefern, eventuell erhält man sie im Asialaden. Auch Staudengärtnereien haben Elsholtzia-Arten im Angebot. Die Blätter halten in einer Kunststofftüte im Gemüsefach des Kühlschranks 3–4 Tage.

ANBAU UND ERNTE

Die Kammminze ist eine mehrjährige Pflanze, die häufig wie eine einjährige kultiviert wird. Man kann sie nach der Frostperiode im Freien aus Samen ziehen. In warmem, feuchtem Klima kann sie auswildern. Sprossen aus einem Asialaden bilden Wurzeln, wenn man sie in Wasser stellt. Man erntet die Blätter von Frühling bis Frühherbst.

KOMBINATIONEN

Passt zu Auberginen, Fisch und Meeresfrüchten, Frühlingszwiebeln, Gurke, Pilzen, Salat.

Harmoniert mit asiatischen Basilikumsorten, Chilis, Galgant, Koriander, Knoblauch, Minze, Perilla, Tamarinde.

AROMA

Zitronenverbene hat einen intensiven, frischen Zitronenduft. Gleiches gilt für den etwas weniger stark ausgeprägten Geschmack. Er ist reiner als bei der Zitrone, doch ohne deren Säure. Mitgekochte Blätter duften hinterher noch immer. Getrocknete Blätter behalten ihr Aroma bis zu einem Jahr.

VERWENDETE TEILE

Blätter, frisch und getrocknet.

KAUF UND LAGERUNG

Pflanzen gibt es in Staudengärtnereien mit Spezialisierung auf Kräuteranbau. Abgeschnittene Blätter halten im Kühlschrank 1–2 Tage. Zweige bleiben eingestellt in Wasser für 24 Stunden frisch. Gehackte Blätter kann man in Eiswürfelbehältern einfrieren. Zum Trocknen hängt man Stiele an einem dunklen, gut durchlüfteten Ort kopfüber auf.

ANBAU UND ERNTE

Zitronenverbene braucht Sonne und durchlässigen Boden. Die Blätter kann man während der ganzen Saison ernten. Regelmäßiger Rückschnitt regt das Wachstum an, im Herbst sollte man sie stark zurückschneiden. Da sie nicht zuverlässig frostfest ist, sollte man sie den Winter über in einem Topf im Haus halten.

KOMBINATIONEN

Passt zu Aprikosen, Fisch, Huhn, Karotten, Pilzen, Reis, Zucchini.

Harmoniert mit Basilikum, Chilis, Knoblauch, Koriander, Minze, Schnittlauch, Zitronenthymian.

Zitronenverbene

Aloysia citriodora

Die aus Chile und Argentinien stammende Zitronenverbene wurde von den Spaniern nach Europa gebracht. Ein Kapitän aus Neuengland führte sie im 18. Jh. nach Nordamerika ein. Die französischen Parfüm-Hersteller schätzen sie ihrer ätherischen Öle wegen. Bis vor 100 Jahren galt sie als rein dekorative Gartenpflanze, doch wegen ihres reinen und betörenden Zitronenduftes verdient sie einen Platz in jedem Aromagarten.

In der Küche

Zitronenverbene bietet sich von selbst für Fisch und Geflügel an: Man legt in deren Körperhöhlung ein paar Zweige oder gibt das Kraut gehackt in die Füllung oder Marinade. Der lebhafte, reine Geschmack der Zitronenverbene passt ebenfalls gut zu fettreichem Fleisch wie Schwein und Ente, in Gemüsesuppe oder Reis-Pilaw. Sie eignet sich zum Aromatisieren von Desserts und Getränken. Man kann einige Zweige in einem Kompott mitkochen, sie fein gehackt in Obstsalat oder Obstkuchen geben oder sie für eine frisch duftende Eiscreme in Sahne ziehen lassen.

Frische Zweige

Eistee oder kühlen Sommergetränken geben die Blätter der Zitronenverbene ein erfrischendes Aroma.

Sassafras

Sassafras albidum

Dieses aromatische Gehölz kommt von Natur aus im Osten der USA, zwischen Maine und Florida, vor. Eingeborene zeigten den ersten Siedlern, wie man aus der Wurzel, der Rinde oder den Blättern einen Tee bereiten kann. Die in die Südstaaten eingewanderten französisch sprechenden Kanadier übernahmen von den Choctaw die Idee, mit getrockneten, gemahlenen Sassafrasblättern Eintöpfe zu würzen.

In der Küche

Filépulver oder Gumbo-Filé aus getrockneten, gemahlenen Sassafrasblättern ist nur in der Küche Louisianas gebräuchlich, ist aber der Schlüssel zu vielen Cajun- und kreolischen Suppen und Eintöpfen. Es wird besonders für Gumbo verwendet, eine nahrhafte, würzige Suppe aus vielen Gemüsen, Meeresfrüchten oder Fleisch, die zu Reis serviert wird. Die schleimige Konsistenz von Filé dickt das Gericht an, vorausgesetzt, man gibt es in das heiße, aber nicht mehr kochende Gericht, sonst flockt das Gewürz aus. Einige Sorten Filépulver enthalten neben Sassafras noch andere gemahlene Kräuter wie Lorbeer, Oregano, Salbei oder Thymian.

Getrocknete Blätter
Die großen Blätter, die wunderschöne Herbstfarben annehmen, können an ein und demselben Zweig ein-, zwei- oder dreilappig sein.

Filépulver
Filépulver ist wichtig, um die typischen Gerichte in Louisiana anzudicken und zugleich zu würzen.

AROMA

Junge Blätter haben ein adstringierendes Zitrus- und Fenchelaroma, die Wurzeln riechen nach Kampfer. Filépulver schmeckt säuerlich, eher wie zitroniger Sauerampfer mit Holznoten. Durch kurzes Erhitzen kann sich sein Aroma entfalten.

VERWENDETE TEILE

Blätter und Wurzeln.

KAUF UND LAGERUNG

Es ist besser, Sassafras nicht frisch zu verwenden, da er in seiner natürlichen Form das Nervengift Safrol enthält. Wurzel, Rinde und Blätter werden heute vor dem Verkauf behandelt, um das Safrol zu entziehen. Am besten kauft man fertiges Filépulver, Sassafras-Tee oder Teekonzentrat nur mit der Aufschrift »safrolfrei«. Filépulver hält sich 6 Monate, Sassafras-Tee ein Jahr und länger.

ANBAU UND ERNTE

Sassafrasbäume findet man hauptsächlich in der freien Natur. Wegen der langen Pfahlwurzeln lassen sich nur junge Gewächse verpflanzen, daher sind sie selten im Angebot von Kübelpflanzen-Gärtnereien. Die Blätter für das erwerbsmäßig gewonnene Filépulver werden im Frühjahr geerntet, getrocknet und gemahlen.

Houttuynia

Houttuynia cordata

Die südostasiatische Küche schätzt diese mehrjährige, Wasser liebende Pflanze als Würzkraut sehr, nicht so die westliche Küche. Die aus Japan stammende Pflanze wächst heute in fast ganz Ostasien wild. Allgemein wird die grünblättrige Sorte zum Kochen verwendet, doch es gibt auch die auffallende Sorte ‚Chameleon' mit gelb-weiß gefleckten und im Herbst zusätzlich rot gerandeten Blättern. In Vietnam wird *Houttuynia* Rau Diep Ca genannt, in Europa wurde daraus Vap Ca.

In der Küche

In Japan wird Houttuynia weniger als Gewürz denn als Gemüse zu Fisch und Schweinefleisch gegessen. In Vietnam, wo sie sehr beliebt ist, dünstet man das Kraut gehackt mit Fisch und Huhn. Die Blätter werden roh, zusammen mit anderem rohem Gemüse in das scharfe Nam Prik gedippt, zu Rind und Ente oder als Salat gegessen – z. B. mit Blattsalat, Minze und jungen Blättern und Blüten der Kapuzinerkresse. In feine Streifen geschnitten passen sie auch in pfannengerührtes Gemüse mit Meeresfrüchten oder in Fischsuppen. Als Ersatz eignen sich Koriander, Rau ram oder Culantro.

AROMA

Das Aroma zerriebener Blätter erinnert an Koriander und Zitrusfrüchte, manchmal auch an Fisch. Der Geschmack ist säuerlich und herb, ähnlich wie Rau ram und Koriander, doch mit leichtem Fischgeschmack. Entsprechend wird Houttuynia auch Vietnamesische Fischminze oder Chinesischer Eidechsenschwanz genannt. Einige Pflanzen riechen scheußlich, andere zwar scharf, aber angenehm.

VERWENDETE TEILE

Frische Blätter.

KAUF UND LAGERUNG

Die Pflanzen bekommt man in spezialisierten Staudengärtnereien, das Würzkraut nur über Kräuter-Spezialisten. Vor dem Kauf den Geruch prüfen! In einer Kunststofftüte im Gemüsefach halten sich die Blätter 2–3 Tage.

ANBAU UND ERNTE

Man kann Houttuynia auf feuchtem Boden oder an einem flachen Teichrand ziehen, doch verwildert sie leicht. Die Zuchtform braucht Sonne, um ihre Farbenpracht zu entwickeln. Mit ihren herzförmigen Blättern und kleinen weißen Blüten ist sie ein hübscher Bodendecker. Die Blätter lassen sich von Frühling bis Herbst ernten.

KOMBINATIONEN

Harmoniert mit Chilis, Galgant, Ingwer, Knoblauch, Kresse, Minze, Zitronengras.

Frische Blätter
Die japanische Houttuynia hat ein deutliches Orangen- und Korianderaroma, während die chinesische eher stinkt. Rechts das bunte Blatt von ‚Chameleon'.

Rau om

Limnophila aromatica

Rau om ist im tropischen Asien heimisch. Die Pflanze, die im Vietnamesischen auch Ngo om heißt, wurde vor wenigen Jahrzehnten von Einwanderern aus Südostasien in die USA gebracht. Hierzulande lässt sie leider noch auf sich warten, während andere Arten der Gattung als Sumpffreund bereits zum Sortiment der Staudengärtnereien gehören. Wegen ihres angenehmen Aromas sollte sie auch unsere kulinarische Experimentierlust wecken.

In der Küche

Die Vietnamesen lieben ihr Rau om über alles. Sie streuen es gehackt kurz vor dem Servieren über Gemüse und saure Suppen, würzen damit Fischgerichte, und selten fehlt es auf dem Kräuterteller, der zu vielen vietnamesischen Mahlzeiten gereicht wird. Häufig wird Rau om zu Süßwasserfisch gegessen. In Nordthailand serviert man es zu fermentiertem Fisch mit Chilisoße und zu Kokosmilch-Currys. Gehackt passt es in Dressings für Linsen- und Bohnengerichte und zu gegrilltem Fisch. Oder man gibt es zum Schluss in pfannengerührte Gerichte.

Frische Zweige
Typisch für die kleine, kriechende Pflanze ist die Blattanordnung: Je drei längliche Blätter entspringen einem Knoten.

AROMA

Duft und Geschmack sind geprägt durch ein attraktives blumiges, moschusähnliches Zitrusaroma mit einer Spur der durchdringenden Erdigkeit von Kreuzkümmel. Es ist ein duftendes, feines Kraut.

VERWENDETE TEILE

Frische junge Triebe und Blätter.

KAUF UND LAGERUNG

In Kräutergärtnereien oder im Asialaden. Hält sich in einer Kunststofftüte im Gemüsefach des Kühlschranks einige Tage.

ANBAU UND ERNTE

Die stark wuchernde Pflanze mit länglichen grünen Blättern und lila Blüten wächst in ganz Südostasien wild an Teichen und wird dort auf gefluteten Reisfeldern angebaut. Rau om gedeiht in oder am flachen Ufer von Teichen und liebt Sonne oder Halbschatten. Die mehrjährige Pflanze verträgt keinen Frost. Die Blätter werden die ganze Saison über geerntet.

KOMBINATIONEN

Passt zu Fisch und Meeresfrüchten, Kokosmilch, Nudeln, Reis, Schalotten, Blatt- und Wurzelgemüse, Zitronensaft.

Harmoniert mit Chilis, Galgant, Koriander, Tamarinde, Zitronengras.

Ampfer

Rumex acetosa, Rumex scutatus

Ampfer, ein Knöterichgewächs, wächst in Europa und Westasien wild, doch die Kultur im Garten lohnt sich dennoch. Beliebt ist der Sauerampfer, *R. acetosa*. Der Schildampfer oder Schildsauerampfer, *R. scutatus*, besitzt jedoch ein feineres, zitronenartiges Aroma. Schon von alters her wird Sauerampfer wegen der Säure, die er fetten Speisen verleiht, geschätzt.

In der Küche

Sauerampfer ist reich an Vitamin A und C und enthält auch Oxalsäure, die den sauren Geschmack verursacht. Am besten wird er mit anderen Nahrungsmitteln kombiniert. Mit Kartoffeln ergibt er eine gute Suppe, mit Spinat ukrainischen grünen Borschtsch, mit Butter, Brühe und Sahne eine gehaltvolle Soße für Fisch.

Sauerampfer *R. acetosa*

Sauerampferblätter kann man von Mai bis in den Herbst hinein ernten. Je mehr man pflückt, umso stärker wachsen sie nach.

AROMA

Sauerampfer hat keinen Geruch. Der Geschmack rangiert zwischen erfrischend säuerlich, scharf und herb, größere Blätter können etwas bitter sein. Die Textur ist spinatähnlich. Schildampfer hat einen milderen, zitronenartigen und saftigen Geschmack.

VERWENDETE TEILE

Frische Blätter.

KAUF UND LAGERUNG

Sauerampfer gibt es ab und zu im Gemüseladen. Aufbewahrt wird er in einer Kunststofftüte im Gemüsefach des Kühlschranks. Er lässt sich schlecht trocknen, eignet sich aber zum Einfrieren: Hierfür entfernt man die Stiele und dämpft oder dünstet die Blätter in Butter.

ANBAU UND ERNTE

Sauerampfer gedeiht am besten auf humosem, feuchtem Boden im Halbschatten. Bei zu viel Sonne werden die Blätter bitter. Schildampfer bevorzugt einen trockeneren, wärmeren Platz. Beide sind winterhart, mehrjährig und lassen sich gut aus Samen ziehen. Pflanzen bekommt man in Gemüse- oder Staudengärtnereien. Die Pflanzen wachsen als ansehnliches Büschel.

KOMBINATIONEN

Passt zu Brunnenkresse, Eiern, Fisch (besonders Lachs), Blattsalat, Gurke, Huhn, Kalb, Lauch, Linsen, Muscheln, Schwein, Spinat, Tomaten.

Harmoniert mit Borretsch, Dill, Estragon, Kerbel, Liebstöckel, Petersilie, Schnittlauch.

Duftnessel

Agastache-Arten

Duftnesseln sind in Europa noch wenig bekannt. Der Anisysop, *A. foeniculum*, stammt aus Nordamerika, der Koreanische Fenchel, *A. rugosa*, aus Ostasien. Die Blätter und Blüten der Mexikanischen Bergminze, *A. mexicana*, werden als Tee verwendet. Diese Art ist nicht ganz winterhart.

In der Küche

Anisysop und Koreanischer Fenchel sind in der Küche alternativ verwendbar. Meist bereitet man damit Tee oder Erfrischungsgetränke zu. Statt Anis gibt man ganze Blätter in Marinaden für Fisch und Meeresfrüchte, gehackte Blätter in Reis, zu Hühner- oder Schweinefleisch. Ihre natürliche Süße ergänzt Gemüse wie Karotten, Kürbis, Rote Bete und Süßkartoffeln. Agastache harmoniert gut mit grünen Bohnen, Zucchini und Tomaten. Man kann das Blatt ganz oder gehackt vor dem Servieren über Gerichte streuen. Einige Blätter im Salat geben diesem eine Anis-Note. Mit anderen Sommerkräutern kann man sie in Pfannkuchenteig mischen oder mit Olivenöl, gerösteten Weißbrotkrumen und Knoblauch zu einer Kräutersoße für Pasta verrühren. Die Kräuter passen auch gut zu Früchten wie Aprikosen, Birnen, Heidelbeeren, Himbeeren, Pfirsichen und Pflaumen. Für Agastache-Honig füllt man erwärmten Honig in ein Glas mit Blättern und Blüten und lässt ihn einen Monat lang ziehen.

Anisysop

A. foeniculum

Die aufrechte, verzweigte Pflanze, die auch Duftnessel genannt wird, hat graugrüne, ovale, violett überhauchte Blätter. Die violetten Blüten in dichten, attraktiven Quirlen locken im Spätsommer die Bienen an.

Blüten

Anisysop riecht nach Anis, und die Blüten ähneln dem Ysop, doch es bestehen keine engen verwandtschaftlichen Beziehungen.

AROMA

Anisysop hat ein süßes Anisaroma und besitzt, anders als viele Kräuter, die für sich genommen bitter schmecken, eine natürliche Süße. Koreanischer Fenchel riecht nach Eukalyptus und Minze, doch ähnelt der Geschmack dem Anisysop mit einem anhaltenden Nachgeschmack von Anis.

VERWENDETE TEILE

Frische Blätter, Blüten zur Garnierung.

KAUF UND LAGERUNG

Gut sortierte Staudengärtnereien führen die Pflanzen. Die recht robusten Blätter halten in einer Kunststofftüte im Gemüsefach des Kühlschranks 4–5 Tage. Die Blätter können eingefroren werden, besser sind sie aber frisch. Getrocknete Blätter eignen sich nur für Tee.

ANBAU UND ERNTE

Anisysop und Koreanischer Fenchel bevorzugen durchlässigen Boden und volle Sonne. Beide lassen sich aus Samen ziehen. Nach 2–3 Jahren kann man die Pflanzen teilen und wieder einpflanzen. Lässt man die Blüten stehen, säen sich die Pflanzen selbst aus, doch die Sämlinge erscheinen erst spät im Jahr. Junge Blätter kann man ständig ernten. Kurz bevor die Pflanze blüht, sind sie besonders aromatisch.

KOMBINATIONEN

Passt zu Beeren und Kernobst, grünen Bohnen, Kürbis, Tomaten, Wurzelgemüse, Zucchini.

Harmoniert mit Basilikum, Estragon, Glänzender Studentenblume, Kerbel, Majoran, Monarde, Petersilie, Wiesenknopf.

Kerbel

Anthriscus cerefolium

Der aus Südosteuropa und Vorderasien stammende Kerbel gelangte vermutlich mit den Römern nach Nordeuropa. Er gilt traditionell als Symbol für das Leben. Wenn er erstmals im Jahr auf dem Markt angeboten wird, signalisiert er den Beginn des Frühlings. Dann stehen in Frankreich, Deutschland und den Niederlanden Kerbelsoßen und -suppen auf dem Speiseplan.

AROMA

Kerbel schmeckt süßlich aromatisch. Der unaufdringliche und besänftigende Geschmack trägt leichte Anisnoten und Anklänge an Petersilie, Kümmel und Pfeffer.

VERWENDETE TEILE

Frische Blätter,
Blüten zum Garnieren.

KAUF UND LAGERUNG

Kerbel eignet sich nicht zum längeren Aufbewahren. In einer Kunststofftüte oder in feuchtem Küchenpapier hält er sich 2–3 Tage im Gemüsefach des Kühlschranks. Im Frühjahr kann man die Pfanne manchmal im Supermarkt kaufen. Gehackt und in kleinen Behältern tiefgefroren, hält er 3–4 Monate. Kerbelbutter lässt sich gut einfrieren. Getrocknet hat Kerbel fast kein Aroma.

ANBAU UND ERNTE

Man kann Kerbel leicht aus Samen ziehen. Er bevorzugt humosen, frischen Boden und Halbschatten. Ausgesät wird immer am endgültigen Platz, denn Umpflanzen vertragen die Pflanzen nicht gut. Am besten wächst Kerbel bei kühler Witterung, im Sommer sollte er unter Schatten spendenden Pflanzen wachsen. Alte Blätter werden rosa oder gelblich und haben kein frisches Aroma mehr.

Frische Blätter

Kerbel wächst schnell und wird bereits 6–8 Wochen nach der Aussaat geerntet. Doch seine Lebensspanne ist kurz: Sobald er blüht, taugt er nicht mehr für die Küche. Es empfiehlt sich daher, häufig zu ernten und immer ganze Stängel abzuschneiden. Die äußeren entnimmt man zuerst, damit von innen neue nachwachsen.

In der Küche

Kerbel ist unverzichtbar in der französischen Küche: Er gehört mit Schnittlauch, Petersilie und Estragon in die klassische Fines-Herbes-Mischung. Unter Eier gerührt, gibt er ein köstliches Omelett oder Rührei. Eine lange Tradition hat Kerbelsuppe in den Niederlanden und Belgien: Sie basiert auf Kartoffeln mit Schalotten, eventuell angereichert durch Sahne und Eigelb.

Kerbel schmeckt köstlich in klarer Brühe und gibt Vinaigretten und Butter- oder Sahnesoßen zu Fisch, Huhn und Gemüse ein delikates Aroma. Besonders gut passt er in Salate, etwa in einen warmen Kartoffelsalat oder einen Salat aus Roten Beten mit Schalotten oder Schnittlauch.

Manchmal gibt man Kerbel zusammen mit Estragon in die Sauce béarnaise, und er gehört zur Frankfurter Grünen Soße. Etwas Kerbel hebt das Aroma anderer Kräuter, doch alleine kann man mit ihm großzügig umgehen. Streuen Sie Kerbel über Gemüse, bei gekochten Gerichten allerdings erst zum Schluss, da sich durch Erhitzen der Geschmack verflüchtigt.

Die krausen Sorten wie ‚Mooskrauser Kerbel' und ‚Benarys Krauskopf' haben die gleichen Eigenschaften wie der glattblättrige Kerbel.

KOMBINATIONEN

Unentbehrlich in Fines Herbes und Frankfurter Grüner Soße.

Passt zu Blattsalat, Dicken Bohnen, grünen Bohnen, Eiern, Erbsen, Fenchel, Fisch und Meeresfrüchten, Frischkäse, Geflügel, Kalb, Karotten, Kartoffeln, Pilzen, Roten Beten, Spargel, Tomaten.

Harmoniert mit Basilikum, Dill, Estragon, Kresse, Minze, Petersilie, Schnittlauch, Senf, Wiesenknopf, Ysop, Zitronenthymian.

Fines Herbes

Diese klassische französische Kräutermischung für Eier, Fisch und Geflügel kombiniert Kerbel, Schnittlauch, Petersilie und Estragon (*Rezept S. 266*).

AROMA

Die Blätter sind süßlich aromatisch mit Anklängen an Kiefernnadeln, Anis oder Fenchel; der Geschmack ist stark, aber ausgewogen, mit würzigen Anis- und Basilikumnoten und einem süßlichen Nachgeschmack. Langes Kochen vermindert das Aroma, doch bleibt der Geschmack erhalten.

VERWENDETE TEILE

Frische Blätter und junge Triebe.

KAUF UND LAGERUNG

Meistens wird Estragon auf dem Markt nur in kleinen Mengen angeboten, deshalb empfiehlt sich der eigene Anbau, aber achten Sie darauf, dass Sie Französischen oder Deutschen Estragon erhalten. Junge Blattspitzen halten sich in einer Kunststofftüte im Gemüsefach des Kühlschranks 4–5 Tage. Ihre Aromastoffe behalten ganze oder gehackte Blätter beim Einfrieren.

ANBAU UND ERNTE

Hierzulande wird Estragon entweder durch Ableger oder durch Teilen der spröden weißen Wurzelstöcke vermehrt. Zum Erhalt des Aromas sollte dies alle drei Jahre erfolgen. Der wüchsige Russische Estragon mit helleren, gröberen Blättern wird ausgesät. Estragon braucht nährstoffreichen, trockenen Boden und viel Sonne. Vor Frost schützen.

Estragon

Artemisia dracunculus

Der in Sibirien und Zentralasien heimische Estragon war in Europa unbekannt, bis ihn die Araber in Spanien einführten. Ab dem 16. Jh. fanden sich mit der Verfeinerung der französischen Küche vielerlei Verwendungen für ihn. Daher bezeichnet man den besten Würz-Estragon als Französischen Estragon, der lieblicher schmeckt als der Deutsche oder Thüringische Estragon. Der Russische ist eher derb.

Französischer Estragon *A. d. var. sativa*

Die bevorzugte Varietät für eine kulinarische Verwendung hat grasgrüne Blätter. Diese können praktisch jederzeit geerntet werden, ganze Stängel zum Trocknen schneidet man im Hochsommer.

In der Küche

In der französischen Küche ist Estragon unverzichtbar für Fisch-, Geflügel- und Eiergerichte. Zurückhaltend verwendet, verleiht er Blattsalaten eine angenehme, volle Note. Er passt sehr gut in Fleisch- und Wildmarinaden und würzt in Öl eingelegten Ziegenkäse und Feta. Man kann Fisch auf ganzen Estragonzweigen dünsten oder legt die Zweige gebratenem Hähnchen oder Kaninchen bei – »Estragonhuhn« gehört zum Standardrepertoire jedes gelernten Kochs. Estragon aromatisiert einen der vielseitigsten Kräuteressige, aber auch Senf und Butter. Er gibt Pilzen, Artischocken und leichtem Gemüseragout einen frischen Geschmack. Zu Tomaten schmeckt er fast ebenso gut wie Basilikum. Zurückhaltend eingesetzt, betont Estragon das Aroma anderer Kräuter.

Bouquet garni für Fisch

Dieses speziell für Fischsud geeignete Bouquet garni enthält Estragon, Thymian, Petersilie und einen Streifen Zitronenschale *(Rezepte S. 266)*.

KOMBINATIONEN

Unentbehrlich in Fines Herbes und ähnlichen Kräutermischungen, Sauce béarnaise, Ravigote und Tartare.

Passt zu Artischocken, Eiern, Fisch und Meeresfrüchten, Geflügel, Haferwurzel, Kartoffeln, Spargel, Tomaten, Zucchini.

Harmoniert mit Basilikum, Dill, Kapern, Kerbel, Lorbeer, Petersilie, Salatkräutern, Schnittlauch.

VERWANDTE ARTEN

Wermut, *A. absinthium*, wächst strauchartig und trägt silbrig seidenhaariges Laub, das sehr bitter schmeckt. Diese Art ist seit dem Altertum als Gewürzkraut und Universal-Heilmittel im Gebrauch. Feldmäßig wird die Art für die Herstellung von Wermutwein und Absinthlikör angebaut.

Mexikanischer Estragon, die Glänzende Studentenblume *(Tagetes lucida)*, ist eine Tagetes-Art *(S. 29)*. Das Aroma ähnelt dem des Estragons, hat aber eine stärkere Anisnote.

Dill

Anethum graveolens

Diese einjährige Pflanze stammt aus Südrussland, dem Vorderen Orient und dem östlichen Mittelmeergebiet. Das »Gurkenkraut« wird weit verbreitet wegen seines gefiederten Krauts und der Samen kultiviert. Der Indische Dill, Sowa genannt, wird in erster Linie wegen des Samens angebaut, der heller, länger und schmaler ist als europäischer Dillsamen und schärfer schmeckt. Er findet sich häufig in Currymischungen.

In der Küche

Frischer Dill passt ausgezeichnet zu Fisch und Meeresfrüchten. Typisch skandinavisch sind zum Beispiel in Dill marinierter Hering, Graved Lachs, mit Salz und Dill gepökelter Lachs, der mit Senf und Dillsoße serviert wird, und Krebse, Jakobsmuscheln oder Riesengarnelen mit einer cremigen Dillsoße. In Nord- und Mitteleuropa würzt man Wurzelgemüse, Kohl, Blumenkohl und Gurke mit Dill. In Russland verwendet man ihn gelegentlich in Borschtsch, der klassischen Rote-Bete-Suppe, oder man bereitet aus Dill, etwas Senf, Sauer-

AROMA

Dillblätter haben ein klares, duftendes Anis- und Zitronenaroma. Sie schmecken mild, aber anhaltend nach Anis und Petersilie. Die Samen riechen wegen des Carvon-Anteils im ätherischen Öl wie süßer Kümmel. Im Geschmack sind sie wie Anis mit einem Hauch von Schärfe.

VERWENDETE TEILE

Frische und getrocknete Blätter, Samen.

KAUF UND LAGERUNG

Beim Kauf auf frisches, knackiges Aussehen achten. Große Mengen schnell verbrauchen, nach 2–3 Tagen im Kunststoffbeutel beginnt Dill selbst im Kühlschrank zu welken. Pflanzen sind im Supermarkt oder auf Märkten erhältlich. Getrockneter Dill behält, im luftdichten Behälter aufbewahrt, sein Aroma bis zu einem Jahr, Samen zwei Jahre. Gemahlener Samen hält sich nicht.

ANBAU UND ERNTE

Dill lässt sich einfach aus Samen ziehen. Im Frühling sät man ihn an einen geschützten, sonnigen Platz in durchlässige Erde und wässert gut. Dillsämlinge sind zart, deshalb nur in gejäteten Boden setzen. Ausgereifte Dolden säen sich gern selbst aus. Nicht verpflanzen, die lange Pfahlwurzel ist empfindlich. Nie Dill in die Nähe von Fenchel pflanzen, sonst kreuzen sie sich, und es entstehen Hybriden.

Dillkraut
Das mehrfach gefiederte Dillblatt ähnelt dem des Fenchels, die Dillpflanze ist allerdings viel kleiner.

Frische Zweige
Für das Aroma ist es besser, den Dill einzufrieren, als ihn zu trocknen. Dill fügt man immer erst am Ende der Garzeit einem Gericht bei, denn zu viel Hitze zerstört das Aroma.

rahm oder Joghurt eine gute Soße für Rote Bete. Die deutsche Küche kennt zu Schmorbraten eine ähnliche Dillsoße, nur wird der Senf durch Meerrettich ersetzt. In Griechenland kommt Dill in die gefüllten Weinblätter. In der Türkei und im Iran würzt Dill Reis, Dicke Bohnen, Sellerie und Zucchini. Spinat mit Dill und Schalotten ist im Iran ein Standardgericht, und ähnlich gibt es in Nordindien ein Gericht mit Spinat und Linsen, das sowohl mit Kraut als auch mit Samen gewürzt wird. Kraut wie Samen werden zum Einlegen verwendet, wie etwa für Dillgurken und die Knoblauchvariante, die in Polen, Russland und im Iran beliebt ist. Dillsamen mischt man in Skandinavien in Brot, Kuchen und auch in Essig zum Aromatisieren. In Indien verwendet man Samen und Kraut in Currypulver und Masalas.

KOMBINATIONEN

Blätter passen zu Bohnen, Eiern, Fisch, Meeresfrüchten, Gurke, Karotten, Kartoffeln, Reis, Roten Beten, Sellerie, Spinat, Zucchini.

Blätter harmonieren mit Basilikum, Kapern, Knoblauch, Meerrettich, Paprika, Petersilie, Senf.

Samen passen zu Kohl, Zwiebeln, Kartoffeln, Kürbis, Essig.

Samen harmonieren mit Chili, Ingwer, Knoblauch, Koriandersamen, Kreuzkümmel, Kurkuma, Senfsamen.

Getrocknetes Dillkraut
Man kann Dill trocknen, indem man ihn einige Tage auf einem Tuch ausgebreitet an einem dunklen, warmen, gut gelüfteten Platz liegen lässt, oder man trocknet ihn vorsichtig in der Mikrowelle. Die Blätter behalten etwas von dem Aroma des frischen Krautes.

Samen

Die Samen sind oval und abgeplattet mit fünf Rippen, wovon zwei einen breiteren Randriemen bilden. Sie sind extrem leicht: 10 000 wiegen nur 25 g. Man erntet sie, wenn sie hellbraun und ganz ausgebildet sind. Zum Trocknen legt man sie in einer größeren Papiertüte an einen warmen Ort. Danach trennt man die Samen von den Stielen, indem man sie zwischen den Handflächen reibt. Die Samen werden für langsam gegarte Gerichte verwendet.

AROMA

Die ganze Pflanze hat ein angenehmes Aroma, das dem Anis ähnelt. Der Geschmack ist ebenso frisch, süßlich, mit einem Hauch Kampfer. Fenchelsamen schmeckt weniger streng als Dill, aber herber als Anis.

VERWENDETE TEILE

Junge Blätter, Blüten, Pollen, Stängel, Samen.

KAUF UND LAGERUNG

Das Kraut hält sich in einem Kunststoffbeutel im Kühlschrank 2–3 Tage. Die Stiele werden frisch verwendet oder in Bündeln zum Trocknen aufgehängt. In luftdichtem Behälter halten sich die Stängel etwa 6 Monate, die Samen bis zu 2 Jahre. Der intensiv duftende, goldgrüne Pollen von wildem Fenchel wird über das Internet angeboten.

ANBAU UND ERNTE

Gewürzfenchel gedeiht am besten an einem trockenen, sonnigen Platz. Er wird bis zu 1,5 Meter hoch und höher und vermehrt sich stark. Pflanzen Sie nie Fenchel neben Dill, sonst kommt es zu wertlosen Kreuzungen. Sobald sich die Samen grüngelb färben, schneidet man die Dolden ab und trocknet sie in einer großen Papiertüte an einem warmen Platz. Später lassen sich die Samen abschütteln. Gewürzfenchel sollte man alle 3–4 Jahre neu pflanzen.

Gewürzfenchel

Foeniculum vulgare

Diese große, aber grazile winterharte Pflanze, die aus dem Mittelmeerraum stammt und heute weit verbreitet ist, gehört zu den ältesten Kulturpflanzen. Die Römer genossen Fencheltriebe als Gemüse, die Chinesen und Inder schätzten Fenchel als Gewürz und Heilkraut. Fencheltee trinkt man heute vorwiegend, um Koliken zu lindern. Das Würzkraut ist nicht mit dem Gemüsefenchel, *F. vulgare* var. *dulce*, zu verwechseln, dessen verdickte Blattbasen verzehrt werden.

Gewürzfenchel *F. vulgare*

Die Blätter sind mehrfach und sehr fein gefiedert. Alle Teile der Pflanze sind essbar: Blätter, Stiele und Früchte (Samen) werden als Gewürz geschätzt, die Wurzeln weniger. Der Anis-Charakter des Fenchels kommt von Anethol, dem Hauptbestandteil seines ätherischen Öls, dessen Konzentration in den Samen am höchsten ist.

Stiele

Die Stiele haben, auch im getrockneten Zustand, ein mildes Aroma.

In der Küche

Im Frühjahr gibt Gewürzfenchel Salaten und Soßen eine frische, lebhafte Note. In den USA werden kalte Suppen, sämige Fischsuppen (Chowder) und gegrillter Fisch mit dem Anisaroma des wilden Blütenpollens verfeinert.

Fenchel gibt einen ausgezeichneten Kontrast zu fettreichem Fisch. In Sizilien wird er in einer Pasta mit Sardinen kombiniert. In der Provence werden Meerbarben, Barsche und Meerbrassen auf einem Bett von frischen oder getrockneten Fenchelstielen gebacken oder gegrillt und erhalten so ein köstliches Aroma.

Fenchelsamen würzt Sauerkonserven, Suppen und Brot. Im Irak verfeinert man Letzteres mit einer Kombination aus gemahlenen Samen von Gewürzfenchel und Schwarzkümmel.

In Griechenland gibt man Blätter oder Samen mit Feta und Oliven in ein Gewürzbrot. Fenchelsamen kommen im Elsass und in Deutschland in Sauerkraut, in Italien an Schweinebraten und in die Finocchiona, die berühmte Florentiner Salami.

Fenchelsamen ist eine Hauptzutat des chinesischen Fünf-Gewürze-Pulvers, das hauptsächlich für Fleisch und Geflügel verwendet wird. Auch die bengalische Gewürzmischung Panch Phoron, die man zu Gemüse, Bohnen und Linsen benutzt, enthält Fenchel. Im übrigen Indien taucht Fenchel in Garam masala, würzigen Soßen zu Gemüse oder Lamm und in einigen Süßspeisen auf. In Indien wird Fenchelsamen auch nach der Mahlzeit als Verdauungshilfe gekaut und um den Atem zu erfrischen.

KOMBINATIONEN

Unentbehrlich in Chinesischem Fünf-Gewürze-Pulver und Panch Phoron.

Passt zu Bohnen, Ente, Fisch und Meeresfrüchten, Gurke, Kartoffeln, Kohl, Lauch, Linsen, Reis, Roten Beten, Schwein, Tomaten.

Harmoniert mit Bockshornklee, Kerbel, Kreuzkümmel, Minze, Petersilie, Schwarzkümmel, Sichuanpfeffer, Thymian, Zimt, Zitronenmelisse.

Bronzefenchel *F. v. ‚Purpureum‘*

Diese Sorte wächst weniger kräftig und hat ein milderes Aroma.

Samen

Die Samen des Gewürzfenchels schmecken intensiver als die Blätter und haben einen bittersüßen Nachgeschmack. Durch Rösten kommt ihre Süße heraus. Die Farbe variiert zwischen Hellbraun und Grünlichgelb (mit der besten Qualität). Idealerweise die Samen erst bei Bedarf mahlen.

Blätter

Nur junge Fencheltriebe eignen sich für die Küche. Sie schmecken mild und sollten frisch gepflückt verwendet werden.

AROMA

Grüne Minze ist angenehm erfrischend und hat ein süßlich scharfes, leicht pfeffriges Aroma, unterlegt mit einem Hauch von Zitrone. Pfefferminze mit ihrem hohen Mentholgehalt ist beißend scharf, doch gleichzeitig süß, herb und würzig mit frischem, kühlendem Nachgeschmack.

VERWENDETE TEILE

Blätter, frisch und getrocknet, Blüten für Salate und als Garnitur.

KAUF UND LAGERUNG

Sträußchen Grüner Minze halten sich im Wasserglas oder im Kühlschrank etwa 2 Tage. Gehackte Blätter können in kleinen Behältern oder, mit Wasser und etwas Öl vermischt, im Eiswürfelbehälter eingefroren werden. Minze lässt sich gut trocknen. Vor der Blüte gepflückte Sträuße hängt man an einem luftigen Ort zum Trocknen auf. Luftdicht verschlossen aufbewahren.

ANBAU UND ERNTE

Die Minzen sind mehrjährig und leicht zu ziehen. Sie bevorzugen mildes Klima, Halbschatten oder Sonne und brauchen viel Wasser. Sie neigen zum Wuchern, daher hält man sie am besten als Topfpflanze oder setzt sie im Kräuterbeet in einem großen Pflanzgefäß ohne Boden ein.

Minze

Mentha-Arten

Die Minzen gehören mit ihrem süßen Duft und dem gleichzeitig kühlenden und scharfen Aroma zu den weltweit beliebtesten Kräutern. Sie stammen aus Südeuropa und aus der Mittelmeerregion, haben sich jedoch schon seit Langem dem mitteleuropäischen Klima angepasst. Da sich die Arten und Sorten gerne kreuzen, gibt es eine verwirrende Namensfülle, doch kann man grob zwischen Grüner Minze und Pfefferminze unterscheiden.

Frische Blätter

Die am weitesten verbreitete Minze, die Grüne Minze oder Spearmint *(M. spicata)*, hat spitz zulaufende Blätter und blüht im Spätsommer zartlila. Man kann die Blätter das ganze Jahr über ernten, kurz vor der Blüte ist der Gehalt an ätherischen Ölen jedoch am höchsten. Ihr Aroma verdankt die Minze dem Menthol, das im Gaumen eine kühlende und betäubende Wirkung erzeugt.

In der Küche

Minzen finden weltweite und vielseitige Verwendung. Frische und getrocknete Minze können sich in den Rezepten meist nicht gegenseitig ersetzen.

FRISCHE MINZE

In der westlichen Küche gibt man Minze zu Auberginen, Erbsen, Karotten, Kartoffeln, Tomaten und Zucchini. Sie passt ausgezeichnet zu Huhn, Kalb, Schwein und dem traditionellen Frühlingslamm, sei es als Marinade, Minzgelee, Mint-Soße oder als Salsa. Die Sauce Paloise (eine Béarnaise mit Minze statt Estragon) eignet sich gut zu gegrilltem Fisch und Huhn.

Im Vorderen Orient gehört Minze in Tabbouleh und als Teil einer Mezze in die Schale mit frischen Kräutern und Salatgemüse. In Vietnam gibt man sie in Salat und zu den Kräutern, die getrennt zu Frühlingsrollen gereicht werden. Auch in südostasiatischen Dipsoßen, Sambals und Currys findet sich Minze. In der iranischen kalten Gurkensuppe mit Joghurt ist Minze ideal wegen ihrer kühlenden Note. Aus ähnlichem Grund geben die Inder Minze in Chutneys und Raitas. In Gemüse- und Fleischgerichten bildet dort Minze oft das kühlende Gegengewicht zu scharfen Gewürzen. In Südamerika wird Minze mit Chilis, Petersilie und Oregano als Gewürz in langsam gekochte Speisen gegeben, in Mexiko in Fleischbällchen und zu Huhn.

Der erfrischende Effekt von Minze hebt den Geschmack von Obstsalat oder Fruchtpunsch, und er gehört zu Pimm's und Mint Julep. Mit Minze lässt sich ein überraschend gutes Eisparfait herstellen, und auch in etliche Schokoladendesserts und -kuchen passt Minze hervorragend.

GETROCKNETE MINZE

Rund um das östliche Mittelmeer und in den arabischen Ländern verwendet man Minze oft lieber getrocknet. In Griechenland gibt man sie – manchmal mit Oregano und Zimt – in Keftedes (Fleischbällchen) und in gefüllte Weinblätter. Auf Zypern würzt man die österlichen Flaounes, ein Quarkgebäck, mit Minze, und auch Cacik, der türkische Gurkensalat mit Joghurt, schmeckt am besten mit getrockneter Minze. Manche türkischen und iranischen Gerichte werden kurz vor dem Auftragen mit in Olivenöl oder Butter angeschwitzter getrockneter Minze gewürzt, z. B. Linsen- und Bohnensuppe, Lamm- oder Gemüseeintöpfe.

KOMBINATIONEN

Unentbehrlich in Sauce Paloise und Minzesoße.

Passt zu Auberginen, dunkler Schokolade, Joghurt, Lammfleisch, Salatgurke, Tomaten, Wurzelgemüsen und Zucchini.

Harmoniert mit Basilikum, Bockshornklee, Dill, Gerbersumach, Ingwer, Kardamom, Kreuzkümmel, Majoran und Oregano, Nelken, Paprika, Petersilie, Pfeffer, Thymian.

GETROCKNETE BLÄTTER

Bei der im Handel erhältlichen getrockneten Minze handelt es sich meist um Grüne Minze. Ihr Aroma ist scharf und konzentriert, doch ohne die Süße der frischen Minze.

Weitere Minzen

Die größte Bedeutung für die Küche haben die Grüne Minze und ihre Verwandten. Die Pfefferminze und ihre Sorten sind für die meisten kulinarischen Verwendungen zu scharf. Seit ewigen Zeiten schon schätzt man die verdauungsfördernde Wirkung der Minze, was auch ihre Beliebtheit erklärt, sei es in den türkischen, iranischen und indischen Joghurtgetränken, den in kleinen Gläsern servierten marokkanischen Pfefferminztees und den französischen Tees, denen zum Teil Lindenblüten beigemischt sind.

Marokkanische Minze *M. s. ‚Moroccan'*

Diese Sorte hat kräftig grüne Blätter und weiße Blüten. Sie besitzt ein feines würziges Aroma und ist weniger süß als Grüne Minze. Für Tee und alle Gerichte mit Minze.

Bowles Minze

M. x villosa f. alopecuroides

Diese Minze hat weiche, behaarte, runde Blätter, die lila Blüten stehen in Quirlen. Nach dem Schneiden welkt sie schnell. Sie hat ein sehr feines Aroma, sollte jedoch wegen der behaarten Blätter nur fein gehackt verwendet werden. Geeignet für alle Gerichte.

Apfelminze *M. suaveolens*

Die runzeligen Blätter der Apfelminze sind – wie die ganze Pflanze – mit einem Flaum überzogen. Die dichten Blütenähren sind blassrosa. Die Pflanze riecht fruchtig zart nach Minze und reifem Apfel und hat ein gutes Aroma. Blätter nur fein gehackt verwenden.

WEITERE SORTEN UND ARTEN

Pfefferminze *(M. x piperita)* Die robuste Pflanze hat längliche, grüne, etwas behaarte Blätter. Sie schmeckt ziemlich intensiv und scharf. Man verwendet sie sparsam in Desserts, Erfrischungsgetränken und Tee. Angebaut wird sie wegen ihres Öls.

Taschkent-Minze (*M. suaveolens* ‚Tashkent') Diese Sorte trägt große Blätter und dunkelrosa Blüten. Sehr kräftig in Duft und Aroma. Wie Grüne Minze zu verwenden.

Ananas-Minze (*M. suaveolens* ‚Variegata') Kleiner als Apfelminze, die hellgrünen Blätter weisen einen cremefarbenen Rand auf. Junge Blätter duften nach Tropenfrüchten, ältere schmecken mehr nach Minze. Wenn sie jung ist, eignet sie sich für Salate, Getränke und Fruchtdesserts.

Basilikum-Minze (*M. x piperita* ‚Basil') Die dunkelgrünen, violett überhauchten Blätter duften würzig und haben eine leichte Basilikum-Note. Passt gut zu Auberginen, Zucchini und Tomaten.

Japanische Minze *(M. arvensis subsp. piperascens)* Diese Minze hat flaumige, graugrüne Blätter und rosa Blütenquirle am Stängel. Sie ist scharf im Aroma, doch recht mild im Geschmack. Hoher Mentholgehalt.

Poleiminze *(M. pulegium)* Die Pflanze wächst je nach Sorte aufrecht oder auch kriechend. Sie riecht stark nach Pfefferminze, schmeckt aber bitter. Mit Vorsicht zu verwenden.

Schokoladenminze *M. x piperita ‚Chocolate'*

Sie besitzt dunkelgrüne bis violette Blätter und duftet nach »After Eight«. Passt gut für Schokoladendesserts und als Garnitur für Eiscreme und Sorbets.

Dunkle Minze *M. x piperita*

An tiefvioletten Stängeln stehen die dunkelgrünen, violett überhauchten Blätter. Sie schmeckt leicht scharf.

Amerikanische Bergminze

Pycnanthemum pilosa

Diese zierliche Pflanze ist zwar keine Mentha-Art, doch eignen sich die jungen Blätter und Blüten als Minze-Ersatz. Sie ist jedoch bitterer.

AROMA

Die ganze Pflanze duftet nach Minze mit Thymian- und Kampfernoten. Im Geschmack ist sie wohltuend scharf, wärmend, minzeähnlich und pfeffrig mit einer leichten Bitterkeit im Nachgeschmack. Die Echte Bergminze hat ein stärkeres Aroma als die Garten-Bergminze und schmeckt intensiver.

VERWENDETE TEILE

Blätter und Zweige; Blüten zum Garnieren und in Salat.

KAUF UND LAGERUNG

Man erhält Pflanzen in gut sortierten Staudengärtnereien. Einzelne Zweige halten sich im Kunststoffbeutel im Kühlschrank 1–2 Tage. Man kann sie auch zum Trocknen luftig aufhängen.

ANBAU UND ERNTE

Bergminze bevorzugt durchlässigen Kalkboden und volle Sonne, verträgt aber auch Halbschatten. Die Vermehrung erfolgt durch Teilung oder aus Samen. *C. grandiflora* ist eine hübsche Gartenpflanze und eine attraktive Bienenweide. Die Blätter werden ab dem Frühjahr bis zum Herbst geerntet.

KOMBINATIONEN

Passt zu Auberginen, Blattgemüse, Bohnen, Fisch, Kaninchen, Kartoffeln, Linsen, Pilzen, Schwein.

Harmoniert mit Chili, Knoblauch, Lorbeer, Minze, Myrte, Oregano, Petersilie, Pfeffer, Salbei, Thymian.

Bergminze

Calamintha-Arten

Diese mit dem Salbei verwandten aromatischen Stauden verdienen einen höheren Bekanntheitsgrad. Wichtigste Vertreterin ist die Echte Bergminze, *C. nepeta,* auch Nepitella genannt. Die Waldbergminze, *C. menthifolia,* duftet weniger, eignet sich aber auch als Küchenkraut. Die Blätter der prächtigen Großblütigen Bergminze, *C. grandiflora,* eignen sich für Tee.

In der Küche

Nepitella ist in Sizilien und Sardinien ein beliebtes Küchenkraut, aber auch in der Toskana, wo man damit Gemüse und besonders Pilzgerichte würzt. In der Türkei wird sie wie eine milde Minze verwendet. Sie passt zu Braten, Ragouts, Wild und gegrilltem Fisch, in Füllungen für Gemüse und Fleisch und in Marinaden und Soßen. Zum Kochen verwendet man frische Blätter, für Aufgüsse getrocknete. Die Art *C. grandiflora* hat große, seicht gelappte Blätter.

Frische Zweige
Die Bergminze wächst buschig verzweigt und trägt ein flaumiges, graugrünes Blattwerk. Sie bringt den ganzen Sommer über zartlila oder weiße Blüten hervor.

Katzenminze

Nepeta cataria

Zu dieser Staudengattung gehört auch die weit verbreitete Blauminze, *Nepeta* x *faassenii*, die sich jedoch nicht als Würzkraut eignet. Die attraktive Gewöhnliche Katzenminze stammt aus dem Kaukasus und Südeuropa und ist häufig verwildert. Ihr minzeähnlicher Geruch versetzt Katzen in einen glückseligen Zustand – doch nur, wenn die Blätter gequetscht werden und das Aroma freisetzen.

In der Küche

Früher hatte Katzenminze als Küchenkraut eine größere Bedeutung als heute, nur in Italien wird sie noch in Salaten, Suppen, Eierspeisen und Gemüsefüllungen verwendet. Zweifellos erhält grüner oder gemischter Salat durch einige der scharfen Blätter eine besondere Würze. Das kräftige Aroma passt zu fettreichem Fleisch wie Ente oder Schwein. Hauptsächlich wird sie aber für Kräutertee verwendet.

Frische Zweige

Die graugrünen, herzförmigen Blätter der Katzenminze sind mit weißem Flaum überzogen. Die Blüten sind weißlich bis fliederfarben mit roten Pünktchen auf der Unterlippe.

AROMA

Zerreibt man Katzenminze, verströmt sie ein süßes, minze- und kampferähnliches Aroma. Der Geschmack ist ebenfalls stark minzeartig mit einer beißenden, bitteren Note. Sparsam verwenden.

VERWENDETE TEILE

Blätter und Zweige.

KAUF UND LAGERUNG

Pflanzen erhält man in Gartencentern und Gärtnereien. Zweige halten sich in einer Kunststofftüte im Gemüsefach des Kühlschranks etwa 1–2 Tage.

ANBAU UND ERNTE

Katzenminze ist eine winterharte Staude, die sich einfach aus Samen ziehen lässt. Wenn man es zulässt, sät sie sich auch selber aus. Sie gedeiht am besten im Halbschatten und braucht so gut wie keine Pflege. Bienen zieht sie ebenso an wie Katzen. Die Blätter kann man im Frühjahr und den Sommer hindurch ernten.

Knoblauch

Allium sativum

Knoblauch stammt aus den Steppen Zentralasiens und verbreitete sich zunächst im Vorderen Orient. Er war eine der ersten Kulturpflanzen, doch wurde er zunächst für medizinische und kultische Zwecke verwendet – mit Ausnahme des Alten Ägyptens, wo Knoblauch bereits in Mengen verzehrt wurde. Schon die ersten Siedler brachten ihn als Heilpflanze auch nach Amerika. Er senkt nachweislich den Blutdruck und den Cholesterinspiegel.

AROMA

Ungekocht schmeckt getrockneter Knoblauch beißend scharf, frischer ist milder. Das Allicin, das den typischen Geruch verursacht, bildet sich beim Hacken der rohen Knolle. Durch Anbraten verringert es sich, dafür entwickeln sich weniger stark riechende Disulfidoxide. Schwarzer Knoblauch wurde erstmals in Korea verwendet, ist nun aber auch im Westen populär. Zur Herstellung wird die Knolle mehrere Wochen lang behutsam erhitzt, wodurch sie karamellisiert. Das Fleisch wird dabei weich und fast geleeartig, der Geschmack mild und nussig mit einer Balsamico-Note. Verwendung wie normaler Knoblauch.

VERWENDETE TEILE

Knollen.

KAUF UND LAGERUNG

Knoblauch ist das ganze Jahr über erhältlich. Hat bereits der Neuaustrieb eingesetzt, müssen die unverdaulichen grünen Triebe entfernt werden. Knoblauch muss kühl und trocken lagern. Der Handel bietet gefriergetrocknete Knoblauchflocken, Knoblauchgranulat und Pulver an. Knoblauchpaste gibt es tiefgekühlt.

Frische Knollen
Zu Beginn der Saison sind junge, frische Knoblauchknollen saftig und mild und haben eine weiche, dicke, weiße Schale.

In der Küche

Die Schale lässt sich leicht entfernen, indem man die Knoblauchzehen mit der flachen Klinge eines schweren Messers presst. Nach dem Schälen kann man sie leicht in einem Mörser zerstoßen. Vermeiden Sie Knoblauchpressen, sie können den Geschmack unangenehm scharf machen.

Ganze mitgekochte Zehen schmecken süß und nussartig, wird Knoblauch hingegen in Scheiben geschnitten mitgekocht, schmeckt er schärfer. Ebenso hinterlässt eine ganze in Öl gedünstete Zehe, die anschließend entfernt wird, ein zarteres Aroma als eine zerstoßene Zehe. Knoblauch darf nie anbrennen, sonst schmeckt er bitter und scharf.

Im Ganzen gebratener Knoblauch passt als Beilage zu neuen Kartoffeln oder Wurzelgemüse. Die europäische Küche gibt Knoblauch an gebratenes Huhn oder Lamm, schmort ihn in Wein, püriert, blanchiert oder dünstet ihn. In Spanien kommen junge gebratene Knoblauchtriebe in Tapas. Roher Knoblauch würzt Salate und wird mit Tomate und Öl auf Brot gerieben. Zerstoßen ergibt er mit Eigelb und Öl eine Aïoli oder mit Nüssen und Basilikum ein Pesto. In Asien gehört er zu Zitronengras, frischem Ingwer, Koriander, Chilis und Sojasoße. Man verwendet ihn in Wok-Gerichten, Currypasten, Sambals und Nam Prik. In Kuba kommt er, mit Kreuzkümmel und Zitrussaft vermischt, in die allgegenwärtige Mojo-Soße. Für Knoblauchöl muss die Knolle für einige Tage in das Öl eingelegt werden, Knoblauchessig muss mindestens zwei Wochen ziehen. In Korea und Russland wird Knoblauch süßsauer eingelegt.

ANBAU UND ERNTE

Knoblauch wird über die Tochterzwiebeln vermehrt. Er gedeiht am besten in nährstoffreichem, frischem Boden an einem sonnigen Platz. Er ist ausdauernd oder zweijährig, extrem robust und überlebt sogar lange Frostperioden. Man erntet ihn, wenn der Stängel austrocknet und zur Seite knickt. Die ganze Pflanze wird aus der Erde gezogen und im Schatten zum Trocknen aufgehängt.

KOMBINATIONEN

Unentbehrlich in vielen Soßen (Aïoli, Allioli, Skordalia, Rouille, Tarator, Pesto).

Passt zu fast allem Pikanten.

Harmoniert mit den meisten Kräutern und Gewürzen.

Getrocknete Zehen
Getrocknete Knoblauchzehen können je nach Sorte eine weiße, rosa oder violette Schale haben.

Knoblauch *ist eine der ältesten Kulturpflanzen. Trotz seines oft abgelehnten starken Geruchs und Geschmacks wurden*

seine heilsamen und magischen Eigenschaften nie angezweifelt. Am beliebtesten ist er in Südostasien und Europa.

Knoblauch-Verwandte

Mehrere Pflanzen haben ähnliche aromatische Qualitäten wie Knoblauch. Der Schlangen-Knoblauch ist ein naher Verwandter des Lauchs. Der in Europa heimische Bärlauch kommt dem Knoblauch im Geschmack am nächsten. Die riesigen Zehen des Acker-Knoblauchs, *A. ampeloprasum,* sind möglicherweise für echte Liebhaber zu mild, und der nordamerikanische wilde Knoblauch, *A. canadense,* liegt geschmacklich zwischen Knoblauch und Lauch.

Rocambole *A. sativum var. ophioscorodon*

Rocambole oder Schlangen-Knoblauch stammt aus dem Norden Großbritanniens. Die Stängel zwirbeln sich während des Wachstums spiralförmig, und die fliederfarbenen Blüten weichen violetten, kleinen Brutzwiebeln. Alle Teile sind essbar: die spitzen Blätter als Schnittlauch, die erbsengroßen Nebenzwiebeln und die Zwiebel im Sommer wie Knoblauch. Alle Teile schmecken milder als Knoblauch.

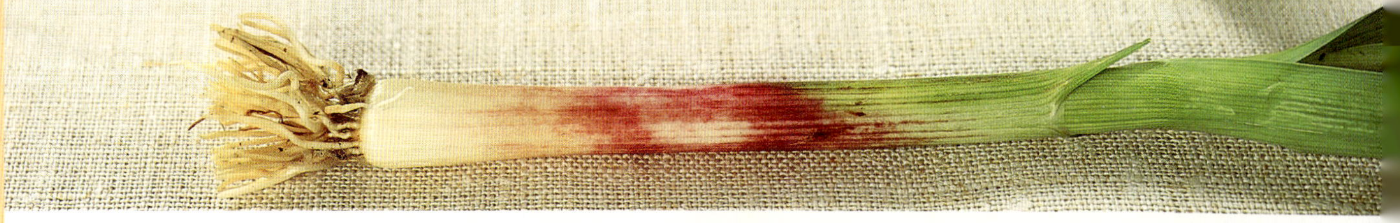

Bärlauch *A. ursinum*

Bärlauch wächst fast überall in Europa wild. Die Blätter ähneln denen von Maiglöckchen, riechen wie wilder Knoblauch, schmecken aber milder. Er gedeiht gut in Kultur, aber er wuchert stark. Die Blätter werden zu Frühlingsbeginn geerntet, danach erscheinen die stärker riechenden, weißen, sternförmigen Blüten. Die Knollen haben das kräftigste Aroma. Am besten schmecken die frischen Blätter in Salat, über Kartoffelgerichte mit Eiern gestreut, in Suppen, Sahne- oder Joghurtsoßen, in einem Risotto mit Spargel oder Morcheln, kurz angebraten zu Spinat oder um ein Fischfilet gewickelt.

Winterheck-zwiebel

Allium fistulosum

Ursprünglich stammt die Winterheckzwiebel aus Sibirien. Es handelt sich um die häufigste Zwiebelart in Asien. In europäischen Kochbüchern wird sie meist als Lauchzwiebel bezeichnet, orientalische Kochrezepte sprechen hingegen oft von Frühlingszwiebeln *(A. cepa)*. Diese sehen zwar ähnlich aus, haben aber einen anderen Geschmack.

In der Küche

Winterheckzwiebeln werden zum Würzen und als Gemüse verwendet. In der Küche des Orients sind sie, oft in Kombination mit Knoblauch und Ingwer, unverzichtbar. Man gibt sie zu Fleisch, Fisch, Meeresfrüchten und Geflügel und braucht sie für viele Suppen, Eintöpfe und Schmorgerichte. Gewöhnlich fügt man sie, selbst bei Wok-Gerichten, erst am Ende der Garzeit hinzu, um Farbe und knackige Konsistenz zu bewahren. Fein gehackt kommen sie auch bei uns, ebenfalls kurz vor Ende der Garzeit, in Eintöpfe oder Gerichte mit Kartoffeln und Bohnen. Roh bieten sie Ersatz für Frühlingszwiebeln.

Frische Stängel
Die asiatischen Formen der Winterheckzwiebel schmecken kräftiger als die europäischen. Die meisten sind zwar grün, manche Arten haben aber rosa Stängel.

AROMA

Winterheckzwiebeln haben, wenn sie geschnitten werden, nur ein schwaches Zwiebelaroma. Der Zwiebelgeschmack ist deutlich, jedoch mild.

VERWENDETE TEILE

Der leicht verdickte, untere weiße Blattabschnitt und grüne Blätter.

KAUF UND LAGERUNG

Achten Sie beim Kauf darauf, dass das Laub weder welk noch gelblich ist. Die Zwiebeln halten sich etwa eine Woche im Gemüsefach des Kühlschranks. Dabei sollten sie gut eingepackt werden, damit sie keinen Geruch an andere Lebensmittel abgeben.

ANBAU UND ERNTE

Winterheckzwiebeln sind winterhart und ausdauernd. Man zieht sie aus Samen in gut durchlässigem, humusreichem Boden, am besten satzweise, um fortlaufend ernten zu können. Sie bilden keine Zwiebeln aus, nur die Blätter sind zur Basis hin leicht verdickt. Die Pflanzen werden nach 5–6 Wochen geerntet, wenn sie etwa 25 cm hoch sind. Die echte orientalische Frühlingszwiebel hat runde, hohle Blätter, während die Winterheckzwiebel flaches Laub besitzt.

KOMBINATIONEN

Passt zu Eiern, Fisch und Meeresfrüchten, Fleisch, Geflügel, den meisten Gemüsen.

Harmoniert mit Chili, Galgant, Ingwer, Kerbel, Knoblauch, Koriander, Petersilie, Perilla, Zitronengras.

AROMA
Alle Teile des Schnittlauchs haben ein leichtes Zwiebelaroma und einen würzigen Zwiebelgeschmack.

VERWENDETE TEILE
Stiele und Blüten.

KAUF UND LAGERUNG
Schnittlauch zu trocknen ist sinnlos, doch fein geschnitten und eingefroren behält er sein Aroma recht gut und kann – noch gefroren – direkt verwendet werden.

ANBAU UND ERNTE
Schnittlauch wächst grasähnlich in dichten Horsten aus röhrenförmigen, grünen Stängeln, die kleine rosa Blütenstände hervorbringen. Er ist winterhart, ausdauernd, wächst auf jedem Boden, muss aber wegen der kleinen, dicht unter der Erdoberfläche liegenden Zwiebelchen gut gewässert werden. Die Pflanze stirbt im Winter ab, erscheint aber zeitig im Frühjahr wieder. Am besten immer abschneiden, nicht herausziehen, und immer vom Rand aus schneiden, um den Ballen ordentlich zu halten. Damit der Wurzelstock kräftig bleibt, einige Spitzen stehen lassen.

KOMBINATIONEN
Unentbehrlich in Fines Herbes.

Passt zu Avocados, Eierspeisen, Fisch und Meeresfrüchten, Joghurt, geräuchertem Lachs, Kartoffeln, Sahnequark, Wurzelgemüse, Zucchini.

Harmoniert mit Basilikum, Estragon, Fenchel, Kerbel, Koriander, Myrrhenkerbel, Paprika, Petersilie.

Schnittlauch

Allium schoenoprasum

Dieser kleinste Angehörige der Zwiebelfamilie mit dem zartesten Aroma entstammt nördlichen gemäßigten Breiten. Als Wildpflanze kommt er seit Langem in ganz Europa und Nordamerika vor, doch wurde er in Europa vermutlich erst seit dem frühen Mittelalter kultiviert. Erst im 19. Jh. entwickelte er sich zum beliebten Würzkraut.

In der Küche

Schnittlauch sollte nie gekocht werden, denn dadurch verflüchtigt sich sein Geschmack. Mit dem Messer oder der Küchenschere klein geschnitten, kann man ihn großzügig über allerlei Salate und Gerichte streuen. Mit seinem zarten Zwiebelaroma, der knackigen Konsistenz und dem frischen Grün darf er in keinem Kartoffelsalat, den wenigsten Suppen und auf keinen Fall in Kräutersoßen fehlen. Gebackene Kartoffeln mit Butter oder Sauerrahm sind ohne Schnittlauch nicht denkbar. Joghurt mit Schnittlauch ergibt eine frische Soße zu gegrilltem Fisch. Die attraktiven großen Blüten schmecken angenehm leicht nach Zwiebel und machen sich gut auf Salat oder zu Omelett. Unentbehrlich ist er in Fines Herbes.

Frische Schlotten
Schnittlauch sollte knackig, nicht schlaff sein. Nach dem Schneiden rasch verbrauchen.

Chinalauch

Allium tuberosum

Der Chinalauch, Schnittknoblauch oder Knolau ist in Zentral- und Nordasien beheimatet, wächst aber auch im subtropischen China, in Indien und Indonesien. Die Pflanzen haben im Gegensatz zu dem röhrenförmigen Laub unseres Schnittlauchs flache Blätter, die sternförmigen Blüten sind weiß.

In der Küche

Klein geschnitten kann Chinalauch schnell blanchiert und zu Schweinefleisch oder Geflügel serviert werden. Man würzt damit Frühlingsrollen und gibt ihn, damit er sein Aroma behält, in letzter Minute in Wok-Gerichte mit Rindfleisch, Garnelen, Tofu und vielen Gemüsen. Gebündelt wird er in Teig getaucht und frittiert. Blühender Chinalauch wird als eigene Gemüsevariante verkauft. In China und Japan mahlt man die Blüten und verwendet sie mit Salz als Gewürz. Gebleichter Chinalauch ist eine beliebte, aber teure Delikatesse. Man gibt ihn in letzter Minute an Suppen, Nudelgerichte und gedünstetes Gemüse. Blühende Stängel und Blätter von Chinalauch machen sich gut in einer Flasche mit Weißweinessig.

Blätter und Blütenstängel

In Asialäden bekommt man Chinalauch oder Schnittknoblauch (japanisch Nira) als dunkelgrüne Blätter, gebleicht oder als Stängel mit Knospen.

AROMA

Die Blätter und Blüten haben einen stärkeren, deutlicheren Knoblauchgeschmack als westlicher Schnittlauch, gebleichte Blätter sind milder. Die Blüten schmecken intensiver als die Blätter.

VERWENDETE TEILE

Blätter und Blütenknospen.

KAUF UND LAGERUNG

Asialäden verkaufen Chinalauch gebündelt, ebenso gebleichten Schnittknoblauch und die steifen Knospenstängel. Geschnittener Chinalauch welkt schnell, vor allem der gebleichte. Grüne Blätter halten in einer Kunststofftüte im Kühlschrank einige Tage, doch riechen sie stark.

ANBAU UND ERNTE

Chinalauch erweist sich als robust, in wintermilden Lagen bleibt er den ganzen Winter über grün. Die Pflanzen werden höher als unser Schnittlauch, wachsen aber in kleineren Klumpen und bilden keine richtigen Zwiebeln. Vermehrt wird über die Rhizome. Die Blätter können jederzeit geschnitten werden. Manchmal werden die Pflanzen zurückgeschnitten und im Dunkeln gehalten: Die dadurch erzeugten blassen gelben Triebe gelten als Delikatesse. Stängel mit Knospen werden gesondert geerntet.

AROMA

Geruch und Geschmack von Schnittsellerie erinnern an Petersilie, gepaart mit etwas Schärfe und einer bitteren Note. Chinesischer Sellerie schmeckt ähnlich. Wasserfenchel hat einen frischen Geschmack, wobei die Petersiliennoten dominanter sind als die angenehme Bitterkeit des Selleries.

VERWENDETE TEILE

Blätter, Stängel und Früchte (Samen).

KAUF UND LAGERUNG

Schnittsellerie und die Blätter des Staudenselleries halten sich 4–5 Tage. Chinesischer Sellerie wird häufig mit Wurzeln verkauft und hält, wenn er im Ganzen aufbewahrt wird, eine Woche, Wasserfenchel dagegen nur 1–2 Tage. Bewahren Sie alle in Kunststoffbeuteln im Kühlschrank auf. Samen behalten ihr Aroma im luftdichten Behälter bis zu 2 Jahre.

ANBAU UND ERNTE

Der natürliche Lebensraum des Selleries sind feuchte Wiesen, doch lässt er sich im Garten leicht aus Samen ziehen, wobei er viel Feuchtigkeit braucht. Die Blätter sind die ganze Saison über zu ernten. Wasserfenchel wächst wild in Südostasien. In Mitteleuropa hält man ihn am besten als Topfpflanze, da er wuchert.

KOMBINATIONEN

Passt zu Fisch, Gurke, Huhn, Kartoffeln, Kohl, Reis, Sojasoße, Tofu, Tomaten.

Harmoniert mit Ingwer, Koriandergrün, Kreuzkümmel, Kurkuma, Nelken, Petersilie, Pfeffer, Senf.

Sellerie

Apium graveolens

Wilder Sellerie, auch Eppich, ist eine europäische Kulturpflanze, aus der im 17. Jh. der Stauden- und der Knollensellerie gezüchtet wurden. Schnittsellerie ähnelt dem wilden Sellerie noch am meisten. Chinesischer Sellerie hat wie Bleichsellerie hellgrüne Blätter. Der nicht verwandte Wasserfenchel oder Vietnamesische Sellerie, *Oenanthe javanica,* hat aufrecht stehende Stängel mit kleinen gesägten Blättern, nicht zu verwechseln mit der giftigen europäischen Wassermelisse, *O. crocata*.

Schnittsellerie *A. graveolens*

Schnittsellerie sieht wie dunkelgrüne, glänzende glatte Petersilie aus. Die dichte, buschige Pflanze bringt an aufrechten Stängeln eine Vielzahl an Blättern hervor.

Samen

Selleriesamen riechen und schmecken weitaus intensiver als das Kraut. Sie schmecken durchdringend, würzig, mit einem Hauch von Muskat, Zitrus und Petersilie und hinterlassen einen etwas bitteren, brennenden Nachgeschmack.

In der Küche

Schnittsellerie wird in den Niederlanden und in Belgien wie unsere Petersilie als Garnitur verwendet oder kurz vor dem Servieren einem Gericht beigegeben. Er ist eines der Kräuter, die in die traditionelle Grüne Soße zu Aal gehören. In Nordfrankreich gilt er als Suppenkraut, in Griechenland würzt man damit Fisch- und Fleischkasserollen. Schnittsellerie hat den Vorteil, dass man statt einer ganzen Selleriestange einzelne Blätter für ein Bouquet garni, Suppen und Eintöpfe abpflücken kann.

Chinesischer Sellerie wird zum Würzen und als Gemüse verwendet. Selten wird er roh verzehrt. Die Stängel gibt man in Wok-Gerichte. In ganz Südostasien würzen Blätter und Stängel Suppen, Schmorgerichte, Reis und Nudeln.

Stangensellerie und Knollensellerie werden als Gemüse roh oder gekocht verzehrt, aber die Blätter eignen sich gleichfalls zum Würzen. Durch Kochen verlieren alle Arten von Sellerie etwas von ihrer Bitterkeit, ihre übrigen aromatischen Eigenschaften bleiben jedoch erhalten. Wasserfenchel ist in Vietnam wegen seines milden Geschmacks ein sehr beliebtes Salatkraut, kurz angedünstet gibt man ihn in Suppen, zu Fisch und Hühnergerichten. Die Thai-Küche verwendet ihn ähnlich und serviert ihn roh zu Larp oder blanchiert zu Nam Prik. Die Japaner verwenden ihn für Sukiyaki und würzen auch Tomatensalat damit.

In Russland und Skandinavien schätzt man die Samen als Suppengewürz. In Indien kombiniert man in Currys Selleriesamen mit Tomaten. Probieren Sie Selleriesamen in Kohlgerichten, Eintöpfen und Brot. Die Samen werden meist ganz verwendet, weil sie so winzig sind. Sparsam damit umgehen, das Aroma ist stark. Selleriesalz besteht aus gemahlenen Selleriesamen und Salz.

Chinesischer Sellerie

A. graveolens

Chinesischer Sellerie (Kun Choi) sieht wie ein zierlicher Stangensellerie aus. Die Stängel sind dünn und hohl.

Liebstöckel

Levisticum officinale

Liebstöckel oder Maggikraut stammt aus Westasien und Südeuropa, wo es seit der Römerzeit verwendet wird. Wildformen und Kulturformen lassen sich nicht voneinander unterscheiden. Lange schon ist es auch anderswo heimisch – selbst in Australien. In Italien wird es mit Ligurien in Verbindung gebracht – der lateinische Name soll eine Verballhornung von »ligusticum« oder »ligurisch« sein. Angeblich brachten bereits die Pilgerväter Liebstöckel mit nach Amerika.

AROMA

Liebstöckel ist stark aromatisch und ähnelt dem Sellerie (im Französischen heißt er auch Céleri bâtard, also falscher Sellerie), ist jedoch herber, mit Moschustönen und Anis-, Zitronen- und Hefenoten. Geruch und Geschmack sind unverwechselbar und durchdringend.

VERWENDETE TEILE

Blätter, Stängel, Wurzeln, Samen.

KAUF UND LAGERUNG

Samen und gemahlene getrocknete Wurzeln sind im Feinkosthandel erhältlich. Saatgut oder Pflanzen werden in Gartenmärkten angeboten. Die Blätter können jederzeit geerntet werden. In einer Kunststofftüte im Kühlschrank halten sie 3–4 Tage. Die Stängel schneidet man knapp über dem Boden ab, die äußeren zuerst. Wenn die Samen braun werden, hängt man die eingetüteten Fruchtstände kopfüber zum Trocknen auf. Die Samen halten sich 1–2 Jahre.

ANBAU UND ERNTE

Die ausdauernde Staude wird aus Samen oder durch Teilung des Wurzelstocks gezogen. Sie gedeiht im Schatten wie in der Sonne, doch brauchen die tief reichenden Wurzeln frischen, nährstoffreichen, gut durchlässigen Boden. Die Pflanze zieht im Winter ein, ist aber extrem winterhart.

Frische Stiele
Liebstöckel wächst zu einem hohen, stattlichen Doldengewächs mit recht großen, dunkelgrünen gefiederten Blättern und gefurchten, hohlen Stängeln heran. Die riesigen Dolden setzen sich aus kleinen, aber attraktiven gelben Blüten zusammen, die im Spätsommer viele Samen bilden.

In der Küche

Liebstöckel lässt sich wie Sellerie oder Petersilie in fast jedem Gericht verwenden, schmeckt aber viel kräftiger als die beiden und muss sparsam dosiert werden. Seine Schärfe verliert sich etwas beim Kochen.

Die Blätter, gehackten Stängel und Wurzeln passen gut an Schmorgerichte, Suppen und Eintöpfe. Für einige Diäten kann es praktisch sein, dass Liebstöckel als Salzersatz fungieren kann. Aus jungen Blättern lässt sich eine gute, einfache Suppe kochen, eventuell ergänzt durch Kartoffeln, Möhren oder Topinambur. Die Blätter passen in Blattsalate, und ältere Blätter geben Bohnen- oder Kartoffelgerichten Farbe und schmecken in Geflügelfüllungen.

Es lohnt sich, ein mit Liebstöckel gewürztes Kartoffelgratin zu probieren. Die Samen werden ganz oder gemahlen in Pickles, Soßen, Marinaden, Brot und Gebäck verwendet. Die hohlen Stängel können blanchiert und als Gemüse gegessen werden.

KOMBINATIONEN

Passt zu Äpfeln, Eiergerichten, Hülsenfrüchten, Kartoffeln und anderem Wurzelgemüse, Lamm, Mais, Möhren, Pilzen, Räucherfisch, Reis, Sahnequark, Schwein, Speck, Tomaten, Thunfisch, Zucchini, Zwiebeln.

Harmoniert mit Chili, Dill, Knoblauch, Kümmel, Lorbeer, Oregano, Petersilie, Schnittlauch, Thymian, Wacholder.

ANDERE LIEBSTÖCKEL-ARTEN

Schottische Mutterwurz *Ligusticum scoticum*, auch Schottischer Liebstöckel genannt, ist in gemäßigten Regionen der Nordhalbkugel heimisch. Sie wird nicht so hoch wie *L. officinale*, blüht weiß und schmeckt milder. Verwendung wie Liebstöckel.

Pferdeeppich *Smyrnium olusatrum*, oder Schwarzer Liebstöckel, ist ein weiterer hoher Doldenblütler, der seit der Antike in Süd- und Westeuropa gezogen wird und im Mittelalter in Klostergärten wuchs. Im elisabethanischen England verwendete man ihn gern für Fisch- und Meeresfrüchtegerichte. Im 16. Jh. wurde er nach Nordamerika gebracht. Er ähnelt Liebstöckel und kann wie dieser verwendet werden. Mit seinen zerstoßenen Samen wird heute häufig Wodka aromatisiert.

Samen
Die winzigen gerieften und aromatischen Samen schmecken ähnlich wie die Blätter, doch haben sie zusätzlich einen wärmenden Charakter mit einem Anklang an Nelken.

Getrocknete Blätter
Getrocknet oder eingefroren behalten die Blätter nahezu ihre gesamte Würzkraft. Die getrockneten schmecken stärker nach Hefe und Sellerie als die frischen.

AROMA

Ysop hat ein kräftiges, angenehmes Kampfer- und Minze-Aroma. Die dunkelgrünen Blätter schmecken erfrischend, aber kräftig nach Minze, etwas scharf und etwas bitter – sie erinnern an Rosmarin, Bohnenkraut und Thymian.

VERWENDETE TEILE

Blätter und junge Triebe, Blüten.

KAUF UND LAGERUNG

Ysop hält sich in einer Kunststofftüte im Kühlschrank etwa eine Woche.

ANBAU UND ERNTE

Ysop lässt sich aus Samen ziehen, kann aber auch durch Teilung oder über Stecklinge vermehrt werden. Er liebt trockenen, steinigen, gut durchlässigen Boden, braucht Sonne, verträgt aber auch Schatten und ist selbst in Mitteleuropa zuverlässig winterhart. Nach etwa drei Jahren sollte Ysop geteilt werden, sonst verholzt er zu stark. Da Ysop sein Blattwerk nur für kurze Zeit abwirft, kann man vom Frühjahr bis in den Spätherbst Blätter abpflücken. Die im Spätsommer erscheinenden langen, dichten Blütenähren locken Bienen an. ‚Albus' blüht weiß, ‚Roseus' rosa, die staudige *H. o. subsp. aristatus* hat dunkelblaue Blüten.

KOMBINATIONEN

Passt zu Aprikosen, Eierspeisen, Hülsenfrüchten, Kohl, Kürbis, Möhren, Pfirsichen, Pilzen, Roten Beten, Wild.

Harmoniert mit Kerbel, Lorbeer, Minze, Petersilie, Thymian.

Ysop

Hyssopus officinalis

Der niedrige, winterharte Halbstrauch mit nahezu immergrünem Laub stammt ursprünglich aus Nordafrika, Südeuropa und Westasien. Die hübsche, kompakt wachsende Pflanze ist seit Langem in Mittel- und Westeuropa verwildert. Die Römer bereiteten daraus einen Kräuterwein, und im frühen Mittelalter wurde Ysop in den Klostergärten als Arznei- und Gewürzpflanze gezogen.

In der Küche

Ysopblätter und junge Triebe eignen sich als Gewürz in Salaten (die Blüten als rustikale Garnitur) oder Suppen. Besonders gut schmeckt das Kraut in Kaninchen-, Zicklein- und Wildragouts. Reibt man fettreiches Fleisch wie Lamm damit ein, wird es besser verdaulich. Seit Langem wird Ysop zum Aromatisieren von nicht alkoholischen Erfrischungsgetränken sowie von Digestiven und Likören verwendet. Sehr gut schmeckt er in Obstkuchen und Kompotten, in Sorbets und Desserts mit Aprikosen, Sauerkirschen, Pfirsichen und Himbeeren. Auch Zuckersirup für ein Fruchtdessert bekommt durch einen mitgekochten Zweig Ysop Aroma.

Frische Zweige
Ysop immer sparsam verwenden, sonst übertönt er andere Aromen.

Blätter
Blätter wie Blüten behalten auch getrocknet viel von ihrer Würzkraft. Die winzigen Blüten haben ein zarteres Aroma als die Blätter.

Zichorie

Cichorium intybus

Die Zichorie oder Wegwarte ist eine Staude mit sparrigem Wuchs, die aus dem Mittelmeerraum und Kleinasien stammt. Die heute angebauten Formen haben ihren Ursprung im 16. Jh. Mit der Zeit entstanden daraus zwei ganz verschiedene Typen: Im späten 18. Jh. zogen die Niederländer die Wurzeln als billige Kaffee-Alternative. Als koffeinfreier Ersatz war Zichorienkaffee auch in der Nachkriegszeit in Deutschland verbreitet. Mitte des 19. Jahrhunderts züchteten belgische Gärtner den Chicorée. Verwandt sind Radicchio sowie Fleischkraut.

In der Küche

Junge Blätter werden als Salat genossen, die essbaren Blüten können als dekoratives Element in Speisen dienen. Ältere Blätter werden kurz blanchiert und dann in gekochten Speisen verwendet – für Salat sind sie nicht mehr geeignet.

Frische Blätter

Zichorie (oder Wegwarte) wächst in fast ganz Europa und in weiten Teilen Asiens wild. Im Garten wird sie zur Blütezeit bis zu einen Meter hoch.

AROMA

Die Zichorie hat keinen Geruch. Sie sondert einen milchigen Saft ab, der Inulin enthält und für die Bitterkeit sorgt – was bei den knackigen jungen Blättern angenehm, bei älteren herb schmeckt. Die Blüten sind überhaupt nicht bitter.

VERWENDETE TEILE

Junge, grüne Blätter, Blüten.

KAUF UND LAGERUNG

Samen und junge Pflanzen bekommt man im Gartencenter oder beim Gemüsegärtner. Die Blätter halten sich in einer Kunststofftüte im Gemüsefach des Kühlschranks 2–3 Tage. Blüten müssen sofort verwendet werden.

ANBAU UND ERNTE

Zichorie lässt sich in fast jedem durchlässigen Boden, in dem sich die tief gehende Pfahlwurzel entwickeln kann, aus Samen ziehen. Die hellgrünen Blätter sind an der Basis sehr breit und verschmälern sich zur Spitze hin. Bis in den Herbst hinein erscheinen die großen hellblauen, gänseblümchenartigen Blüten, die nur für einen Tag aufgehen und sich bereits am Nachmittag schließen. Ein Auszwicken der Blütenstände fördert das Blattwachstum.

KOMBINATIONEN

Passt zu frischem Käse, allen Blattsalaten, Nüssen.

Harmoniert mit Kerbel, Kresse, Koriander, Süßdolde, Petersilie, Portulak, Wiesenknopf.

Oregano und Majoran

Origanum-Arten

Oregano und Majoran sind niedrige Halbsträucher oder Sträucher aus der Familie der Lippenblütler. Sie stammen aus der Mittelmeerregion und aus Vorderasien. Die Pflanzen werden häufig verwechselt, denn das Wort »Oregano« wird oft als Oberbegriff für einen bestimmten Geschmacks- und Aromatypus verwendet. Allerdings vertragen sich die eng miteinander verwandten Kräuter in der Küche überhaupt nicht.

AROMA

Der Grundgeschmack ist angenehm scharf und bitter mit einer Kampfernote. Bei Majoran kommt selbst in gemäßigtem Klima eine feine süße Würze hinzu. Oregano ist derber, pfeffriger und etwas beißend, häufig mit einem Anklang an Zitrone. In kühleren Regionen nehmen diese Eigenschaften ab.

VERWENDETE TEILE

Blätter, Blütenknöspchen.

KAUF UND LAGERUNG

Majoran und Oregano bekommt man in allen Gärtnereien und Supermärkten. Zum Trocknen erntet man die Stängel nach der Knospenbildung und hängt sie in Büscheln an einem luftigen Ort auf. Die abgerebelten Blätter werden luftdicht verschlossen aufbewahrt. In Supermärkten bekommt man Oregano häufiger getrocknet als frisch. Getrocknet hält er sich ein Jahr.

ANBAU UND ERNTE

Am besten zieht man die Kräuter aus Samen heran. Sie verlangen durchlässigen Boden und viel Sonne. Ein Zurückschneiden vor dem Winter verhindert, dass die Pflanzen struppig wachsen. Die Blätter können jederzeit geerntet werden, zum Trocknen am besten unmittelbar nach der Knospenbildung. Obwohl Majoran ein winterharter Halbstrauch ist, wird er meist ein- oder zweijährig gezogen.

Dost, Wilder Majoran

O. vulgare

Die Art hat rötliche, unten verholzte Triebe. Die mittelgrünen Blätter sind an der Unterseite behaart, die Blüten dunkelrosa, weiß oder rosa.

Getrocknete Blätter
Getrocknet sind Majoran- und Oregano-Blätter viel aromatischer und würzkräftiger als frische. Einige Oregano-Sorten werden getrocknet unter dem griechischen Namen »Rigano« angeboten.

In der Küche

Oregano ist in vielen italienischen Gerichten zu einer unverzichtbaren Zutat geworden, vor allem in Pastasoßen, Pizza und zu gebratenem Gemüse. Die Griechen lieben ihn zu Souvlaki, gebratenem Fisch und griechischem Salat.

In Mexiko würzt er Bohnengerichte, Burritos, Taco-Füllungen und Salsas. In ganz Spanien und Lateinamerika gibt man ihn in Fleischragouts und zu Braten, Suppen und überbackenem Gemüse. In Verbindung mit Paprika, Kreuzkümmel und Chili würzt er Chili con Carne und andere Tex-Mex-Eintöpfe mit Fleisch. Sein kräftiges Aroma passt gut zu allem Gegrillten und in Füllungen, herzhafte Suppen, Marinaden, Gemüseeintöpfe, sogar in Hamburger. Auch aromatisiert er Öle und Essige.

Das feinere Aroma des Majoran geht beim Kochen verloren: Man gibt ihn erst im letzten Moment zu. Er passt in Salate, Eiergerichte und Pilzsoßen, zu Fisch und Geflügel. In Füllungen schmeckt er delikater als Oregano. Aus frischem Majoran kann man ein Sorbet herstellen. Für Salate, zu Mozzarella und Frischkäse lassen sich Blätter und Blütenknospen verwenden.

KOMBINATIONEN

Passt zu Anchovis, Artischocken, Auberginen, Blumenkohl, Bohnen, Eiern, Ente, Fisch und Muscheln, Geflügel, Huhn, Kalb, Käsespeisen, Kartoffeln, Kohl, Kürbis, Lamm, Mais, Möhren, Paprikaschoten, Pilzen, Schwein, Spinat, Tomaten, Wild, Zucchini.

Harmoniert mit Basilikum, Chili, Knoblauch, Kreuzkümmel, Lorbeer, Paprika, Petersilie, Rosmarin, Salbei, Gerbersumach, Thymian.

Echter Majoran *O. majorana*

Majoran, auch Wurstkraut genannt, hat graugrüne, flaumig behaarte Blätter. Die weißen Blüten sitzen in dichten Quirlen. Er schmeckt feiner und etwas süßer als Oregano und sollte nie lange mitgekocht werden.

Verwandte Origanum-Arten

Neben dem bekannten Oregano und dem Majoran gibt es etliche anderer *Origanum*-Arten und Pflanzen mit ähnlichen Eigenschaften. Geruch und Geschmack werden von der jeweiligen Konzentration der ätherischen Öle Carvacrol und Thymol bestimmt. Carvacrol ist für den typischen Oregano-Geruch verantwortlich, den höchsten Anteil haben der Griechische Oregano und einige mexikanische Arten.

Diptam-Dost *O. dictamnus*

Diese nur in Kreta und Südgriechenland heimische Pflanze wird weniger groß als die meisten anderen Arten und hat dicke, silbergraue Blätter und dunkelrosa Blüten. Im Geschmack erinnert sie stark an Majoran und sie passt gut zu gegrilltem Fisch.

Französischer Majoran *O. onites*

Dieser eigentlich in Spanien, auf Sizilien und auf dem Balkan heimische Zwergstrauch hat hellgrüne, flaumige Blätter und weiße oder rosa Blüten. Als enger Verwandter unseres Majorans schmeckt er weniger süß, aber schärfer.

Griechischer Oregano

O. heracleoticum (O. v. hirtum)

Diese auch Wintermajoran genannte Pflanze ist in Südosteuropa und Westasien heimisch. Wegen seiner dunkelgrünen, schwärzlichen Farbe wird er in der Türkei manchmal als Schwarzer Oregano bezeichnet. Er hat kleine weiße Blüten, wird höher und schmeckt pfeffriger als die meisten anderen Origanum-Arten. Dieser Typ wird in Griechenland und der Türkei als wichtiges Exportgut für Europa und die USA angebaut.

WEITERE »OREGANO«

Einige andere Pflanzen werden ebenfalls wie Oregano verwendet und unter diesem Namen verkauft:

Jamaica-Thymian *(Plectranthus amboinicus)* Die zarte und intensiv duftende Staude stammt aus dem Süden Afrikas und wird heute in den Tropen weithin angebaut. Ihre prickelnd scharfen, dicken Blätter schmecken roh sehr gut. Auf den Philippinen und in Kuba würzt man damit vor allem Schwarze Bohnen. Er wird häufig für Fleisch- und Fischmarinaden verwendet oder beim Schmoren über das fertige Gericht gestreut. Sie lässt sich gut aus Stecklingen ziehen und liebt Halbschatten. Ebenfalls als »Oregano« gehandelt werden *Poliomintha longiflora* und *Monarda fistulosa* var. *menthaefolia*. Diese wachsen im Südwesten der USA und in Mexiko, wo man sie ihrer Schärfe wegen schätzt. In der Küche sind Kreuzkümmel und Koriander ihre natürlichen Partner.

Golpar, ein iranisches Gewürz, ist eigentlich der Samen des in der Osttürkei und im Iran anzutreffenden *Heracleum persicum*. Golpar hat ein kräuterähnliches, balsamartiges Aroma mit Anklängen an Hefe. Im Geschmack ist es zunächst süßlich, gefolgt aber von einer anhaltend bitteren Note. Wird es mitgekocht, überwiegt der süßliche Charakter. Man verwendet es in Suppen, Eintöpfen, Pickles und zu Dicken Bohnen und Kartoffeln.

Goldblättriger Oregano

O. v. ,Aureum'

Diese schmückende Sorte ergibt einen hübschen Bodendecker mit dichtem gelbem bis hellgrünem Laub. Sie kann wie normaler Oregano verwendet werden, ist aber milder.

Mexikanischer Oregano

Lippia graveolens

Die attraktive Pflanze trägt graugrüne, ovale Blätter und cremeweiße Blüten. Sie ist mit der Zitronenverbene verwandt und enthält einen hohen Anteil an ätherischen Ölen.

Syrischer Oregano

O. syriacum

Diese Art wird im Vorderen Orient als Küchenkraut gezogen. Sie erinnert in der Schärfe an Thymian, Majoran und Oregano, ist aber beißender. Gelegentlich wird diese Art als Za'atar verkauft *(S. 98)*.

Rosmarin

Rosmarinus officinalis

Rosmarin ist ein dichter, immergrüner, aber nicht immer winterharter Strauch aus der Mittelmeerregion, der seit Langem in den gemäßigten Klimazonen Europas und Amerikas angebaut wird. Im frühen 9. Jh. nahm ihn Karl der Große bereits in seine berühmte Liste *Capitulare de villis* als eine der Pflanzen auf, die in den königlichen Ländereien des karolingischen Reiches anzupflanzen waren. Rosmarin wird traditionell in Kräutersträußen, als Einstreu und als Räucherkraut verwendet.

AROMA

Stark aromatisch, wärmend und pfeffrig, harzig und etwas bitter, mit Noten von Kiefernnadeln und Kampfer. Im Geschmack erinnert Rosmarin an Muskat und Kampfer, der Nachgeschmack ist holzig, balsamartig und herb. Sobald die Blätter geschnitten werden, verflüchtigt sich das Aroma.

VERWENDETE TEILE

Die kleinen, nadelförmigen Blätter, Zweige, Blüten.

KAUF UND LAGERUNG

Pflanzen kann man in Gärtnereien, Supermärkten oder bei Gemüsehändlern kaufen oder aus Stecklingen ziehen. Frische Zweige halten sich mehrere Tage im Kühlschrank oder im Wasserglas. Da Rosmarin das ganze Jahr über zu bekommen ist, macht er getrocknet wenig Sinn, obwohl er das Aroma gut hält.

ANBAU UND ERNTE

Rosmarin lässt sich nur schwer aus Samen, aber leicht aus Stecklingen oder Ausläufern ziehen. Er braucht leichten, durchlässigen Boden und viel Sonne, bevorzugt an einem geschützten Platz. Relativ kräftiger Rückschnitt im Frühling fördert einen buschigen Wuchs. Die hübschen kleinen Blüten sind meist blau, manchmal rosa oder weiß. Blätter und Zweige können jederzeit entnommen werden.

Frische Blätter

Rosmarinblätter können zäh sein, deshalb sollte man sie für Gerichte, in denen sie mitgegessen werden, besser hacken.

In der Küche

Rosmarin hat ein kräftiges und derbes Aroma. Da sich dies auch durch Kochen nicht abschwächt, sollte man ihn sparsam verwenden. In der mediterranen Küche gibt man ihn gern zu Gemüse, das in Olivenöl gebraten wird. In Italien ist er zu Kalbfleisch beliebt. Ganze Zweige kann man in Marinaden, besonders für Lamm, geben. Legt man beim Grillen Zweige unter Fleisch oder Geflügel, verströmen sie ein delikates Räucheraroma. Ältere, kräftige Zweige eignen sich als Kebabspieße oder als Büschel zum Beträufeln während des Bratens. Rosmarin schmeckt sehr gut in salzigem wie süßem Gebäck, ebenso in Brot. Junge Zweige würzen Olivenöl, man kann sie für Desserts in Milch, Sahne oder Sirup und auch in Limonade ziehen lassen. In Eiswürfeln eingefrorene Blüten sind hierfür eine hübsche Garnitur. Schön, aber umständlich herzustellen sind kandierte Rosmarinblüten.

KOMBINATIONEN

Unentbehrlich in Kräutern der Provence.

Passt zu Aprikosen, Auberginen, Eiern, Fisch, Frischkäse, Geflügel, Kalb, Kaninchen, Kartoffeln, Kohl, Kürbis, Lamm, Linsen, Orangen, Pastinaken, Pilzen, Schwein, Tomaten, Zwiebeln.

Harmoniert mit Bohnenkraut, Knoblauch, Lavendel, Liebstöckel, Lorbeer, Minze, Oregano, Petersilie, Salbei, Schnittlauch, Thymian.

Kräuter der Provence
Die Kräutermischung wird frisch oder getrocknet zu Fleisch, Wild, Gemüse und Tomatengerichten verwendet. Die hier gezeigte Variante enthält Rosmarin, Thymian, Majoran, Bohnenkraut und Lorbeer *(Rezept S. 267)*.

Salbei

Salvia-Arten

Diese aromatischen Sträucher oder Halbsträucher stammen vorwiegend aus der nördlichen Mittelmeerregion und gedeihen auf warmen, trockenen Böden. Durch die Farbenvielfalt der runzligen, samtigen Blätter – vom blassen Graugrün über silbern oder golden schimmerndes Grün bis hin zum Violettgrün – wird Salbei als attraktive Gartenpflanze ebenso geschätzt wie als wertvolle Bereicherung der Gewürzpalette.

Echter Salbei *S. officinalis*

Es gibt breit- und schmalblättrige Typen des Echten Salbeis. Junge, grüne Blätter sind weniger scharf als die älteren grauen. Schmalblättriger Salbei hat hübsche zartlila, blaue oder weiße Blüten. Breitblättrige Formen sind wenig blühfreudig.

AROMA

Salbei kann mild, moschus- und balsamartig oder stark kampferähnlich sein und herbe Noten mit angenehmer Würze haben. Generell sind Sorten mit mehrfarbigen Blättern milder als der Echte Salbei. Getrockneter Salbei ist kräftiger als frischer und kann bitter und seifig schmecken.

VERWENDETE TEILE

Blätter, frisch oder getrocknet. Alle Salbei-Arten haben attraktive Lippenblüten, mit denen sich schön garnieren lässt.

KAUF UND LAGERUNG

Salbei in Töpfen wird im Supermarkt angeboten. Frische Salbeiblätter am besten gleich verwenden. Nach dem Kauf halten sie, in Küchenpapier eingeschlagen, wenige Tage im Gemüsefach des Kühlschranks. Getrocknet bewahrt Salbei, lichtgeschützt und luftdicht verschlossen, bis zu 6 Monaten sein Aroma.

ANBAU UND ERNTE

Salbei gedeiht am besten auf warmen, trockenen Böden. Die Intensität des Aromas hängt von Boden und Klima ab. Die Blätter werden von Frühling bis Herbst geerntet. Nach der Blüte schneidet man die Pflanzen zurück. Sorten mit violetten, zwei- und dreifarbigen Blättern *(S. 93–95)* sind weniger ausdauernd als Echter Salbei. Ananas-Salbei *(S. 95)* ist frostempfindlich.

In der Küche

Salbei fördert die Verdauung fett- und ölhaltiger Speisen. In Großbritannien würzt man Schweinefleisch, Gans und Ente sowie Füllungen mit Salbei. Salbei ist ein ausgezeichnetes Gewürz für Schweinswürste, in Deutschland besonders auch für Aal. Die Griechen verwenden ihn in Fleischragouts und zu Geflügel, aber ebenso als Tee. In Italien gibt man Salbei an Leber und Kalb (im Saltimbocca alla Romana) und würzt damit Foccaccia und Polenta. Für eine köstliche Pastasoße werden einige Blätter kurz in Butter erhitzt. Wegen des kräftigen Aromas ist Salbei sparsam zu verwenden. Passt zu Äpfeln, Käse, Tomaten, Zwiebeln, Gerichten aus Trockenbohnen.

KOMBINATIONEN

Passt zu Äpfeln, Käse, Tomaten, Zwiebeln, Gerichten aus Trockenbohnen.

Harmoniert mit Bohnenkraut, getrocknetem Ingwer, Knoblauch, Kümmel, Liebstöckel, Lorbeer, Majoran, Paprika, Petersilie, Sellerieblättern, Thymian.

Purpursalbei

S. officinalis ‚Purpurascens'

Dieser Salbei hat moschusähnliche, würzige Töne und ist etwas weniger scharf als Echter Salbei. Er blüht selten, doch wenn, dann nehmen sich die blauen Blüten vor den Blättern wunderschön aus.

Bouquet garni für Fleisch

Zu jedem Gericht lässt sich ein derartiges Kräuterbündel zusammenstellen. Eine schmackhafte Kombination für Fleischragouts sind Zweige von Thymian, Salbei, Schnittsellerie und Petersilie *(Rezepte S. 26)*.

Weitere Salbei-Arten

Man kennt vom Salbei viele Arten und Kulturformen. Die Sorten wurden überwiegend der Farbe der Blätter oder der Blüten wegen ausgelesen. Alle eignen sich als Gewürz, und jede Art hat ihr eigenes Aroma. Einige sind milder und schmecken deutlich fruchtig: Namen wie Honigmelonen-, Ananas- oder Johannisbeer-Salbei weisen bereits auf die Duftnoten hin. Muskateller-Salbei, eine stattliche zweijährige Pflanze mit großen, runzligen Blättern, wird zum Aromatisieren von Muskatellerwein verwendet.

S. o. ‚Tricolor'

Dieser wohl auffälligste Salbei trägt graugrün und cremeweiß gemaserte, rosa getuschte Blätter und blaue Blüten. Das Aroma ist recht mild.

Schwarze-Johannisbeeren-Salbei

S. microphylla

Zerrieben duften die Blätter stark nach Schwarzer Johannisbeere, der Geschmack ist allerdings weniger stark. Im Spätsommer erscheinen weinrote Blüten.

Griechischer Salbei *S. fruticosa*

Die großen graugrünen, mit Flaum überzogenen Blätter dieser Sorte sind stark aromatisch mit harzigen Noten. In der Küche sparsam oder als Tee zu verwenden.

Muskateller-Salbei

S. sclarea

Der Duft dieser aromatischen zweijährigen Pflanze erinnert an Muskattrauben, das Blatt schmeckt leicht bitter und balsamartig. Die Blätter können frittiert werden.

S. o. ‚Icterina'

Diese Sorte hat hübsche, gold-grün gemusterte Blätter, trägt aber selten Blüten. Im Geschmack ist sie bedeutend milder als Echter Salbei.

Ananas-Salbei *S. elegans*

Diese nicht winterharte Art entwickelt sich zu einem großen Strauch. Die langen Blätter duften deutlich nach Ananas, doch ihr Geschmack ist schwächer. Im Herbst erscheinen leuchtend rote Blüten.

Thymian

Thymus-Arten

Thymian ist ein ausdauernder, immergrüner Halbstrauch mit kleinen, aromatischen Blättern. Er stammt aus dem Mittelmeerraum und wächst auf den warmen, trockenen Hügeln seiner Heimat wild. Dort ist er weitaus aromatischer als die wild wachsenden Formen kühlerer Regionen. Wilder Thymian neigt zum Verholzen und zu struppigem Wuchs, die kultivierten Sorten haben zartere Zweige. Es gibt Hunderte verschiedene, jede etwas anders im Aroma.

AROMA

Die ganze Pflanze verströmt beim Reiben einen angenehm erdigen, pfeffrigen Duft. Der Geschmack ist würzig mit Noten von Nelke und Minze, einem Hauch Kampfer und einem erfrischenden Nachgeschmack.

VERWENDETE TEILE

Blätter und Zweige, Blüten zum Garnieren.

KAUF UND LAGERUNG

Gärtnereien bieten viele Sorten des Gartenthymians an. Prüfen Sie durch leichtes Reiben, ob sie duften. Garten- und Zitronenthymian bekommen Sie frisch oder als Pflanze auf dem Markt oder in Supermärkten. Frische Blätter halten sich in einer Kunststofftüte im Kühlschrank bis zu einer Woche. Getrockneter Thymian behält sein Aroma den ganzen Winter über.

ANBAU UND ERNTE

Alle Thymian-Arten brauchen lockeren, sandigen Boden und möglichst viel Sonne. Sie gedeihen besonders gut zwischen Steinen, in oder auf einer Trockenmauer und im Steingarten. Am einfachsten lassen sie sich durch Teilung der Wurzelstöcke vermehren. Die Blätter werden ganz nach Bedarf gepflückt – je öfter, desto besser. Zum Trocknen kurz vor der Blüte ernten.

Gartenthymian *T. vulgaris*

Der in der Küche am häufigsten verwendete Gartenthymian ging durch Auslese aus dem mediterranen wilden Thymian hervor. Er bildet einen kräftigen Halbstrauch mit graugrünen Blättern und weißen oder blassrosa Blüten. Es gibt zahlreiche Sorten, darunter die englischen »breitblättrigen« und die französischen »schmalblättrigen« Typen.

In der Küche

Thymian zählt in vielen Küchen Europas und des Vorderen Orients zu den wichtigsten Gewürzen. Im Gegensatz zu den meisten anderen Kräutern verträgt er langes, langsames Kochen. Zurückhaltend eingesetzt verstärkt er die Aromen anderer Kräuter, ohne sie zu übertönen. In Eintöpfen und Kasserollen verträgt er sich gut mit Zwiebeln, Bier oder Rotwein. Ohne Thymian ist jeder französische Eintopf, vom Pot-au-feu bis zum Cassoulet, undenkbar, ebenso in Spanien, Mexiko und Lateinamerika, wo sich zu Thymian oft Chili gesellt. Weithin verwendet man Thymian als Gewürz in Pasteten und Terrinen, kräftigen Gemüsesuppen, Soßen auf Tomaten- und Weinbasis und in Marinaden für Schweinefleisch und Wild. In Großbritannien würzt er Füllungen, Pasteten und Hasenpfeffer. Unentbehrlich ist Thymian in den meisten Bouquets garnis.

KOMBINATIONEN

Unentbehrlich in den meisten Bouquets garnis.

Passt zu Auberginen, Hülsenfrüchten, Kaninchen, Kartoffeln, Kohl, Lamm, Lauch, Mais, Möhren, Rind, Tomaten, Waldpilzen, Zwiebeln.

Harmoniert mit Basilikum, Bohnenkraut, Chilis, Knoblauch, Lavendel, Lorbeer, Majoran, Muskat, Nelken, Oregano, Paprika, Petersilie, Piment, Rosmarin.

Zitronenthymian

T. citriodorus

Dieses kleine, kompakte Sträuchlein, das sich mit altrosa Blüten schmückt, gibt Fisch und Meeresfrüchten, Brathähnchen oder Kalb ein frisches Zitronenaroma. Zitronenthymian passt auch in Gebäck, Brot und Obstsalat. Nach dem Gartenthymian ist Zitronenthymian in der Küche die wichtigste Sorte.

Weitere Thymian-Arten

Die Sorten des Gartenthymians *(T. vulgaris)* und des Zitronenthymians *(T. citriodorus)* sowie andere Arten bieten der Küche vielerlei Aromen. Mit dem arabischen Namen Za'atar werden im Vorderen Orient sowohl Thymian als auch *Thymbra spicata* und andere Kräuter mit einem Aroma aus dem Thymian-Bohnenkraut-Oregano-Umfeld bezeichnet: Syrischer Oregano *(S. 89)*, Persischer Thymian *(S. 99)* und Thymbra *(S. 102)*. Jeder davon kann mit Sesam und Gerbersumach zur gleichfalls Za'atar genannten Gewürzmischung kombiniert werden.

Kümmelthymian

T. herba-barona

Diese auf Korsika und Sardinien heimische, teppichbildende Pflanze hat rote, kriechende Stängel mit schmalen, glänzenden Blättchen und rosa Blüten. Sie weist eine leichte Kümmelnote auf, die gut zu Wurzelgemüse, Käsegerichten und Sahnesoßen passt.

Feldthymian *T. serpyllum*

Diese auch Quendel genannte Art findet man im gesamten Mittelmeergebiet und ebenso in Mittel- und Nordeuropa. Sie schmeckt milder als Gartenthymian und kann frisch über Salat oder gegrilltes Gemüse gestreut werden.

Za'atar *Thymbra spicata*

Der Strauch mit dunklem Laub ähnelt mehr dem Bohnenkraut. Mit seinen auffallenden, dicht beieinander stehenden Blüten ergibt er eine hübsche Steingartenpflanze, doch ist er außerhalb seiner Heimat, dem Nahen Osten, nicht zuverlässig winterhart.

Persischer Thymian *T. capitatus*

Die arabische Bezeichnung für diese Art lautet Za'atar farsi, also Persischer Thymian. Im Vorderen Orient ist sie die am häufigsten verwendete Art.

Mehrfarbiger Thymian

T. c. ‚Golden Queen'

Dieser goldgrün panaschierte Thymian ist mild im Geschmack. Das Aroma der einzelnen Thymian-Arten wird von der Zusammensetzung ihrer ätherischen Öle bestimmt.

Orangen-Thymian

T. c. ‚Fragrantissimus'

Die Blätter lassen sich anstelle von Orangenschale verwenden.

Thymian mit Zitronenduft

T. sp. ‚Lemon Mist'

Diese nach Zitrone duftende Züchtung besitzt schmale Blättchen und bildet kugelförmige Polster. Man verwendet sie in Salaten und zum Aromatisieren von Tee. Gibt man einige gehackte Blätter in den letzten Kochminuten zu Suppen, erhalten diese eine köstliche Würze.

AROMA

Bohnenkraut schmeckt pfeffrig und etwas brennend. Sommerbohnenkraut hat einen feinen Kräuterduft. Der Geschmack ist angenehm pikant, leicht harzig und erinnert an Thymian, Minze und Majoran. Winterbohnenkraut hat ein intensiveres, durchdringenderes Aroma mit Noten von Salbei und Kiefernnadeln.

VERWENDETE TEILE

Blätter und Zweige, Blüten zum Garnieren und für Salate.

KAUF UND LAGERUNG

Bohnenkraut ist zusammen mit Buschbohnen als Bund auf dem Markt erhältlich, Gärtnereien bieten Pflanzen im Topf an. Sommerbohnenkraut hält sich in einer Kunststofftüte im Kühlschrank 5–6 Tage. Eingefroren behält es sein Aroma. Zum Trocknen die Stängel an einem luftigen, dunklen Ort aufhängen.

ANBAU UND ERNTE

Sommerbohnenkraut ist einjährig, Winterbohnenkraut mehrjährig und immergrün. Beide lassen sich aus Samen ziehen. Winterbohnenkraut kann man durch Teilung im Frühling vermehren. Beide bevorzugen lockeren, durchlässigen und insbesondere Sommerbohnenkraut nährstoffreichen Boden und volle Sonne. Abschneiden der Blütenstände fördert das Wachstum.

Bohnenkraut

Satureja-Arten

Das hocharomatische Bohnenkraut, auch Kölle oder Pfefferkraut genannt, war eines der schärfsten Aromen, ehe andere Gewürze Europa erreichten. Das Sommerbohnenkraut *(S. hortensis)* ist im östlichen Mittelmeerraum und im Kaukasus heimisch, das Winterbohnenkraut *(S. montana)* in Südeuropa, der Türkei und Nordafrika. Mit den Römern kamen beide über die Alpen.

Sommerbohnenkraut

S. hortensis

Diese einjährige Art mit schlankem, aufrechtem Wuchs hat sehr zarte, weiche graugrüne Blättchen und weiße oder zartlila Blüten.

Frische Zweige
Die Würzkraft der Blätter ist unmittelbar vor der Blüte am intensivsten.

In der Küche

Wegen ihrer Schärfe eignen sich beide Bohnenkraut-Arten gut als Gewürz für lange gegarte Fleisch- und Gemüsegerichte und Füllungen. Wie schon der Name sagt, wird Bohnenkraut gerne zu Bohnen gegeben: Sommerbohnenkraut vor allem an Busch-, Stangen- und Dicke Bohnen, beide an Weiße Bohnen und andere Hülsenfrüchte. Das Kraut passt auch gut zu Kohl, Wurzelgemüse und Zwiebeln, denn es mildert ihre starken Gerüche.

Oft gibt man Sommerbohnenkraut in Bouquets garnis zu Lamm-, Schweinefleisch- und Wildgerichten. Es eignet sich für fettreichen Fisch wie Aal und Makrelen. Fein gehackt kann man Bohnenkraut in Salate geben, vor allem in Kartoffel-, Bohnen- und Linsensalat.

Winterbohnenkraut wird rund um das Mittelmeer besonders intensiv verwendet. Man gibt fein gehackte Blätter in Suppen, Fisch-Eintöpfe, zu Frittiertem, Pizza, Kaninchen- und Lammgerichten.

KOMBINATIONEN

Passt zu Bohnen, Eiern, Fisch, Hülsenfrüchten, Kaninchen, Kartoffeln, Käse, Kohl, Paprika, Roten Beten, Tomaten.

Harmoniert mit Basilikum, Knoblauch, Kreuzkümmel, Lavendel, Lorbeer, Majoran, Minze, Oregano, Petersilie, Rosmarin, Thymian.

Winterbohnenkraut *S. montana*

Dieser winterharte Kleinstrauch trägt steife, glänzend dunkelgrüne Blätter und lavendelfarbene oder weiße Blüten. In der Verwendung sind beide Bohnenkraut-Arten nahezu austauschbar, doch sollte man sie mit Bedacht verwenden und Winterbohnenkraut in noch kleineren Mengen als Sommerbohnenkraut.

Frische Zweige
Die Blätter des Winterbohnenkrauts lassen sich vom Frühjahr bis in den späten Herbst ernten.

Weitere Bohnenkraut-Arten

Die Gattung *Satureja* umfasst viele Pflanzen mit scharfem, würzigem Aroma aus dem Minze-Thymian-Oregano-Spektrum, etliche werden in ihren Herkunftsgebieten als Gewürzkraut verwendet. In der Umgangssprache kennt man dafür viele Bezeichnungen. Teilweise gibt es bei den Namen Überschneidungen mit den *Micromeria*-Arten.

Indianerminze *(S. douglasii)* Der hübsche Bodendecker entwickelt herzförmige, gesägte Blättchen und winzige weiße Blüten. Die Pflanze weist einen ziemlich künstlich anmutenden süßen Geruch mit Minzenoten (etwas wie Kaugummi) auf und hat einen minzeartigen, eher bitteren Geschmack. Die Indianerminze ist in West- und Mittelamerika heimisch und wurde bereits von den Ureinwohnern als Gewürzkraut verwendet. In Kalifornien heißt sie Yerba buena (»gutes Kraut«), und man gießt damit – sparsam dosiert – einen Gesundheitstee auf. In Mexiko heißt jede minzeartige Pflanze, ob Mentha- oder Satureja-Art, Yerba oder Hierba buena.

Jamaicaminze *(S. viminea)* hat kleine ovale, glänzende, helle Blätter und riecht und schmeckt angenehm nach Minze. Heimisch in Mittelamerika und der Karibik, wächst die Art im Süden und Westen der USA. In Trinidad und Tobago wird sie zum Würzen von Fleisch verwendet, anderswo offenbar eher für Tee.

Thymbra *S. thymbra*

Dieser kleine Strauch, der auf Sardinien, Kreta und den Ägäischen Inseln sowie an der Westküste der Türkei wild vorkommt, wird auch Thymianblättriges Bohnenkraut genannt. Er duftet nach Thymian, Minze und Bohnenkraut und schmeckt angenehm scharf. Blätter und Blütenspitzen werden zum Würzen von Fleisch, Wild und Gemüseeintöpfen, für gegrilltes Fleisch und Olivenmarinaden verwendet.

Felsenlippe

Micromeria-Arten

Die Stauden oder Zwergsträucher der Gattung *Micromeria* sind in Südeuropa, dem Kaukasus, in Südwestchina und im westlichen Amerika heimisch. In diesen Gegenden schätzt man sie als Küchen- und Teekräuter. In Europa gedeihen Felsenlippen vor allem auf dem Balkan. Die Gattung *Micromeria* ist sind eng mit dem Bohnenkraut *(Satureja-Arten, S. 100)* verwandt, daher tragen die Arten teilweise identische oder anderweitig irreführende Pflanzennamen.

In der Küche

Das feinste Aroma hat die Art *M. thymifolia:* Sie schmeckt angenehm aromatisch mit zarten Thymian- und Bohnenkrautnoten. Auch ist sie reich an ungesättigten Fettsäuren. In Italien verwendet man die jungen Blätter zum Würzen von Suppen, Marinaden und Fettgebackenem, in Fleisch- und Gemüsefüllungen und zu Brathähnchen oder Täubchen. Fein gehackte Blätter gibt man in Pastasoßen oder bestreut damit vor dem Grillen Fleisch und Geflügel. In der Balkanküche werden die Blätter wie Thymian eingesetzt. Felsenlippe bringt das Aroma reifer Tomaten und von Frischkäse zur Geltung.

Aus *M. fruticosa* wird ein Tee, ähnlich wie Pfefferminztee, aufgegossen. Zwar gilt Pulegone, der Hauptbestandteil des ätherischen Öls dieser Pflanze, als giftig, doch in normalen Mengen verursacht der Tee keine gesundheitlichen Probleme. *M. croatica* ist diejenige Art, die sich am häufigsten im Sortiment deutscher Staudengärtnereien findet.

»Kaiserminze«

M. species

Die »Kaiserminze« hat ein deutliches Minzearoma, ähnlich der Grünen Minze. Sie schmeckt leicht bitter.

AROMA

Das Aroma einiger Felsenlippen geht in die Richtung von Minze, andere ähneln dem von Thymian und Bohnenkraut. *M. juliana* hat ein dem Bohnenkraut vergleichbares Aroma, *M. fruticosa* ähnelt der Poleiminze *(S. 69)*.

VERWENDETE TEILE

Frische Blätter.

KAUF UND LAGERUNG

Felsenlippen gibt es als Frischware nicht zu kaufen. Pflanzen erhält man über spezialisierte Staudengärtnereien oder über Versandgärtnereien. Zweige halten in einer Kunststofftüte im Gemüsefach des Kühlschranks einige Tage.

ANBAU UND ERNTE

In der freien Natur siedeln sich Micromeria-Arten auf magerem Boden, an trockenen, exponierten Felswänden und auf steinigem Grasland an. Man kann sie aus Samen oder aus geteilten Wurzelstöcken ziehen, indem man sie in lehmiger Blumenerde in Pflanzgefäße oder in den Garten setzt. Mit ihrem buschigen Wuchs und den dünnen Stängeln mit weißen, roten oder dunkelroten Blüten, die aus den Blättern hervorschauen, ergeben sie attraktive Pflanzen für den Steingarten. Die Blätter kann man vom Frühjahr bis in den Herbst hinein ernten.

Koriander

Coriandrum sativum

Der aus dem Mittelmeerraum und Vorderasien stammende Koriander wird heute weltweit angepflanzt. Er ist Küchenkraut und Gewürz in einem. Die asiatische, lateinamerikanische und portugiesische Küche schätzt besonders die frischen Blätter. Die Thai-Küche verwendet auch die dünne, spindelförmige Wurzel. Die westliche Küche gebraucht Frucht oder Samen als Gewürz. Im Vorderen Orient und in Indien finden Kraut und Samen Verwendung.

AROMA

Blätter, Wurzeln und unreife Samen haben alle das gleiche Aroma. Manche Menschen sind ganz süchtig nach seinem erfrischenden zitronigen Ingweraroma mit Salbei-Noten, die anderen fühlen sich an abstoßenden Wanzengeruch erinnert. Der Geschmack ist zart, aber komplex mit Anklängen an Pfeffer, Minze und Zitrone.

VERWENDETE TEILE

Blätter und Zweige, Wurzeln, Samen.

KAUF UND LAGERUNG

Frischen Koriander bekommt man beim Gemüsehändler und im Asialaden oder Supermarkt. Dort wird er häufig im Bund mitsamt den Wurzeln angeboten, aber man kann ihn auch selbst ziehen. Im Gemüsefach des Kühlschranks hält sich Koriander in einer Kunststofftüte 3–4 Tage. Tiefgefrorener Koriander behält das Aroma recht gut – er wird fein gehackt und in kleinen Gefäßen oder Eiswürfelbehältern mit etwas Wasser bedeckt eingefroren.

ANBAU UND ERNTE

Das einjährige Kraut lässt sich leicht aus Samen ziehen. Die Ernte erfolgt die ganze Saison über. Die Dolden stehen in dichten weißen oder rosa Blüten. Diese sollte man erst ganz reif ernten. Zum Trocknen hängt man die Stängel gebündelt und in einer Papiertüte verpackt kopfüber an einem warmen Ort auf.

Frische Zweige
Koriander wurde im 16. Jh. von dem Kräuterkundler Gerard als »stinckend Kraut« bezeichnet, doch die Chinesen nennen ihn »duftende Pflanze«. Bis heute ruft das Kraut Abscheu oder Begeisterung hervor.

Wurzeln
Die Wurzeln haben einen schärferen Geruch als die Blätter, mit einer leicht zitronigen Note.

In der Küche

Korianderblätter werden, außer in einer Curry- oder ähnlichen Paste, erst am Ende der Garzeit zugegeben, denn starkes Kochen vermindert ihr Aroma. In fast ganz Asien werden Korianderblätter in großen Mengen in fein abgestimmten Suppen, Wok-Gerichten mit Ingwer und Frühlingszwiebeln, Currys und Schmorgerichten verwendet. Die Thai-Küche gebraucht die Wurzeln für Currypasten und kombiniert die Blätter mit Basilikum, Minze und Chilis. In Indien garnieren die Blätter schmackhafte Gerichte, und man mischt sie mit anderen Kräutern und Gewürzen in grünen Masalapasten. Indien und Mexiko lieben beide Koriander mit grünen Chilis in Chutneys, Relishes und Salsas. Auch die Mexikaner kombinieren Koriander mit Chilis, Knoblauch und Limettensaft zu einem Dressing für Gemüse oder als Fischsud. In Bolivien und Peru würzen Koriander, Chilis und Huacatay eine pfeffrige Tischsoße. Im Vorderen Orient ist Koriander Hauptbestandteil der scharfen jemenitischen Gewürzpasten Zhug und Hilbeh und wird mit Nüssen und Gewürzen, Zitronensaft und Olivenöl in Würzmischungen kombiniert. Die Portugiesen sind die einzigen, die weiterhin Koriander genau so verwenden wie schon im 16. Jh.: Sie essen ihn zu Kartoffeln, Dicken Bohnen und ihren ausgezeichneten Muscheln.

KOMBINATIONEN

Unentbehrlich in Hilbeh, Zhug, Chermoula, Ceviche, Guacamole.

Passt zu Avocados, Fisch und Meeresfrüchten, Gurke, Hülsenfrüchten, Kokosmilch, Mais, Reis, Wurzelgemüse, Zitronen und Limetten.

Harmoniert mit Basilikum, Chilis, Dill, Galgant, Ingwer, Knoblauch, Minze, Petersilie, Schnittlauch.

Jemenitische Zhugpaste
Diese Mischung aus Chilis, Knoblauch, Koriander, Kreuzkümmel, Kardamom und manchmal kleinen Paprikaschoten wird als Würzsoße verwendet *(Rezept S. 282)*.

Culantro

Eryngium foetidum

Die zarte zweijährige Pflanze wächst auf vielen karibischen Inseln wild und wird mal Shado Beni (Trinidad), mal Chadron Benee (Dominikanische Republik) oder Recao (Puerto Rico) genannt. In Europa ist sie nun unter Namen wie Sägeblattkraut, Stacheliger oder Mexikanischer Koriander angekommen, häufig findet sich auch die Schreibweise Culentro.

AROMA

Culantro besitzt ein intensives Aroma mit einem übel riechenden Beiton. Im Geschmack ist er erdig und ziemlich scharf – eine konzentrierte Variante des Korianders mit einem leicht bitteren Nachgeschmack.

VERWENDETE TEILE

Frische Blätter.

KAUF UND LAGERUNG

Pflanzen gibt es in spezialisierten Kräutergärtnereien und über Internetanbieter zu kaufen. Asialäden bieten manchmal gebündelte Blätter an, vereinzelt noch mit den Wurzeln. Sie halten 3–4 Tage im Kühlschrank. Die Blätter lassen sich gut einfrieren: Man entfernt die dicke Mittelrippe und püriert die Blattmasse mit etwas Wasser oder Sonnenblumenöl und friert sie dann ein.

ANBAU UND ERNTE

Culantro gedeiht am besten in durchlässigem Boden und im Halbschatten. Im Schatten entwickeln die Pflanzen größere, grünere und schärfer schmeckende Blätter, Sonne hingegen regt die Pflanze zur schnelleren Samenbildung an. Entfernen der Blütenstängel fördert dichteren Blattwuchs. Culantro hat lange, zähe Blätter mit gesägten Rändern. Man schneidet sie knapp über dem Boden.

KOMBINATIONEN

Harmoniert mit Chilis, Galgant, Kaffirlimetten, Knoblauch, Koriander, Minze, Petersilie, Zitronengras.

In der Küche

In seinen Ursprungsländern würzt man leidenschaftlich gern mit Culantro: Weder darf er in den Fisch- und Fleischmarinaden Trinidads fehlen, noch im puertoricanischen Sofrito, einer Mischung aus Knoblauch, Zwiebeln, grünem Pfeffer, Chilis, Koriander und Culantro, welche die Basis vieler Gerichte dieser Insel bildet. In Mexiko gibt man ihn in Salsas. In Asien überdeckt man oft damit den Geruch des Rindfleischs, den viele Leute dort nicht schätzen. Man gibt ihn in den nordthailändischen Larp, ein feuriges Gericht mit kurz gebratenem oder rohem Rindfleisch mit Klebreis. In Vietnam finden sich junge Blätter immer in dem Schälchen mit frischen Kräutern, das jede Speise begleitet.

Frische Blätter
Falls die Blätter Stacheln haben, müssen diese entfernt werden, oder man kocht die Blätter. Culantro kann anstelle von Koriander verwendet werden, aber sparsamer dosiert.

Rau ram

Polygonum odoratum (Persicaria odorata)

Rau ram scheint sich als Name für dieses beliebte tropische Kraut aus Asien durchzusetzen, obwohl es auch als Vietnamesischer Koriander (Cilantro), Vietnamesisches Basilikum, Wohlriechender Knöterich und Laksablatt verkauft wird. Vietnamesische Emigranten brachten es um 1950 nach Frankreich und etwa um 1970 in die USA.

In der Küche

Rau ram wird als Gewürz für Fisch, Meeresfrüchte, Geflügel und Schwein verwendet. Die Vietnamesen würzen ihren Hühnersalat mit Kohl, der mit Rau ram, Chilis und Zitronensaft gewürzt wird. Die Thailänder servieren die Blätter auch roh mit Nam Prik, oder geben sie in Larp und Currys. Mit am häufigsten werden sie in Singapur und Malaysia als Garnitur für Laksa verwendet, eine würzige Fischsuppe mit Kokosmilch. Rau ram kommt wie Koriander fein geschnitten in Wok-Gerichte, Suppen und Nudeln.

Frische Blätter
Rau ram verträgt Kochen besser als Koriander und verleiht gekochten Gerichten, wenn es nach Ablauf der halben Garzeit hinzugefügt wird, ein feines Aroma. Die Blätter können eine Salatplatte bereichern.

AROMA

Rau ram riecht wie eine schärfere Variante des Korianders mit einer klaren Zitrusnote und schmeckt ähnlich: erfrischend mit einem scharfen, beißenden, pfeffrigen Nachgeschmack. Manche Menschen empfinden das Aroma als seifig.

VERWENDETE TEILE

Frische junge Blätter.

KAUF UND LAGERUNG

Pflanzen erhält man nur in spezialisierten Kräutergärtnereien, als Bund findet sich Rau ram in Asialäden. In einer Kunststofftüte halten sich die Blätter – sofern sie beim Kauf frisch waren – im Gemüsefach des Kühlschranks 4–5 Tage.

ANBAU UND ERNTE

In seiner Heimat wächst Rau ram wild als buschiges Kraut an Teich- und Bachufern. Außer bei starkem Frost kann es an einem geschützten Platz überwintern. Am besten gedeiht es im Halbschatten, in nährstoffreichem, feuchtem Boden wuchert es schnell. In den Tropen blüht die Pflanze rot oder rosa. Regelmäßiger Rückschnitt fördert den Blattwuchs. Für 2–3 Tage in Wasser gestellt, bilden die Stängel Wurzeln, sodass man sie auspflanzen kann.

KOMBINATIONEN

Passt zu Bohnensprossen, Eierspeisen, Fisch und Meeresfrüchten, Fleisch, Geflügel, Kokosmilch, Nudeln, Paprikaschoten, Wassernuss

Harmoniert gut mit Chilis, Galgant, Ingwer, Knoblauch, Salatkräutern, Zitronengras.

Rauke, Rucola

Eruca sativa

Die Rauke stammt aus Asien und Südeuropa und ist inzwischen auch in Nordamerika verwildert, wo sie Arugula heißt. Bis ins 18. Jh. war sie in Europa beliebt, danach verschwand sie aus den Küchen und Gärten – mit Ausnahme von Italien. Nach fast zwei Jahrhunderten erlebt sie nun ihre Wiederentdeckung, sodass sie augenblicklich sowohl in Europa als auch in Nordamerika ein populärer Blattsalat ist.

In der Küche

Im Ganzen verwendet passen die Blätter in jeden gemischten Salat und Kartoffelsalat, oder man serviert sie als eigenständigen Salat, besonders mit einem Nussöl-Dressing. Raukeblätter können als duftendes Bett für andere Arten von Salat, für pochierte Eier oder gegrillte rote Paprika dienen. Rauke mit rohem Schinken schmeckt gut in einem Sandwich, mit Pilzen oder Käse gibt sie eine gute Ravioli-Füllung. In feine Streifen geschnittene Blätter passen, mit Butter verknetet, gut zu Meeresfrüchten oder in Kräutersoßen, vor allem für Pasta.

Rucola *E. sativa*

Je länger die Blätter an der Pflanze bleiben, umso pfeffriger werden sie, doch sobald sich Blüten entwickeln, schmecken sie weniger intensiv.

AROMA

Die gezackten Blätter der Rauke erfüllen schon bei der Ernte das Beet mit einem vollen, pfeffrigen Geruch. Der Geschmack ist angenehm scharf. Die kleinen weißen oder gelben, essbaren Blüten weisen ein schwaches Orangenaroma auf. Sie eignen sich als dekorative Garnierung.

VERWENDETE TEILE

Blätter und Blüten.

KAUF UND LAGERUNG

Rauke oder Rucola bekommt man im Gemüseladen, Supermarkt oder auf dem Wochenmarkt. Dennoch lohnt es sich, sie aus Samen zu ziehen, da sie keine Arbeit bereitet und frisch gepflückt einfach besser schmeckt. Rauke hält in einer Kunststofftüte verpackt einige Tage im Kühlschrank. Trocknen ist Zeitverschwendung, und einfrieren lässt sie sich schlecht, was keine Rolle spielt, denn man kann sie fast das ganze Jahr über kaufen oder pflücken.

ANBAU UND ERNTE

Rucola und Wilde Rauke lassen sich beide leicht aus Samen ziehen. Sät man zeitversetzt aus, kann man die Blätter vom Frühjahr bis in den Spätherbst ernten. Die Pflanzen gedeihen im Halbschatten. Rucola wächst einjährig, Wilde Rauke mehrjährig. Beide verwildern gern. Die Blatternte beginnt nach 6–8 Wochen.

Wilde Rauke

Diplotaxis muralis

Wilde Rauke hat schmalere, tiefer eingeschnittene Blätter als ihr kultiviertes Gegenstück und schmeckt deutlich schärfer. Samen erhält man in Gartenmärkten und bei Kräutergärtnereien.

KOMBINATIONEN

Passt zu Blattsalat, Kartoffeln, Salatkräutern, Tomate, Ziegenkäse.

Harmoniert mit Basilikum, Borretsch, Dill, Koriander, Kresse, Liebstöckel, Minze, Petersilie, Wiesenknopf.

Türkische Rauke

Bunias orientalis

Die Türkische Rauke, das Orientalische Zackenschötchen, wächst wild in Teilen Europas und im Vorderen Orient. Sie hat ein scharfes, herbes Aroma, ähnlich dem Meerrettich, mit einem Hauch Schwefel. Türkische Läden verkaufen sie in großen Büscheln. Roh schmeckt sie weniger gut als gegart, etwa in einer Gemüse-Frittata.

Brunnenkresse

Nasturtium officinale

Brunnenkresse ist in Europa und Asien heimisch und in weiten Teilen Nordamerikas verwildert. Die ausdauernde, krautige Wasserpflanze aus der Familie der Kreuzblütler wächst am Grund von Quellbächen, nur die Triebspitzen steigen auf. Ihre Verwendung als Salat lässt sich bis zu den Persern, Griechen und Römern zurückverfolgen. Der erste Anbau ist seit 1630 in Erfurt-Dreienbrunnen dokumentiert.

In der Küche

Es gibt eine köstliche Vielfalt an Suppen mit Brunnenkresse – mit Brühe, Sahne oder Joghurt. Am bekanntesten ist die französische Potage au cresson, eine heiß oder kalt servierte Kartoffelsuppe mit Brunnenkresse. In Italien gibt man Brunnenkresse in Minestrone und andere Gemüsesuppen, in China in Eierstich- und Wan-Tan-Suppen und in die kantonesischen Brühen mit Meeresfrüchten. Oft wird sie mit Ingwer zu Fisch gereicht. Als Soße zubereitet passt sie, ähnlich wie Sauerampfer, zu Lachs.

In China wird Brunnenkresse blanchiert, gehackt und in hellem Sesamöl geschwenkt oder mit Salz, Zucker und etwas Reiswein im Wok gebraten.

Frische Zweige

In Mitteleuropa genießt man Brunnenkresse meist roh, als Garnierung, auf oder in belegten Brötchen oder als Salat, alleine oder z. B. mit Gurke, Fenchel, Orangenschnitzen, Papaya oder roter Zwiebel.

AROMA

Brunnenkresse besitzt wenig Aroma. Zweige und Blätter sind knackig und haben einen pfeffrigen, leicht bitteren Geschmack.

VERWENDETE TEILE

Zweige und Blätter.

KAUF UND LAGERUNG

Saatgut von Kresse und Brunnenkresse findet man in Samenhandlungen und Gartenmärkten. Auf dem Markt und im Supermarkt wird Brunnenkresse gelegentlich, Gartenkresse dagegen fast immer angeboten. In einer Kunststofftüte im Gemüsefach des Kühlschranks hält sich Kresse 4–5 Tage. Die Blüten der Kapuzinerkresse sollten sofort verwendet werden. Im Herbst kann man Samen für die Aussaat im nächsten Jahr abnehmen.

ANBAU UND ERNTE

Brunnenkresse wächst an Quellen und fließenden, offenen Wasserläufen. Dies wird beim kommerziellen Anbau in Hydrokulturen imitiert. Brunnenkresse lässt sich relativ einfach aus Samen in einer Wanne ziehen, wo ihre leuchtend grünen Blätter bald die gesamte Oberfläche bedecken.

KOMBINATIONEN

Passt zu Fisch, Gurke, Huhn, Kartoffeln, Lachs, Orangen, Zwiebeln.

Harmoniert mit Fenchel, Ingwer, Petersilie, anderen Salatkräutern, Sauerampfer.

Weitere Kresse-Arten

Eine Vielzahl von Pflanzen, die der Brunnenkresse ähneln oder wie diese verwendet werden, sind nicht unbedingt mit *N. officinale* verwandt. So wird die aus Südamerika stammende Kapuzinerkresse, die allenthalben wegen ihrer leuchtenden Blüten ausgesät wird, im Englischen ebenfalls »Nasturtium« genannt. Die Namensgebung rührt daher, dass die Blätter ähnlich schmecken wie Brunnenkresse.

Barbarakraut *Barbarea verna praecox*

Wie die häufige Bezeichnung Winterkresse schon sagt, ist diese Pflanze ausgesprochen frostfest. Ihre zarten Blättchen schmecken sehr würzig. Sie ist zweijährig und lässt sich im Garten aus Samen heranziehen.

Gartenkresse *Lepidium sativum*

Diese Kresse hat dunkelgrüne, manchmal gekräuselte Blätter und einen kräftigen pfeffrigen Geschmack. In der Kultur liebt sie es kühl und eher trocken; sie gedeiht auf fast jedem Boden. Ebenso wie Senf sind die Keimlinge beliebt als schnell wachsende Schnittkräuter fürs Fensterbrett.

Kapuzinerkresse
Tropaeolum majus

Weder Blätter noch Blüten dieser Pflanze besitzen viel Aroma, doch schmecken beide angenehm pfeffrig und kresseähnlich – die Blüten etwas süßer und zarter. Junge Blätter kann man in Salaten verwenden, die Blüten wirken auf grünem Salat, einem Kartoffelsalat mit grünen Bohnen oder schwimmend in einer Schale mit Fruchtpunsch hinreißend schön und schmecken obendrein. Knospen und Samen können eingelegt werden und dienen als Kapernersatz.

Japan. Meerrettich

Wasabia japonica

Diese Staude wächst entlang kalter Gebirgsbäche in Japan. Neuerdings wurde mit ihrem Anbau in Kalifornien und Neuseeland begonnen. Ihr japanischer Name Wasabi bedeutet übersetzt Gebirgsmalve. Bei uns spricht man von Japanischem Meerrettich, was zum einen auf die Schärfe hinweist und zum anderen deutlich macht, dass es sich bei dem etwa 10–12 cm langen, knorrigen Rhizom um den essbaren Teil handelt.

AROMA

Der Japanische Meerrettich hat einen scharfen, brennenden Geruch, der in der Nase kitzelt, und einen beißend scharfen, aber frischen und reinigenden Geschmack. Getrocknet entwickelt er sein Aroma erst, wenn man ihn mit Wasser mischt und 10 Minuten quellen lässt.

VERWENDETE TEILE

Das Rhizom, die unterirdische, verdickte Sprossachse.

KAUF UND LAGERUNG

Außerhalb Japans ist Wasabi selten frisch zu bekommen, allenfalls im Kühlfach eines Asialadens. Meist wird Japanischer Meerrettich entweder in der Tube als Paste oder in der Dose als Pulver verkauft. Frisch hält er sich in einer Kunststofftüte im Kühlschrank eine Woche lang. In Pulverform hält er sich mehrere Monate, kann dann aber einen schalen Nachgeschmack entwickeln. Einmal geöffnet, muss Wasabi-Paste kühl aufbewahrt werden. Sie verliert ihre Würzkraft schneller als das Pulver.

ERNTE

Die Pflanze kann nur in kaltem, reinem, fließendem Wasser angebaut werden. Erwerbsmäßiger Anbau erfolgt gewöhnlich auf gefluteten Terrassen, meist im Halbschatten. Die Produktion ist deshalb sehr kostspielig.

Frisches Rhizom

In Japan wird das frische Wasabi-Rhizom in Wasser verkauft. Unter der zähen, bräunlich grünen Rinde verbirgt sich blassgrünes Gewebe.

In der Küche

Japanischer Meerrettich verliert beim Kochen sein Aroma, deshalb wird er meist kalten Speisen beigegeben. In Japan begleitet er die meisten rohen Fischspeisen. Auf Sashimi- und Sushi-Platten befindet sich immer ein winziges Häufchen aus geriebenem Wasabi oder Wasabi-Paste, das dann mit einer Dipsoße auf Soja-Basis gemischt wird. Bei Sushi ist er Zutat und Garnierung zwischen rohem Fisch und Essigreis. Mit Sojasoße und Dashi (Brühe) ergibt Wasabi die beliebte Wasabi-Joyu-Soße. Dressings und Marinaden erhalten durch Wasabi eine pikante Schärfe. Eine Kräuterbutter mit Wasabi hält sich im Kühlschrank wochenlang und ist auf Tournedos oder anderem feinem Rindfleisch eine köstliche Abwechslung.

KOMBINATIONEN

Untentbehrlich bei Sashimi, Sushi.

Passt zu Avocado, Meeresfrüchten, Reis, Rind, rohem Fisch.

Harmoniert gut mit Ingwer, Sojasoße.

Geriebenes Rhizom
In Japan wird das geschälte Wasabi-Rhizom auf einer flachen, dicht mit schmalen Zähnen bespickten Reibe fein gerieben. Man erhält sie aus Chromstahl, verzinktem Kupfer oder Kunststoff in Asialäden.

Wasabi-Paste
Weil Wasabi so teuer ist, wird der grober schmeckende Meerrettich, mit Senf und grünem Farbgeber vermischt, häufig als Wasabi-Paste oder -Pulver ausgegeben. Echte Paste kostet doppelt so viel wie falsche und hat ein früheres Verfallsdatum.

Meerrettich

Armoracia rusticana

Der winterharte, mehrjährige Meerrettich stammt aus Osteuropa und Vorderasien, wo er in den Steppen Russlands und der Ukraine wild vorkommt. Vermutlich begann auch seine kulinarische Verwendung in Russland und Osteuropa. Von dort breitete er sich im frühen Mittelalter nach Mitteleuropa aus und später nach Skandinavien und Westeuropa. Der Meerrettich wird seit dem Mittelalter in den Klostergärten kultiviert und fehlt in keinem Bauerngarten. Um 1860 wurde Meerrettich im Glas eines der ersten Fertiggewürze.

AROMA

Frisch geriebener Meerrettich verströmt einen sehr scharfen, senfähnlichen Geruch, sodass die Augen tränen und die Nase zu laufen beginnt. Der Geschmack ist beißend scharf. Die Blätter riechen beim Zerreiben ebenfalls scharf, schmecken aber viel milder als die Wurzel.

VERWENDETE TEILE

Frische junge Blätter, frische und getrocknete Wurzeln.

KAUF UND LAGERUNG

Frischen Meerrettich bekommt man von Oktober bis März auf dem Markt. Selbst angebauter Meerrettich hält sich monatelang in trockenen Sand eingeschlagen, gekaufte Stangen bleiben gut 2–3 Wochen in einer Kunststofftüte im Kühlschrank frisch, auch angeschnitten. Geriebener Meerrettich lässt sich einfrieren. Getrocknete Wurzeln werden als Pulver oder Flocken angeboten.

ANBAU UND ERNTE

Meerrettich wird aus Wurzelablegern, den Fechsern, vermehrt. Er gedeiht sehr gut in sandigem, durchlässigem Lehmboden, wuchert aber stark, daher setzt man die Pflanzen wie Minze in einen Topf ohne Boden. Geerntet wird in der Regel, nachdem die ersten Fröste das Kraut zum Absterben gebracht haben. Die Wurzeln sind frostfest.

Frische Wurzeln

Schält man eine lange, dicke, gelbbraune Meerrettichwurzel, kommt weißes Gewebe zum Vorschein. Beim Reiben wird das überaus scharfe ätherische Öl freigesetzt, das allerdings schnell verfliegt und das Kochen nicht übersteht.

In der Küche

Frisch geriebener Meerrettich behält seine Farbe, wenn er mit etwas Zitronensaft beträufelt wird. Er schmeckt gut in Kartoffelsalat oder zu Wurzelgemüse und fördert die Verdauung von fettreichem Fisch. Er gehört traditionell zu Roastbeef, Sied- und Räucherfleisch, zu Rinderzunge und Würsten. Skandinavische Köche fügen in Scheiben geschnittenen Meerrettich gelegentlich mit Zwiebeln, frischem Ingwer und anderen Gewürzen dem eingelegten Hering bei.

Mit Meerrettich lässt sich leicht eine Soße zubereiten, indem man ihn mit Sahne und Essig oder nur mit saurer Sahne und eventuell etwas Zucker verrührt. In Österreich kennt man den Apfelkren, ein Gemisch aus geriebenem Meerrettich und Apfel mit etwas Zitronensaft. Mit Aprikosenkonfitüre und etwas Senf gemischt, ergibt Meerrettich eine gute Schinkenglasur. Mit Butter und Senf verknetet, passt er zu Maiskolben und Karotten. Grüner Salat bekommt durch ein paar untergemischte zarte, junge Blätter eine würzige Schärfe. Verarbeiteter Meerrettich wird mit der Zeit braun und verliert an Schärfe. Viele Fertigzubereitungen enthalten zu viel Zucker, wodurch das frische, scharfe Aroma überdeckt wird.

KOMBINATIONEN

Passt zu Apfel, Avocado, fettreichem oder geräuchertem Fisch, Schinkenbraten oder Kochschinken, Kartoffeln, Meeresfrüchten, Rind, Roten Beten, Würsten.

Harmoniert mit Dill, Essig, Joghurt, Kapern, Sahne, Schnittlauch, Sellerie, Senf, Tomatenpüree.

Geriebene Wurzel
Damit Meerrettich nach dem Reiben weiß und scharf bleibt, beträufelt man ihn mit Zitronensaft. Bei den im Handel angebotenen Fertigzubereitungen wird hierfür Essig verwendet.

AROMA

Epazote ist nicht jedermanns Geschmack. Jene, die ihn verabscheuen, vergleichen den Geruch mit Terpentin oder Leim, die anderen erinnert er an Bohnenkraut, Minze und Zitrusfrüchte. Ich empfinde ihn als kampferartig, erdig und minzig. Sein Geschmack ist scharf und erfrischend, etwas bitter mit anhaltenden Zitrusnoten.

VERWENDETE TEILE

Frische oder getrocknete Blätter.

KAUF UND LAGERUNG

In Europa ist es fast unmöglich, ihn frisch zu bekommen, es sei denn, man baut ihn selbst an. Getrocknet hat er weniger Geschmack, ist aber zum Kochen noch brauchbar. Kaufen Sie getrocknete Blätter.

ANBAU UND ERNTE

Epazote lässt sich gut auf trockenem Boden aus Samen selber ziehen. Sein Geschmack wird davon abhängen, wie viel Sonne er bekommt – in kühleren Regionen ist er weniger aromatisch. Die Pflanze kann drinnen überwintern und aus den Samen neu gezogen werden.

KOMBINATIONEN

Unentbehrlich zu Schwarzen Bohnen, Quesadillas (Tortillas), Mole verde, Salsas.

Passt zu Chorizo, Fisch und Meeresfrüchten, Blattgemüse, Hülsenfrüchten, Kürbis, Limone, Mais, Paprika, Pilzen, Reis, Schwein, Tomatillo, Weißkäse, Zwiebeln.

Harmoniert mit Chili, Knoblauch, Korianderkraut, Kreuzkümmel, Nelken, Oregano.

Epazote

Chenopodium ambrosioides

Der Wohlriechende Gänsefuß, auch Jesuitentee genannt, stammt aus dem tropischen Amerika und war in der Maya-Küche Yucatáns und Guatemalas unentbehrlich. Heute wird er als Epazote in Südmexiko, im Norden Südamerikas und in der Karibik angebaut und verwendet. Auch in Nordamerika, wo er oft als Unkraut wächst, findet er zusehends Eingang in die Küche. Obwohl die Art auch in Mittel- und Südeuropa verwildert ist, lässt ihre kulinarische Entdeckung noch auf sich warten.

In der Küche

Das frische Kraut wird häufig in mexikanischen Bohnengerichten verwendet. Fein gehackt streut man es über Suppen und Eintöpfe. Obwohl es zu Salsas roh gegeben wird, kommt sein Aroma beim Kochen besser heraus. Es verträgt nur eine kurze Garzeit, sonst wird es bitter. Epazote ist Hauptbestandteil in Mole verde, einer mit Nüssen oder Samen angedickten Tomatillo-Soße. Man sollte damit zurückhaltend würzen, um andere Aromen nicht zu überdecken. In größeren Dosen wirkt es leicht toxisch.

Frische Blätter
Der Name Epazote leitet sich von einem aztekischen Dialekt ab. Er nimmt Bezug auf einen unangenehmen Geruch – »epati« bedeutet Stinktier und »tzotl« Schweiß.

Getrocknete Blätter
Nur wenn frische Blätter nicht erhältlich sind, empfehlen sich die getrockneten.

Beifuß

Artemisia vulgaris

Beifuß ist eine Staude, die fast überall in den gemäßigten Zonen der Nordhalbkugel wild vorkommt. Im Mittelalter verwendete man ihn anstelle von Hopfen als Bitterstoff zum Bierbrauen. Im 18. Jh. war Beifuß in Europa eines der meistgenutzten Küchenkräuter. Inzwischen ist er aber aus der Mode gekommen, außer vielleicht in Deutschland, wo er bezeichnenderweise auch »Gänsekraut« heißt.

In der Küche

Beifuß schmeckt zu fettreichem Fisch, Fleisch oder Geflügel wie Ente oder Gans und macht sie besser verdaulich. Er passt in Füllungen und Marinaden und ist ein gutes Brühegewürz. Da sich sein Aroma beim Garen entfaltet, sollte er frühzeitig hinzugegeben werden. Beifuß harmoniert nicht mit anderen Kräutern, doch verträgt er sich gut mit Knoblauch und Pfeffer. Unter dem Namen Yomogi wird er in Japan als Gemüse gegessen, ist eine beliebte Zutat in Mochi (Reiskuchen) und würzt Soba-Nudeln. In Asien werden die jungen Blätter gekocht oder im Wok gegart. Geschnitten streut man sie über grünen Salat oder mischt sie mit dem Dressing. Gut für Salate und Marinaden ist Apfelessig, der einige Wochen mit Beifuß aromatisiert wurde.

Frische Blätter
Die fiederschnittigen Blätter sind oben glatt und grün, unten flaumig weiß.

Getrocknete Blätter
Beifuß gibt es fast nur getrocknet zu kaufen, in den Sommermonaten wird er gelegentlich auf Wochenmärkten frisch angeboten.

AROMA

Beifuß hat ein etwas scharfes Wacholder- und Pfefferaroma, mit einem Hauch von Minze und Süße. Dazu kommt ein bitterer, aber milder Beigeschmack.

VERWENDETE TEILE

Frische, junge Triebe, frische oder getrocknete Blätter und Blütenknospen.

KAUF UND LAGERUNG

Pflanzen bekommt man aus der Gärtnerei. Die jungen Blätter pflückt man nach Bedarf. Zum Trocknen hängt man die Stängel an einem dunklen und warmen Ort gut 3 Wochen lang auf oder legt sie für 4–6 Stunden in den warmen Backofen. Getrocknet und luftdicht verschlossen sind sie bis zu einem Jahr haltbar.

ANBAU UND ERNTE

Beifuß ist recht anpassungsfähig, bevorzugt aber volle Sonne und nährstoffreichen, frischen Boden. Er neigt zum Wuchern. Im Spätsommer blühen zahllose, aber unscheinbare rotbraune Blütenköpfchen an den langen Blütenrispen. Die Stängel werden kurz vor dem Öffnen der Blütenknospen geerntet, denn die Blüten könnten unangenehm bitter werden.

KOMBINATIONEN

Passt zu Aal, Bohnen, Ente, Gans, Reis, Schwein, Wild, Zwiebeln.

Harmoniert mit Knoblauch, Pfeffer.

Kräuter vorbereiten

Kräuter abzupfen, hacken und zerreiben

Einige Kräuter wie Dill, Kerbel oder Koriander haben weiche Stängel, meistens aber müssen die Blätter vor der Verwendung abgezupft werden. Kleine Blätter und Zweige kann man in Salaten oder zum Garnieren ganz verwenden, doch die meisten Blätter werden je nach Bedarf gehackt, klein geschnitten oder zerrieben. Dies geschieht erst kurz vor Gebrauch, sonst verliert sich das Aroma.

Blätter abstreifen

Von festen Stängeln lassen sich die Blätter leicht abstreifen, so weit, bis man zur zarteren Stängelspitze vorgedrungen ist. Diese zarteren Spitzen – die leicht abbrechen – werden mitsamt den Blättern gehackt. Bei manchen Kräutern, besonders wenn sie große Blätter haben, streift man die Triebe besser von oben nach unten ab.

◀ **Harte Stängel abstreifen**
Die eine Hand hält das untere Stängelende fest, die andere fährt langsam mit Daumen und Zeigefinger am Stängel entlang und schiebt von unten nach oben, um die Blätter über einem Brett abzustreifen.

◀ **Zarte Stängel abzupfen**
Fenchel und Dill zupft man besser von unten nach oben ab, dabei zieht man die feinen Triebe mit einer Hand nach oben ab. Von einzelnen dicken Stielen zupft man Blatt für Blatt ab.

Blätter hacken

Wie fein die Kräuter gehackt werden, hängt immer vom jeweiligen Gericht ab: Sehr fein gehackt mischen sie sich gut mit anderen Zutaten. Sie sorgen unmittelbar für Aroma, da ihre ätherischen Öle durch das Hacken freigesetzt werden und sich rasch mit der Speise verbinden. Jedoch können sie durch das Kochen an Aroma verlieren. Grob gehackte Kräuter überstehen das Kochen besser als fein gehackte, auch bleiben Charakter, Aroma und Konsistenz länger erhalten.

◀ **Das Wiegemesser**
Für größere Mengen von Kräutern empfiehlt sich die Verwendung eines Wiegemessers. Durch Hin- und Herbewegen der Schneide arbeitet man damit sehr effektiv. Kräuter lassen sich aber auch in der Küchenmaschine durch kurze Momentschaltung hacken. Die Kräuter müssen völlig trocken sein, sonst werden sie zu einer matschigen Paste püriert. Bei Küchenmaschine und Kräutermühle weiß man nie sicher, ob die Kräuter gleichmäßig zerkleinert werden.

1 Das Messer braucht eine große, scharfe Klinge, sonst werden die Kräuter mehr zerquetscht als geschnitten. Häufeln Sie die Kräuter auf einem Brett an und ziehen Sie die Schneide darauf schnell auf und ab, wobei Sie mit zwei Fingern der anderen Hand die Messerspitze führen.

2 Schieben Sie die Kräuter immer wieder mit dem Messer zu einem Häufchen zusammen. Hacken Sie so lange weiter, bis alles fein genug zerteilt ist.

Chiffonade schneiden

In feine Streifen geschnittenes Küchenkraut zum Garnieren bezeichnet man als Chiffonade. Sie ist dekorativ und behält in einer Soße auch gut ihre Substanz.

1 Bei Blättern wie Sauerampfer werden zuvor die dicken Mittelrippen entfernt.

2 Stapeln Sie gleich große Blätter aufeinander und rollen Sie sie eng zusammen.

3 Die Blätterrolle mit einem scharfen Messer in feine Streifen schneiden.

Kräuter im Mörser zerreiben

Im Mörser können Kräuter zu einer Paste zerrieben werden, auch Knoblauch lässt sich auf diese Weise mit etwas Salz leicht pürieren. Glatter und schneller geht es allerdings mit dem Mixer.

1 Pesto *(Rezept S. 289)* ist die klassische, im Mörser zubereitete Kräutersoße. Beginnen Sie mit Basilikum und Knoblauch.

2 Nach und nach Pinienkerne, geriebenen Parmesan und Olivenöl einarbeiten und zur Paste verrühren.

Trocknen und Zerreiben

Nicht allen Kräutern bekommt das Trocknen. Jene mit holzigen Stängeln und zähen Blättern (wie Oregano, Rosmarin, Thymian und Zitronenverbene) trocknen gut und behalten dabei ihr Aroma. Dagegen verlieren Kräuter mit weichen Blättern und Stängeln (wie Basilikum, Majoran, Petersilie und Schnittlauch) ihr Aroma. Einzige Ausnahme ist hier die Pfefferminze. Üblicherweise hängt man Kräuter zum Trocknen in Büscheln auf, doch es geht auch in der Mikrowelle. Die Kräuter bewahren ihr Aroma am besten, wenn sie kurz vor der Blüte – dann, wenn die ätherischen Öle besonders konzentriert sind – und früh am Morgen geerntet werden.

Kräuter einfrieren

Weiche Kräuter, die sich nicht gut trocknen lassen, kann man einfrieren. Sie behalten ihr Aroma für 3–4 Monate. Verwendung finden sie in Suppen, Eintöpfen, Schmorgerichten und Soßen.

◀ **Gehackte Kräuter einfrieren**
Die Kräuter gut waschen und trocknen, hacken und in kleinen Gefäßen oder im Eiswürfelbehälter mit etwas Wasser oder Öl einfrieren. Die Würfel lagert man in Kunststoffbeuteln ein.

◀ **Pürierte Kräuter einfrieren**
Alternativ kann man jedes Kraut für sich mit etwas Öl im Mixer pürieren und in Kunststoffbeutelchen oder -töpfchen einfrieren.

Kräuter trocknen

Aufgehängt an einem gut belüfteten Ort, sind Kräuter innerhalb weniger Tage getrocknet. In der Küche allerdings trocknen sie wegen der hohen Luftfeuchtigkeit schlecht. Vermeiden Sie direktes Sonnenlicht oder zu große Hitze, sonst verflüchtigen sich die ätherischen Öle.

▲ **Kräuter in der Mikrowelle**
Verteilen Sie zwei Handvoll saubere Blätter oder Zweige gleichmäßig auf einer doppelten Schicht Küchenpapier und stellen Sie die Mikrowelle für 2½ Minuten auf höchste Stufe. Lorbeer verträgt etwas länger. Die Farbe bleibt in der Mikrowelle gut erhalten.

1 Vor dem Trocknen werden zunächst alle alten oder gelblichen Blätter entfernt. Man hängt sie in kleinen Gebinden an einem gut belüfteten Ort auf, zu dem kein direktes Sonnenlicht durchdringt (Dachboden oder Schuppen).

2 Ausreichend getrocknete Blätter fühlen sich spröde an. Große Blätter oder kleine Knospen lassen sich zwischen den Handflächen zerreiben. Ansonsten werden die Blätter einfach von den Stängeln abgestreift und in luftdichten Gläsern aufbewahrt.

Kräuteressig, Kräuteröl und Kräuterbutter

Für Soßen, Dressings und Marinaden sind aromatisierte Essige und Öle köstliche Zutaten. Mit Basilikum, Estragon, Dill, Knoblauch, Lavendel, Rosmarin, Thymian und Zitronenverbene lässt sich ausgezeichneter Essig zubereiten. An Gewürzen eignen sich hierfür Chilis, Dill, Fenchel, Pfefferkörner, Senf- oder Koriandersamen. Öl lässt sich mit Anis, Basilikum, Chilis, Dill, Fenchel, Knoblauch, Kreuzkümmel, Lorbeer, Minze, Oregano, Rosmarin, Salbei oder Thymian aromatisieren. Butter mit Kräutern und Gewürzen gibt ein schnelles Dressing für gegrillten oder gebratenen Fisch, Geflügel und Fleisch, gedünstetes oder gekochtes Gemüse – oder schlicht einen Brotaufstrich.

Kräuteressig und Kräuteröl

Aromatisierte Essige halten sich mehrere Jahre und werden durch Altern immer süßer. Öle halten sich ein Jahr. Beide müssen kühl und dunkel oder im Kühlschrank aufbewahrt werden.

1 Für Kräuter- oder Gewürzessig werden etwa 60 g Kräuterzweige oder ganze Gewürze im Mörser zerstoßen, um ihr Aroma freizusetzen.

2 Sie kommen in ein Einmachglas und werden mit 500 ml Weißweinessig, Apfelessig oder Reisessig übergossen. Das verschlossene Glas lässt man 2–3 Wochen ziehen. Das Aroma entwickelt sich schneller, wenn das Gefäß in der Sonne steht.

3 Nach dem Abseihen in Flaschen fügt man zur Dekoration jeweils einen Kräuterzweig hinzu. Als Verschluss eignet sich ein Korken oder Kunststoffstöpsel. Etikettieren nicht vergessen.

◀ **Kräuteröl**
Man geht nach der gleichen Methode vor, füllt jedoch das Gefäß mit Olivenöl Extra Vergine, mit Sonnenblumenöl oder Traubenkernöl auf. Das Öl wird möglichst nicht dem direkten Sonnenlicht ausgesetzt. Wenn sich das Aroma entwickelt hat, abseihen und in Flaschen füllen.

Kräuter- oder Gewürzbutter

Für Kräuterbutter eignen sich die meisten frischen Kräuter und von den Gewürzen u. a. gemahlener Kreuzkümmel, schwarzer Pfeffer, Kardamom, Piment, Paprika oder Cayenne: Man rechnet 1½–2 EL auf 150 g Butter (bei Gewürzen mit Kräutern weniger). Die Butter hält sich im Kühlschrank eine Woche, sie lässt sich auch einfrieren.

1 150 g weiche Butter in einer Schüssel mit 1–2 EL Zitronensaft und 4–5 EL gehackten Kräutern schaumig schlagen oder in der Küchenmaschine verkneten.

2 Ein Stück Klarsichtfolie auf der Arbeitsfläche ausbreiten, die gewürzte Butter in die Mitte häufeln und in eine längliche Form drücken. Mit einem weiteren Stück Klarsichtfolie gut umwickeln.

3 Die Butter zu einer Rolle formen, dabei darauf achten, dass die Folie nicht hineingeknetet wird. Die Enden der Folie zum Knoten verdrehen und in Klarsichtfolie verpackt kühl stellen.

▲ **Kräuterbutter**
Die Butter in Alufolie eingewickelt im Kühlschrank oder in einem Folienbeutel im Gefriergerät aufbewahren.

Gewürze

Faszinierende Gewürze

Asant

Was die Menschen einer Region essen und aßen, war immer schon weitgehend davon bestimmt, was dort wuchs und angebaut wurde. Die Kochweise hing ursprünglich von den örtlichen Gegebenheiten und den vorhandenen Rohmaterialien ab, doch der wesentliche Unterschied zwischen den großen Küchen dieser Welt beruht auf den verwendeten Gewürzen und der Art und Weise, wie diese gemischt werden.

Erzeugnisse des tropischen Asiens

Die meisten wichtigen Gewürzpflanzen (Zimt, Nelken, Galgant, Ingwer, Muskat und Pfeffer) stammen aus dem tropischen Asien. Darüber und wie Gewürze im Gefolge von rücksichtslosen Eroberungszügen, Piraterie und Habsucht den Grundstock zu Reichtum und Macht legten, ist schon viel geschrieben worden. Meine Sichtweise hierbei war allerdings immer eine europäische. Wir kennen die Handelsstraßen von China nach Byzanz, wir wissen, welche Rolle arabische Seefahrer bei der Einführung von Gewürzen in das Zweistromland um Euphrat und Tigris und später bis an die Mittelmeerhäfen spielten, und wir haben über die portugiesischen, niederländischen und englischen Gewürzmonopole gelesen.

Doch uns ist wenig bekannt über den genauso bedeutsamen frühen Handel innerhalb Asiens, der zu verschiedenen Zeiten von den großen Handelsflotten des koreanischen Königreichs von Silla

Curryblätter

(frühes 7. bis Mitte 9. Jh.), dann von Südchina während der Sung-Dynastie (960–1276) und schließlich von Ceylon beherrscht wurde. Noch weniger wissen wir von den viel früheren indischen Händlern, die ab 600 v. Chr. auf Ceylon, in Malaysia und auf einigen indonesischen Inseln neue hinduistische oder buddhistische Zentren gründeten und sie mit den Gewürzen ihrer Heimat versorgten.

Als Kolumbus Amerika »entdeckte«, gab es auf diesem Kontinent bereits alte und hoch entwickelte Kulturen, und die Gewürze der amerikanischen Tropen und Subtropen (Piment, Chili, Vanille) spielten dort bereits seit Langem eine gewichtige Rolle. Den Europäern fiel insofern Bedeutung zu, als sie durch die rasche Verbreitung der Pfefferschoten in ihren Kolonien die Küchen der halben Welt veränderten.

Koriander

Die Verbreitung der Gewürze

Europa selbst hatte indessen schon einiges zur Welt der Gewürze beigetragen. Viele aromatische Samen wie Koriander, Fenchel, Bockshornklee, Senf und Mohn sind in der Mittelmeerregion heimisch, und Europas kühlere Regionen steuerten Kümmel, Dill und Wacholder bei. Der europäische Handel blieb hauptsächlich auf den Kontinent und Westasien beschränkt, doch viele heimische Gewürze fanden über Siedler ihren Weg in die Neue Welt. Aber nicht jede Verbreitung von Gewürzen verdanken wir dem Handel. Manches Mal mussten

Mohn

Zitronengras

Ingwer

Vanille
Vanilleschoten mit ihren winzigen klebrigen Samen würzen Eiscreme, Kuchen und süße Sirups. Auch zu Meeresfrüchten und Huhn passt Vanille gut.

zunächst eifersüchtig gehütete Monopole durchbrochen werden. So waren französische Botaniker und Entdecker besonders tüchtig im Schmuggeln von Pflanzen für neue Bestimmungsorte, an denen dann großflächiger Plantagenbau betrieben wurde.

Die Verbreitung von Gewürzen erfolgte weitaus nachhaltiger durch Migration als durch Handel. So führten z. B. Schiffe aus Südchina stets zur Eigenversorgung in Töpfen gepflanzten Ingwer mit sich, woraufhin er im gesamten Pazifik angebaut wurde. Einwanderer brachten jeweils ihre eigenen traditionellen Zutaten mit und kombinierten sie mit lokalen Erzeugnissen – wie bei der malaysischen und Cajun-Küche, der niederländischen »Rijstafel« und der Verwendung von Colombo-Pulver auf den ehemals französischen Westindischen Inseln.

Der Wunsch nach der authentischen Küche

Uns ist mittlerweile klar, dass das Standardessen in chinesischen Restaurants der kantonesischen Küche entlehnt ist, wogegen Peking, Sichuan oder Hunan einen ganz anderen Kochstil haben.

Inzwischen finden wir in den meisten Städten chinesische, japanische, thailändische, türkische oder mexikanische Restaurants. Was ihre Besonderheit ausmacht, hat viel mit der Verwendung ihrer Gewürze zu tun.

Man sagt immer, Chemie sei wie Kochen, doch müsste es heute besser heißen, Kochen wird immer mehr wie Chemie. Die Nahrungsmittelindustrie erfindet ständig neue Aromen und versucht bekannte synthetisch herzustellen. Es gibt inzwischen elektronische Nasen, Zungen und andere ausgeklügelte Apparate, um »Aroma-Fingerabdrücke« herzustellen.

Kurkuma
Gemahlene Kurkuma-Rhizome verleihen vielen indischen und karibischen Gerichten ein angenehm erdiges Aroma und färben sie überdies leuchtend gelb.

Sie sammeln »Kopfnoten«, d. h. Aromamoleküle von Gewürzen, Kräutern, Früchten oder Speisen, um sie im Labor zu reproduzieren und danach auf Fertiggerichte zu übertragen. Keine Frage, das Ergebnis ist beeindruckend, doch viele kulturelle, sensorische und ernährungsphysiologische Werte der Originalspeisen gehen verloren.

Gegen das Erfolgserlebnis, eine eigene gelungene Gewürzmischung zusammengestellt zu haben, kommt kein noch so würziger Tuben- oder Flascheninhalt an. In Ländern, in denen Gewürzmischungen zur täglichen Küche gehören, gibt es hierfür nie feststehende Rezepte. Die Zutaten richten sich nach regionalen und familiären sowie eigenen Vorlieben, und selbst relativ standardisierte Mischungen werden dem jeweiligen Gericht angepasst.

Srilankisches Currypulver
Es besteht aus Curryblättern, Koriander, Kreuzkümmel, Bockshornklee, Reis, Chilis, schwarzem Pfeffer, Gewürznelken, grünem Kardamom und Zimt (*Rezept S. 278*).

Qâlat daqqa
(Rezept S. 283)

Gewürze mahlen
Gewürze bewahrt man am besten im Ganzen auf und mahlt sie nach Bedarf. Viele Gewürze verlieren schon kurz nach dem Mahlen an Aroma.

Gewürze rösten
Für einige Gerichte werden die Gewürze vorher in Öl geröstet, um ihr Aroma freizusetzen. Das Öl dient als Würze für das Gericht.

Ingwer reiben
Frische Ingwerwurzeln enthalten einen höchst aromatischen Saft. Nach dem Reiben wird das Mus in ein Mulltuch gewickelt und der Saft ausgepresst.

Gewürze kombinieren

Das komplexe Aroma einer Gewürzmischung entsteht durch die Verwendung einander ergänzender Gewürze (oder Kräuter). Einige werden wegen ihres Geschmacks, andere wegen ihres Aromas gewählt. Die einen steuern ihre Säure bei, die anderen ihre Farbe. Auch ist entscheidend, in welchem Moment die Gewürze zugefügt werden. Werden sie, geröstet oder nicht, von Anfang an dem Kochgut zugegeben, überträgt sich ihr Aroma auf die Speise, kommen sie erst gegen Ende dazu, schmeckt man sie im fertigen Gericht deutlich heraus.

Im Anhang finden Sie Gewürzmischungen aus aller Welt. Sie sind als Basisrezepte zu betrachten, als Grundvoraussetzung bestimmter Kochstile, die für alle Improvisationen und Experimente offen sind. Es empfiehlt sich, die Rezepte erst einmal genau nach Vorgabe auszuprobieren, um sie dann dem persönlichen Geschmack und dem geplanten Gericht anzupassen.

Sesam

Sesamum orientale

Sesam gehört nachweislich zu den ältesten Pflanzen, die ihrer Samen wegen angebaut wurden. Ägypter und Babylonier würzten mit den gemahlenen Samen ihr Brot, ein Brauch, der im Vorderen Orient bis heute erhalten geblieben ist. Ausgrabungen in der Osttürkei belegen, dass bereits um 900 v. Chr. aus den Samen Öl gewonnen wurde. Das aus den rohen Samen gepresste Öl, das reich an mehrfach ungesättigten Fettsäuren ist, eignet sich hervorragend zum Kochen.

AROMA

Sesamsamen sind nicht sehr aromatisch, haben aber einen mild nussigen, erdigen Geruch. Der Geschmack ist noch ausgeprägter, und nach dem Rösten (ohne Fett) oder als Sesampaste tritt er noch stärker hervor. Schwarze Samen schmecken erdiger als helle und bleiben meist ungemahlen.

VERWENDETE TEILE

Samen, ganz und als Paste, Öl.

KAUF UND LAGERUNG

Weiße Samen, die blassbraune Sesampaste (Tahina) und indisches Sesamöl gibt es im Supermarkt und Reformhaus. Öl und Paste aus dem Vorderen Orient findet man in türkischen Läden, ebenso schwarze Sesamsamen. Die japanische Küche bevorzugt die goldgelben Samen mit ihrem volleren Aroma, doch sind sie schwerer zu bekommen. Die Samen müssen luftdicht verschlossen aufbewahrt werden. Geröstet wird nach Bedarf.

ERNTE

Die Pflanzen werden geerntet, ehe die Fruchtkapseln ganz reif sind und platzen. Die Kapseln werden getrocknet und meist mechanisch gedroschen.

Ganze Samen
Sesamsamen werden von der einjährigen tropischen Pflanze gewonnen und können je nach Sorte blassgold oder weiß, rot, braun oder schwarz sein. Die Samen sind oval, klein und flach und wegen ihres Ölgehalts glänzend, schlüpfrig und ziemlich weich. Am häufigsten sind die cremeweißen Samen.

In der Küche

Mit Sesam wird Brot bestreut, aber man mischt ihn auch gemahlen in Brotteig. Er ist unerlässlich in Za'atar, einer Gewürzmischung des Vorderen Orients, sowie im japanischen Sieben-Gewürze-Pulver. Die orientalische Süßigkeit Halva besteht hauptsächlich aus Sesam. In Indien liebt man mit Kardamom gewürztes Sesam-Konfekt, die Til Laddoos. Die indische Küche verwendet blassgoldenes Sesamöl, das dort Gingili oder Til-Öl heißt. Tahina und das Öl werden aus rohen Samen hergestellt.

Die tiefbraune orientalische Sesampaste und das amberfarbene orientalische Öl werden aus gerösteten Samen bereitet; das macht sie nussiger im Geschmack und dunkler in der Farbe. So verwendet sie auch die chinesische, koreanische und japanische Küche. Das Öl des Vorderen Orients dient zum Würzen, nicht zum Kochen, denn es verbrennt bei niedrigen Temperaturen. Orientalische Sesampaste ist recht sämig und wird in Soßen für Nudeln, Reis und Gemüse verwendet.

Die Chinesen lieben die knusprige Beschaffenheit von Sesamsamen und wälzen darin ihre Garnelenbällchen. Japaner richten kaltes Hühnerfleisch, Nudeln und Gemüsesalat in einem Dressing aus weißem oder goldenem Sesam, Sojasoße und Zucker an.

Die chinesische und japanische Küche streut schwarzen Sesam über Reis und Gemüse und paniert Fisch und Schalentiere damit. Die japanische Würzmischung Gomashio, die über Gemüse, Salat und Reis gestreut wird, besteht aus Sesam und grobem Salz. Die Chinesen wälzen vor dem Frittieren kandierte Äpfel und Bananen in schwarzen Sesamsamen.

KOMBINATIONEN

Unentbehrlich in Za'atar, Gomashio, Sieben-Gewürze-Pulver.

Passt zu Auberginen, Blattgemüse, Blattsalaten, Fisch, Honig, Hülsenfrüchten, Nudeln, Reis, Zitrone, Zucchini.

Harmoniert mit Chili, Gerbersumach, Ingwer, Kardamom, Kassiazimt, Koriander, Muskat, Nelken, Oregano, Pfeffer, Thymian, Zimt.

Sesamöl
Im Vorderen Orient wird Sesamöl dem Gericht kurz vor dem Auftragen zugefügt. Die Sichuan-Küche verwendet es gern zusammen mit Chili, Knoblauch und Ingwer.

Tahina
Für die hellbraune Tahina-Paste wird Sesam im Vorderen Orient mit Knoblauch und Zitronensaft gemischt. Sie dient als Grundlage für Dressings zu Gemüse- und Fischgerichten und würzt den Kichererbsen-Dip Hummus.

Schwarzkümmel

Nigella sativa

Schwarzkümmel ist nahe verwandt mit unserer Jungfer im Grünen. Die wegen ihres Samens kultivierte Art ist weniger dekorativ. Sie stammt aus Kleinasien und Südeuropa, wo sie wild wächst und auch angebaut wird. Indien, der größte Schwarzkümmel-Produzent, hat einen besonders hohen Verbrauch. Häufig werden die kleinen schwarzen Samen fälschlicherweise als Zwiebelsamen verkauft.

In der Küche

Schwarzkümmel wird allein oder mit Sesam und Kümmel auf Fladenbrot, Brötchen und Salzgebäck gestreut. In der bengalischen Küche vermischt man ihn mit Senfsamen, Kümmel, Fenchel und Bockshornklee zur Gewürzmischung Panch Phoron. In anderen Gegenden Indiens kommt Schwarzkümmel in Pilaws, Kormas und Currys sowie Pickles. Im Iran verwendet man ihn häufig zum Einlegen von Früchten und Gemüsen. Er schmeckt köstlich zu Bratkartoffeln und Wurzelgemüse. Zum Würzen eines orientalischen Kartoffel- oder Gemüse-Omeletts wird er mit Koriander und Kümmel vermahlen.

Ganze Samen
In Indien werden die Samen, damit sie ihr Aroma entfalten, meist angeröstet und dann über vegetarische Gerichte und Salate gestreut.

AROMA

Schwarzkümmel besitzt kein starkes Aroma. Zerrieben duftet er kräuterähnlich, wie milder Oregano. Die knusprigen Samen schmecken nussig, erdig, pfeffrig, ziemlich bitter, trocken und recht durchdringend.

VERWENDETE TEILE

Samen.

KAUF UND LAGERUNG

Samen sollte man ungemahlen kaufen, so halten sie sich besser. (Gemahlene Samen können ranzig sein.) Im luftdichten Gefäß bewahren sie ihr Aroma bis zu 2 Jahre. Schwarzkümmel erhält man im Reformhaus oder in türkischen und asiatischen Läden.

ERNTE

Schwarzkümmelsamen sind mattschwarz, klein und tropfenförmig. Ihre Oberfläche ist rau. Die Balgfrüchte werden nach und nach, jeweils kurz vor dem Aufplatzen, gesammelt, getrocknet und behutsam aufgedrückt, um die Samen leicht herauszuschütteln.

KOMBINATIONEN

Unentbehrlich in Panch Phoron (Gewürzmischung, s. S. 276)

Passt zu Brot, Blatt- und Wurzelgemüse, Hülsenfrüchten, Reis.

Harmoniert mit Bohnenkraut, Fenchel, Ingwer, Kardamom, Koriander, Kreuzkümmel, Kurkuma, Pfeffer, Piment, Thymian, Zimt.

Mohn

Papaver somniferum

Der Mohn, genauer der Schlafmohn, stammt aus dem Raum zwischen dem östlichen Mittelmeer und Zentralasien. Schlafmohn wird wegen der Samen und wegen des narkotisierenden Opiums schon seit frühester Zeit kultiviert. Rohopium entsteht aus dem Latexsaft, der beim Anritzen der unreifen Samenkapseln herausquillt. Weder die reifen Samen noch die getrockneten Samenkapseln besitzen betäubende Eigenschaften.

In der Küche

In der westlichen Küche bestreut man Brot, Brötchen und Feingebäck mit Mohn. Gemahlen und mit Honig oder Zucker verrührt, verwendet man Mohn als Strudel- oder Gebäckfüllung. In der Türkei gibt man ihn geröstet mit Sirup und Nüssen in Halva oder Desserts. In Indien werden die gerösteten Samen gemahlen und mit Gewürzen kombiniert, um Kormas, Currys und Bratensoßen zu würzen und anzudicken. Die bengalische Küche verwendet ihn in Shuktas (bitteren Gemüseeintöpfen) und zum Panieren von Gemüse. Er schmeckt in Nudelsoßen oder über Gemüse gestreut.

Ganze Samen

Mohnsamen lassen sich nicht leicht mahlen, am besten röstet man sie vorher und mahlt sie kurz in einer nur zu diesem Zweck verwendeten Kaffeemühle. Zum Andicken eines Gerichts weicht man sie einige Stunden in wenig Wasser ein und lässt sie kurz mit der Flüssigkeit ziehen.

AROMA

Blaugraue Samen besitzen ein leicht nussiges, süßes Aroma, ihr Geschmack ist kräftiger und mandelartiger als der von weißen Samen. Diese schmecken leichter und weicher. Sowohl Aroma wie Geschmack werden durch Rösten oder Backen verstärkt. Mohnsamen sind protein- und ölhaltig.

VERWENDETE TEILE

Samen.

KAUF UND LAGERUNG

Mohnsamen können graublau, cremeweiß oder braun sein. Letztere sind in der Türkei und dem Vorderen Orient üblich, in Europa sind überwiegend die graublauen zu bekommen, weiße gibt es in Indien. Graublauen Mohnsamen erhält man in jedem Supermarkt, den weißen kann man eventuell in Asialäden, braunen bei türkischen Händlern bekommen. Wegen ihres hohen Ölgehalts werden die Samen schnell ranzig, deshalb in kleinen Mengen kaufen und schnell verbrauchen. Luftdicht verschlossen oder auch tiefgefroren lassen sie sich mehrere Monate aufbewahren.

ERNTE

Die Pflanzen werden, sobald sich die Samenköpfe gelblich braun färben, mechanisch geerntet. Die Kapseln werden abgeschnitten und getrocknet.

KOMBINATIONEN

Passt zu Auberginen, Blumenkohl, Brot und Gebäck, grünen Bohnen, Kartoffeln und Zucchini.

Mahlep

Prunus mahaleb

Dieses angenehme, außerhalb des Orients kaum bekannte Gewürz stammt von der Steinweichsel, einer Wildkirsche, die in Südeuropa, in Vorder- und Mittelasien fast überall wächst. Die Kerne der kleinen, dünnfleischigen schwarzen Kirschen dienen zum Würzen von Brot und Gebäck. Mahlep verwendet man in Griechenland, Zypern, der Türkei und den benachbarten arabischen Ländern.

AROMA

Mahlep duftet süßlich und blumig und erinnert an Mandel und Kirsche. Die Kerne schmecken köstlich nussartig mit zarter Mandelsüße, haben jedoch einen etwas bitteren Nachgeschmack.

VERWENDETE TEILE

Samen im Innern der Kerne.

KAUF UND LAGERUNG

Man kauft Mahlep am besten ganz und mahlt die Kerne nach Bedarf. Gemahlen verlieren sie schnell an Aroma. Luftdicht verschlossen aufbewahren. Türkische und eventuell griechische Lebensmittelläden führen Mahlep.

ERNTE

Die weichen Kerne werden aus den Kirschsteinen gelöst und getrocknet. Sie sind klein, oval und in der Farbe beige oder hellbraun.

KOMBINATIONEN

Passt zu Aprikosen, Datteln, Mandeln, Pistazien, Rosenwasser, Walnüssen.

Harmoniert mit Anis, Nelken, Mastix, Mohn, Muskat, Schwarzkümmel, Sesam, Zimt.

In der Küche

Gemahlener Mahlep wird hauptsächlich zum Backen verwendet, vor allem in Festtagsbroten und Gebäck. Eine pikante Note verleiht Mahlep dem griechischen Osterbrot Tsoureki, den armenischen süßen Brötchen Chorek und dem arabischen Ma'amoul, einem kleinen, mit Nüssen oder Datteln gefüllten Gebäck, das die libanesischen Christen zu Ostern zubereiten.

Auch die türkischen Kandil-Kringel, die jedes Jahr für die fünf religiösen Kandil-Nächte gebacken werden, enthalten Mahlep. Es passt zum Beispiel in Gewürz- oder Früchtekuchen oder in Kleingebäck. Am besten wird Mahlep in einer Mohn- oder umfunktionierten Kaffeemühle gemahlen, was je nach Rezept mit etwas Salz oder Zucker leichter geht.

Gemahlene Kerne
Gemahlener Mahlep muss hell aussehen, dunkler oder gelblicher ist zu alt.

Ganze Kerne
Die beigefarbenen Steinweichsel-Kerne sind innen cremeweiß, außen recht weich und elastisch.

Akaziensamen

Acacia-Arten

Mehrere hundert Akazienarten sind in Australien beheimatet, doch nur wenige haben essbare Samen. Am häufigsten werden die Samen der beiden Akazienarten *Acacia victoriae* und *A. aneura* (Mulga-Baum) geerntet. Nach dem Trocknen, Rösten und Mahlen verwandeln sich die grünen, unreifen Samen in ein körniges, tiefbraunes Pulver, das gemahlenem Kaffee ähnelt.

In der Küche

Damit das Aroma gelöst wird, muss Akaziensamen in heißer Flüssigkeit ziehen. Nicht aufkochen, sonst wird der Samen bitter. Entweder man verarbeitet die Flüssigkeit mitsamt dem gemahlenen Samen oder seiht sie ab und verwendet sie alleine. Akaziensamen eignen sich besonders gut zum Würzen von Sahne- und Joghurtdesserts, für Mousse, Eiscreme oder Käsekuchen und Tortenfüllungen. Auch süßer Brotteig oder ein englischer Brotpudding lässt sich mit einer Prise Akaziensamen schön würzen. Als Alternative zu Kaffee wird Akaziensamen manchmal auch als Getränk aufgebrüht.

Gemahlener Samen
Die nährstoffreichen Akaziensamen dienen schon seit Langem den Ureinwohnern Australiens als Nahrung. Seit die Küche der Aborigines in Mode gekommen ist, übersteigt die Nachfrage das Angebot.

AROMA

Akaziensamen erinnert in seinem intensiven Röstaroma entfernt an Kaffee. Im Geschmack finden sich Noten von Kaffee und gerösteten Haselnüssen mit einem Hauch Schokolade.

VERWENDETE TEILE

Geröstete, gemahlene Samen.

KAUF UND LAGERUNG

In Australien wird Akaziensamen im Gewürzladen und in guten Feinkostgeschäften verkauft. In Mitteleuropa taucht er allmählich im Angebot des Versandhandels auf. In einem luftdichten Behälter aufbewahrt, bleibt er bis zu 2 Jahre frisch.

ERNTE

Akaziensamen ist ziemlich teuer, da er wild gesammelt wird und seine Gewinnung extrem arbeitsintensiv ist. Die grünen Hülsen werden über Dampf geöffnet. Anschließend werden die ganzen grünen Samen über Glut geröstet, nach dem Abkühlen von Asche gereinigt und gemahlen. Noch immer wird diese Arbeit überwiegend im Busch von den Frauen der Aborigines erledigt.

AROMA
Zimt besitzt ein angenehm süßes, holziges Aroma, das zart und doch intensiv ist. Im Geschmack ist er wohlduftend würzig, mit Anklängen an Nelke und Zitrusfrucht. Der Bestandteil von Eugenol im ätherischen Öl unterscheidet Zimt von Kassiazimt und gibt ihm die Nelkennote.

VERWENDETE TEILE
Getrocknete Rinde in Form von Stangen oder als gemahlener Zimt.

KAUF UND LAGERUNG
Gemahlener Zimt – je blasser die Farbe, umso feiner die Qualität – ist überall erhältlich, doch verliert er schnell das Aroma, daher kauft man besser nur kleine Mengen. Ganze Stangen bekommt man in den meisten Lebensmittelmärkten. Luftdicht verschlossen aufbewahrt, behalten sie ihr Aroma 2–3 Jahre.

ANBAU UND ERNTE
Die Zimtplantagen Sri Lankas liegen in den Küstenebenen südlich von Colombo. Die jungen Gehölze entwickeln etwa daumendicke Schösslinge. In der Regenzeit werden diese an der Basis abgeschnitten und geschält. Es erfordert äußerste Geschicklichkeit, um die papierdünnen Rindenstücke abzuschälen und von Hand zu bis zu einem Meter langen Stangen zu rollen. Danach werden sie getrocknet.

Zimt

Cinnamomum verum/C. zelanicum

Echter Zimt stammt ursprünglich aus Sri Lanka. Es handelt sich dabei um die Zweigrinde eines immergrünen Baumes aus der Familie der Lorbeergewächse. Über 200 Jahre kontrollierten zunächst die Portugiesen, später die Niederländer und zuletzt die Briten das höchst profitable Monopol. Erst im späten 18. Jh. wurden dann auch auf Java, in Indien und auf den Seychellen Zimtbäume angepflanzt.

Zimtstangen
Hellbraune oder gelbbraune Streifen von getrockneter Zweigrinde werden zu langen, schmalen, glatten Stangen ineinander gerollt.

Sortierungen
Man unterschiedet verschiedene Sortierungen von Zimt: Die Stangen aus eingerollter Rinde werden je nach Dicke als Continentale, Mexikaner oder Hamburger bezeichnet, die dünnen Continentalen sind die aromatischsten. Zerbrochene Stangen und Splitter werden meist zu gemahlenem Zimt verarbeitet.

In der Küche

Das feine Zimtaroma passt gut zu allen Arten von Süßspeisen, Gewürzbroten und Kuchen. Besonders gut schmeckt die Kombination von Zimt mit Äpfeln, Bananen, Birnen und Schokolade. Würzen lassen sich damit Apfelmus oder Bratäpfel, in Butter gebratene und mit Rum aromatisierte Bananen und in Rotwein pochierte Birnen. In der Küche des Orients und Indiens gilt Zimt als ausgezeichnetes Gewürz für viele Fleisch- und Gemüsegerichte. Die marokkanische Küche verwendet ihn gern in den zu Couscous gegessenen Lamm- oder Hühner-Tagines und vor allem in Bestilla, einer knusprigen, mit Täubchen und Mandeln gefüllten Pastete. Auch der köstliche arabische Lammeintopf mit Aprikosen, Mishmisheya genannt, wird unter anderem mit Zimt verfeinert. Das Gewürz spielt außerdem in vielen iranischen Khoreshts (Eintöpfen) eine Rolle. In Indien ist Zimt in vielen Masalas oder Gewürzmischungen, Chutneys und Würzsoßen sowie würzigen Pilaws vorhanden.

Mexiko ist der Hauptimporteur von Zimt, denn dort wird er zum Aromatisieren von Kaffee und Schokoladengetränken gebraucht. Zimttee ist in ganz Mittel- und Südamerika beliebt. Früher würzte man sogar Bier damit, heute aromatisiert er zusammen mit Nelken, Zucker und Orangenscheiben den Glühwein.

KOMBINATIONEN

Passt zu Äpfeln, Aprikosen, Auberginen, Bananen, Birnen, Geflügel, Kaffee, Lamm, Mandeln, Reis, Schokolade.

Harmoniert mit Ingwer, Kardamom, Koriandersamen, Kümmel, Kurkuma, Mastix, Muskat und Muskatblüte, Nelken, Tamarinde.

Gemahlene Rinde
Gemahlen ist Zimt sofort aromatisch. Die Stangen entfalten ihre aromatischen Eigenschaften erst, wenn man sie bricht oder in Flüssigkeit kocht.

AROMA

Kassiazimt besitzt das gleiche warmes Aroma wie Echter Zimt, das aber wegen seines höheren Anteils an ätherischem Öl intensiver ist. Er schmeckt süßlich und deutlich pfeffrig mit etwas adstringierender Schärfe. Vietnamesischer Kassiazimt enthält das meiste ätherische Öl und ist am aromatischsten.

VERWENDETE TEILE

Getrocknete Rinde in Stangen oder gemahlen; getrocknete, unreife Früchte als »Kassiaknospen«; Tejpatblätter.

KAUF UND LAGERUNG

Da sich Kassiazimt schwer mahlen lässt, ist es ratsam, kleine Mengen sowohl von gemahlenem als auch von Stücken und Stangen zu kaufen. Letztere behalten ihr Aroma im luftdichten Behälter bis zu 2 Jahre. Man bekommt die Rinde, Knospen und Blätter im Feinkostladen oder über den Versand.

ERNTE

Geerntet wird in der Regenzeit, wenn sich die Rinde leicht abziehen lässt. Beim Trocknen rollt sie sich schneckenförmig ein. Die Stangen werden nach Länge, Farbe und Gehalt ihres ätherischen Öls klassifiziert. Die rotbraunen Stangen haben im Vergleich zum Echten Zimt dickere Schichten. Die Rinde ist gröber und spröder als beim Zimt.

Kassiazimt

Cinnamomum cassia

Kassiazimt oder Chinesischer Zimt entsteht aus der getrockneten Rinde einer in Assam und Nord-Myanmar heimischen Art der Lorbeergewächse. Ein chinesisches Kräuterbuch von 2700 v. Chr. erwähnt bereits Kassiazimt. Den höchsten Anteil auf dem Weltmarkt liefern heute Südchina und Vietnam, die feinste Qualität kommt aus Nordvietnam. Viele Länder verwenden Kassiazimt und Zimt gleichrangig. In den USA zieht man Kassiazimt wegen seines ausgeprägteren Aromas dem Echten Zimt vor.

In der Küche

Kassiazimt gilt in China als Basisgewürz. Dort dienen die Stangen häufig zum Würzen von Schmorgerichten und Soßen zu gekochtem Fleisch und Geflügel. Gemahlener Kassiazimt ist ein Bestandteil der Fünf-Gewürze-Mischung. In Indien findet man ihn in Currys und Pilaws, in Deutschland und Russland häufig in Schokolade. Für feine Desserts bevorzuge ich Kassiazimt. Er passt außerdem gut zu Äpfeln, frischen oder getrockneten Pflaumen und Feigen.

Ganze Rinde
Die glatte Innenrinde ist rotbraun, die Außenseite graubraun.

Stangen
Die Rinde von Kassiazimt ist dick und rau, deshalb lassen sich die Stangen weniger eng rollen, als es bei der dünneren, elastischeren Rinde des Echten Zimts möglich ist.

Kassiazimt findet sich in Gewürzmischungen für Gebäck und Süßspeisen. Er passt mit seiner Schärfe besser als Echter Zimt zu fettreichem Fleisch wie Ente oder Schwein, auch zu Kürbis, Süßkartoffeln, Linsen und Bohnen. Die Knospen gibt man im Fernen Osten zu eingelegtem Obst. Man verwendet sie auch im Ganzen anstelle der Rinde. Sie eignen sich besonders für Kompott.

Tejpatblätter werden häufig Indischer Lorbeer genannt, weil sie wie die originalen Lorbeerblätter zu Gerichten mit langer Garzeit gegeben und vor dem Auftragen entfernt werden. Jedoch haben Tejpatblätter ein ganz anderes Aroma als Lorbeerblätter. Falls Sie also keine Tejpatblätter finden, ersetzen Sie sie lieber durch eine Nelke oder ein Stückchen Kassiazimt. Sehr wichtig sind die Blätter für die nordindischen Biryanis und Kormas sowie einige Garam masalas.

Padang-Zimt, *C. burmannii*, aus Sumatra ist farblich dunkler und riecht würzig, ihm fehlt aber die Intensität von vietnamesischem oder chinesischem Kassiazimt.

KOMBINATIONEN

Unentbehrlich in Fünf-Gewürze-Pulver.

Passt zu Äpfeln, Fleisch und Geflügel, Hülsenfrüchten, Pflaumen und Dörrpflaumen, Wurzelgemüse.

Harmoniert mit Fenchel, Ingwer, Kardamom, Koriandersamen, Kümmel, Kurkuma, Muskatblüte, Muskat, Nelken, Sternanis, Sichuanpfeffer.

Knospen

Die Knospen des Kassiazimts ähneln kleinen Nelken. Im runzligen, graubraunen Kelch ist der harte, rotbraune Samen gerade erkennbar. Die Knospen haben ein würzig angenehmes Aroma, ihr Geschmack ist moschusartig, süß und scharf, jedoch weniger intensiv als bei der Rinde.

Getrocknete Tejpatblätter

Die Blätter des verwandten *C. tamala* sind länglich-oval und von drei Längsadern durchzogen. Sie werden in der nordindischen Küche verwendet. Zunächst riechen Tejpatblätter nach Gewürztee, dann zeigt sich ein würziges, moschusartiges Aroma mit Nelken- und Zimtnoten und Zitrus-Anklängen.

AROMA
Reife Samen haben ein süßes, würzig holziges Aroma mit pfeffriger und blumiger Note. Der Geschmack ist süß und mild mit deutlichem Anklang an Orangenschale.

VERWENDETE TEILE
Die getrockneten Früchte (Samen).

KAUF UND LAGERUNG
Koriander ist fast überall erhältlich. Am besten kauft man ganze Samen und mahlt sie nach Bedarf, denn sie verlieren schnell ihr Aroma. In manchen Asialäden findet man eine Mischung aus gemahlenen und ganzen Gewürzen namens Dhana-Jeera, die aus Koriander- und Kümmelsamen besteht und auf dem ganzen Subkontinent beliebt ist.

ERNTE
Die Samen werden geerntet, wenn sie sich von Grün nach Beige oder Hellbraun verfärben. Traditionell lässt man die Pflanzen nach dem Schneiden für 2–3 Tage welken, danach werden sie gedroschen. Die Samen trocknen dann im Halbschatten. Zum vollständigen Austrocknen legt man sie vor dem Sieben und Abpacken in die pralle Sonne. In manchen Gegenden werden die Samen mechanisch getrocknet.

Koriander

Coriandrum sativum

Einige Nutzpflanzen werden sowohl als Küchenkraut als auch als Gewürz genutzt, wobei zweifellos Koriander am häufigsten in beiden Formen Verwendung findet. Er wird als Gewürzpflanze in Osteuropa, Indien, den USA und Mittelamerika, in seiner Heimat Vorderasien und im Mittelmeerraum angebaut. In all diesen Regionen verwendet man ihn ausgiebig, manchmal sogar Samen und Kraut gemeinsam.

Ganze marokkanische Samen
Die kugelförmigen Samen des marokkanischen Typs sind leichter erhältlich als die ovalen Samen des indischen Korianders.

Gemahlene Samen
Die spröden Samen lassen sich leicht mahlen. Vorheriges Rösten verstärkt das Aroma.

In der Küche

Wegen seines milden Aromas wird mit Koriander großzügiger umgegangen als mit manch anderem Gewürz. Nach dem Rösten ist er die Basis vieler Currypulver und Masalas.

In Nordafrika kommt er in Harissa, Tabil, Ras el-Hanout und andere Mischungen. Meist ist er im georgischen Khmeli suneli, in den iranischen Advieh-Mischungen wie in den orientalischen Baharat-Mischungen enthalten. Überall dort würzt man gern Gemüse, Eintöpfe und Wurst damit. Eine Spezialität Zyperns sind zerstoßene grüne Oliven mit Koriander. In Europa und Amerika ist Koriander ein Einmachgewürz, das süßsaure Pickles und Chutneys mild und angenehm würzt. In der Karibik verwendet man ihn in Masalas, in Mexiko kombiniert man ihn oft mit Kreuzkümmel. Auch französische Gemüsegerichte »auf griechische Art« werden mit Koriander gewürzt. Er eignet sich für Marinaden, Fischsud und Suppen-Fonds. Auch Lebkuchengewürz enthält Koriander, und sein Aroma passt gut zu Obstkuchen oder Apfel-, Birnen-, Pflaumen- und Quittenkompott.

KOMBINATIONEN

Unentbehrlich in Harissa, Tabil, Dukka und den meisten Masalas.

Passt zu Äpfeln, Fisch, Huhn, Hülsenfrüchten, Kartoffeln, Pflaumen, Pilzen, Schwein, Schinken, Zitrusfrüchten, Zwiebeln.

Harmoniert mit Chili, Fenchel, Ingwer, Knoblauch, Kümmel, Muskatblüte, Muskat, Nelken, Piment, Zimt.

Ganze Samen des indischen Typs

Obwohl Samen und Kraut des Korianders ganz verschieden schmecken, ergänzen sie einander in indischen und mexikanischen Gerichten.

Gemahlene Samen
Indischer Koriander schmeckt süßer als marokkanischer.

Wacholder

Juniperus communis

Wacholder ist ein immergrünes, stacheliges Nadelgehölz. Er gedeiht auf fast der gesamten nördlichen Halbkugel, vor allem in Mittelgebirgslagen auf kalkhaltigem Boden. Er gehört zu den Zypressengewächsen, hat aber als einzige Art der Pflanzenfamilie essbare Früchte. Findige Römer fälschten mit den Beeren Pfeffer, in Pestzeiten (und darüber hinaus) verbrannte man sie zum Reinigen der Luft. Bereits im 17. Jh. aromatisierte man Gin und andere Schnäpse mit Wacholderbeeren.

AROMA

Das Aroma der Wacholderbeeren ist angenehm holzig, bittersüß und erinnert unverwechselbar an Gin. Ihr Geschmack ist erfrischend, süßlich, etwas scharf, mit einem Hauch von Kiefernnadeln und Kampfer.

VERWENDETE TEILE

Beeren, frisch oder getrocknet.

KAUF UND LAGERUNG

Wacholder wird in Form von Trockenbeeren gehandelt. Sie sind recht weich und platzen leicht, also nur im Ganzen und getrocknet kaufen. Luftdicht verschlossen halten sie mehrere Monate.

ERNTE

Zur Gattung Juniperus zählen etliche attraktive Gartengehölze. Einige davon tragen giftige Beeren! Nur die Beeren des einheimischen Gewöhnlichen Wacholders eignen sich als Gewürz. Da die violettschwarzen glatten, knapp erbsengroßen Beeren zum Reifen 2–3 Jahre brauchen, findet man an einer Pflanze sowohl grüne als auch reife Beeren. Wacholder wird teils kultiviert, teils werden die Beeren wild gesammelt. Man pflückt sie reif im Herbst. Ihr blaugrüner Belag verschwindet beim Trocknen.

Ganze Beeren

Beeren aus südlicheren Gegenden sind aromatischer. Falls Sie wilden Wacholder finden, etwa in den Ferien in der Toskana, lohnt sich das Sammeln. Die meisten Beeren im Handel stammen aus Osteuropa.

In der Küche

Wacholder kennt man vor allem als geschmacksgebenden Inhaltsstoff von alkoholischen und alkoholfreien Getränken wie finnischem Roggenbier oder Gin, dessen Vorläufer der in Belgien und den Niederlanden produzierte Genever ist. Dieser wird eisgekühlt serviert und, anders als Gin, meist unverdünnt. In Gin gibt man heute neben Wacholder mitunter auch andere Gewürze.

In fast ganz Europa verwendet man die Beeren als natürlichen Kontrast in Wild- und fettreichen Fleischgerichten. In Skandinavien gibt man sie an eine Pökelmischung für Rind- und Elchfleisch und in Rotweinmarinaden für Schweinebraten. In Nordfrankreich werden Wildbret und Pasteten mit den Beeren gewürzt, in Belgien in Gin flambierte Kalbsnieren, im Elsass und in Deutschland das Sauerkraut.

Im Mörser zerstoßen, verströmen die Beeren ein mildes und doch sehr kräftiges Aroma, das sowohl herzhaften wie süßen Gerichten Charakter geben kann. Mit Salz und Knoblauch zerdrückt, eignen sie sich zum Einreiben von Lamm, Schwein und allen Arten von Wild vor dem Braten. Ein paar wenige grob zerstoßene Beeren genügen, um Füllungen und Pasteten sowie aromatische Soßen zu fettreichem Fleisch zu würzen. Wacholderbeeren sollen erst kurz vor Gebrauch zerdrückt werden, sonst verflüchtigt sich das Aroma.

KOMBINATIONEN

Passt zu Äpfeln, Ente, Gans, Kohl, Rind, Schwein, Wild.

Harmoniert mit Bohnenkraut, Knoblauch, Kümmel, Lorbeer, Majoran, Pfeffer, Rosmarin, Sellerie, Thymian.

Würzmischung für Fleisch
In einem Mörser mit Knoblauch und Salz zerstoßene Wacholderbeeren ergeben eine aromatische Mischung zum Einreiben von Lamm, Schwein und Wild.

Rose

Rosa-Arten

In unseren Küchen denkt man bei Rosen nicht unbedingt an ein Gewürz. In der gesamten arabischen Welt jedoch, in der Türkei, im Iran und bis nach Nordindien nutzt man getrocknete Rosenknospen oder -blüten und ebenso Rosenwasser auf vielfältige Weise als Gewürz. Die Türkei und Bulgarien sind die größten Produzenten von Rosen-Attar (Rosenessenz) und Rosenwasser, doch auch im Iran und in Marokko werden Rosen für diese Zwecke angebaut. Die Kartoffelrose *R. rugosa* wird in Ostasien zu kulinarischen und medizinischen Zwecken kultiviert und in China für Tee und manchmal auch Zucker verwendet.

AROMA

Nur intensiv duftende Rosen werden verwendet: Im Balkan, in der Türkei und fast im gesamten Vorderen Orient ist dies die stark duftende Damaszener-Rose, *R. damascena*. In Marokko wird eine nach Moschus duftende Rose angebaut. Getrocknete Knospen behalten ihren Duft gut.

VERWENDETE TEILE

Knospen, Blüten.

KAUF UND LAGERUNG

Rosenwasser und Rosenöl findet man in türkischen Läden, in Apotheken und Geschenkboutiquen. Es gibt auch sehr süßen, aber fein duftenden Rosenblütenhonig aus Bulgarien oder der Türkei. Manche Läden verkaufen getrocknete Rosenknospen. Luftdicht verschlossen halten sie sich knapp ein Jahr. Bei Bedarf in einer elektrischen Mühle mahlen.

ERNTE

Rosenknospen und Blüten werden im Frühsommer geerntet und entweder getrocknet oder für Rosenessenz (Attar) destilliert, die man zu Rosenwasser verdünnen kann.

Getrocknete Rosenknospen

Die Knospen und Blüten werden frühmorgens geerntet, wenn der Duft noch stark konzentriert ist, bevor er sich in der Sonne verflüchtigt.

In der Küche

In Indien werden gemahlene getrocknete Rosenblätter in Marinaden und zart gewürzten Kormas verwendet.

In Bengalen und im Pandschab spielt Rosenwasser in Desserts wie Gulab Jamun (gulab = Rose) und Rasgulla eine große Rolle, ebenso im süßen Lassi (einem Joghurt-Drink) und in Kheer (einem reichhaltigen Reispudding). Das Rosenaroma entdeckt man auch in vielen türkischen Süßigkeiten, im Gebäck des Vorderen Orients und einigen würzigen Gerichten. Mit Sirup aus frischen oder getrockneten Rosenblättern werden Desserts und Getränke zubereitet. In der Türkei wird zu festlichen Anlässen Rosen-Sorbet gereicht. Mit Rosenblättern aromatisierter Zucker verfeinert Puddings und Kuchen.

Die iranische Küche verwendet Rosenknospen ausgiebig: Mit einer betörend duftenden Mischung aus gemahlenen Blütenblättern, Zimt, manchmal auch mit Kreuzkümmel und Kardamom, würzt man dort Reis. Für Eintöpfe wird das Pulver mit gemahlener, zuvor getrockneter Limone gemischt. Gurkensalat mit Joghurt oder eine kalte Suppe werden mit zerstoßenen Blütenblättern bestreut. In Marokko liebt man das Rosenwasser mehr als die Blüten, doch Ras el-Hanout enthält Rosenknospen.

Die größte Begeisterung für Rosenknospen zeigen die Tunesier. Mit der einfachen Baharat-Mischung aus Zimt, gemahlenen Rosenknospen und schwarzem Pfeffer würzt man gebratenes Fleisch und Eintöpfe, die z. B. Quitten oder Aprikosen enthalten, sowie Fisch- oder Lammcouscous. Die gleiche Mischung verwendet die tunesisch-jüdische Küche für Fleischbällchen zu Couscous.

KOMBINATIONEN

Unentbehrlich in iranischem Advieh, Ras el-Hanout, tunesischem Baharat.

Passt zu Äpfeln, Aprikosen, Desserts und Kuchen, Geflügel, Kastanien, Lamm, Quitten, Reis.

Harmoniert mit Chili, Joghurt, Kardamom, Koriandersamen, Kreuzkümmel, Kurkuma, Nelken, Pfeffer, Safran, Zimt.

Advieh für Reis

Für dieses iranische Reisgewürz werden Blütenblätter der Rose mit Zimt und Kreuzkümmelsamen gemischt *(Rezept S. 279)*.

Vanille

Vanilla planifolia

Vanille ist die Frucht einer kletternden Orchidee aus Mittelamerika. Es ist nicht bekannt, wann Vanille erstmals als Gewürz verwendet wurde, doch gab es schon unter den Azteken Stämme mit ausgefeilten Methoden, um die Früchte zur Gewinnung der Vanillin-Kristalle zu fermentieren. Am Hofe Montezumas lernten die spanischen Eroberer mit Vanille parfümierte Schokolade kennen. Begeistert verschifften sie sowohl die Schokolade als auch die Schoten, die sie nach dem Diminutiv von vaina (Schote) »Vanille« tauften. Heute wird Vanille aus Mexiko, Réunion, Madagaskar, Tahiti und Indonesien eingeführt.

AROMA

Frische Vanilleschoten besitzen weder Geruch noch Geschmack. Nach dem Fermentieren entwickeln sie ein kräftiges Aroma mit Anklängen an Süßholz oder Tabak, gepaart mit einem zarten fruchtigen oder sahnig-süßen Duft. Auch ein Hauch Rosine oder Pflaume können hineinspielen.

VERWENDETE TEILE

Fermentierte Schoten (botanisch korrekt: Kapseln).

KAUF UND LAGERUNG

Schoten von guter Qualität erhält man eher im Feinkostgeschäft als im Supermarkt. Licht- und luftdicht verschlossen halten sie gut 2 Jahre. Achten Sie beim Kauf von Vanilleextrakt auf die Bezeichnung »Natürlicher Vanilleextrakt« und den angegebenen Alkoholgehalt (meist etwa 35 Prozent).

ERNTE

Vanilleschoten werden gepflückt, sobald sie gelb werden. Durch heißes Überbrühen wird der Reifeprozess gestoppt, dann werden sie tagsüber in der Sonne getrocknet und nachts in Jutesäcken zum Schwitzen gebracht. Die Samenkapseln schrumpeln, werden dunkel, und Enzyme setzen im Laufe des chemischen Prozesses die Aromen frei, besonders Vanillin.

Ganze getrocknete Schoten
Gute Vanilleschoten sind tiefbraun oder schwarz, lang und schmal, etwas runzlig, feucht, wächsern, biegsam, und sie duften stark.

Samen
Die winzigen, klebrigen schwarzen Samen lassen sich mit der Messerspitze aus den Schoten herauskratzen.

In der Küche

Die Bourbon-Vanille aus Madagaskar und Réunion besitzt ein volles, sahniges Aroma. Mexikanische Vanille gilt allgemein als die zarteste, Tahiti-Vanille duftet blumig und fruchtig, indonesische Vanille eher kräftig und rauchig. Die besten Schoten sind mit Vanillin-Kristallen überzogen, dem sogenannten Givre.

Im Ganzen oder gespalten werden die Stangen meist für Cremes, Puddings und Eis verwendet. Echte Vanille hinterlässt in den Speisen winzige kleine Pünktchen. Nach dem Ziehenlassen der ganzen Schote, etwa in Sirup oder Creme, kann diese abgewaschen, getrocknet und wieder verwendet werden. Mit Vanille werden Kuchen, Torten und Kompotte parfümiert. Aufgeschlitzte Schoten kann man über Früchte legen, die im Ofen gebacken werden. Bis zum heutigen Tag wird Schokolade mit Vanille aromatisiert, auch Tee und Kaffee. Selbst wenn man sich Vanille als Gewürz für herzhafte Gerichte schwer vorstellen kann, so passt sie doch gut zu Meeresfrüchten, vor allem Hummer, Jakobsmuscheln, ebenso zu Huhn. Sie betont die Süße von Wurzelgemüse. In Mexiko gibt man sie an schwarze Bohnen.

KOMBINATIONEN

Passt zu Apfel, Birne, Eiern, Erdbeere, Fisch, Meeresfrüchten, Melone, Milch, Pfirsich, Rhabarber, Sahne.

Harmoniert mit Chili, Kardamom, Lavendel, Nelken, Safran, Zimt.

Vanillezucker
Statt teuren abgepackten Vanillezucker zu kaufen, kann man Streuzucker selbst herrlich parfümieren, indem man ihn in ein Glas füllt und zusammen mit einer Vanilleschote aufbewahrt.

Extrakt
Vanilleextrakt wird durch Mazerieren von Schoten in Alkohol gewonnen. Er hat ein süßes Aroma und einen wunderbaren Geschmack. Vermeiden Sie synthetische Vanille, die aus Fruchtabfall gewonnen wird.

Vanille *ist nach Safran das zweitteuerste Gewürz, da die Herstellung wie beim Safran sehr arbeitsintensiv ist. Die*

Befruchtung der Pflanzen geschieht von Hand, die Ernte der Schoten ist schwierig und die Aufbereitung aufwendig.

Akudjura

Solanum centrale, S. aviculare

Akudjura ist der Name einer essbaren Wildtomaten-Art, *S. centrale*. Heimisch ist sie in den Wüsten West- und Zentralaustraliens – dem »Busch«, daher auch ihr Name »Buschtomate«. Einige Arten der Gattung *Solanum* sind giftig. Die essbaren galten bei den Aborigines seit jeher als Grundnahrungsmittel, doch neuerdings entdeckt man sie auch bei uns als Gewürz. Gesammelt wird auch die etwas größere *S. aviculare*, der »Känguru-Apfel«.

AROMA

Das Aroma der Akudjura erinnert an gebranntes Karamell und Schokolade. Sie schmeckt nach Karamell, Tamarillo und Tomate und hat einen erfrischenden, fast bitteren Nachgeschmack.

VERWENDETE TEILE

Getrocknete Früchte.

KAUF UND LAGERUNG

Buschtomaten werden ganz verkauft. Vor Gebrauch lässt man sie für 20–30 Minuten in Wasser quellen, meistens aber werden sie zu einem orangebraunen Pulver, dem Akudjura, gemahlen.

ERNTE

Bis jetzt gibt es keinen nennenswerten Anbau von Buschtomaten, sie werden wild gesammelt. Man belässt die gelben Früchte zum Trocknen an der Pflanze, wo sie auf Traubengröße schrumpfen und sich schokoladenbraun färben. Sie ähneln Rosinen, daher auch der Name »Wüstenrosinen«. Das Trocknen verringert auch den Alkaloid-Gehalt, vor allem den Anteil des potenziell schädlichen Solanins.

KOMBINATIONEN

Passt zu Apfel, Fisch, Fleisch, Kartoffeln, Käsegerichten, Paprika, Zwiebeln.

Harmoniert mit Akazien- und Koriandersamen, Bergpfeffer, Thymian, Zitronenmyrte.

In der Küche

Akudjuras können anstelle von getrockneten Tomaten oder Paprika verwendet werden. Wer sich an ihren besonderen Geschmack gewöhnt oder ihm gar verfallen ist, würzt damit Salate, Suppen, Eierspeisen und gedünstetes Gemüse. In Australien gibt man sie in Eintöpfe und in den traditionellen brotähnlichen »Bush Tucker«. Gemahlen werden damit Kekse, Chutneys, Soßen, Relishes und Tomatensoßen gewürzt. Eine Mischung aus Akudjura, Akaziensamen und Bergpfeffer wird wie die schwarze Cajunwürze speziell für Fisch verwendet.

Ganze Früchte
Akudjuras passen zu süßen wie herzhaften Gerichten. Sie verleihen Tomatensoßen und Fleischeintöpfen, besonders Gulasch, einen besonderen Geschmack.

Zerstoßene Früchte
Akudjuras können orange, rot oder bräunlich sein.

Rosa Pfeffer

Schinus terebinthifolius

Als »Rosa Pfeffer« (Pink Pepper) dient die Frucht des Brasilianischen Pfefferbaums, der allerdings auch in Argentinien und Paraguay beheimatet ist. Da er gern verwildert, findet man ihn heute in fast allen gemäßigten Zonen der Erde. Die Monoterpene, die sich im ätherischen Öl finden, können Darmbeschwerden hervorrufen, jedoch kaum bei Verwendung in einem normalen Rezept. Einzig auf Réunion wird der Brasilianische Pfefferbaum erwerbsmäßig angebaut.

In der Küche

Mit Rosa Pfeffer lassen sich zahlreiche Gerichte würzen, aber er sollte ziemlich sparsam verwendet werden. Eingelegte Beeren werden weicher und lassen sich leichter zerstoßen. Die spröde, pergamentartige Außenschale der getrockneten Beere birgt einen harten Samen. Besonders empfiehlt sich Rosa Pfeffer zu Fisch oder Geflügel, und wie Wacholder passt er gut zu Wild und fettreichem Fleisch. Er ist ein ausgezeichnetes Soßengewürz zu Hummer, Kalbsschnitzel und Schwein.

Ganze Beeren
Die Beeren lassen sich leicht im Mörser oder unter einer breiten Messerklinge zerdrücken.

AROMA

Das Aroma zerstoßener Beeren ist angenehm fruchtig mit einem deutlichen Anklang an Kiefernnadeln. Ihr Geschmack ist ebenfalls fruchtig, harzig und süß-aromatisch, ähnlich wie Wacholder, nur weniger stark. Mit echtem Pfeffer haben sie zwar das Piperin-Öl, doch nicht die Schärfe gemeinsam.

VERWENDETE TEILE

Getrocknete Früchte.

KAUF UND LAGERUNG

Getrockneten Rosa Pfeffer bekommt man im Feinkostladen. Gefriergetrocknete Beeren sind in Bezug auf Farbe und Aroma am besten. Man erhält die Beeren auch in Lake oder Essig eingelegt. Wegen des Farbeffekts mischt man ihn mit schwarzen, weißen und grünen Pfefferkörnern, obwohl die Pflanzen nicht verwandt sind. Die Beeren luftdicht aufbewahren und nach Bedarf zerstoßen oder mahlen.

ERNTE

Im Herbst bilden sich aus den Trauben von winzigen weißen Blüten grüne, saftige Beeren, die beim Reifen kräftig rot werden. Man erntet sie, wenn sie reif sind.

KOMBINATIONEN

Passt zu Fisch, fettreichem Fleisch, Geflügel, Wild.

Harmoniert mit Fenchel, Galgant, Kaffirlimettenblättern, Kerbel, Minze, Petersilie, schwarzem und grünem Pfeffer, Zitronengras.

Paprika

Capsicum annuum und andere Arten

Paprika stammt aus Amerika und wurde nach Kolumbus' Rückkehr 1492 erstmals in Spanien angebaut. Die Spanier trockneten die Schoten und mahlten sie zu Pimentón, dem Paprika. Später gelangten Samen in die Türkei, und der Paprika-Anbau dehnte sich über das gesamte ottomanische Reich aus. 1604 wurde in Ungarn erstmals »Türkischer Pfeffer« erwähnt. Seither galt Paprika dort als Bauerngewürz. Erst im 19. Jh. kam Paprika auch für »kultivierte Mägen« in Mode.

AROMA

Das Aroma von Paprika ist meist unaufdringlich und zart. Einige Sorten haben eine Karamell-, Frucht- oder Rauchnote, andere eine feurige, in die Nase steigende Schärfe. Der Geschmack variiert von süßlich-rauchig bis rund und körperreich oder leicht stechend mit etwas bitterer Note.

VERWENDETE TEILE

Getrocknete Beerenfrüchte, die »Schoten«. Es gibt keine eigentliche Paprikapflanze, das Gewürz wird aus verschiedenen roten Capsicum-Arten hergestellt.

KAUF UND LAGERUNG

Ungarischer Paprika ist eine Spur schärfer als spanischer Chili. Portugiesischer und marokkanischer Paprika ähneln dem spanischen, während Paprika vom Balkan dem ungarischen nahe kommt. Paprika soll immer luftdicht und lichtgeschützt aufbewahrt werden, sonst verliert er an Frische. In Ungarn und den Balkanländern werden auch Paprikapasten und Paprikasoßen hergestellt.

ERNTE

Nach dem Trocknen werden die Schoten entstielt und Samen und Scheidewände ausgelöst. Fruchtfleisch und Samen werden getrennt gemahlen und dann ganz nach Bedarf gemischt. Für den spanischen Pimentón werden die Schoten über Eichenfeuer geröstet (Rauchgeschmack).

Gemahlener Paprika
Paprika kann süß, bittersüß oder scharf sein, je nachdem, ob er von milden oder leicht scharfen Paprikaschoten stammt, und auch je nach anteiliger Menge vermahlener Samen und Schoten.

Ungarischer Paprika
In der ungarischen Küche stehen meist verschieden scharfe Paprikas bereit – zu jedem Gericht das passende.

In der Küche

In der ungarischen Küche ist Paprika das wichtigste Gewürz. Mit Zwiebeln in ausgelassenem Speck (statt Öl) leicht geröstet, bildet er die Grundlage für Gulasch, Kalbs- oder Hühnerpaprikas und Enten- oder Gänse-Pörkölt. Kartoffeln, Reis, Nudelgerichten und vielen Gemüsen verleiht er Farbe und Aroma. Auch in Serbien kocht man ähnlich. In Ungarn, den Balkanländern und der Türkei stehen Paprika und Paprikaflocken häufiger auf dem Tisch als schwarzer Pfeffer.

In Spanien gibt man Paprika an Sofrito, eine Mischung aus Zwiebeln und anderen in Olivenöl erhitzten Zutaten, die Grundlage für viele Schmorgerichte ist. Man schätzt ihn in Reis- und Kartoffelgerichten, an Fisch und Omelettes. Auch die Romesco-Soße lebt davon. In Marokko gibt man Paprika an viele Gewürzmischungen, in Tagines und Chermoula (eine Fischmarinade und -soße). In der Türkei würzt Paprika Suppen, Gemüse und Fleischgerichte, vor allem Offal. In Indien will man damit hauptsächlich etwas Rot ins Essen bringen. Überall ist es ein Gewürz für Wurst und andere Fleischprodukte. Paprika liebt keine starke Hitze, sonst wird er bitter.

Passt zu Ente, Frischkäse, den meisten Hülsenfrüchten und Gemüse, Huhn, Reis, Rind und Kalbfleisch, Schwein.

Harmoniert mit Ingwer, Joghurt, Kardamom, Knoblauch, Kümmel, Kurkuma, Oregano, Petersilie, Pfeffer, Piment, Rosmarin, Safran, Sauerrahm, Thymian.

Spanischer Paprika
Die geschützte Herkunftsbezeichnung »Pimentón de La Vera« garantiert dem Verbraucher qualitativ hochwertigen Paprika, der über Holzfeuer geräuchert wurde und, je nach Sorte, einen typischen milden oder scharfen Geschmack hat.

PAPRIKA-SORTEN

Paprika wird normalerweise in geschlossenen Dosen mit Echtheitszertifikat verkauft.

Ungarischer Paprika kommt aus zwei Gegenden: Szeged oder Kalocsa, die jeweils auf der Packung bezeichnet werden.

Különleges (eigenwillig, erlesen): Hellrot, süß mit kaum merklicher Schärfe, sehr fein gemahlen. Samen-Anteil sehr gering. Hält sich lange.

Édesnemes (edelsüß): Dunkelrot, süß und rund im Geschmack, Schärfe unaufdringlich, nicht bitter. Pulver recht fein.

Delikatess (Feinkostgeschäft): Hellrot, fruchtig, mild, voll.

Félédes (mittelsüß): Mehr Anteile an Scheidewänden, daher weniger süß und durchdringender.

Rozsa (rosa): Rosarot und schärfer. Pulver aus der ganzen Frucht.

Eros (stark): Braunrot und grob, schärfer und mit bitterem Nachgeschmack. Pulver aus qualitativ weniger guten, ganzen Früchten. Ähnelt mehr dem Chilipulver.

Spanischer Paprika kommt überwiegend aus La Vera und trägt eine Herkunftsbezeichnung. In geringer Menge wird süßer Paprika aus dem Ñora-Paprika in Murcia hergestellt.

Dulce (süß, mild): Ziegelrotes Pulver mit rauchigem Aroma und würzigem Geschmack.

Agridulce (bittersüß): Tiefrot und scharf mit beißend-bitterer Note.

Picante (scharf): Rostrot, mit angenehmer Schärfe. Spanischer Paprika wird in verschiedenen Qualitätsstufen vermarktet: Extra, Auswahl und Normal.

Tamarinde

Tamarindus indica

Tamarinde wird von den bohnenförmigen Hülsen des Tamarindenbaums gewonnen, der aus Ostafrika, vermutlich Madagaskar, stammt. Es ist das einzige wichtige Gewürz afrikanischen Ursprungs. Bereits in prähistorischer Zeit wuchsen die hohen immergrünen Bäume mit ihren schönen Kronen in Indien. Ihr Name kommt vom arabischen *thamar-i-hindi,* Frucht Indiens. Tamarindenbäume tragen bis zu 200 Jahre lang Früchte. Das Gewürz wird schon lange – überwiegend aus Indien – für Würzmittel wie Worcestersoße importiert.

AROMA

Tamarinde hat kaum Geruch und schmeckt – wegen der enthaltenen Weinsäure – säuerlich, aber auch süß und fruchtig. Sie ist an verschiedenen Stellen des Marks unterschiedlich sauer. Thai-Tamarinde schmeckt runder und weniger sauer als vietnamesische oder indonesische.

VERWENDETE TEILE

Mark von reifen Schoten, Blätter.

KAUF UND LAGERUNG

In Asialäden bekommt man Tamarinde getrocknet als Block mit Samen oder ohne, ebenso als dicke, ziemlich trockene Paste oder als eher flüssiges, schwarzbraunes Konzentrat. Feinkostläden führen das Konzentrat oder die Paste. Tamarinde hält sich in jeder Form fast unbegrenzt. Manchmal werden auch frische Blätter, getrocknetes Mark in Scheiben und Tamarindenpulver angeboten.

ERNTE

Tamarindenbäume bringen Büschel von blassgelben Blüten hervor, aus denen die langen, rostfarbenen Schoten hervorgehen. Diese enthalten ein dunkelbraunes, klebriges und sehr faseriges Mark. Es wird aus der zähen Schote herausgekratzt und zu flachen Platten gepresst, meist mitsamt den glänzenden schwarzen Samen.

Ganze Schoten
In Vietnam und Thailand gibt man unreife Schoten in saure Suppen und Eintöpfe. In den Anbauländern der Tamarinde, vor allem in Thailand und auf den Philippinen, verwendet man manchmal die jungen fedrigen Blätter und Blüten in Currys und Chutneys.

In der Küche

In Indien und Südostasien wird Tamarinde (ähnlich wie bei uns Zitrone und Limone) zum Säuern in Currys, Sambars, Chutneys, Marinaden, Laken, Pickles und Sorbets verwendet. Sie verleiht vielen scharfen indischen Gerichten wie Goan Vindaloo und Gujarati-Gemüseeintöpfen ihre charakteristische Säure. Mit Rohrzucker und Chili wird sie zu einem sirupartigen Dip für Fisch eingekocht. Tamarinde kommt in die thailändische Suppe Tom Yam und in die scharf-sauren chinesischen Suppen. In Indonesien, wo das Wort *asem* sowohl »Tamarinde« wie »sauer« bedeutet, wird es für gesalzene wie süße Soßen und Marinaden verwendet. Besonders auf Java zieht man sie für süßsaure Gerichte der Zitrone vor. In Indien gibt man gemahlenen Samen in Kuchen. Im Iran wird gefülltes Gemüse in einer kräftigen Tamarindenbrühe gedünstet. Im Vorderen Orient ist eine Art Limonade aus Tamarindensirup beliebt.

In Mittelamerika und der Karibik gibt es ein Tamarindengetränk in Dosen. In Thailand, Vietnam, den Philippinen, Jamaika und Kuba wird mit Puderzucker bestäubte oder kandierte Tamarinde auch als Süßigkeit verkauft. Würzen Sie einmal Fisch oder Fleisch vor dem Kochen mit einer Mischung aus Salz und Tamarinde oder probieren Sie eine Marinade mit Tamarinde, Sojasoße und Ingwer für Schwein oder Lamm. Tamarinde ist unentbehrlich in Worcestersoße.

KOMBINATIONEN

Unentbehrlich in Worcestersoße.

Passt zu Erdnüssen, Fisch und Muscheln, Geflügel, den meisten Gemüse-Arten, Kohl, Lamm, Linsen, Pilzen, Schwein.

Harmoniert mit Riesenfenchel, Chili, Galgant, Ingwer, Knoblauch, Korianderblättern, Krabbenpaste, Kümmel, Kurkuma, braunem oder Rohrzucker, Senf, Sojasoßen.

Tamarindenblock
Verwendet man Tamarinde vom Block, wird ein ungefähr nussgroßes Stück für 10–15 Minuten in etwas heißem Wasser eingeweicht. Das Mark zum Lösen etwas umrühren, ausdrücken und durch ein Sieb passieren.

Konzentrat
Tamarindenkonzentrat riecht – ähnlich wie Melasse – etwas angebrannt und schmeckt scharf und sauer. Zum Gebrauch verrührt man 1–2 TL mit etwas Wasser.

Paste
Die Zugabe von etwas Tamarindenpaste nimmt feurigen Chilis und scharfen Gewürzen etwas von der beißenden Schärfe.

Gerbersumach, Sumak

Rhus coriaria

Als Gewürz dient die Frucht des dekorativen, bis zu drei Meter hohen Strauchs mit hellgrauen oder rötlichen Ästen. Er wächst wild in Höhen mit lichtem Baumbestand und auf Hochebenen rund ums Mittelmeer, in Teilen des Nahen Ostens, vor allem in Anatolien und in seiner Heimat Iran.

AROMA

Gerbersumach ist nur wenig aromatisch. Er schmeckt angenehm säuerlich, fruchtig und herb.

VERWENDETE TEILE

Getrocknete Steinfrüchte.

KAUF UND LAGERUNG

Außerhalb seiner Herkunftsländer erhält man Gerbersumach nur als ein grobes oder feines Pulver. Dieses hält sich im luftdichten Gefäß mehrere Monate. Ganze Früchte können ein Jahr und länger aufbewahrt werden.

ERNTE

Gerbersumach gedeiht auf felsigem Boden. Je höher der Standort, desto besser die Früchte. Im Herbst färben sich die Blätter herrlich rot, und einige der weißen Blüten entwickeln kegelförmige Fruchtstände mit kleinen, runden, rostfarbenen Steinfrüchten. Sie werden kurz vor der Reife geerntet, in der Sonne getrocknet und zu Pulver zermahlen.

KOMBINATIONEN

Unentbehrlich in Fattoush, Za'atar.

Passt zu Auberginen, Fisch und Meeresfrüchten, Huhn, Joghurt, Kichererbsen, Lamm, Linsen, rohen Zwiebeln, Pinienkernen, Walnüssen.

Harmoniert mit Chili, Granatapfel, Knoblauch, Koriander, Kümmel, Minze, Paprika, Petersilie, Piment, Sesam, Thymian.

In der Küche

In der arabischen, vor allem in der libanesischen Küche ist Gerbersumach eine unverzichtbare Zutat, denn er wird als Säuerungsmittel verwendet. Er schmeckt herb und verstärkt ähnlich wie Salz das Aroma der Speisen. Ganze Früchte zerstößt man und weicht sie für 20–30 Minuten in Wasser ein. Danach verwendet man ihren ausgepressten Saft für Marinaden, Salatdressings, Fleisch- und Gemüsegerichte, auch für Erfrischungsgetränke. Vielerorts wird das Kochgut vorher mit Sumachpulver bestreut: Im Libanon und Syrien Fisch, im Irak und in der Türkei Gemüse, im Iran und Georgien Kebab. Oft wird er auf Fladenbrot gestreut. Er säuert den libanesischen Brotsalat Fattoush und kommt in die Gewürzmischung Za'atar.

Gemahlene Früchte
Die Farbe der trockenen Steinfrüchte variiert je nach Herkunft von Ziegelrot über Rotbraun bis Kastanienbraun.

Za'atar
Diese Gewürzmischung aus dem Vorderen Orient besteht aus gemahlenen Früchten des Gerbersumachs, Sesamsamen und zerriebenem getrocknetem Thymian *(Rezept S. 283)*.

Berberitze

Berberis vulgaris

Zahlreiche Arten der Gattung *Berberis* und der nah verwandten *Mahonia* wachsen wild in gemäßigten Zonen Europas, Asiens, Nordafrikas und Nordamerikas. Es sind dichte, stachelige, mehrjährige Sträucher mit gezähnten Blättern. Alle haben essbare Beeren, die der *Berberis* sind rot, die der *Mahonia* blau. Sie werden in Zentralasien und in der Kaukasusregion als Gewürz verwendet. In Neuengland nimmt man reife Beeren für Pies, Konserven und Sirup, grüne (unreife) Beeren werden mitunter eingelegt.

In der Küche

Meist legt man Berberitzenbeeren in Sirup oder Essig ein, damit diese ein herbes Aroma bekommen. Da sie reich an Pektin sind, kann man sie leicht als Gelee oder Konfitüre einkochen. In Zentralasien und im Iran verwendet man die Beeren zum Säuern und als Garnierung in Pilaws, auch in Füllungen, Eintöpfen und Fleischgerichten.

In Butter oder Öl angebraten, entfalten die trockenen Beeren schnell ihr Aroma. Man streut sie über manche Reisgerichte. In Georgien gibt es eine Mischung aus zerdrückten Beeren und Salz, mit der Kebab vor dem Grillen eingerieben wird, sodass das Fleisch pikant säuerlich schmeckt. In Indien gibt man die trockenen Beeren zu Desserts, ähnlich wie Johannisbeeren. Streut man frische Beeren in den letzten Minuten der Bratzeit über Lamm oder Hammel, platzen sie und überziehen das Fleisch mit ihrem säuerlichen Saft.

Ganze getrocknete Beeren
Die kleinen, ovalen Beeren sind weich und haben ein angenehm säuerliches Aroma. Sie sollten rot sein, dunklere können alt und weniger aromatisch sein.

AROMA

Die reifen Beeren schmecken angenehm säuerlich. Getrocknet erinnert ihr Aroma an Johannisbeeren, doch mit einer herben Note. Im Geschmack sind sie süß-herb mit einer gewissen Schärfe, die von der Apfelsäure herrührt.

VERWENDETE TEILE

Beeren, frisch und getrocknet.

KAUF UND LAGERUNG

Getrocknete Berberitzenbeeren findet man außerhalb der Gegenden, in denen sie kultiviert werden, nur schwer. Als attraktive Gartengehölze gibt es die Pflanzen in Baumschulen zu kaufen. Wer einen solchen Strauch besitzt oder in der Natur antrifft, kann die Beeren (mit Handschuhen geschützt!) sammeln und trocknen. Getrocknet und möglichst tiefgekühlt halten sie mehrere Monate.

ERNTE

Die Beeren wachsen in langen Trauben und können von Juli bis in den Spätherbst gesammelt werden. Im Iran, dem Kaukasus und Ländern weiter östlich werden die Beeren noch immer wild gesammelt, in der Sonne getrocknet und als Gewürz aufbewahrt.

KOMBINATIONEN

Passt zu Geflügel, Joghurt, Lamm, Mandeln, Pistazien, Reis.

Harmoniert mit Dill, Kardamom, Koriander, Kümmel, Lorbeer, Petersilie, Safran, Zimt.

AROMA

Die fleischigen Samen schmecken zugleich süß und säuerlich. Manche Früchte haben ein wunderbar ausgewogenes Aroma, andere sind sauer, indische Granatäpfel können einen leicht bitteren Nachgeschmack haben. Die Farbe des Saftes variiert von Hellrosa bis Dunkelrot. Er schmeckt süß, aber erfrischend prickelnd.

VERWENDETE TEILE

Die Samen werden frisch und getrocknet verwendet.

KAUF UND LAGERUNG

Granatäpfel halten sich an einem kühlen Ort wochenlang. Durch Lagern werden sie aromatischer und saftiger. Samenkörner wie Saft können eingefroren werden. Granatapfelmelasse, ein dunkler, dicker, klebriger Sirup, ist höchstens in türkischen Läden zu bekommen. Anardana (getrocknete Beeren) findet man in Asialäden als ganze (möglichst) dunkelrote Beeren oder auch gemahlen. Anardana und Melasse halten sich gut.

ERNTE

Die Frucht reift im Oktober und muss vor dem Aufplatzen geerntet werden. In Nordindien werden die Samen des sauren, leicht bitteren wilden Granatapfels für das Anardana 2 Wochen lang in der Sonne getrocknet.

Granatapfel

Punica granatum

Der Granatapfelbaum ist ein niedriger Laubbaum mit schmalen, ledrigen Blättern. Aus den leuchtend roten Blüten entwickeln sich große Früchte mit bräunlich roter Haut. Zwischen dem Iran und dem Himalaya beheimatet, wird er seit dem Altertum rund um das Mittelmeer angepflanzt. Heute wächst er in allen trockeneren Teilen des subtropischen Indiens und Südostasiens, in Indonesien, China sowie im tropischen Afrika. Er ist sehr langlebig, sein Ertrag sinkt aber schon nach 15–20 Jahren.

In der Küche

Im Nahen Osten und Zentralasien werden die frischen Samenkörner über Salat, Hummus-Paste oder Tahina gestreut, oder man verziert damit Desserts. Sie passen gut zu Huhn oder in Eintöpfe und geben einem Obst- oder Gurkensalat Farbe.

Man kann die Samen auspressen, der Saft der süßeren Arten ist im Nahen Osten ein beliebtes Getränk. In Georgien säuert man damit häufig Fleisch- oder Fischsoßen.

Aus dem Saft wird Granatapfelmelasse, ein dicker, dunkler Sirup, bereitet. Man kann damit Huhn oder Fleisch bestreichen, statt sie zu marinieren, oder man würzt damit Schmorgerichte. Ihr Geschmack und

Ganze Frucht
Die Früchte sollten möglichst tiefrot sein. Die transparenten Samen sind regelrechte Saftsäckchen, die das Mark und einen (meist sehr harten) Samen umschließen.

Säuregehalt variiert stark von Region zu Region. Arabische und indische Melassen sind recht herb, häufig sogar sauer. Im Iran wird ein süßerer Typ produziert. Er dient als wichtige Zutat in Muhammara, einem Dip aus scharfen Chilis und Walnüssen, sowie im Fesenjân, einem würzigen persischen Enten- oder Geflügelgericht mit Walnüssen. Auch eine gute iranische Wintersuppe basiert darauf.

Anardana (getrocknete Beeren), die Korinthen ähneln, sind klebrig, aber hart. Sie haben ein fruchtiges, herbes Aroma, das man im Norden Indiens liebt. Man gibt sie in Currys und Chutneys, Brotfüllungen, Salzgebäck und geschmortes Gemüse. Im Pandschab würzt man Hülsenfrüchte damit. Als süßsaures Würzmittel sind sie feiner als Amchoor. Sie werden entweder wie Tamarinde in Wasser eingeweicht oder zerdrückt direkt über das Gericht gestreut.

KOMBINATIONEN

Passt zu Avocado, Fisch, Geflügel, Gurke, Hülsenfrüchten, Lamm, Pinienkernen, Roten Beten, Spinat, Walnüssen.

Harmoniert mit Bockshornklee, Chili, Golpar, Ingwer, Kardamom, Koriandersamen, Kreuzkümmel, Kurkuma, Nelken, Piment, Rosenknospen, Zimt.

Anardana (getrocknete Samen)
Getrocknete Samen riechen angenehm herb und schmecken süßsauer.

Melasse
Die Granatapfelmelasse kann süß oder süßsauer schmecken, wobei die fruchtige Süße durch den angenehm herben Geschmack gemildert wird. Das Aroma ist konzentrierter als bei Grenadine, dem Granatapfelsirup.

Kokum

Garcinia indica

Kokum ist die Frucht eines mit dem Mangostanbaum verwandten zierlichen, immergrünen Baumes. Er stammt aus Indien und wächst fast ausschließlich in den tropischen Regenwäldern entlang dem schmalen Band der Malabarküste, von Mumbai bis Cochin. In seiner Heimat Maharashtra, Karnataka und Kerala wird Kokum, ähnlich der Tamarinde andernorts, zum Säuern verwendet. Neuerdings haben die Küchen in den USA, im Vorderen Orient und in Australien sie entdeckt, in Europa muss sie sich erst noch ihren Weg bahnen.

In der Küche

Kokum ist als Säuerungsmittel milder als Tamarinde. Die Trockenfrucht oder Schale wird meistens eingeweicht, das Fruchtfleisch danach ausgepresst und die Flüssigkeit zum Kochen von Hülsenfrüchten oder Gemüse verwendet. Kokumschalen werden, um das Trocknen zu beschleunigen, oft mit Salz eingerieben – das muss beim Salzen der Speisen bedacht werden.

Kokum-Saar, ein gewürzter Kokum-Aufguss, wird als Appetitanreger und kühlendes Getränk zu scharfen Fischcurrys auf Kokosnussbasis getrunken. Die durchgeseihte Flüssigkeit erhält ihre Würze durch geriebenen Ingwer, gehackte Zwiebeln, Chilis, Kümmel oder Koriander. In Kerala nennt man Kokum auch »Fisch-Tamarinde«.

Kokum mit Kokosmilch und eventuell Jagrezucker ergibt Kadhi, ein duftendes, karminrotes Getränk, das zu Reis, als Appetitanreger oder zur Verdauung serviert wird.

AROMA

Kokum hat einen leicht fruchtigen Balsamgeruch und einen süß-säuerlichen, herben, harzigen Geschmack, oft auch leicht salzig. Im süßlichen Nachgeschmack erinnert sie an Trockenobst. Ihre Säure rührt von der enthaltenen Apfel- und Weinsäure.

VERWENDETE TEILE

Ganze Früchte oder Schale.

KAUF UND LAGERUNG

Getrocknete Schale findet man wohl nur über das Internet, wo es etliche Spezialversender für Gewürze gibt, die auch Kokum-Paste anbieten. Im luftdichten Behälter hält beides bis zu einem Jahr. Je dunkler die Schale, desto besser der Geschmack.

ERNTE

Die pflaumengroße, runde und klebrige Kokumfrucht hat eine unebene Oberfläche. Zur Erntezeit im April oder Mai ist sie tiefviolett. Die Frucht wird ganz oder halbiert getrocknet, wobei das gute halbe Dutzend von recht großen Kernen im Fruchtfleisch sichtbar wird. Oft wird die Schale entfernt, im Saft des Fruchtfleischs eingeweicht und dann als Amsul, wörtlich »saure Schale«, sonnengetrocknet. Sie sieht dann streifig gefaltet und ledrig aus.

KOMBINATIONEN

Passt zu Auberginen, Bohnen, Fisch, Kartoffeln, Kochbanane, Kürbis, Linsen, Okra.

Harmoniert mit Bockshornklee, Chili, Ingwer, Kardamom, Knoblauch, Kokosmilch, Koriander, Kümmel, Kurkuma, Senfsamen.

Amchoor

Mangifera indica

Amchoor wird aus Mangos hergestellt. Das immergrüne Gehölz wächst als weit ausladender Baum mit dunkelgrünen Blättern. Die Art stammt aus Indien und Südostasien und wird heute wegen ihrer Früchte in weiten Teilen der Tropen und Subtropen angepflanzt. Jedes zweite Jahr trägt der Baum Früchte, und dies über mehr als hundert Jahre. Alles am Baum wird verwertet – Rinde, Harz, Blätter, Blüten, Samen. Die Früchte verzehrt man frisch. Das Gewürz stammt von der unreifen Frucht und wird nur in Indien hergestellt.

In der Küche

Amchoor wird in der nordindischen Küche als Säurungsmittel genauso verwendet wie in Südindien Tamarinde. Es passt gut in pfannengerührtes Gemüse und in Füllungen für Brot und Gebäck. Es gehört in Chat Masala, eine frisch schmeckende und herbe Gewürzmischung aus dem Pandschab, die man über Gemüse- und Hülsenfrüchte sowie Obstsalate streut.

Amchoor eignet sich besonders gut für Geflügel-, Fleisch- und Fischmarinaden. Häufig bereitet man damit das Fleisch für den Tandoori vor. Auch in Dals und Chutneys ist es Säuerungsmittel.

Amchoorpulver
Das klumpige Pulver lässt sich leicht zerdrücken und sorgt ohne Zugabe von Flüssigkeit für Säure.

AROMA

Amchoor hat das angenehme, süßsaure Aroma der Trockenfrucht und einen herben, adstringierenden, jedoch auch süßlichen, fruchtigen Geschmack. Seine Säure stammt von der Zitronensäure. 1 TL Amchoorpulver entspricht etwa 3 EL Zitronensaft.

VERWENDETE TEILE

Getrocknete Frucht, in Scheiben oder gemahlen.

KAUF UND LAGERUNG

Man findet Amchoor bei uns nur in speziell indisch sortierten Läden, gewöhnlich als Pulver, manchmal auch als »Mangopulver«, die Übersetzung der Hindi-Bezeichnung am-choor. Getrocknete Scheiben sind gewöhnlich hellbraun und haben eine holzartige Textur. Sie halten sich 3–4 Monate. Das fein gemahlene Pulver ist etwas faserig und sandfarben. Gut verschlossen hält es sich bis zu einem Jahr.

ERNTE

Unreife grüne Mangos werden als Fallobst gesammelt oder von den vielen halbwilden Bäumen gepflückt. Als geschälte dünne Scheiben werden sie an der Sonne getrocknet. Manchmal bestäubt man sie zum Schutz vor Insektenfraß mit etwas Kurkuma. Der Großteil der Ernte wird jedoch zu Amchoorpulver vermahlen.

KOMBINATIONEN

Unentbehrlich in Chat masala.

Passt zu Auberginen, Blumenkohl, Hülsenfrüchten, Kartoffeln, Okra.

Harmoniert mit Chili, Ingwer, Koriander, Minze, Nelken.

Zitronengras

Cymbopogon citratus

Das prächtige tropische Zitronengras entwickelt faserreiche, scharfrandige Blätter und wächst in großen, dichten Horsten. Wenn man es im Haus überwintert, gedeiht es auch in gemäßigtem Klima. Die zwiebelartigen Stängelenden schenken der Küche Südostasiens ihr herrliches Aroma und ihren zitronigen Geschmack. Im Gegensatz zu früher kann man frisches Zitronengras heute, seit die Küche Thailands, Malaysias, Vietnams und Indonesiens in Mode gekommen ist, fast überall bekommen.

AROMA

Das Aroma von Zitronengras ist erfrischend herb, sauer und zitrusähnlich mit einer pfeffrigen Note. Tiefgefrorenes Zitronengras bleibt recht aromatisch, an der Luft getrocknet verliert es jedoch seine ätherischen Öle. Geriebene Zitronenschale ist im Vergleich dazu aromatischer.

VERWENDETE TEILE

Das weiße bis blassgrün getönte untere Stängelende.

KAUF UND LAGERUNG

Man findet Zitronengras im Asialaden oder in Feinkostläden. Wählen Sie feste, keinesfalls schlaffe oder trockene Stängel aus. Frisches Zitronengras hält sich in einem Kunststoffbeutel im Kühlschrank 2–3 Wochen, in der Tiefkühltruhe bis zu 6 Monaten. Gefriergetrocknet bleibt es recht aromatisch und im luftdichten Behälter ziemlich lange gut. Von getrocknetem und auch von püriertem Zitronengras ist abzuraten.

ANBAU UND ERNTE

In Singapur, Thailand und Vietnam zieht man in fast jedem Garten Zitronengras als Gewürz. Im gärtnerischen Anbau wird es alle 3–4 Monate geerntet. Vor dem Verkauf werden die Blätter entfernt.

Ganze frische Stängel
Zitronengras enthält Citral, die Aromakomponente der Zitronenschale. Es verleiht der Pflanze einen feinen, nachhaltigen Zitronenduft.

In der Küche

Will man Zitronengras im Ganzen als Eintopf- oder Currygewürz verwenden, entfernt man die zwei äußeren Hüllen des Stängels und quetscht ihn etwas. Er wird vor dem Anrichten entfernt. Soll Zitronengras als Bestandteil einer Suppe oder eines Salats gegessen werden, schneidet man es von unten her in kleine Stücke und entfernt den oberen härteren Stängelteil – große Stücke fühlen sich beim Kauen unangenehm faserig an.

Zitronengras ist die wichtigste Zutat der Nyonya-Küche Singapurs und Süd-Malaysias. Man findet es in thailändischen Larps, Currys und Suppen, in vietnamesischen Salaten und Frühlingsrollen, in indonesischen Gewürzmischungen (Bumbus) für Huhn und Schwein. In Sri Lanka wird es mit Kokosnuss kombiniert. Obwohl es in Indien wächst, wird es dort meist nur für Tee verwendet. Die Blattspitzen von selbst gezogenen Pflanzen lassen sich als Erfrischungstee aufbrühen.

Das Zitronengras hat auch unsere Küche erobert. Es passt zu allen Fischen und Meeresfrüchten, insbesondere zu Krabben und Muscheln. Man kann es in Fisch- oder Hühnerbrühe geben. Für eine duftende Vinaigrette lässt man ein paar gehackte Stängel 24 Stunden darin ziehen. Zum Aromatisieren von Pfirsich- oder Birnenkompott gibt man Zitronengras allein oder mit Ingwer oder Fenchelsamen in die Kochflüssigkeit.

KOMBINATIONEN

Passt zu Fisch, Gemüse, Huhn, Innereien, Meeresfrüchten, Nudeln, Rind, Schwein.

Harmoniert mit Basilikum, Chili, Galgant, Ingwer, Knoblauch, Kokosmilch, Koriander, Kurkuma, Nelken, Zimt.

Dünn geschnittene Ringe
Die frisch geschnittenen Scheiben weisen häufig rötliche Ringe auf.

Gequetschte Stängel
Durch das Quetschen werden die aromatischen ätherischen Öle freigesetzt.

Kaffirlimette

Citrus hystrix

Rinde und Blätter der Kaffirlimette werden in Südostasien seit Langem verwendet, um Gerichten ein reines Zitrusaroma zu verleihen. In Kambodscha, Indonesien, Malaysia, Myanmar und Thailand findet man Fisch- und Hähnchengerichte, Suppen und Gewürzpasten mit diesem typischen Geschmack. Heute wird die Kaffirlimette auch in Florida, Kalifornien und Australien angepflanzt. Man kennt das Gewürz auch unter dem thailändischen Namen Makrutlimette.

AROMA

Die Blätter haben einen intensiven, deutlich blumigen und zitronigen Duft, der zwischen Zitrone und Limette liegt. Das Aroma ist kräftig und lang anhaltend, dennoch nuanciert. Die Fruchtschale ist leicht bitter mit starker Zitrusnote. Getrocknet verlieren Blätter und Schalen an Aroma.

VERWENDETE TEILE

Blätter und Fruchtschale, am besten frisch.

KAUF UND LAGERUNG

Frische Blätter erhält man in Asialäden oder im Internet. In Kunststoffbehälter verpackt bleiben sie im Kühlschrank wochenlang frisch. Tiefgefroren halten sie bis zu einem Jahr. Die Früchte sollten fest und verhältnismäßig schwer sein. Wie andere Zitrusfrüchte bewahrt man sie im Kühlschrank oder im kühlen Raum auf. Im Handel sind auch getrocknete Blätter und Schale. Die Blätter sollten grün, nicht gelb oder bräunlich aussehen. Beides luftdicht verschlossen aufbewahren, dann halten sie sich 6–8 Monate. Gelegentlich findet man auch in Lake eingelegte Schalen.

ERNTE

Kaffirlimetten wachsen an einem strauchähnlichen immergrünen Baum. Blätter und Früchte werden frisch geerntet und sofort oder getrocknet verkauft.

Ganze frische Blätter
Die ledrigen Blätter wachsen in einer ungewöhnlichen Doppelform an einem Blattstiel. Die Oberseite ist dunkelgrün und glänzend, die Unterseite heller und matt.

Geschnittene frische Blätter
Werden die Blätter im Gericht mitgegessen, also vorher nicht entfernt, trennt man die mittlere Blattrippe heraus und schneidet die Blätter in feine Streifen.

In der Küche

Viele Thai-Suppen, Salate, pfannengerührte Gerichte und Currys verdanken Limettenblättern ihr herbes Zitronenaroma. Abgeriebene Schale kommt in Currypasten, Larp und Fischgebäck. Beide Formen werden in Indonesien und Malaysia in Fisch- und Hühnergerichte gegeben. In Salat sollte man immer frische, keinesfalls getrocknete Blätter verwenden. Sollen sie mitgegessen werden, schneidet man sie mit einem scharfen Messer sehr fein. Auch gekocht behalten sie ihr Aroma.

Verwendet man in Lake eingelegte Schale, muss diese vorher gewaschen und die weiße Innenhaut abgeschabt werden. Trockene Schalenstücke weicht man besser ein, ehe man damit gedünstetes Gemüse aromatisiert. Die Innenschale von getrockneter Schale ist bitter, daher sparsam verwenden. In der westlichen Küche kann man die zitronigen Blätter in Huhneintopf, zu geschmortem oder gebratenem Fisch oder in Hühner- und Fischsoßen verwenden.

KOMBINATIONEN

Unentbehrlich in Thai-Currypasten, indonesischen Sambals.

Passt zu Fisch und Meeresfrüchten, Blattgemüse, Geflügel, Nudeln, Pilzen, Reis, Schwein.

Harmoniert mit orientalischem Basilikum, Chili, Galgant, Ingwer, Kokosmilch, Koriander, Rau ram, Sesam, Sternanis, Zitronengras.

Ganze frische Früchte
Die Frucht ist birnenförmig, wellig und runzlig, limettengrün und 7–8 cm lang. Der wenige enthaltene Saft ist sauer und wird selten verwendet.

Frisch geriebene Schale
Es empfiehlt sich, die Schale mit einem Schälmesser hauchdünn abzuschälen, denn beim Reiben (selbst mit der Zitrusreibe) wird sie matschig.

AROMA

Das Aroma von Großem Galgant ist mild ingwerartig und erinnert an Kampfer. Er schmeckt zitronenartig sauer und ähnelt einer Mischung aus Ingwer und Kardamom. Kleiner Galgant ist herber mit einer Spur Eukalyptus. Er liegt in der Schärfe zwischen Pfeffer und Ingwer.

VERWENDETE TEILE

Unterirdische Sprossachse (Rhizom).

KAUF UND LAGERUNG

Frischen Galgant findet man in Asialäden. Er hält bis zu 2 Wochen und kann tiefgefroren werden. Leichter erhältlich sind getrocknete Scheiben und gemahlener Galgant. In Pulverform bleibt er 2 Monate frisch, in Scheiben mindestens ein Jahr. Frischen Galgant kann man auch durch Galgant in Lake ersetzen, die vor Gebrauch abgespült wird. In Thailand wird Großer Galgant Kha, in Malaysia Lengkuas und in Indonesien Laos genannt. Die Rhizome des Kleinen Galgants sind kleiner, außen rötlich braun und innen hellrot.

ERNTE

Die Rhizome werden ausgegraben, gereinigt und dann wie Kurkuma oder Ingwer behandelt.

Galgant

Alpinia-Arten

Man unterscheidet zwei Arten von Galgant: Der Große Galgant, *A. galanga,* mit größeren Rhizomen ist auf Java heimisch, der Kleine Galgant, *A. officinarum,* stammt von den Küstenregionen Südchinas. Beide Arten werden in ganz Südostasien, Indonesien und Indien angebaut. Längst hat der Große Galgant den Kleinen an Beliebtheit überflügelt, vor allem die südostasiatische Küche verwendet ihn viel. Der Name kommt übrigens vom arabischen Khalanjan. Zierformen der Gattung *Alpinia* werden unter dem Namen Ingwerlilie kultiviert.

Großer Galgant *A. galanga*

Die unterirdischen Sprossachsen (Rhizome) des Großen Galgants sind groß und knollig, außen orangebraun mit dunkleren Ringen. Junge Rhizome sind leicht rosa getönt.

Galgant in Scheiben
Das Fleisch ist faserig und gelbbraun. Die Rhizome sind, außer wenn sie sehr jung sind, zäher und holziger als Ingwer.

In der Küche

In ganz Südostasien wird Galgant frisch in Currys und Eintöpfen, Sambals, Satays, Suppen und Soßen verwendet. In Thailand ist er Zutat in bestimmten Currypasten, und er gehört in die Laksa-Mischung der malaysischen Nyonya-Küche. Wo die asiatische Küche Ingwer verwendet, bevorzugt die thailändische häufig Galgant, vor allem, um den Geruch von Fisch- und Meeresfrüchten zu neutralisieren. Er passt gut zu Huhn und in viele scharfe und saure Suppen und gehört in Tom Kha Gai, die beliebte Hühnersuppe. Wie Ingwer lässt sich Galgant leicht schälen, reiben oder hacken. Frischer ist immer besser, doch kann man in Suppen oder Eintöpfen auch getrockneten nehmen, der vor Gebrauch 30 Minuten in heißem Wasser eingeweicht werden muss. Weil er faserig ist, sollte man ihn vor dem Servieren entfernen. Im gesamten Nahen Osten bis nach Nordafrika und Marokko (Ras el-Hanout) wird Galgant in Würzmischungen verwendet. Ein beliebtes Getränk in Südostasien besteht aus Limettensaft mit geriebenem Galgant. Kleiner Galgant wird meist nur zu Heilzwecken in Getränke und Suppen gegeben.

KOMBINATIONEN

Unentbehrlich in Thai-Currypasten.

Passt zu Huhn, Fisch und Meeresfrüchten.

Harmoniert mit Chili, Fenchel, Fischsoßen, Ingwer, Kaffirlimette, Knoblauch, Kokosmilch, Schalotten, Tamarinde, Zitronen, Zitronengras.

Getrocknete Scheiben
Getrocknete Galgantscheiben eignen sich zum Würzen von Suppen und Eintöpfen und müssen vor Gebrauch eingeweicht werden.

Gemahlenes Rhizom
Das bräunliche Pulver des Kleinen Galgant ähnelt Ingwer und ist scharf, das Pulver des Großen Galgant ist sandbraun, hat ein säuerliches Aroma und einen milderen Ingwergeschmack.

Andere Galgant-Arten

Einige Arten mit ähnlichen Eigenschaften wie der Kleine Galgant, *Alpinia officinarum,* werden verwirrenderweise ebenfalls als Kleiner Galgant bezeichnet. Häufig lassen sie sich nur schwer einordnen, doch zwei unterscheiden sich relativ deutlich.

Kencur, Indische Gewürzlilie

Kaempferia galanga

Diese Gewürzlilienart heißt in Indonesien Kencur, in Malaysia Cekur, in Thailand Pro Hom und wird roh über thailändische Fischcurrys und malaysische Salate gestreut. Das rotbraune Rhizom wird meist nicht länger als 5 cm und hat gelblich weißes Fleisch. In Indonesien gibt man Kencur an zahlreiche Gerichte. In China wird die Wurzel gemahlen, mit Salz und Öl gemischt und zu gebratenem Huhn serviert. In Sri Lanka wird sie für Biryanis und Currys geröstet und gemahlen. Kencur wird getrocknet, in Scheiben oder als Pulver verkauft. Mit ihrem herben Kampferaroma werden die Rhizome, die mehr dem Ingwer als dem Galgant ähneln, in sehr kleinen Mengen verwendet. Verwirrenderweise wird auch Zitwerwurzel *(S. 198)* oft als Kencur bezeichnet.

Tropenkrokus

Boesenbergia rotunda (Kaempferia pandurata)

Der Tropenkrokus, auf Englisch Fingerroot, also »Fingerwurzel«, wächst in ganz Südostasien. Die kleine, bis zu 50 cm große Pflanze besitzt unterirdische Rhizome und dünne Speicherwurzeln. Sie wird in Thailand, Vietnam, Kambodscha und Indonesien in der Küche verwendet, andernorts eher als Heilpflanze. Das Rhizom ist knackig, mit süßem Aroma und erfrischend zitronigem, anhaltend scharfem Geschmack. Es wird für Salate, Suppen, Fischcurrys und pfannengerührte Gerichte verwendet, zudem für thailändische Currypasten und kambodschanische Kroeung-Würzpasten. Ein getrocknetes Rhizom weicht man zunächst 30 Minuten in Wasser ein. Die thailändische Bezeichnung lautet Krachai, die kambodschanische K'cheay und die indonesische Temu kunci.

Zitronenmyrte

Backhousia citriodora

Der Zitronenmyrtenbaum ist in den küstennahen australischen Regenwäldern, vor allem in Queensland, heimisch. Er wurde nach Südeuropa, in die Südstaaten der USA und nach Südafrika eingeführt und wird in China und Südostasien wegen seiner ätherischen Öle angepflanzt. Bislang – und auch erst neuerdings – nur in der australischen Küche verwendet, kommt Zitronenmyrte langsam weltweit in Mode.

In der Küche

Zitronenmyrte ist vielseitig und passt überall anstelle von Zitronengras oder Zitronenschale. Sie wird sparsam verwendet. Durch zu langes Kochen verliert sich das Zitronenaroma und kann durch eine unangenehme Eukalyptus-Note überlagert werden. Sie eignet sich daher mehr für Kleingebäck, Plätzchen und Pfannkuchenteig als in länger gebackenen Kuchen und passt auch gut in Pfannengerührtes. Sie schmeckt ausgezeichnet in Fischpasteten oder kann, mit Essig, Öl, Basilikum und Olivenöl gemischt, als Dip oder zu Salaten gereicht werden. Mit Zitronenmyrte lassen sich Essig, Limonade oder Kräutertee bereiten. Sie aromatisiert köstlich Mayonnaise, Soßen und Marinaden für Huhn oder Meeresfrüchte. Gut passt sie auch in Würzmischungen zum Einreiben von Huhn oder Fisch vor dem Grillen.

Ganze getrocknete Blätter
Den starken Zitronengeschmack verdankt sie einer sehr hohen Konzentration an Citral im ätherischen Öl (30-mal stärker als in Zitrone).

Trockene gemahlene Blätter
Außerhalb Australiens ist Zitronenmyrte meist nur gemahlen erhältlich.

AROMA

Der Geruch ist erfrischend und intensiv zitronig wie der von Zitronengras und Zitronenverbene. Durch Mahlen der Blätter verstärkt er sich noch. Noch zitroniger, mehr wie Zitronenschale, ist der Geschmack. Im Nachgeschmack finden sich Eukalyptus- und Kampfernoten.

VERWENDETE TEILE

Frische und getrocknete Blätter.

KAUF UND LAGERUNG

Zitronenmyrte kann man über das Internet – sowohl als trockene ganze Blätter oder in Form von grobem, hellgrünem Pulver – beziehen. Beide Formen müssen immer luftdicht verschlossen und dunkel aufbewahrt werden. Pulver kauft man besser nur in kleinen Mengen.

ERNTE

Die voll entwickelten Blätter werden das ganze Jahr über gepflückt. Durch Trocknen verstärkt sich ihr Aroma, daher schmecken getrocknete Blätter guter Qualität besser als frische.

KOMBINATIONEN

Passt zu Huhn, Fisch und Meeresfrüchten, den meisten Früchten, Reis, Schwein.

Harmoniert mit Akudjura, Anis, Basilikum, Bergpfeffer, Chili, Fenchel, Galgant, Ingwer, Joghurt, Petersilie, Pfeffer, Thymian.

Zitrusfrüchte

Citrus-Arten

Alle Küchen der Welt leben von der Säure der Zitrusfrüchte: Die Japaner verwenden die Schale einer kleinen Zitrone namens Yuzu, in China bevorzugt man getrocknete Orangen- oder Tangerinenschale, in den Golfstaaten und im Iran getrocknete Limetten, und in Tunesien gebraucht man zum Marinieren Schale und Fleisch von Bitterorangen. Die karibische wie die mexikanische Küche kämen nicht ohne Zitrusfrüchte aus.

AROMA

Japanische Zitronenschale hat ein reizvolles, zartes Aroma. Zerstoßene und gemahlene getrocknete Limetten duften sauer mit einer süßen Trockenobst-Note, ganze Limetten sind weniger aromatisch. Orangenschalen haben einen klaren Orangenduft. Je nach Sorte schmecken sie herb oder bitter.

VERWENDETE TEILE

Schalen, frisch oder getrocknet, Saft.

KAUF UND LAGERUNG

Frische Yuzu bekommt man selten außerhalb Japans, doch getrocknete Schalen und abgefüllten Saft findet man in Asialäden. Dort erhält man eventuell auch getrocknete Tangerinenschale. Getrocknete Schale von Bitterorangen, getrocknete Limetten und marokkanische, in Salzlake eingelegte Zitronen bezieht man am besten über das Internet. Im luftdichten Behälter aufbewahrt, halten sich alle getrockneten oder kandierten Schalen und Früchte nahezu unbegrenzt.

ERNTE

Yuzus haben nur zwischen November und Januar Saison. Bitterorangen kommen im Januar und Februar in den Handel, Chile liefert inzwischen eine frühere Herbsternte. Die übrigen Zitrusfrüchte und getrockneten Schalen sind ständig erhältlich.

Konservierte Zitronen

Die gehackten Schalen im eigenen Saft eingelegter Zitronen werden zum Würzen marokkanischer Tagines verwendet. Sie harmonieren besonders gut mit grünen Oliven in einem berühmten Hühnereintopf. Die salzige Lake eignet sich für Salat-Dressings.

In der Küche

Dünn geraspelte frische Yuzu-Schale oder getrocknete zerkrümelte Schale geben japanischen Suppen, Fonds und Yuzu-Miso-Würzsoßen ihr Aroma. Für die Süßigkeit Yubeshi werden Yuzus ausgehöhlt und mit Klebreis, Sojasoße und süßem Sirup gefüllt. Nach dem Trocknen serviert man sie in Scheiben. Yuzu-Saft wird heute im Westen für Salsas, Dressings und zum Aromatisieren von Schokolade verwendet.

Getrocknete Tangerinenschale ist vor allem in der Sichuan- und Hunan-Küche beliebt. Man weicht sie 15 Minuten in warmem Wasser ein, schneidet sie für Pfannengerührtes in feine Streifen oder gibt sie ganz zu gebratenem Schweine- oder Entenfleisch. Sie harmoniert gut mit Sichuanpfeffer und Sternanis, dunkler Sojasoße und Reiswein.

In den Golfstaaten verwendet man kleine getrocknete Limetten, auch Oman-Limetten genannt, oder Limettenpulver für Fisch, Geflügel, Lammeintöpfe und Pilaws. Die Küche dort liebt Gewürze wie Kardamom, Nelken, Piment, Pfeffer, Ingwer, Zimt und Koriander, mit denen sich getrocknete Limetten gut vertragen. In gleicher Weise aromatisiert man auch etwas nördlicher, im Iran, vor allem Lammeintöpfe, doch würzen die Iraner diese mit Limetten aromatisierten Gerichte lieber mit Kräutern wie Bockshornklee, Dill, Koriander, Petersilie und Gemüse wie Lauch, Frühlingszwiebeln und Spinat. In manchen Gegenden des Irans sind Bitterorangen gebräuchlicher, mit deren Saft und Schale Eintöpfe und vor allem Ente, Huhn und Kaninchen gewürzt werden.

Die karibischen und südamerikanischen Mojos enthalten neben Knoblauch, diversen Gewürzen, Früchten und frischen Kräutern vor allem den Saft von Limetten, Zitronen, Grapefruit oder Bitterorangen. Man verwendet sie als Marinade, Dip und Salat-Dressing oder als erfrischende Soße zu gegrilltem Fleisch sowie Fisch.

Getrocknete Orangenstreifen

Im Handel erhältliche getrocknete Tangerinen- oder Orangenschale ist dunkelbraun und spröde. Will man sie selbst herstellen, muss man nur die Tangerinen- oder Orangenschalen dünn abschälen, sie auf ein Gitter legen und 4–5 Tage trocknen lassen. Sie bleiben geschmeidig. Mit der Zeit verstärkt sich das Aroma.

Ganze getrocknete Limetten

Getrocknete Limetten gibt man, mehrfach eingestochen, ganz in Eintöpfe. Durch das Kochen werden sie weich und später als ein Teil des Gerichts serviert. Dann erst presst man den ganzen Saft aus.

AROMA

Das Aroma ähnelt Fenchel und Anis – sowohl Anis als auch Sternanis enthalten Anethol als ätherisches Öl. Sternanis hat eine Lakritznote und eine deutliche Schärfe. Er ist kräftig und süßlich im Geschmack mit leicht betäubendem Effekt. Der Nachgeschmack ist frisch und angenehm.

VERWENDETE TEILE

Ganzer Sternanis, in Stücken oder gemahlen.

KAUF UND LAGERUNG

Am besten kauft man Sternanis im Ganzen oder in Stücken. Licht- und luftgeschützt hält er sich ein Jahr. In Pulverform sollte man nur kleine Mengen erwerben, luftdicht verschlossen hält das Pulver 2–3 Monate.

ANBAU UND ERNTE

Sternanis ist die Frucht eines immergrünen chinesischen Baumes, der heute auch in Indien, Japan und auf den Philippinen wächst. Er wird bis zu acht Meter hoch und hat kleine gelbgrüne Blüten. Ab dem sechsten Jahr trägt er Früchte, und das ein Jahrhundert lang. Die Früchte werden gepflückt, noch ehe sie ausgereift sind. Durch das Trocknen an der Sonne werden die Fruchtblätter hart und dunkel und entwickeln die aromatischen Substanzen.

Sternanis

Illicium verum

Sternanis, das zweifellos schönste Gewürz, stammt aus Südchina und Vietnam, wo er eine lange medizinische und kulinarische Tradition hat. In Europa wurde er im 17. Jh. bekannt. Alte Rezepte zeigen, dass er zum Würzen von Fruchtsirup, Likören und zum Konservieren diente. Heute wird Sternanis als Gewürz für Fisch und Meeresfrüchte, für gedünstete Feigen und Birnen und für tropische Früchte verwendet.

Ganze Früchte und Samen
Ganzer Sternanis wirkt an einem Gericht immer dekorativ. Die Samenhülse hat die Form eines unregelmäßigen achtzackigen Sterns. Sie ist im Durchmesser etwa 3 cm groß, hart und rot- oder rostbraun.

Fruchtblätter
Jedes Fruchtblatt hat die Form eines kleinen Kanus. In der leichten Öffnung zeigt sich ein glänzender, brauner Samen. Die Fruchtblätter sind aromatischer als die Samen.

In der Küche

In der chinesischen Küche wird Sternanis in Suppen und Brühen, in Marinaden für gedämpftes Huhn und Schwein und bei »rot geschmortem« Hühner-, Enten- und Schweinefleisch verwendet. Die rotbraune Färbung wird dadurch erzielt, dass das Fleisch in einer dunklen Gewürzbrühe mit Sojasoße geschmort wird. Sternanis färbt und würzt auch marmorierte Tee-Eier. Er ist Hauptbestandteil des chinesischen Fünf-Gewürze-Pulvers. Die vietnamesische Küche verwendet ihn in langsam gekochten Gerichten, Brühen und in Pho (Nudelsuppe mit Rindfleisch). Für die südindische Kerala-Küche und für einige nordindische Gerichte verwendet man etwas Sternanis, gelegentlich als Ersatz für Anis. In Europa wird Sternanis kaum verwendet, außer zum Aromatisieren von Getränken wie Pastis und Anisette, in Kaugummi und Süßwaren. Er stellt nicht nur ein gutes Gewürz für Fisch und Meeresfrüchte dar, er intensiviert auch die Süße von Kürbis, Lauch und Wurzelgemüse.

KOMBINATIONEN

Unentbehrlich in Fünf-Gewürze-Pulver.

Passt zu Huhn (Brühe), Fisch und Meeresfrüchten (im Sud), Feigen, tropischen Früchten, Kürbis, Lauch, Ochsenschwanz, Schwein, Wurzelgemüse.

Harmoniert mit Chili, Fenchelsamen, Ingwer, Knoblauch, Koriandersamen, Limettenschale und getrockneter Tangerinenschale, Sojasoße, Sichuanpfeffer, Zimt, Zitronengras.

In Stücke gebrochene Früchte
Werden kleine Mengen benötigt, können die Früchte einfach zerbrochen werden. Sternanis dominiert im Geschmack, daher sparsam verwenden.

Gemahlener Sternanis
Das beste Aroma erzielt man, wenn Früchte und Samen im Mörser oder Mixer gemahlen und sofort verwendet werden.

AROMA

Geruch und Geschmack sind süßlich, lakritzähnlich und fruchtig, doch indischer Anis kann leicht bitter sein. Die Blätter haben die gleichen duftenden, süßen, lakritzähnlichen Noten mit mild-pfeffrigen Untertönen. Die Samen sind im Aroma feiner als Fenchel oder Sternanis.

VERWENDETE TEILE

Samen und Blätter.

KAUF UND LAGERUNG

Man kann aus dem Samen Anis ziehen, manchmal führen aber auch Gärtnereien Pflanzen. Als Gewürz kauft man Anis am besten als ganze Frucht. Es sollten möglichst nur noch minimale Stiele daran sein. Luftdicht verschlossen bleibt Anis mindestens 2 Jahre aromatisch.

ERNTE

Die Pflanzen werden kurz vor der Fruchtreife aus dem Boden gezogen. Nach dem Dreschen werden die Samen auf Blechen im Halbschatten getrocknet. Selbst gezogenen Anissamen kann man zum Trocknen in Papiertüten füllen und an einem luftigen Ort aufhängen.

KOMBINATIONEN

Passt zu Äpfeln, Feigen, Fisch und Meeresfrüchten, Kürbis, Maronen, Nüssen, Wurzelgemüse.

Harmoniert mit Ajowan, Fenchel, Kardamom, Knoblauch, Kümmel, Mohn, Muskat, Nelken, Pfeffer, Piment, Sternanis, Zimt.

Anis

Pimpinella anisum

Dieser zarte Doldenblütler aus dem Nahen Osten und dem östlichen Mittelmeerraum ist verwandt mit Kümmel, Kreuzkümmel, Dill und Fenchel. Heute ist Anis in ganz Europa, Asien und Nordamerika verbreitet. Ursprünglich nur als Heilmittel genutzt, führten ihn die Römer als Gewürz ein, vor allem für Anisgebäck, das sie am Ende des Mahls zur Verdauungsförderung reichten. Die Pflanze wird zwar wegen der Samen angebaut, doch auch das junge Kraut ist verwendbar.

In der Küche

In Europa wird Anis hauptsächlich zum Würzen von Kuchen, Brot, Gebäck und süßen Fruchtspeisen verwendet. Er würzt Roggenbrot, skandinavischen Schweinefleisch-Eintopf und Wurzelgemüse. In Portugal gibt man eine Handvoll Anis zum Aromatisieren in das Kochwasser von Maronen. In Katalonien würzt man mit Anis einen Kuchen mit getrockneten Feigen und Mandeln, in Italien wird eine »Salami« aus Feigen und Trockenfrüchten mit Anis und Anisette gewürzt. Rund ums Mittelmeer gibt man Anis oft in Fischkasserollen, und sein ätherisches Öl wird für Aperitifs wie den Anislikör Anisette und Schnäpse wie Ouzo und Pastis benutzt.

Im Nahen Osten und Indien kommt Anis in Brot und herzhafte Gerichte. Die indische Küche röstet die Samen zur Geschmacksverstärkung und gibt sie zu Gemüse und Fischcurrys. Oder man brät sie als Garnierung für Linsen kurz in Öl. Auch wegen seiner verdauungsfördernden Eigenschaften wird Anis geschätzt. Man bekommt es im traditionellen Paan am Ende einer Mahlzeit angeboten. In Marokko und Tunesien würzt Anis Brot, im Libanon gefüllte Pfannkuchen und Gewürzpudding.

Ganze Samen
Die kleinen, ovalen Samen variieren farblich von Blassbraun bis Graugrün mit helleren Rippen. An den Samen hängen oft noch fadendünne Stängelchen.

Süßholz

Glycyrrhiza-Arten

Süßholzpflanzen sind mehrjährige Stauden mit blauen oder zartlila, wickenähnlichen Blüten. Die wichtigsten Arten sind die in Südosteuropa und Kleinasien heimische *G. glabra,* die weiter östlich beheimatete *G. glandulifera,* auch als russisches oder persisches Süßholz bekannt, und *G. uralensis,* die in Asien gebräuchliche Art aus den Steppen Nordchinas. Süßholz wird in Europa seit über 1000 Jahren angebaut, in China mindestens doppelt so lang. Man verwendet es bis heute als Hustenstiller, Schleimlöser und sanftes Abführmittel.

In der Küche

In Form von Spirituosen wie Sambuca und Pastis taucht sein Aroma in vielen Speisen auf. In islamischen Ländern brüht man während des Ramadans ein Getränk damit auf. Das Pulver würzt in Marokko Schnecken- und Tintenfischgerichte und ist oft eine Zutat von Ras el-Hanout. Das chinesische Fünf-Gewürze-Pulver wie auch die chinesische Sojasoße werden durch etwas Süßholz noch besser. Oft sind asiatische Gewürzbrühen oder Marinaden mit Süßholz gewürzt.

In den Niederlanden gibt es salzige Lakritzdrops in allen möglichen Geschmacksausprägungen und Formen. Ansonsten ist Süßholz Bestandteil der vielfarbigen Lakritzbonbons, in England findet es sich in den rautenförmigen »Pontefract-Cakes« – benannt nach einem Kloster, wo sie im 16. Jh. kreiert wurden. Süßholzstangen werden in Asien gern gekaut. In der Türkei isst man die frischen Wurzeln und backt mit dem Pulver. Im Westen gibt es neuerdings Lakritzeis.

Pulver
Fein gemahlenes Süßholz mit seinem süßen Aroma bekommt man fertig in Asialäden.

AROMA

Süßholz hat ein süßes, wärmendes, medizinisches Aroma. Es schmeckt sehr süß, erdig und erinnert an Anis, mit einem anhaltend bitteren, salzigen Nachgeschmack.

VERWENDETE TEILE

Wurzeln.

KAUF UND LAGERUNG

Getrocknetes Süßholz erhält man im Feinkostladen oder über den spezialisierten Versandhandel. Völlig trocken hält es fast unbegrenzt. Man kann es nach Bedarf zerteilen oder mahlen. Das graugrüne, ziemlich starke Süßholzpulver braucht ein luftdichtes Gefäß.

ANBAU UND ERNTE

Süßholzpflanzen lassen sich leicht aus Samen oder Wurzelstücken ziehen. Sie brauchen nährstoffreichen, sandigen Boden und viel Sonne. Die Wurzeln können im Herbst ausgegraben werden, das Trocknen dauert einige Monate. Meist werden die Wurzeln zu Brei vermahlen, der von Süßwarenherstellern zu Lakritzextrakt verarbeitet wird. Manche Hersteller extrahieren daraus Glycyrrhizinsäure als Aromastoff.

KOMBINATIONEN

Harmoniert mit Fenchel, Ingwer, Kassiazimt, Koriandersamen, Nelken, Sternanis, Sichuanpfeffer.

AROMA

Safran riecht unverwechselbar: intensiv und anhaltend, mit blumigen Noten, Moschus- und Honiganteil. Im Geschmack ist er fein, aber durchdringend, erdig, leicht scharf, moschusartig, bitter und mit langem Nachklang. Die aromatischen Eigenschaften variieren je nach Herkunft.

VERWENDETE TEILE

Narben.

KAUF UND LAGERUNG

Am besten kauft man die getrockneten Narbenschenkel (die »Fäden«), denn gemahlener Safran könnte gefälscht sein. Luftdicht verschlossen bewahrt man Safran an einem kühlen, dunklen Ort auf, wo sein Aroma 2–3 Jahre erhalten bleibt. Kaufen Sie Safran nur von verlässlicher Quelle; auf allen Touristenmärkten der Welt werden Kurkuma, Ringelblumenblüten und Saflor als Safran ausgegeben, doch nichts riecht so durchdringend wie Safran, deshalb schnuppern Sie vor dem Kauf daran.

ERNTE

Der blauviolette Krokus blüht im Herbst. Die Blüten werden im Morgengrauen gepflückt, um anschließend die Narben mit den drei roten Narbenlappen herauszuzupfen. Kleine Mengen werden über einer Glut geröstet. Getrocknete Narbenschenkel sind tiefrot bis orangerot.

Safran

Crocus sativus

Das Gewürz besteht aus den getrockneten Narbenlappen des Safrankrokus. Er stammt aus dem Mittelmeerraum und Kleinasien und wurde von den alten Kulturvölkern zum Färben sowie zum Würzen von Speisen und Wein verwendet. Der Hauptproduzent ist Spanien. Zur Erntezeit, wenn die Narben geröstet werden, steigt in der Ebene von La Mancha ein betörend sinnlicher Duft auf. Für 2,5 kg Narben, aus denen man nach dem Trocknen 500 g Safran gewinnt, werden etwa 80 000 Krokusblüten benötigt.

Ganze Fäden

Die beste Safranqualität ist tiefrot und heißt beim spanischen und Kaschmir-Safran Coupe, beim iranischen Sargol. Die nächste Qualitätsstufe enthält einen Teil dickere, gelbe Griffelreste und heißt Mancha, wenn sie aus Spanien oder Kaschmir stammt, und Poshal oder Kayam, wenn sie aus dem Iran kommt. Auch Griechenland und Italien produzieren hochwertigen Safran. Geringere Qualitäten sind eher bräunlich und die Narben kurz und struppig.

Iranischer Poshal
Er zeichnet sich aus durch tiefrote drahtige Fäden mit einigen gelben Blütengriffeln.

Kaschmir Coupe
Diese weinrote Qualität hat sehr lange, feste und weiche Fäden.

In der Küche

Safran ist seit Langem als Färbemittel bekannt – für die Gewänder buddhistischer Mönche wie für Paella oder Risotto. Bei den meisten Gerichten wird Safran als Sud zugegeben. Fügt man diesen in einem frühen Kochstadium hinzu, färbt er besser, in einem späteren Stadium gibt er mehr Aroma ab. Immer sehr sparsam damit umgehen, sonst wird der Geschmack bitter. Benötigt ein Gericht keine Flüssigkeit, können auch gemahlene Narben hineingerührt werden. Sollten sie nicht ganz trocken sein, werden sie vor dem Mahlen ohne Fett geröstet.

Manche Kulturen würzen spezielle Gerichte, häufig Fest- und Feiertagsgerichte, mit Safran. Das Gewürz gibt vielen mediterranen Fischsuppen und Eintöpfen, wie etwa der provenzalischen Bouillabaisse und der katalanischen Zarzuela, das typische Aroma. Er verleiht einem einfachen Muscheleintopf mit Kartoffeln oder einem in Weißwein gedünsteten Fisch Raffinesse. Safranreis ist köstlich als Valencia-Paella, Risotto alla Milanese, iranischer Polo, orientalischer Biryani oder einfacher Gemüse-Pilaw. In Schweden backt man am 13. Dezember Safranbrötchen und -kuchen für das Lichterfest der Heiligen Lucia. Das südwestenglische Cornische Safrangebäck ist ganz einfach zu backen und hat einen feinen, intensiven Geschmack. Es lohnt sich auch, Safraneis zu probieren, ob nach europäischem Rezept, in orientalischer Zubereitung mit Mastix oder als indisches Kulfi.

KOMBINATIONEN

Passt zu Eiern, Fasan, Fisch und Meeresfrüchten, Huhn, Kaninchen, Kürbis, Lauch, Möhren, Pilzen, Reis, Spargel, Spinat.

Harmoniert mit Anis, Fenchel, Ingwer, Kardamom, Mastix, Muskat, Paprika, Pfeffer, Rosenknospen, Rosenwasser, Zimt.

Spanischer Mancha
Mancha-Safran ist eher orangerot mit gelben Narbenschenkeln.

Gemahlene Fäden
Gemahlen angebotener Safran ist häufig mit billigeren und minderwertigeren Gewürzen verfälscht.

Safran *ist das teuerste Gewürz der Welt, zehnmal teurer als Vanille, denn er wird bis heute von Hand gepflückt. Die*

fragilen Narbenschenkel von etwa 80 000 Krokusblüten ergeben knapp 500 g Gewürz.

Kardamom

Elettaria cardamomum

Kardamom ist die Frucht einer hoch wachsenden Staude, die wild in den hügeligen Regenwäldern Südindiens (den Cardamom Hills) vorkommt. Eine eng verwandte Art wächst in Sri Lanka. Beide werden in ihren Ursprungsländern sowie in Tansania, Vietnam und Papua-Neuguinea kultiviert, Hauptlieferant ist heute Guatemala. In Indien wird Kardamom seit über 2000 Jahren verwendet. Über die Karawanenrouten erreichte er Europa. Die Wikinger brachten ihn von Konstantinopel nach Skandinavien, wo er noch immer sehr beliebt ist.

AROMA

Das Aroma von Kardamom ist kräftig, doch weich, fruchtig. Der zitronenartige und blumige Geschmack enthält eine Note von Kampfer oder Eukalyptus, die er dem Cineol-Anteil im ätherischen Öl verdankt. Kardamom schmeckt etwas scharf und rauchig mit einer bittersüßen Note, doch zugleich frisch.

VERWENDETE TEILE

Getrocknete Samen.

KAUF UND LAGERUNG

Die Kapseln halten, luftdicht aufbewahrt, mindestens ein Jahr, verlieren jedoch allmählich Farbe und Aroma. An der Luft verflüchtigen sich schnell die ätherischen Öle der Samen, durch Mahlen noch schneller. Gemahlener Kardamom lässt sich leicht verfälschen und enthält meist die Hülsen, daher sollte man lieber selber mahlen.

ERNTE

Die Früchte reifen von September bis Dezember und werden je nach Reifegrad in Intervallen vor dem Aufplatzen gepflückt. Man trocknet sie 3–4 Tage in der Sonne oder schneller in Trockenräumen. Getrocknete Kapseln sind hart, die besten sind lindgrün bis grün. Der grüne Kerala-Kardamom ist der Maßstab für Qualität und Preis, doch Ware aus Guatemala ist fast ebenso gut.

Ganze Fruchtkapseln
Kardamom kauft man am besten als ganze Kapseln, die rundlich und grün sein sollten. Weiße Kapseln sind gebleichte grüne. Sie enthalten weniger Aroma.

Samen
In jeder ovalen dreikantigen Samenkapsel sitzen 15–20 winzige dunkelbraune oder schwarze, klebrige Samen. Ihre Klebrigkeit ist das beste Zeichen für Frische.

In der Küche

Kardamom verfeinert Süßes wie Pikantes. In Indien ist er Hauptzutat in vielen Gewürzmischungen. Man gibt ihn in Süßspeisen, Gebäck, Puddings und Eiscreme (Kulfi) und isst ihn zur Verdauungsförderung und als Atem erfrischende Paan-Mischung mit Fenchel, Anis und Cashewnüssen. In Indien wird damit häufig Tee aromatisiert, in arabischen Ländern Kaffee: Hierfür wird eine Kardamomkapsel in die Kannentülle gesteckt und der Kaffee darüber ausgegossen. Die Beduinen präsentieren ihren Gästen als Zeichen des Respekts vorher den Kardamom in all seiner Frische. Hauptzutat in Gewürzmischungen ist er auch im Libanon, Syrien, den Golfstaaten (Baharat) und Äthiopien (Berbere). Skandinavien ist der größte Abnehmer. Dort wie auch in Russland und Deutschland kommt Kardamom in Gewürzkuchen, Gebäck und Brot.

Ganze Kapseln eignen sich, etwas zerstoßen, zum Würzen von Reis und Schmorgerichten. In Indien gehören sie in langsam geschmorte Fleischgerichte (Kormas), die eine dicke, säuernde Flüssigkeit enthalten, um die Soße cremig zu machen. Die enthülsten Samen können, ehe sie in ein Gericht gegeben werden, entweder leicht zerdrückt und angebraten oder geröstet und gemahlen werden. Kardamom schmeckt gut zu Bratäpfeln, pochierten Birnen und Obstsalat. Er lässt sich mit Orange und Kaffee in Desserts kombinieren, passt aber auch zu Entenbraten, gekochtem Huhn, in Marinaden oder Glühwein. Man verwendet Kardamom auch für Pickles, vor allem für eingelegten Hering.

KOMBINATIONEN

Unentbehrlich in Berbere, Currypulvern, Dals, Masalas, Pilaws, indischem Reispudding (Kheer), Zhug.

Passt zu Äpfeln, Birnen, Hülsenfrüchten, Orangen, Süßkartoffeln und anderem Wurzelgemüse.

Harmoniert mit Chili, Ingwer, Joghurt, Kaffee, Koriandersamen, Kreuzkümmel, Kümmel, Nelken, Paprika, Pfeffer, Safran, Zimt.

Pilaw-Gewürze

In indischen Pilaws werden ganze Gewürze verwendet, darunter grüne Kardamomkapseln, Zimtstücke, Nelken, Kümmelsamen und schwarze Pfefferkörner, die einfach vor dem Kochen in den Reis gegeben werden *(Rezept S. 323)*.

Schwarzer Kardamom

Amomum- und *Aframomum*-Arten

Die größeren Samen einiger Arten der Gattungen *Amomum* und *Aframomum* finden in ihren Herkunftsgegenden vielseitige Verwendung. Manchmal werden sie in Pulverform als billiger Ersatz für grünen Kardamom verkauft. Die größte Bedeutung hat der Nepal-Kardamom, *Amomum subulatum,* aus dem östlichen Himalaja. Diese besondere Art, meist als Schwarzer Kardamom bezeichnet, wird nie anstelle von echtem Kardamom verwendet, sondern spielt eine ganz eigene Rolle in der indischen Küche.

AROMA

Die Samen haben einen teerähnlichen Geruch und schmecken nach Nadelholz mit einer herben, rauchigen, erdigen Note. Masalas und Würzmischungen im Tandoori-Stil geben sie Tiefe.

VERWENDETE TEILE

Getrocknete Samen.

KAUF UND LAGERUNG

Nur ganze, unversehrte Kapseln kaufen und im luftdichten Gefäß aufbewahren. Nepal-Kardamom bekommt man in Geschäften, die indische Lebensmittel anbieten, China-Kardamom in manchen chinesischen Lebensmittelläden.

ERNTE

Die Ernte findet etwas früher statt als beim grünen Kardamom *(S. 182)*, nämlich von August bis November. Die Kapseln werden immer in Trockenhäusern getrocknet. Dadurch bekommen sie eine tief dunkelbraune Färbung.

Ganze Kapseln
Schwarzer Kardamom hat gerippte, oft behaarte Früchte, die sich bei der Reife tiefrot färben.

Gemahlene Samen
Gemahlene Samen verlieren schnell ihr Aroma, deshalb erst bei Bedarf mahlen.

Samen
Die Samen sind klebrig, trocknen aber außerhalb der Kapsel schnell aus.

In der Küche

Gilt der grüne Kardamom als »kühlendes« Gewürz, so der Schwarze Kardamom als »wärmendes«. Er ist mit Nelken, Zimt und schwarzem Pfeffer Hauptzutat jedes Garam masalas, jener scharfen Gewürzmischung, die man entweder zu Beginn des Kochens verwendet oder wegen des stärkeren Effekts erst gegen Ende. Manchmal ist er in Konfekt oder Pickles enthalten. Verwendet man in Gemüse oder Fleischeintöpfen ganze Kapseln, müssen sie vor dem Servieren entfernt werden, zerstoßene Samen lösen sich in der Soße auf. Wegen des intensiven Geschmacks sparsam verwenden.

WEITERE KARDAMOM-ARTEN

Bengal-Kardamom, *(Amomum aromaticum)* ähnelt stark dem Nepal-Kardamom und wird gleich verwendet.

China-Kardamom *(A. globosum)* hat runde, recht große und tiefbraune Kapseln. Der Geschmack ist herb und kühlend und hinterlässt ein betäubendes Gefühl im Mund. Obgleich er in China meist als Heilmittel verwendet wird, passt er gut zu Sternanis in Wok-Gerichten. Man findet ihn in Asialäden.

Java-Kardamom *(A. kepulage)* wird hauptsächlich in Südostasien verwendet.

Kambodscha-Kardamom *(A. krevanh)* von den Krevanh-Hügeln in Thailand und Kambodscha wird ebenfalls in weiten Teilen Südostasiens gehandelt.

Äthiopischer Kardamom *(Aframomum korarima)* hat ein blasses, leicht rauchiges Aroma und schmeckt recht herb.

Paradieskörner *(A. melegueta)* sind kein Kardamom *(S. 219)*.

KOMBINATIONEN

Unentbehrlich in Garam masala.

Passt zu Fleisch- und Gemüse-Currys, Pilaws und anderen Reisgerichten.

Harmoniert mit Ajowan, Chili, Joghurt, grünem Kardamom, Blättern von Kassiazimt, Koriandersamen, Kreuzkümmel, Muskatnuss, Nelken, Pfeffer, Zimt.

Garam masala (Standardmischung)
Diese Grundmischung enthält Schwarzen Kardamom, Koriandersamen, schwarze Pfefferkörner, Nelken, Zimt und Tejpatblätter *(S. 275)*.

Kreuzkümmel

Cuminum cyminum

Kreuzkümmel ist der Samen eines ausschließlich im ägyptischen Niltal beheimateten kleinen Doldengewächses, das jedoch seit Langem in den meisten warmen Regionen angebaut wird – am östlichen Mittelmeer, in Nordafrika, Indien, China und Amerika. Als Heilmittel wurde Kreuzkümmel in Ägypten und dem Minoischen Kreta schon vor 4000 Jahren eingesetzt. Die Römer verwendeten ihn wie Pfeffer. Im Mittelalter war Kreuzkümmel in Europa sehr beliebt, doch nach und nach wurde er dort vom Kümmel verdrängt.

AROMA

Der Geruch von Kreuzkümmel ist kräftig, schwer und würzig süß mit einer scharfen, aber angenehmen Tiefe. Sein Aroma ist voll, etwas bitter, beißend, erdig, mit einer anhaltenden Schärfe. Sparsam verwenden.

VERWENDETE TEILE

Getrocknete Samen (Früchte).

KAUF UND LAGERUNG

Kreuzkümmelsamen sind, ganz oder gemahlen, überall erhältlich. Schwarzen Kreuzkümmel bekommt man in Asialäden, weniger leicht hingegen die indische Mischung aus Kümmel und Koriandersamen, Dhana-Jeera. Luftdicht verschlossen behalten die Samen ihre Schärfe mehrere Monate, gemahlen nur kurz.

ERNTE

Die Stängel werden geschnitten, wenn die Pflanze zu welken beginnt und die Samen braun werden. Nach dem Dreschen werden die Samen an der Sonne getrocknet. In vielen Ländern erfolgt die Ernte noch von Hand.

Ganze Samen
Kreuzkümmelsamen sind oval, bräunlich grün und etwa 5 mm lang. Vom Kümmel unterscheiden sie sich dadurch, dass sie gerader sind und typische Längsrippen haben.

Gemahlener Samen
Frisch gemahlene Samen geben das beste Aroma.

In der Küche

Das Aroma lässt sich verstärken, wenn die Samen vor dem Mahlen geröstet oder, ganz verwendet, in Öl angebraten werden. Frühe spanische Rezepte kombinierten ihn mit Safran und Anis oder Zimt. Heute findet man ihn in marokkanischem Couscous, Lamm-Eintöpfen in Chili con Carne und in nordafrikanischen Merguez-Würsten. In Portugal würzt man Schweinswürste damit, in Deutschland Sauerkraut, im Elsass Brezeln, in Spanien die als Tapa gereichten »Maurischen Kebabs«, Falafeln und Fischgerichte im Libanon, Köfte in der Türkei und eine Granatapfelsoße in Syrien. Man gibt ihn in Brot, Chutneys, Würzsoßen, herzhafte Gewürzmischungen und Eintöpfe. Er ist Bestandteil von Currypulvern, Masalas und Chilipulvern. Viele indische Gerichte erhalten durch die Kombination von Kreuzkümmel und Koriander ihren charakteristischen scharfen Geruch, obgleich der in alten indischen Rezepten mit Jeera angegebene Kreuzkümmel manchmal falsch mit Kümmel übersetzt wird.

Ganze schwarze Samen

Die Früchte des Schwarzen Kreuzkümmels sind nicht nur dunkler, sondern auch kleiner. Sie haben einen erdigen Geruch und einen vollen, weichen Geschmack, der manchmal zwischen Kreuzkümmel und Kümmel liegt. Ohne Fett geröstet gibt man die Samen an Pilaws und Brot.

KOMBINATIONEN

Unentbehrlich in Advieh, Baharat, Berbere, Cajun-Gewürz, Currypulvern, Dukka, Masalas, Panch Phoron, Sambarpulver, Zhug.

Passt zu Auberginen, Bohnen, Brot, Huhn, Kartoffeln, Hart- oder Weichkäse, Kohl, Kürbis, Lamm, Linsen, Reis, Sauerkraut, Zwiebeln.

Harmoniert mit Ajowan, Anis, Bockshornklee, Chili, Curryblättern, Fenchelsamen, Ingwer, Kardamom, Knoblauch, Koriander, Kurkuma, Lorbeer, Muskatblüte und Muskat, Nelken, Oregano, Paprika, Pfeffer, Piment, Senfsamen, Thymian, Zimt.

ANDERE KREUZKÜMMEL-ARTEN

Schwarzer Kreuzkümmel (Kala jeera) und Shahi jeera, *Bunium persicum*, werden im Norden Indiens, in Pakistan, Afghanistan und dem Iran, wo sie auch heimisch sind, gleichartig verwendet. In Indien benutzt man sie viel für Gerichte wie Kormas und Biryanis. Meist werden die Samen ohne Fett geröstet, wodurch sie einen angenehmen nussigen Geschmack erhalten, und dann Gewürzmischungen oder Gerichten hinzugefügt. Schwarzer Kreuzkümmel wird manchmal mit Schwarzkümmel *(Nigella sativa,* *S. 134)* verwechselt.

AROMA

Kümmel hat ein scharfes Aroma und schmeckt bittersüß, beißend würzig mit Anklängen an getrocknete Orangenschale und mit einer leichten, aber markanten Anisnote.

VERWENDETE TEILE

Getrocknete Samen (Früchte).

KAUF UND LAGERUNG

Zwar bekommt man auch gemahlenen Kümmel, doch kauft man besser ganzen, da er meist auch so verwendet wird. Die Samen halten sich im luftdichten Behälter mind. 6 Wochen. Sie lassen sich leicht mahlen, verlieren aber dann schnell ihr Aroma.

ANBAU UND ERNTE

Kurz vor der endgültigen Reife der Früchte werden die Stängel geschnitten. Die Fruchtstände müssen 7–10 Tage bis zum Ausreifen trocknen, danach wird gedroschen. Im Garten kann man die Pflanzen aus Samen auf lockerem Boden an einem sonnigen Platz selbst ziehen. Erst im zweiten Jahr bringt Kümmel Blüten und Samen hervor. Man erntet die reifen Fruchtstände noch im Morgentau, sonst fallen die Samen zu leicht von selbst aus.

Kümmel

Carum carvi

Dieser winterharte Doldenblütler stammt aus Asien und Nord- und Mitteleuropa. Die zweijährige Pflanze wird nicht nur in ihrer Heimat, sondern auch in Nordafrika und in Nordamerika kultiviert. Bei den Römern diente Kümmel als Gewürz für Gemüse und Fisch, im Mittelalter gab man ihn an Suppen und Bohnen- oder Kohlgerichte. Im England des 17. Jahrhunderts war er als Zutat in Brot, Gebäck und Backobst beliebt, auch naschte man ihn, mit Zucker überzogen, als Konfekt. Heute liegen die Hauptanbaugebiete in den Niederlanden und Deutschland. Seine ätherischen Öle aromatisieren häufig Spirituosen.

Ganze Samen

Die Doppelfrucht setzt sich zusammen aus zwei gekrümmten Samen mit spitz zulaufenden Enden. Die harte braune Schale ist fünffach gerippt.

In der Küche

In Mitteleuropa, insbesondere in der jüdischen Küche, die dort ihren Ursprung hat, wird Kümmel zum Würzen von Sauerteig- oder Roggenbrot, Gebäck, Würsten, Kohl, Suppen und Eintöpfen verwendet. Vielen deutschen und österreichischen Spezialitäten verleiht er ein typisches Aroma, sei es Pumpernickel, Schweinebraten, Kohlsalat oder (zusammen mit Wacholderbeeren) Sauerkraut. Im Elsass gehört er zum Münsterkäse und in das Pain d'Épices. Man nimmt ihn, um Kümmelschnaps und skandinavischen Aquavit zu aromatisieren.

Auch die Küchen Nordafrikas verwenden Kümmel, meist in Gemüse und in Gewürzmischungen wie im tunesischen Tabil und in Harissa. In Marokko gibt es eine traditionelle Kümmelsuppe, ebenso in Ungarn, wo Kümmel zudem ein Gulaschgewürz ist. Wird Kümmel in indischen Rezepten erwähnt, ist meist Kreuzkümmel gemeint. Nur im Norden, im Himalaya-Gebiet, wächst ein wilder Kümmel. In türkischen Rezepten ist mit »Schwarzem Kümmel« *Nigella* gemeint *(S. 134)*.

Die jungen Blätter, die in Geschmack und Aussehen dem Dill ähneln, passen gut in Salate, Suppen oder Quark, auch – statt Petersilie – zu vielen Gemüsen.

KOMBINATIONEN

Unentbehrlich in Harissa, Tabil.

Passt zu Äpfeln, Brot, Ente, Gans, Kartoffeln und anderem Wurzelgemüse, Kohl, Nudeln, Sauerkraut, Schwein, Tomaten, Zwiebeln.

Harmoniert mit Knoblauch, Koriandersamen, Petersilie, Thymian, Wacholder.

Tunesische Tabil-Gewürze

Tabil ist eine Mischung aus Kümmel, Koriandersamen, Knoblauch und Chili. Sie wird für Eintöpfe und Rindfleischgerichte verwendet *(Rezept S. 283)*.

AROMA

Muskatnuss und Muskatblüte haben ein ähnliches volles, frisches Aroma. Muskatnuss riecht süß, erinnert aber mehr an Kampfer und Harz. Beide schmecken hocharomatisch, doch Muskatnuss hat Anklänge an Nelken und einen tieferen, bittersüßen Holzgeschmack.

VERWENDETE TEILE

Samen.

KAUF UND LAGERUNG

Am besten kauft man ganze Muskatnüsse. Luftdicht aufbewahrt, halten sie fast unbegrenzt, sie können nach Bedarf leicht gemahlen oder gerieben werden. Gemahlen verlieren sie schnell ihr Aroma. Muskatnüsse und Macis von Banda und Penang sind besser als westindische.

ERNTE

Die gelblichen, aprikosenähnlichen Früchte werden reif gesammelt, die Außenschale und das weiße Fleisch werden entfernt. Der Samenmantel ergibt Macis. Die von einer harten, schwarzbraunen Schale umschlossenen Samen werden 6–8 Wochen auf Gestellen getrocknet, bis der Kern in der Schale klappert. Die Schalen werden aufgebrochen, die weichen, braunen Muskatnüsse entnommen und nach Größen sortiert.

Muskatnuss

Myristica fragrans

Der immergrüne Muskatbaum mit seiner schönen, dichten Krone stammt von den indonesischen Banda-Inseln, die auch »Gewürzinseln« genannt werden. Seine Früchte enthalten zweierlei Gewürze: Muskat und Muskatblüte *(S. 194)*. Beide waren schon im 6. Jh. Handelsgüter der nach Alexandria ziehenden Karawanen, vermutlich brachten Kreuzfahrer sie von dort nach Europa. Anfänglich wurden sie in China, Indien, Arabien und auch Europa medizinisch verwendet. Im 18. Jh. wurden sie in Europa zu Modegewürzen.

Ganze Samen
Muskatsamen kann man im Ganzen kaufen, die »Nuss« befindet sich dann noch in der harten Schale. Darüber zieht sich der durchbrochene Samenmantel, aus dem Macis, die Muskatblüte, hergestellt wird.

Muskatnuss
Die Außenschalen werden entfernt und weggeworfen.

In der Küche

In Indien wird mehr Muskatnuss verwendet als Muskatblüte, da diese so teuer ist, beide benutzt man in Moghul-Gerichten, aber sparsam. Die Araber verwenden beide Gewürze schon lange in Hammel- und Lammgerichten. In Nordafrika gehören sie in Gewürzmischungen wie Qâlat daqqa und Ras el-Hanout. Die Europäer verwenden Muskatnuss und Muskatblüte ausgiebig sowohl in süßen wie pikanten Gerichten.

In Europa gibt man Muskat gern in Honig- und Früchtekuchen, Obstsalat und Früchtepunsch. Er passt ebenso wie Macis gut in Eintöpfe und in Käsegerichte mit Eiern. Die Niederländer würzen Blumenkohl, Weißkohl, püriertes Gemüse, Fleischeintöpfe und Obstpuddings mit Muskat. In Italien gibt man ihn eher fein dosiert an Gemüse, Spinat- und Kalbsgerichte, Füllungen oder Pastasoßen. In Frankreich kommt er mit Pfeffer und Nelken in langsam gegarte Eintöpfe und Ragouts. Eine beliebte Süßigkeit Malaysias waren früher halbreife Muskatnüsse, die man (wie grüne Walnüsse) rundum einstach, wässerte und in Sirup kochte. Die halluzinogenen Eigenschaften von Muskat wirken sich bei großen Mengen schädlich aus. In Verbindung mit Alkohol verstärkt sich der gefährliche Effekt.

KOMBINATIONEN

Unentbehrlich in Back- und Puddinggewürzen, Quatre Épices, Ras el-Hanout und tunesischem Fünf-Gewürze-Pulver.

Passt zu Eiern, Fisch, Meeresfrüchten, Huhn, Kalb, Kartoffeln, Käse und Käsespeisen, Kohl, Kürbiskuchen, Lamm, Milchspeisen, Möhren, Spinat, Süßkartoffeln, Zwiebeln.

Harmoniert mit Ingwer, Kardamom, Koriander, Kreuzkümmel, Muskatblüte, Nelken, Pfeffer, Rosen-Pelargonie, Rosenknospen, Thymian, Zimt.

Gemahlener Muskat
Muskatnüsse reibt man am besten erst bei Bedarf. Manche Reiben haben ein Fach mit Deckel zum Aufbewahren der Nüsse.

Muskat *und* **Macis** *entstammen der gleichen Frucht: Bricht man sie auf, zeigt sich zuerst der tiefrote Samenmantel – die*

Muskatblüte. Beide Gewürze bringen gutes Geld, doch das Herausschälen erfolgt überwiegend von Hand.

Muskatblüte, Macis

Myristica fragrans

Im Inneren der aprikosenähnlichen Frucht der *Myristica fragrans* liegt ein harter Samen, dessen Kern die Muskatnuss ist *(S. 190)*. Rund um diesen Steinkern liegt der netzartige Samenmantel, die sogenannte »Muskatblüte«, die das Gewürz Macis ergibt. Muskatnuss und Muskatblüte wurden kostbare Waren im Gewürzhandel, den die Portugiesen im 16. Jh. begannen. In deren Fußstapfen traten zunächst die Niederländer, später die Briten, als sie 1796 die Molukken, die Gewürzinseln, eroberten.

AROMA

Muskatblüte hat das volle, frische und wohltuende Aroma der Muskatnuss, doch ihr Geruch ist stärker und hat einen lebhaften, blumigen Charakter mit Noten von Pfeffer und Nelke. Sie schmeckt aromatisch, zart und unaufdringlich mit etwas zitroniger Süße, hat jedoch einen recht bitteren Nachgeschmack.

VERWENDETE TEILE

Der den Samen umgebende Samenmantel.

KAUF UND LAGERUNG

Gemahlenen Macis bekommt man leichter als ganze Stücke der Samenmäntel, doch es lohnt sich, danach zu suchen. Luftdicht aufbewahrt, halten sie fast unbegrenzt und lassen sich in der Kaffeemühle mahlen.

ERNTE

Nach dem Pflücken der reifen Frucht wird die äußere Hülle mit dem weißen Fleisch entfernt, um den Steinkern freizulegen. Der Macis, der dünne, ledrige, netzartige, tiefrote Samenmantel, der den Steinkern umgibt, wird abgezogen, flach gepresst und nur wenige Stunden getrocknet. Macis aus Grenada, der dann etwa 4 Monate lang dunkel gelagert wird, färbt sich kräftig orangegelb, indonesischer Macis bleibt orangerot.

Muskatblüte und Muskatnuss
Beide Gewürze stammen von ein und demselben Baum und schmecken ähnlich. Für schwächer gewürzte Gerichte wird Muskatblüte bevorzugt.

Macisstreifen
Werden die spröden Streifen mit dem Fingernagel angeritzt, tritt Öl aus.

Gemahlener Macis
Gemahlene Muskatblüte oder Macis behält ihr Aroma recht gut, länger als manch anderes gemahlenes Gewürz.

In der Küche

In Südostasien und China schätzt man Muskatnuss und Muskatblüte mehr ihrer medizinischen als ihrer kulinarischen Eigenschaften wegen. Anderswo werden die beiden Gewürze gleichartig verwendet, wobei die billigere Muskatnuss bevorzugt wird.

Muskatblüte verfeinert Béchamel- und Zwiebelsoße, Bouillon, Fischbrühe, Siedfleisch, Käsesoufflés, Schokoladengetränke und Frischkäsedesserts. Muskatblüte empfiehlt sich, wenn ein Gericht seine helle Farbe bewahren soll. Ganze Macisstreifen eignen sich zum Würzen von Suppen und Eintöpfen, müssen aber vor dem Servieren entfernt werden. In Indonesien wird, nachdem Kern und Samenmantel ausgelöst sind, das Außenfleisch der Frucht kandiert. Besonders in Sulawesi wird es in der Sonne mit Palmzucker bestreut mazeriert, woraufhin es fast durchsichtig wird.

KOMBINATIONEN

Unentbehrlich in Pickles-Gewürzen.

Passt zu Eierspeisen, Fisch und Meeresfrüchten, Huhn, Kalb, Kartoffeln, Käse und Käsespeisen, Kohl, Kürbisauflauf, Lamm, Milchspeisen, Möhren, Pasteten und Terrinen, Spinat, Süßkartoffeln, Zwiebeln.

Harmoniert mit Ingwer, Kardamom, Koriander, Kreuzkümmel, Muskat, Nelken, Paprika, Pfeffer, Rosen-Pelargonie, Rosenknospen, Thymian, Zimt.

Aromatisches Garam masala

Kardamom beherrscht unaufdringlich das Aroma dieser milden Masala-Mischung, die aus grünem oder schwarzem Kardamom, Zimt, Muskatblüte, schwarzen Pfefferkörnern und Nelken besteht *(Rezept S. 276)*.

Kurkuma

Curcuma longa

Diese robuste Staude aus der Ingwerfamilie stammt aus Südostasien, wo sie seit dem Altertum als Gewürz, Farbstoff und Heilmittel geschätzt wird. Kurkuma oder Tumerek ist eines der billigsten Gewürze und wird in der ganzen Region für rituelle und festliche Anlässe hoch geschätzt, sei es zum Färben von Reis für eine indonesische Hochzeit oder zum Färben von Kuhfell. Indien ist Haupterzeuger von Kurkuma, dort werden über 90 Prozent der Ernte selbst verbraucht. Zu den weiteren Produzenten zählen China, Haïti, Indonesien, Jamaika, Malaysia, Pakistan, Peru, Sri Lanka und Vietnam.

AROMA

Frische Kurkuma ist knackig, hat ein ingwer- und zitrusähnliches Aroma und duftet angenehm erdig, überlagert von Zitrusnoten. Getrocknete Kurkuma hat ein volles, reiches, holziges Aroma mit blumigen Anklängen und Zitrus- bzw. Ingwertönen. Der Geschmack ist etwas bitter und sauer, mäßig scharf.

VERWENDETE TEILE

Frische und getrocknete Rhizome.

KAUF UND LAGERUNG

Falls man sie im Asialaden entdeckt, kann frische Kurkuma an einem kühlen und trockenen Ort oder im Gemüsefach des Kühlschranks bis zu 2 Wochen aufbewahrt werden. Sie lässt sich auch einfrieren. Getrocknete Kurkuma hält sich im luftdichten Behälter 2 Jahre und mehr. Beste Qualität liefert gemahlene indische Kurkuma aus Alappuzha und Madras. Alappuzha-Kurkuma enthält den höchsten Anteil an ätherischen Ölen und Curcumin (Gelbstoff). Im luftdichten Behälter bleibt sie bis zu einem Jahr aromatisch.

ERNTE

Die Rhizome werden nach der Ernte frisch verkauft oder gedämpft, um die Reifung zu unterbrechen, und dann für 10–15 Tage getrocknet. Danach werden sie poliert, sortiert und meist gemahlen. Durch das Trocknen verlieren sie 75 % ihres Gewichts.

Ganze frische Rhizome
Frische Kurkuma sollte fest und rund sein. Die unterirdischen Sprossachsen (Rhizome) werden in Scheiben geschnitten, gehackt oder gerieben.

Frische Scheiben
Geschälte Kurkumascheiben werten Pickles und Würzsoßen mit ihrer Farbe und dem herrlichen Geschmack auf. Außerdem wirken sie konservierend.

In der Küche

Kurkuma verbindet und harmonisiert die anderen Gewürze, mit denen es in vielfältigen Kombinationen erscheint. Sie wird sparsam eingesetzt. Frische Kurkuma wird in ganz Südostasien in Gewürzpasten mit Chili, Zitronengras, frischem Galgant, Knoblauch, Schalotten, Tamarinde und manchmal Krabbenpaste und Kemirinuss (die Frucht des Lichtnussbaumes) verwendet. Gehackt oder gerieben gibt man sie in Laksas, Eintöpfe und Gemüsegerichte. Saft aus zerstoßener Kurkuma würzt und färbt in Indonesien festliche Reisgerichte. In Malaysia werden die duftenden Blätter zum Einwickeln benutzt, in Thailand isst man die Sprossen als Gemüse.

In Indien und in der Karibik bildet Kurkuma-Pulver in Kombination mit anderen Gewürzen die Basis für Masalas, Currypulver und Pasten. Vielen regionalen Gemüse-, Bohnen- und Linsengerichten verleiht es das angenehme Aroma und die orangegelbe Farbe. Es erscheint in nordafrikanischen Tagines und Eintöpfen, vor allem im marokkanischen Ras el-Hanout, auch in der Nationalsuppe Harira. Im Iran würzt es zusammen mit getrockneter Limette die gehaltvolle Eintopfsoße Gheimeh, die über Reis gelöffelt wird.

Im Westen dient Kurkuma als Farbstoff für Käse, Margarine und Senfmischungen. Sowohl östliche wie westliche Hersteller verwenden sie in Pickles und Relishes.

KOMBINATIONEN

Unentbehrlich in Masalas, Currypulvern und Pasten, Ras el-Hanout.

Passt zu Auberginen, Bohnen, Eiern, Fisch, Fleisch, Geflügel, Linsen, Reis, Spinat.

Harmoniert mit Chili, Curryblättern, Fenchel, Galgant, Ingwer, Kaffirlimettenblättern, Knoblauch, Kokosmilch, Korianderblättern und -samen, Kreuzkümmel, Nelken, Paprika, Pfeffer, Rau ram, Senfsamen, Zitronengras.

Ganzes getrocknetes Rhizom
Getrocknete Rhizome sehen wie faseriges gelbes Holz aus; man kann sie selbst nur reiben, nicht aber mahlen.

Geriebenes getrocknetes Rhizom
Kurkuma färbt Finger, Gegenstände und Kleidung, daher ist beim Umgang Vorsicht geboten.

Zitwer, Indischer Safran

Curcuma zedoaria

Die in den subtropischen Regenwäldern Südostasiens und Indonesiens heimische Zitwerwurzel wurde im 6. Jh. nach Europa gebracht. Zunächst stellte man daraus Heilmittel und Duftstoffe her, bis sie im Mittelalter, neben dem mit ihr verwandten Galgant, zum beliebten Küchengewürz wurde. Heute verwendet man sie meist nur in Südostasien. Seit man sich in Europa für die asiatische Küche interessiert, kann man vereinzelt Zitwerwurzel frisch bekommen, getrocknet ist sie hier aber fast unbekannt.

AROMA

Frische Zitwerwurzel hat einen angenehmen moschusartigen Geschmack, ähnlich jungem Ingwer, sauer, frisch und eine Spur bitter. Man könnte ihn mit dem einer grünen Mango vergleichen – auf Indisch heißt die Zitwerwurzel unter anderem auch *amb halad*, Mango-Kurkuma.

VERWENDETE TEILE

Frische oder getrocknete Rhizome, junge Sprossen, Blütenknospen und Blätter.

KAUF UND LAGERUNG

Frische Zitwerwurzel bekommt man in Asialäden, häufig als »Weiße Kurkuma«. Sie hat eine dünne braune Außenhaut und zitronenfarbenes Fleisch. Im Kühlschrank hält sie sich 2 Wochen. Man bekommt auch gehackte, getrocknete Zitwerwurzel im Feinkostladen. Häufig wird das Gewürz gemahlen verkauft, künstlich rotbraun gefärbt.

ERNTE

Die fleischigen, gelben Rhizome benötigen 2 Jahre, bis sie voll entwickelt sind. Danach werden sie gerodet und entweder frisch verkauft oder gedämpft, in Stücke geschnitten und getrocknet. Die harten, graubraunen Stücke fühlen sich rau und faserig an.

Zerstoßenes getrocknetes Rhizom
Das Aroma der getrockneten Zitwerwurzel ist moschusartig und angenehm, mit einem Hauch von Kampfer. Sie schmeckt pfeffrig, ähnlich wie getrockneter Ingwer, weniger beißend als eher bitter, mit einer Zitrusnote im Nachgeschmack.

In der Küche

In Indonesien werden die jungen Sprossen gegessen, die Knospen gibt man in Salat, und die langen, aromatischen Blätter dienen zum Einwickeln und Aromatisieren von Fisch. In Mumbai ist darüber hinaus eine Gemüsesuppe mit frischer Zitwerwurzel beliebt. In Thailand gibt man geschälte, geraspelte oder in dünne Scheiben geschnittene Zitwerwurzel in Salate oder zu Rohkost, die man mit Nam Prik serviert. Frische, gehackte Zitwerwurzel mit Schalotten, Zitronengras und Korianderblättern ergibt eine gute Gewürzpaste für in Kokosmilch gekochtes Gemüse. In Indonesien und Indien kommt das frische Rhizom in Pickles. In Südostasien verwendet man das getrocknete Rhizom in Currys und Würzsoßen oder gibt es anstelle von Kurkuma- oder Ingwerpulver hinein. Zitwerwurzel schmeckt gut in südindischen und indonesischen Hühner- und Lammgerichten.

Frische Rhizome
Zitwerwurzel kann man im Feinkostladen mit etwas Glück frisch bekommen. Man kombiniert sie mit anderen frischen Gewürzen oder verwendet sie als knackige Garnierung. Für die Zubereitung wird die braune Haut abgeschält.

KOMBINATIONEN

Passt zu asiatischen Suppen, Currys und Eintöpfen, Fisch, Geflügel, Blattgemüse, Kichererbsen, Linsen.

Harmoniert mit Chilis, Ingwer, Kaffirlimettenblättern, Knoblauch, Kokosmilch, Korianderblättern, Kurkuma, Zitronengras.

WEITERE ZITWER-ARTEN

Zwei *Curcuma*-Arten, die eine mit runden, kurzen Rhizomen *(C. zedoaria)*, die andere mit langen *(C. zerumbet)*, werden gleich verwendet. Letztere schmeckt milder und wird in Thailand häufig als »Weiße Kurkuma«, Khamin Khao, bezeichnet, weil sich ihre blassgelbe Farbe sehr von dem dunkleren Farbton der ihr ähnelnden Kurkuma abhebt. Aus den Wurzeln zweier anderer Arten, *C. leucorrhiza* und *C. angustifolia*, wird eine als »Indische Pfeilwurz« oder Tikor bezeichnete Stärke hergestellt, die zum Andicken von Babynahrung dient.

Curryblätter

Murraya koenigii

Der Currybaum, auch Orangenraute genannt, ist ein kleiner, Laubabwerfender Baum, heimisch an den Ausläufern des Himalayas, in vielen Teilen Indiens, im Norden Thailands und auf Sri Lanka. In Südindien wird der Baum seit Jahrhunderten, meist allerdings nur für den Eigenbedarf, in den Hausgärten kultiviert. Neuerdings gibt es auch erwerbsmäßigen Anbau in größerem Umfang. Auch in Nordaustralien beginnt man mit Currybaum-Plantagen.

AROMA

Leicht zerdrückt, verströmen frische Blätter einen kräftigen, moschusartigen und würzigen Duft mit einer Zitrusnote. Der Geschmack ist angenehm, zitronenartig und leicht bitter. Getrocknete Blätter haben keinerlei Aroma, selbst wenn man die im Rezept angegebene Menge verdoppelt.

VERWENDETE TEILE

Blätter.

KAUF UND LAGERUNG

Frische Curryblätter findet man in Asialäden, wo sie eventuell als Meetha Neem oder Kari Patta (oder Kadhi Patta) bezeichnet werden. Am besten halten sie sich in einem Kunststoffbeutel im Gefrierschrank, doch selbst im Kühlschrank bleiben sie eine Woche und länger frisch. Getrocknete Blätter sind uninteressant.

ERNTE

Obwohl es sich um einen Laub abwerfenden Baum handelt, kann man in den Tropen fast das ganze Jahr über Blätter ernten. Von den Farmen in Tamil Nadu und Andhra Pradesh aus werden die Zweige frisch verschifft und später verkauft. Gefriertrocknung ist die beste Möglichkeit, die frische Farbe und etwas Aroma zu bewahren.

KOMBINATIONEN

Passt zu den meisten Gemüse-Arten, Fisch, Lamm, Linsen, Meeresfrüchten, Reis.

Harmoniert mit Bockshornklee, Chili, Kardamom, Knoblauch, Kokosnuss, Koriander, Kreuzkümmel, Kurkuma, Pfeffer, Senfsamen.

Frische Blätter
Die langen Stiele tragen bis zu 20 kleine, kräftig grüne Fiederblätter.

In der Küche

Die Blätter werden erst kurz vor dem Mitkochen von den Stielen gezupft. Die südindische Küche macht von ihnen ebenso ausgiebig Gebrauch wie die nordindische Küche von den Korianderblättern. Aus vielen Hausgärten wandern sie direkt in die vegetarischen Gerichte von Gujarat. Man gibt sie in Sambar und in lang köchelnde Fleischeintöpfe sowie in die Fischcurrys von Kerala und Chennai (Madras), der einzigen Gegend in Indien, wo Curryblätter immer in Currymischungen gegeben werden. Anderswo kommen sie nur in den letzten fünf Kochminuten an Curry-Gerichte.

Auch die Curry-Mischungen auf Sri Lanka enthalten üblicherweise Curryblätter. Diese Mischungen sind in Aussehen und Geschmack dunkler als die indischen: Die Zutaten werden heißer geröstet und enthalten Gewürze wie Zimt und Kardamom, die auf der Insel heimisch sind.

Wenn man sie in Ghee oder Öl mit Senfsamen, Asant oder Zwiebeln kurz anbrät, kann man die Blätter schon bei Kochbeginn dazunehmen und dann erst die anderen Zutaten zufügen. Häufiger wird diese Gewürzkombination zum Abmildern erst am Ende zugegeben, z. B. als Bagaar oder Tadka, das über fast alle Linsengerichte kommt. Gehackt oder zerstoßen würzen die Blätter Chutneys (besonders Kokosnuss-Chatni), Relishes und Marinaden für Meeresfrüchte. In Pickles gibt man ganze Blätter.

Im Westen lernen wir gerade das feine, würzige Aroma zu schätzen, das die Blätter in Currys verströmen, ohne die Schärfe, die man oft mit diesen Gerichten verbindet. Einsteiger können ganze Zweige verwenden und sie vor dem Servieren entfernen, aber gekochte Blätter sind recht weich, und ihr Geschmack kann nahezu süchtig machen.

Sri-Lanka-Currypulver

Diese Curry-Kombination setzt sich zusammen aus Curryblättern, Koriander, Kreuzkümmel, Bockshornklee, Reis, Chili, schwarzem Pfeffer, Nelken, grünem Kardamom und Zimt *(Rezept S. 278)*.

AROMA

Die Samen duften schwach blumig oder nach Pfefferminze und haben einen zarten, erdigen, leicht pfeffrigen Geschmack mit einer Spur Bitterkeit. Sie geben Speisen einen angenehm erdigen Geschmack, wenn man sie in weit höheren Mengen als den zum Färben benötigten verwendet.

VERWENDETE TEILE

Samen, getrocknet, ganz und gemahlen.

KAUF UND LAGERUNG

Annatto ist als ganze oder gemahlene Samen in Asialäden erhältlich. Sie sollten ziegelrot und frisch aussehen, bräunliche sind alt. Gemahlenem Annatto werden oft Maismehl oder Gewürze wie Kreuzkümmel untergemischt. Samen wie Pulver sollte man lichtgeschützt in luftdichten Behältern aufbewahren. Die Samen halten 3 Jahre. Annatto-Paste ist online erhältlich.

ERNTE

Die Blüten an den Enden der Zweige entwickeln sich zu stacheligen, orangeroten Kapseln. Jede enthält etwa 50 ziegelrote, eckige Samen. Die Schoten werden reif geerntet, gespalten und in Wasser mazeriert. Das Mark, in dem die Samen eingebettet sind, wird kuchenförmig gepresst und zu Färbemittel verarbeitet, die Samen werden als Gewürz getrocknet.

Annatto

Bixa orellana

Annatto bezeichnet den orangeroten Samen des kleinen, immergrünen Annato- oder Orleansbaumes, der im tropischen Südamerika heimisch ist. Schon in präkolumbianischer Zeit verwendete man Annatto zum Färben von Speisen, Stoffen und als Körperfarbe. Auch die westliche Welt gebraucht bis heute Annatto zum gleichen Zweck in Butter, Käse, Räucherfisch und Kosmetika. Hauptererzeuger sind Brasilien und die Philippinen, aber das Gehölz wächst in ganz Mittelamerika, in der Karibik und in Teilen Asiens.

Gemahlene Samen
Getrocknete Annattosamen sind sehr hart und werden am besten in einer elektrischen Mühle zerkleinert.

Ganze getrocknete Samen

Ganze Samen werden hauptsächlich zum Färben verwendet. Hierfür wird ½ TL in 1 EL kochendem Wasser für eine Stunde (oder bis sich das Wasser tieforange gefärbt hat) eingeweicht.

In der Küche

Zum Färben von Brühen, Eintöpfen oder Reis werden die Annattosamen in etwas heißem Wasser eingeweicht. Diese Flüssigkeit kommt danach an das Gericht. In der Karibik röstet man die Samen bei schwacher Hitze in Fett, bis dieses sich tiefgold oder orange färbt. Nach Entfernen der Samen wird es zum Kochen verwendet.

In Jamaika gibt man Annatto mit Zwiebeln und Chilis in die Soße zu Stockfisch mit Okra, einer Art Nationalgericht. Auf den Philippinen fügt man gemahlenen Annatto, meist wegen des Farbeffekts, Suppen und Eintöpfen bei. Er ist eine Hauptzutat im berühmten Pipián, einem Ragout aus Schweinefleisch und Huhn. In Peru gibt man ihn in Marinaden, besonders zu Schwein. In Venezuela mischt man ihn mit Knoblauch, Paprika und Kräutern zur beliebten Würzpaste Aliño criollo. In Mexiko kommt er in die Achiote-Paste – dem Recado rojo von Yucatán –, die für das bekannteste Regionalgericht Pollo Bibil (in einer Herdgrube gegartes mariniertes Huhn in Bananenblättern) unerlässlich ist. Die Paste eignet sich außerdem gut zum Bestreichen von Fisch oder Schwein vor dem Grillen. In Vietnam setzt man Schmortöpfe mit Öl auf, das mit Annatto gefärbt wurde, um dem Gericht Farbe zu verleihen.

KOMBINATIONEN

Unentbehrlich in Pipián, Recado rojo.

Passt zu Gemüse, Eierspeisen, Fisch, Geflügel, Gemüsekürbis, Hülsenfrüchten, Okra, Paprikaschoten, Reis, Rind, Schwein, Süßkartoffeln, Tomaten, Zwiebeln.

Harmoniert mit Chili, Epazote, Erdnüssen, Knoblauch, Kreuzkümmel, Nelken, Oregano, Paprika, Piment, Saft von Zitrusfrüchten.

Recado rojo

Rote Annattopaste ist in der Küche der mexikanischen Halbinsel Yucatán unverzichtbar. Annattosamen werden mit schwarzem Pfeffer, Nelken, Kreuzkümmel, Koriandersamen, getrocknetem Oregano, Knoblauch, Bitterorangensaft oder Weinessig gemischt. Manchmal fügt man kleine rote Chilis hinzu *(Rezept S. 288)*.

Kapern

Capparis-Arten

Der niedrige Kapernstrauch wächst wild rund um das Mittelmeer, im Süden bis zur Sahara, im Osten bis zum nördlichen Iran, obwohl er vermutlich aus den Trockenregionen West- und Zentralasiens stammt. Er wird in vielen Ländern mit ähnlichem Klima angebaut. In wirklich heißen Klimaregionen handelt es sich bei der Wildform meist um die dornige *C. spinosa*, während gezüchtete Kapernsträucher meist von der dornenlosen *C. inermis (C. spinosa var. rupestris)* abstammen. In Nordindien wird üblicherweise die *C. aphylla (C. decidua)* kultiviert.

AROMA

Eingelegte Kapern schmecken (nachdem Essig oder Salz abgespült wurden) pikant, frisch, salzig und leicht nach Zitrone. Die Schärfe stammt hauptsächlich von einem Senföl, einer Glykosid-Verbindung, vergleichbar mit dem in Meerrettich und Wasabi.

VERWENDETE TEILE

Geschlossene Blütenknospen und unreife Früchte.

KAUF UND LAGERUNG

Südfranzösische Kapern werden je nach Größe als Nonpareilles (die kleinsten) bis Capottes oder Gruesas sortiert – je kleiner, desto besser. Andere Erzeugerländer sind Zypern, Malta, Italien, Spanien und Kalifornien. Eingelegte Kapern halten lange, vorausgesetzt, sie sind mit Lake bedeckt; diese soll man weder erneuern noch auffüllen, vor allem nicht mit Essig. Küchenchefs in New York experimentieren mit den Samen von Wildem Lauch, *Allium tricoccum*, die sie wie Kapern einlegen.

ERNTE

Die Kapernknospen werden, wenn sie die richtige Größe haben, von Hand gepflückt, 1–2 Tage zum Welken ausgelegt und nach Größe sortiert. Anschließend werden sie in Essig oder Trockensalz eingelegt. Die sehr aromatischen sizilianischen Kapern und die kleinste Top-Qualität sind immer in Salz eingelegt. Einsalzen bewahrt Geschmack und Frische besser als Einlegen.

Kapern
Kapern sind Blütenknospen, die meist in Öl, Essig oder trocken in Salz eingelegt werden. Ihre Qualität hängt von der Herkunft, der Konservierungsmethode und der Größe ab.

In der Küche

Kapern sind wichtige Zutat vieler Soßen wie Ravigote, Remoulade, Tartarsoße und die Tomatensalsa »alla Puttanesca«. Englische Kapernsoße, die noch heute traditionell zu Hammel gehört, schmeckt ebenso gut zu festfleischigem Fisch. Fast jeder Fisch, aber auch Huhn, kann auf viele Weisen mit Kapern gekocht oder garniert werden. Zu Stockfisch werden häufig Kapern und grüne Oliven gereicht, was auf Sizilien und den Äolischen Inseln generell bei Fischgerichten üblich ist. In Spanien gibt man Kapern zusammen mit Mandeln, Knoblauch und Petersilie an gebratenen Fisch. Kapern und schwarze Oliven sind die Grundzutat jeder Tapenade, schmecken aber auch in Hühner- oder Kaninchenragout. Kapern allein würzen viele Gerichte mit fetterem Fleisch und garnieren Pizzas, in Ungarn und Österreich gehören sie in den Liptauer Käse. Sowohl Kapern wie Kapernbeeren können wie Oliven als Snack oder zu kaltem Braten, Räucherfisch und Käse gegessen werden. Sparsam verwendet, passen sie gut in Salat.

Eingelegte oder gesalzene Kapern sollten vor Gebrauch abgespült werden. Als Kochzutat gibt man sie gegen Ende dazu, denn durch längeres Kochen werden sie leicht bitter.

KOMBINATIONEN

Unentbehrlich in Tapenade und verschiedenen Soßen.

Passt zu Artischocken, Auberginen, Essiggurken, fettreichem Fleisch (Lamm), Fisch, Geflügel, grünen Bohnen, Kartoffeln, Meeresfrüchten, Oliven, Tomaten.

Harmoniert mit Anchovis, Basilikum, Estragon, Knoblauch, Oliven, Oregano, Petersilie, Rucola, Sellerie, Senf, Zitrone.

Kapernbeeren

Kapernbeeren sind die kleinen, halbreifen Früchte von Capparis-Arten. Meist werden sie in Essig eingelegt. Sie schmecken ähnlich wie Kapern, jedoch weniger intensiv.

Blätter und Sprossen

Mild eingelegte Blätter und Sprossen sind im Glas erhältlich. Die Blätter und unreifen Knospen haben ein angenehmes Kapernaroma, doch die dickeren Stiele können dornig sein und sollten besser entfernt werden.

Bockshornklee

Trigonella foenum-graecum

Der aus Kleinasien und Südosteuropa stammende Griechische Bockshornklee hat eine lange Geschichte als Gewürz- und Heilpflanze. Sein lateinischer Name *Trigonella* bezieht sich auf die Dreiecksform der Blüten. Die Blätter des in den Alpen und im Kaukasus heimischen Schabzigerklees *T. caerulea* werden getrocknet und zu einem grünen Pulver zermahlen.

In der Küche

In Indien ist Bockshornklee bei Vegetariern als Lieferant von Proteinen, Mineralien und Vitaminen weithin beliebt. In der indischen Küche werden frische Blätter des Bockshornklees (Methi) häufig als Gemüse mit Kartoffeln, Spinat oder Reis gekocht. Gehackt kommen die Blätter in den Teig für Naans und Chapati. Getrocknete Blätter würzen Soßen und Bratensaft. Frische oder getrocknete Blätter sind wichtig im klassischen iranischen Lammeintopf mit Kräutern, Ghormeh Sabzi.

Die Samen würzen in Indien Pickles und Chutneys, die südindischen Gewürzmischungen Sambar und das bengalische Panch Phoron. Sie werden im Süden häufig in Dals und Fischcurrys verwendet oder für die lokalen Dosai-Brote gemahlen unter das Mehl gemischt. Auch in Äthiopien und Ägypten sind sie Brotgewürz, außerdem ein Bestandteil der äthiopischen Gewürzmischung Berbere. In der Türkei und Armenien wird gemahlener Bockshornklee mit Chili und Knoblauch kombiniert und auf Pastirma, die köstliche luftgetrocknete Fleischspezialität, gestrichen.

Ganze Samen

Nach dem Rösten ohne Fett oder Anbraten in Öl mildert sich das Aroma der Samen, und sie nehmen einen nussigen, karamellartigen Geschmack an. Zu starkes Erhitzen verstärkt die Bitterkeit. Sofort nach dem Rösten verwenden. Für eine Paste müssen sie mehrere Stunden eingeweicht werden.

AROMA

Frische Blätter haben ein an Gras erinnerndes, mild scharfes Aroma mit herben Tönen. Getrocknete Blätter duften sanft nach Heu. Das Aroma der rohen Samen könnte man als den vorrangigen Geruch bestimmter Currypulver identifizieren. Ihr Geschmack erinnert an Sellerie oder Liebstöckel und ist bitter.

VERWENDETE TEILE

Frische und getrocknete Blätter, Samen.

KAUF UND LAGERUNG

Frische Blätter werden in Geschäften mit iranischen und indischen Lebensmitteln angeboten. Gekühlt aufbewahrt halten sie 2–3 Tage. Getrocknete Blätter sollten grün sein und luftdicht verschlossen aufbewahrt werden. Die Samen behalten, gut verschlossen aufbewahrt, ihr Aroma bis zu einem Jahr und werden bei Bedarf geröstet und gemahlen. Achten Sie auch auf Bockshornkleesprossen.

ANBAU UND ERNTE

Bockshornklee braucht nahrhaften Boden und volle Sonne. Man erntet Blätter und Samen. Sie tragen weiße oder gelbe Blüten, die schmale, hellbraune Samenhülsen hervorbringen. Die reifen Samen werden getrocknet.

KOMBINATIONEN

Unentbehrlich in Berbere, Hilbeh, Panch Phoron, Sambar.

Passt zu Fischcurrys, Blatt- und Wurzelgemüse, Hülsenfrüchten, Lamm, Kartoffeln, Reis, Tomaten.

Harmoniert mit Fenchelsamen, getrockneten Limetten, Kardamom, Knoblauch, Koriander, Kreuzkümmel, Kurkuma, Nelken, Pfeffer, Schwarzkümmel, Zimt.

Ajowan, Ammei

Trachyspermum ammi

Dieses auch Indischer Kümmel genannte Gewürz ist tatsächlich eng verwandt mit Kreuzkümmel und Kümmel. Das kleine, einjährige Doldengewächs hat seine Heimat in Südindien, aber in ganz Indien sind die Samen ein beliebtes Gewürz. Auch in Pakistan, Afghanistan, Iran und Ägypten wird die Pflanze kultiviert und genutzt.

In der Küche

Ajowan sollte sparsam verwendet werden, sonst schmeckt das Gericht bitter. Kochen mildert den Geschmack. Er ähnelt dann Thymian oder Oregano, nur kräftiger und mit einer pfeffrigen Note.

Ajowan hat eine natürliche Affinität zu stärkehaltiger Nahrung. In Südwestasien gibt man ihn in Brot (Paratha), herzhaftes Gebäck (Pakora) und gebratene Snacks (vor allem solche aus Kichererbsenmehl). Auch zum Würzen von Pickles und Wurzelgemüse wird er verwendet. Oft nimmt man ihn zu Hülsenfrüchten, weil er gegen Blähungen wirkt. Sehr beliebt ist er in der Gujarat-Küche, wo er in den Teig für Bhajias und Pakoras und – in Kombination mit Chili und frischem Koriander – in den Pfannkuchenteig für Pudlas kommt. In Nordindien wird Ajowan erst mit anderen Gewürzen in Ghee geröstet, bevor er einem Gericht beigefügt wird. Häufig verwendet wird er als Gewürz für den Snack Bombay Mix.

Gemahlene Samen (Früchte)
Die Samen werden ganz oder zerstoßen verwendet. Erst vor Gebrauch mahlen.

Ganze Samen
Die Samen sind klein, oval und gerillt, graugrün bis rotbraun. Sie ähneln Selleriesamen.

AROMA

Zerstoßener Ajowan hat einen starken, recht scharfen Geruch nach Thymian. Der weitgehend vom Thymol im ätherischen Öl bestimmte Geschmack ist beißend scharf und bitter. Kaut man nur die Samen, wird die Zunge taub.

VERWENDETE TEILE

Getrocknete Samen.

KAUF UND LAGERUNG

Ajowan findet man in Asialäden, oft unter dem Namen Ajwain, Ammei oder Carom. Die Samen halten sich im luftdichten Behälter unbegrenzt. Wegen des flüchtigen Aromas erst kurz vor Gebrauch im Mörser zerstoßen.

ERNTE

Die Stängel des Ajowans werden im Mai oder Juni geschnitten. Zunächst werden sie getrocknet, anschließend gedroschen.

KOMBINATIONEN

Unentbehrlich in Berbere und Chat masala.

Passt zu Fisch, grünen Bohnen, Hülsenfrüchten, Wurzelgemüse.

Harmoniert mit Fenchelsamen, Ingwer, Kardamom, Knoblauch, Kurkuma, Nelken, Pfeffer, Zimt.

Mastix

Pistacia lentiscus

Mastix ist ein Harz aus der Rinde eines Mastixstrauchs, der ursprünglich auf der griechischen Insel Chios kultiviert wurde. Unter der Rinde des Stammes treten viele harzreiche Adern aus. Die teils runden, teils ovalen Harzperlen werden »Tränen« genannt. Sie sind halbtransparent und hellgolden. Mastix ist spröde, wird aber beim Kauen elastisch wie Kaugummi.

AROMA

Mastix hat ein leichtes Nadelbaumaroma. Es schmeckt angenehm erfrischend, etwas bitter und reinigt den Atem.

VERWENDETE TEILE

Das getrocknete Harz. Mastix wird vor Gebrauch fein gemahlen, um sich unauffällig mit der Speise zu verbinden.

KAUF UND LAGERUNG

Mastix ist sehr teuer und wird in kleinen Mengen verkauft. Es ist gelegentlich in griechischen Feinkostgeschäften, Asialäden oder über den Versandhandel zu bekommen. Kühl lagern.

ANBAU UND ERNTE

Die langsam wachsenden, immergrünen Sträucher produzieren erstmals nach 5–6 Jahren Mastix und in der Folge für weitere 50–60 Jahre. Das Harz gewinnt man von Juli bis Oktober: Die knorrigen Stämme werden diagonal eingekerbt, sodass das klebrige Harz austritt. Im Kontakt mit Luft härtet es sich zu den »Tränen«, die gesammelt, gewaschen, von Hand gesäubert und zum Trocknen ausgelegt werden.

KOMBINATIONEN

Passt zu Aprikosen, Datteln, Frischkäse, Mandeln, Milchdesserts, Pistazien, Rosen- und Orangenblütenwasser, Walnüssen.

Harmoniert mit Mahlep, Kardamom, Mohn, Nelken, Piment, Schwarzkümmel, Sesam, Zimt.

In der Küche

Mastix wird zum Backen, in Desserts und Süßigkeiten verwendet. Die Griechen würzen damit ihre Festtagsbrote wie das Osterbrot Tsoureki, die Zyprioten ihr österliches Frischkäsegebäck, die Flaounes. Die Ernte geht größtenteils in die Türkei und die Arabischen Staaten. Mit Zucker und Rosen- oder Orangenblütenwasser aromatisiert Mastix Milchpuddings, Gebäckfüllungen aus Trockenobst und Nüssen, Türkischen Honig und Eingemachtes. Eiscreme bekommt durch Mastix eine zähe Konsistenz. In Izmir kennt man Mastixsuppe, Mastixeintopf und eine Mastixsüßigkeit.

Mastixträne
Als der erste Kaugummi wurde Mastix zum Erfrischen des Atems und zur Verdauungsförderung verwendet.

Färberdistel, Saflor

Carthamus tinctorius

Der Saflor ist eine uralte Kulturpflanze, die traditionell kleinflächig für den Eigenbedarf angebaut und als Medizin, Färberpflanze, Speisefarbe oder Gewürz diente. Heute wird sie hauptsächlich wegen des Samenöls in vielen Teilen der Welt angebaut. Gewinnsüchtige Händler drehen Saflor Touristen als weitaus teureren Safran an. In einigen Ländern heißt er daher auch Bastard- oder Falscher Safran.

In der Küche

Saflor färbt Reis, Eintöpfe und Suppen hellgelb, erreicht jedoch weder die Farbtiefe noch das komplexe Aroma von Safran. Für diese Zwecke wird er in Indien und der arabischen Welt verwendet. Zum Färben werden die Blüten direkt in das Gericht gegeben oder man lässt sie vorher in warmem Wasser ziehen. In Portugal verwendet man Saflor in Würzpasten für Fischeintöpfe und Essigsoßen für gebratenen Fisch. In der Türkei wird er zum Kochen und als Garnitur verwendet, in Georgien ist er wichtiger Bestandteil der Khmeli-suneli-Gewürzmischung.

Färberdistel-Öl ist reich an ungesättigten Fettsäuren, die Gefäßkrankheiten vorbeugen.

Getrocknete Blüten

Saflor sind die Röhrenblüten aus dem großen, runden Blütenkopf der hoch wachsenden Färberdistel. Sie trägt ovale, stachelig gezähnte Blätter. Frische Blüten sind tiefrot mit gelben Rändern, getrocknete sind gelb bis tieforange oder ziegelrot.

AROMA

Saflor besitzt wenig Aroma, riecht aber krautig und etwas nach Leder. Das Aroma ist bitter und leicht scharf. Obwohl Saflor die Farbstoffe Carthamin und Saflorgelb enthält, fehlen ihm ätherische Öle, die Aroma erzeugen könnten.

VERWENDETE TEILE

Getrocknete Blüten.

KAUF UND LAGERUNG

Spezialisierte Gewürzhändler bieten Saflor in Europa an, auch online ist er erhältlich. In den Ländern, wo er verwendet wird, ist er auch auf Märkten zu bekommen. Er wird in Form von losen, getrockneten Blüten oder gepressten Blütenköpfen angeboten. In der Türkei, wo er sehr gebräuchlich ist, wird er auch als Türkischer Safran verkauft. Luftdicht aufbewahren. Das Aroma verliert sich nach 6–8 Monaten.

ERNTE

Die Blüten werden im Sommer gesammelt, in der Sonne getrocknet und dann zerstoßen.

KOMBINATIONEN

Passt zu Fisch, Reis, Wurzelgemüse.

Harmoniert mit Chili, Knoblauch, Korianderblättern, Kreuzkümmel, Paprika, Petersilie.

AROMA

Schwarzer Pfeffer hat einen feinen, fruchtigen Geruch mit holzigen Noten und Zitrusanklängen. Sein Geschmack ist scharf und beißend mit reinem, durchdringendem Nachgeschmack. Weißer Pfeffer ist weniger aromatisch und kann muffig schmecken, doch besitzt er pfeffrige Schärfe mit süßlichem Nachklang.

VERWENDETE TEILE

Unreife und reife Früchte.

KAUF UND LAGERUNG

Am besten sind sonnengetrocknete Pfefferkörner, denn durch mechanisches Trocknen bei hohen Temperaturen gehen ätherische Öle verloren. Einmal gemahlen, verlieren sie schnell an Aroma, daher werden die Körner am besten nur bei Bedarf gemahlen oder im Mörser zerstoßen. Im luftdichten Behälter halten Pfefferkörner ein Jahr.

ERNTE

Für schwarzen Pfeffer werden unreife grüne Beeren gepflückt, kurz fermentiert und getrocknet. Hierbei schrumpfen sie, werden runzlig und schwarz oder dunkelbraun. Für weißen Pfeffer pflückt man die Beeren, wenn sie gelblich rot und fast reif sind, wässert sie, um die Schale aufzuweichen und zu lösen. Danach trocknen die Samen in der Sonne.

Echter Pfeffer

Piper nigrum

Die Geschichte des Gewürzhandels lässt sich verkürzt als die Suche nach dem Pfeffer umschreiben. Pfefferkörner und Langer Pfeffer von der indischen Malabarküste gelangten vor mindestens 3000 Jahren nach Europa. Die Gewürzstraßen wurden erbittert verteidigt, ihretwegen wurden Imperien gegründet und zerstört. Im Jahre 408 n. Chr. verlangten die Goten bei der Belagerung von Rom Pfeffer als Teil des Tributs, später wurde Pfeffer mit Gold aufgewogen und galt als Zahlungsmittel für Pacht, Mitgift und Steuer. Haupterzeuger sind Indien, Indonesien, Brasilien, Malaysia und Vietnam.

Ganze Pfefferkörner
Den höchsten Preis erzielen große, gleichmäßige, dunkelbraune bis schwarze Pfefferkörner. Das Aroma ist wichtiger als die Schärfe. Als bester weißer Pfeffer gilt der indonesische Muntok.

Gemahlener Pfeffer
Gemahlener weißer Pfeffer sieht in weißen Soßen besser aus als schwarzer.

Zerstoßener Pfeffer
Zerstoßene Pfefferkörner sind ideal für Grillsteaks und aromatische Marinaden.

Pfeffer hat je nach Herkunft unterschiedliche Eigenschaften. Er wird deshalb nach seinem Anbauort klassifiziert. Allgemein wird das Aroma des Pfeffers von seinem Anteil an ätherischen Ölen bestimmt, seine Schärfe vom Anteil des Alkaloids Piperin. Schwarzer Pfeffer besitzt sowohl Aroma als auch Schärfe. Weißer Pfeffer enthält weniger ätherisches Öl als schwarzer, da sich das Öl in der Fruchthaut befindet, die beim Reinigen abgelöst wird. Das erklärt, warum weißer Pfeffer zwar scharf, aber weniger aromatisch ist. Mit der Zeit lässt die Intensität des Aromas im ätherischen Öl nach. Der Anteil an ätherischem Öl und Piperin variiert je nach Herkunft des Pfeffers. Der beste Pfeffer ist der indische Malabar, er hat ein fruchtiges Aroma und eine reine Schärfe. Der Tellicherry hat die größten Beeren. Indonesischer Lampong-Pfeffer enthält mehr Piperin und weniger ätherisches Öl, er ist daher eher scharf als aromatisch; die Beeren sind kleiner und grauschwarz. Sarawak-Pfeffer aus Malaysia hat ein milderes Aroma als indonesischer, ist aber beißend scharf. Brasilianischer Pfeffer mit seinem niedrigen Piperin-Gehalt schmeckt eher langweilig. Hell und mild ist der vietnamesische Pfeffer.

Rote Pfefferkörner
Rote oder rosa Pfefferkörner sind vollreife Früchte, die meist in Lake oder Essig eingelegt erhältlich sind. Ihre Schale ist weich, ihr Geschmack fein, fast süß und fruchtig. Der innere Kern erzeugt eine milde, anhaltende Schärfe.

Grüne Pfefferkörner
Grüner Pfeffer hat ein schwaches Aroma und eine angenehm frische Schärfe, die nicht übermäßig feurig ist. Er wird gefriergetrocknet angeboten, außerdem in Lake oder in Essig eingelegt. Frische grüne wie rote Pfefferkörner sollte man im Kühlschrank aufbewahren.

Der Anblick der so harmonisch anmutenden **Pfefferpflanzen** *lässt kaum ahnen, welch erbitterte Handelskriege*

sie einst auslösten. *Pfeffer ist nach wie vor das wichtigste Gewürz, was Produktionsvolumen und Wert anbelangt.*

KOMBINATIONEN

Unentbehrlich in Baharat, Berbere, Garam masala, Ras el-Hanout, Quatre Épices.

Passt zu den meisten Gerichten.

Harmoniert mit Basilikum, Ingwer, Kardamom, Knoblauch, Kokosmilch, Koriander, Kreuzkümmel, Kurkuma, Limette, Muskat, Nelken, Rosmarin, Thymian, Zimt, Zitrone.

LANGER PFEFFER

P. longum und *P. retrofactum:* Beide Arten stammen aus Indien bzw. Indonesien. Vor allem in Asien, Ost- und Nordafrika werden sie in gedünsteten Gerichten und Pickles verwendet.
Die Rispen mit ihren winzigen Früchten werden grün geerntet und an der Sonne getrocknet. Sie gleichen dann grauschwarzen kleinen Zapfen. Langer Pfeffer wird gewöhnlich ganz verwendet. Er duftet süßlich und schmeckt anfangs wie schwarzer Pfeffer, hinterlässt aber einen beißenden, betäubenden Nachgeschmack. Südostasiatischer Langer Pfeffer ist etwas länger und schärfer als indischer.

In der Küche

Pfeffer schmeckt weder süß noch salzig, nur scharf. Obwohl er hauptsächlich in herzhaften Speisen verwendet wird, passt er auch zu Früchten und in süßes Gewürzbrot oder Kuchen. Er bringt das Aroma anderer Gewürze zur Geltung und behält beim Kochen seinen Eigengeschmack.

Selbst die Chili-Liebhaber in Lateinamerika und Südasien greifen zu den Pfefferkörnern, um Kochflüssigkeiten, Brühen, Salatdressings und Soßen zu würzen, oder man gibt zerstoßenen Pfeffer in Gewürzmischungen und Marinaden. Mit gemahlenem Pfeffer wird Fisch, Braten und Grillgut eingerieben, er würzt Eintöpfe und Currys, aber auch einfaches Buttergemüse und geräucherten Fisch.

Mit dem unauffälligen weißen Pfeffer werden helle Soßen und sahnige Suppen gewürzt, allerdings sparsam, denn er ist scharf.

In Frankreich verwendet man häufig Mignonette-Pfeffer, eine Mischung aus schwarzen und weißen Pfefferkörnern – schwarze wegen des Aromas, weiße wegen der Schärfe.

In Lake eingelegte Pfefferkörner sollten vor Gebrauch abgespült werden. Grüner Pfeffer harmoniert wunderbar mit süßlichen Gewürzen wie Zimt, Ingwer, Lorbeer, Fenchelsamen und Zitronengras. Er würzt Schwein, Huhn (vor dem Braten mit einer Mischung aus Butter, zerstoßenem Pfeffer und Ingwer einreiben), Hummer, Krabben und Fisch, besonders Lachs. Ähnlich lassen sich Rote Pfefferkörner verwenden.

Mignonette-Pfeffer
Diese französische Mischung enthält schwarze und weiße Körner von *Piper nigrum*.

Kubebenpfeffer

Piper cubeba

Kubebenpfeffer ist die Frucht eines schlingenden Pfeffergewächses, das von Java und anderen Inseln Indonesiens stammt. Seit dem 16. Jh. wird er auf Java angebaut, danach war er 200 Jahre lang in Europa beliebter Ersatz für Echten Pfeffer. Ab dem 19. Jh. war er kaum noch zu haben. Heute kennt man ihn in den westlichen Ländern kaum, doch Gewürzliebhaber bekunden zunehmend Interesse.

In der Küche

Kubebenpfeffer, Schwanz- oder Stielpfeffer wird lokal in der indonesischen Küche und in geringerem Maß in Sri Lanka verwendet, wo er ebenfalls kultiviert wird. Arabische Kaufleute handelten ab dem 7. Jh. mit diesem Gewürz, das in der arabischen Küche früher eine Rolle spielte. Ein Überbleibsel davon ist der Anteil von Kubebenpfeffer in der marokkanischen Gewürzmischung Ras el-Hanout.

Kubebenpfeffer würzt nordafrikanische Lamm- oder Hammeltagines, er kann auch in langsam gekochten Eintöpfen Piment ersetzen. Am besten passt er in Fleisch- und Gemüsegerichte.

Gelegentlich wird Kubebenpfeffer mit Ashanti-Pfeffer, *P. guineense*, einer afrikanischen Art, oder mit dem Benin-Pfeffer, *P. clusii*, verwechselt.

Ganze Früchte

Die Körner mit ihrem kurzen, geraden Stiel sind zerfurcht und runzlig, dabei etwas größer als Pfefferkörner. Einige Beeren enthalten ein einziges Samenkorn, andere sind hohl.

AROMA UND GESCHMACK

Kubebenpfeffer hat ein angenehmes Aroma, leicht pfeffrig, das an Piment erinnert, mit einem Hauch von Eukalyptus und Kampfer. Roh hat er ein nadelbaumähnliches, brennend scharfes Aroma mit einer anhaltend bitteren Note, doch beim Kochen entwickelt er einen Piment-Geruch.

VERWENDETE TEILE

Unreife Früchte.

KAUF UND LAGERUNG

Man bekommt Kubebenpfeffer nur schwer, höchstens im Fachhandel für Gewürze oder online. Zwar behält er sein Aroma lange, aber man sollte dennoch nur kleinste Mengen kaufen, da man immer nur wenig davon benötigt. Luftdicht verpackt hält er über 2 Jahre. Erst bei Bedarf mahlen.

ERNTE

Kubebenpfeffer wird grün geerntet und färbt sich während des Trocknens in der Sonne tief schwarzbraun.

KOMBINATIONEN

Harmoniert mit Curryblättern, Kardamom, Kurkuma, Lorbeer, Rosmarin, Salbei, Thymian, Zimt.

Aromatische Blätter

Verschiedene Arten

In vielen Teilen der Welt verwendet man aromatische Blätter von den verschiedensten Bäumen als Gewürz. Oft werden sie etwas irreführend als »lorbeerähnlich« beschrieben. Zwar mag ihre Verwendung ähnlich sein, doch sind ihre aromatischen Eigenschaften sehr unterschiedlich. Im Folgenden stelle ich einige noch wenig bekannte aromatische Blätter vor, die man gelegentlich auch außerhalb ihrer Heimatländer bekommt.

AROMA

Aroma und Geschmack variieren ja nach Art. Einzelheiten verraten die Beschreibungen rechts.

VERWENDETE TEILE

Frische und getrocknete Blätter.

KAUF UND LAGERUNG

In aller Regel sind diese Arten in getrockneter Form über das Internet erhältlich. Man sollte möglichst frische Blätter erwerben, die man zwischen Schichten von Klarsichtfolie einfrieren kann. In Asialäden findet man eventuell frische Lá-Lót-Blätter. Getrocknete Salamblätter bekommt man in indonesischen Läden in den Niederlanden; frische und getrocknete Hoja santa wie auch Avocadoblätter erhält man höchstens über den spezialisierten Versandhandel.

ANBAU UND ERNTE

Aus Avocadokernen kann man eigene Avocadopflanzen ziehen, um die Blätter zu ernten. Salambäumchen sind nur in niederländischen Gärtnereien zu finden. Die aromatischen Blätter können jederzeit gepflückt und frisch verwendet werden. Für den Handel werden sie im Schatten getrocknet.

Hoja santa *Piper auritum*

Diese Verwandte des Echten Pfeffers wächst in Mittelamerika und Texas. Aroma und Geschmack der frischen Blätter sind etwas scharf und moschusartig mit einem Hauch von Pfefferminz und Anis. Getrocknete Blätter haben ein wärmendes Anis- und Fenchelaroma mit einer Zitrusnote.

Lá Lót *Piper sarmentosum*

Die leicht würzigen Blätter dieser Pfefferpflanze werden in Thailand (wo sie Chaa Phluu heißen) und Vietnam (dort nennt man sie Lá Lót) verwendet. Ihre großen, glänzenden, etwas herzförmigen Blätter werden manchmal für Betelblätter *(P. betle)* gehalten, die man in Indien zur Verdauungsförderung kaut.

In der Küche

Die großen, weichen, herzförmigen Blätter der Hoja santa sind für die mexikanische Küche, besonders in den Staaten Veracruz und Oaxaca, charakteristisch. Man umwickelt damit gedämpften Fisch oder Brathähnchen, legt oder schichtet sie in einen Fisch- oder Hühnerschmortopf und würzt damit Tamales. Ebenso gibt man sie mit anderen Kräutern in grüne Mole-Soßen. Die Blätter lassen sich gut mit Chilis, Knoblauch, Glänzender Studentenblume und Paprika kombinieren. Die Thailänder verpacken kleine Happen in Lá-Lót-Blättern von *P. sarmentosum:* geröstete Kokosnuss, Erdnüsse, jungen Ingwer, Schalotten, Chilis und gewürfelte Limette oder anderes Obst. In Vietnam wickelt man Frühlingsrollen und kleine Rindfleischstückchen in die Blätter, grillt sie und gibt sie in Suppen.

Salamblätter werden frisch in suppenähnlichen Gerichten aus verschiedenen Gemüsen verwendet, in pfannengerührtem Gemüse oder mit Rind, geschmortem Huhn oder Ente, auf Bali mit gebratenem oder gegrilltem Schwein. Getrocknete Blätter duften weniger als frische. Ihr Aroma entwickelt sich beim Kochen. Salamblätter lassen sich gut kombinieren mit Chilis, Galgant, Ingwer, Knoblauch, Tamarinde, Zitronengras und Kokosmilch sowie mit Muskat, Nelken, Pfeffer und Zimt.

In einigen Gegenden Mexikos verwendet man frische und getrocknete Avocadoblätter als Gewürz für Tamales, Eintöpfe und Grillfleisch oder zum Einwickeln. Meist werden die Blätter leicht geröstet und ganz oder gemahlen verwendet.

Salam *Eugenia polyantha*
Der Salambaum, ein Myrtengewächs wie der Nelkenbaum, stammt aus Malaysia und Indonesien. Die Blätter werden in der indonesischen Küche verwendet. Es gibt keinen wirklichen Ersatz für die zitronenartigen, aromatischen Blätter, eventuell Curryblätter.

Avocado *Persea americana*
Die glänzenden Blätter der Avocado haben einen schwachen Haselnuss-Anis- oder Süßholzduft. Dort, wo eine Avocado gedeihen kann, lohnt sich der eigene Anbau allein wegen der wunderbaren Frucht – die duftenden Blätter sind eine Dreingabe.

Bergpfeffer

Drimys (Tasmannia) lanceolata

Den Bergpfeffer (Mountain Pepper) liefern kleine Bäume, die im Hochland von Tasmanien, in Victoria und New South Wales gedeihen. Mit dem Echten Pfeffer, *Piper nigrum,* ist diese Art jedoch nicht verwandt. Die Aborigines haben die Blätter und Beeren des Baumes wohl nie als Gewürz verwendet, doch entdeckten frühe Siedler bald, dass gemahlene Beeren als Gewürz dienen könnten.

In der Küche

Bei Verwendung von Bergpfeffer anstelle von Echtem Pfeffer sollte man bei gemahlenen Blättern mengenmäßig nur halb so viel, bei Beeren sogar noch weniger als die übliche Pfeffermenge nehmen. Bergpfeffer wird häufig in Verbindung mit anderen australischen Buschgewürzen wie Akaziensamen *(S. 137)* und Zitronenmyrte *(S. 171)* verwendet. Gemischt mit Zitronenmyrte und Thymian passt er gut in Marinaden oder als Einreibgewürz für Lamm. Die Beeren würzen sehr kräftig. Am besten verwendet man kleinste Mengen, zerstoßen oder ganz, in lange kochenden Fleischeintöpfen, herzhaften Bohnengerichten oder Gemüsesuppen. Durch das lange Kochen verliert sich die Schärfe etwas und das Pfefferaroma durchdringt das Gericht. Die Beeren eignen sich auch für eine klassische französische Pfeffersoße zu Rind und Wild.

Frische Blätter
Die Blätter des Bergpfeffers haben eine anhaltend beißende Schärfe, die mehr an Sichuanpfeffer *(S. 220)* erinnert als an Echten Pfeffer. Getrocknete Blätter sind noch intensiver.

Getrocknete Beeren
Getrocknete Bergpfefferbeeren lassen sich in der Pfeffermühle mahlen. Zerdrückt ähneln sie öligem, grob zerstoßenem schwarzem Pfeffer.

AROMA

Alle Teile des Baumes sind aromatisch. Die Blätter haben einen angenehm holzigen Geruch mit einer Zitrusnote und schmecken auch danach. Frische Beeren schmecken anfangs süß fruchtig, bald folgt eine intensiv scharfe Kampfer- und Terpentinnote, die im Mund ein taubes Gefühl hinterlässt.

VERWENDETE TEILE

Blätter, frisch und getrocknet, Beeren, frisch und getrocknet.

KAUF UND LAGERUNG

Nur in Australien kann man Blätter und Beeren frisch bekommen. Getrocknet sind sie auch im Gewürzfachhandel zu finden. Die Beeren sind schärfer als die Blätter, daher vorsichtig würzen. Man sollte stets nur kleine Mengen kaufen, denn das Aroma verliert sich schnell, selbst im luftdichten Behälter. Blätter und Beeren eines verwandten Baumes, *Drimys (Tasmannia) stipitata*, werden als Dorrigopfeffer (nach ihrer Herkunft, den Dorrigo-Bergen) verkauft.

ERNTE

Die Blätter werden wie Lorbeerblätter flach ausgelegt getrocknet. Reife Beeren werden getrocknet oder in Lake eingelegt konserviert.

KOMBINATIONEN

Passt zu Hülsenfrüchten, Kürbis, Lamm, Rind, Wildfleisch, Wurzelgemüse.

Harmoniert gut mit Akaziensamen, Knoblauch, Lorbeer, Majoran, Oregano, Petersilie, Rosmarin, Rotwein, Senf, Thymian, Wacholder, Zitronenmyrte.

Paradieskörner

Amomum melegueta

Paradieskörner sind die Samen einer schilfähnlichen Staude aus der Familie der Ingwergewächse mit trompetenförmigen Blüten. Sie stammt von der Tropenküste Westafrikas, die von Liberia über den Golf von Guinea bis Nigeria reicht. Sie hat viele Bezeichnungen, etwa Guinea-Pfeffer, Malagetta-Pfeffer und Alligator-Pfeffer. Das einst im 13. Jh. über die Karawanenrouten der Sahara nach Europa gebrachte Gewürz wurde als Ersatz für Echten Pfeffer geschätzt. Noch heute stammt die Produktion aus derselben Region, mit Ghana als Hauptexporteur.

In der Küche

Paradieskörner werden heute bei uns kaum noch verwendet. Sie waren allerdings noch lange beliebt, nachdem Echter Pfeffer zum überall erhältlichen, kostengünstigen Gewürz wurde. Im 17. Jh. würzte man damit gern Glühwein, Bier und spanischen Südwein, doch war das Interesse daran um die Mitte des 19. Jh.s. so gut wie erloschen.

In Skandinavien verwendet man Paradieskörner noch heute in Aquavit. Nur in Westafrika – und in geringerem Maße in der Karibik – sind sie ein gängiges Gewürz. Im Maghreb finden sie sich in Ras el-Hanout und im tunesischen Qâlat daqqa. Paradieskörner passen ausgezeichnet in Glühwein, geschmorte Lammgerichte und zu Gemüse wie Auberginen, Kartoffeln und Kürbis.

Man gibt sie erst in der letzten Kochphase frisch gemahlen dem Kochgut zu. Als Ersatz kann Pfeffer mit etwas Kardamom dienen.

Zerstoßene Körner
Beim Zerstoßen wird die rotbraune Schale aufgebrochen, und das weiße Innere kommt zum Vorschein.

Gemahlene Körner
Paradieskörner lassen sich zu einem feinen, aromatischen Pulver mahlen.

Ganze Samen
Die Samenkapsel enthält ein weißes Mark. Darin sind 60–100 kleine rotbraune Samen, die Paradieskörner, eingebettet.

AROMA

Paradieskörner sind mit Kardamom nahe verwandt, besitzen aber nicht dessen kampferähnlichen Geschmack. Sie schmecken beißend scharf und pfeffrig, mit einer fruchtigen Note. Der Geruch ist ähnlich, jedoch schwächer.

VERWENDETE TEILE

Samen.

KAUF UND LAGERUNG

Paradieskörner sind nicht leicht zu bekommen. Der Gewürzfachhandel hält sie auf Lager, gelegentlich findet man sie in Naturkostläden. Luftdicht verschlossen aufbewahrt, bleibt ihr Aroma mehrere Jahre erhalten. Nach Bedarf mahlen.

ERNTE

Die Frucht ist eine gelb-rot gestreifte Kapsel von der Form und Größe einer Feige. Die Kapsel wird beim Trocknen braun, hart und nussähnlich, die Samen sind kastanienbraun und gleichen winzigen Kegeln.

KOMBINATIONEN

Unentbehrlich in Qâlat daqqa und Ras el-Hanout.

Passt zu Auberginen, Geflügel, Kartoffeln, Kürbis, Lamm, Reis, Tomaten, Wurzelgemüse.

Harmoniert mit Ingwer, Kreuzkümmel, Muskat, Nelken, Piment, Zimt.

AROMA

Sichuanpfeffer ist sehr duftig, holzig, etwas scharf, mit einem Hauch Zitronenschale. Sansho ist beißend scharf. Beide wirken am Gaumen leicht kribbelnd und betäubend. Die in Japan zum Garnieren verwendeten Sanshoblätter (Kinome) erinnern im Aroma an Minze und Basilikum.

VERWENDETE TEILE

Getrocknete Beeren, frische Blätter.

KAUF UND LAGERUNG

Sichuanpfeffer ist in Asialäden und im Spezialhandel ganz oder gemahlen erhältlich. Sansho bekommt man ebenfalls dort als grobes Pulver. Aufgebrochene Beeren bewahren ihr Aroma länger als Pulver. Luftdicht verschlossen aufbewahren. Die Saison für Kinome ist kurz, außerhalb Japans bekommt man sie nur schwer. Falls doch, bewahrt man das Gewürz in einem Kunststoffgefäß im Kühlschrank auf.

ERNTE

Die rotbraunen Beeren werden an der Sonne getrocknet, aufgeknackt und in der Regel von den bitteren schwarzen Samen befreit. Kinomeblätter werden im Frühling gepflückt und frisch verbraucht.

Sichuanpfeffer, Sansho

Zanthoxylum simulans und *Z. piperitum*

Diese zwei Gewürze, das eine typisch für die Küche der chinesischen Provinz Sichuan, das andere für diejenige Japans, sind die getrockneten Früchte der Stachelesche. Das Gewürz ist auch als Japanischer Pfeffer bekannt, früher gelegentlich Fagara genannt (die Dorneschen zählt man nicht mehr zur Gattung *Fagara*). Es sollte nicht mit den uns vertrauten schwarzen und weißen Pfefferkörnern verwechselt werden.

Ganze und aufgebrochene Beeren
Die zerstoßenen Beeren werden gewöhnlich vor dem Verkauf verlesen: Achten Sie dennoch vor der Verwendung darauf, dass kein bitterer Samen mehr enthalten ist. Aus dem gleichen Grund werden ganze Beeren gespalten, um die Samen zu entfernen.

Gemahlene Beeren
Die Beeren werden mit oder ohne Salz geröstet und nach dem Mahlen als Gewürz verwendet.

In der Küche

Sichuanpfeffer ist Bestandteil des chinesischen Fünf-Gewürze-Pulvers. Für viele Gerichte werden die Beeren 3–4 Minuten geröstet, um die aromatischen Öle freizusetzen. Dabei muss die Hitze sorgfältig überwacht werden, da verbrannte Beeren nicht mehr schmecken. Nach dem Abkühlen wird gemahlen, am besten in einer ausrangierten Kaffeemühle. Die Hülsen werden ausgesiebt, das Pulver wird verschlossen aufbewahrt. Wegen des flüchtigen Aromas bereitet man besser nur wenig zu. Der geröstete Pfeffer wird auch für Gewürzsalz verwendet. Sichuanpfeffer gibt man an Geflügel und Fleisch, das gebraten, gegrillt oder frittiert wird, auch zu pfannengerührtem Gemüse. Er passt zu grünen Bohnen, Pilzen und Auberginen.

Sansho wird in Japan als Tischgewürz verwendet, außerdem ist er Bestandteil der Sieben-Gewürze-Mischung Shichimi Togarashi. Häufig wird er verwendet, um den Geruch von fettreichem Fisch, Fleisch und Gemüse zu übertönen.

Kinome haben ein erfrischendes, mildes Aroma und sind sehr zart. Sie sind deshalb beliebt in Suppen, gedünsteten oder gebratenen Speisen und gekochten Salaten.

KOMBINATIONEN

Unentbehrlich in Fünf-Gewürze-Pulver, chinesischem Würzsalz (Sichuanpfeffer), Sieben-Gewürze-Pulver (shichimi togarashi).

Harmoniert mit Chili, Ingwer, Knoblauch, schwarzen Bohnen, Sesamöl und -samen, Sojasoße, Sternanis, Zitrusfrüchten.

Sieben-Gewürze-Pulver

Shichimi Togarashi, Sieben-Gewürze-Pulver oder Sieben-Aromen-Chili heißt die Gewürzmischung, mit der man in Japan Udon (Weizennudeln), Suppen, Nabemono (Eintopfgerichte) und Yakitori würzt. Neben Chiliflocken und Sansho gehören schwarzer und weißer Sesamsamen, getrocknete Tangerinenschale, Nori (Algen) und Mohnsamen dazu *(Rezept S. 271)*.

AROMA
Frischer Ingwer hat ein volles, wärmendes Aroma mit einer erfrischenden, holzigen Note und süßen Zitrusanklängen. Im Geschmack ist er pfeffrig scharf. Jung geerntete Rhizome sind milder und weniger faserig als solche, die später in der Saison geerntet werden.

VERWENDETE TEILE
Frische Rhizome.

KAUF UND LAGERUNG
Frische Ingwerrhizome sollten hart und nicht runzlig, fleischig und schwer sein. Sie halten sich bis zu 10 Tage im Gemüsefach. Man bekommt gehackten Ingwer sauer eingelegt und als tiefgefrorene Paste. Ingwer in Sirup und kandierter Ingwer halten, kühl und dunkel aufbewahrt, bis zu 2 Jahre, eingelegt hält er 6 Monate.

ERNTE
Die noch zarten Ingwerrhizome werden 2–3 Monate nach dem Auspflanzen ausgegraben. Für die Verwendung als frische »Wurzel« werden sie gewaschen, für einige Tage getrocknet und danach eingelagert.

Frischer Ingwer

Zingiber officinale

Die »Ingwerwurzel« ist botanisch gesehen ein Rhizom, die unterirdische Sprossachse einer üppigen, bambusähnlichen Pflanze. Seit über 3000 Jahren dient er als Gewürz. Der in Indien und den südlichen Provinzen Chinas angebaute Ingwer war zentraler Bestandteil konfuzianischer Ernährung, und auch die Sanskrit-Literatur erwähnt schon seine scharfe Würzkraft. Mit Ausnahme von Masalas und anderen trockenen Gewürzmischungen wird Ingwer in Asien meist frisch verwendet.

Ganze frische Rhizome
Frischer Ingwer hat eine blasse, gelbbraune Schale, die sich straff um das gelbe Fleisch spannt, das knackig und nicht faserig sein sollte.

Konservierung
Zum Konservieren oder Kandieren wird das Rhizom erst in Lake, dann in Wasser gelegt. Danach wird es erst in Wasser, dann in Sirup gekocht und darin gelassen.

In der Küche

Frischer Ingwer wird in ganz Asien für pikante Gerichte verwendet. In China wird er gerieben, gehackt, in Stücke oder Streifen geschnitten und zu Fisch und Meeresfrüchten, Fleisch und Geflügel gegeben, weil er deren Geruch neutralisiert. Will man einem Gericht mit großen Stücken zusätzliches Aroma geben, bleiben sie ungeschält und werden vor dem Auftragen entfernt. Was Gemüse anbelangt, wird Ingwer vor allem für Kohl und Blattgemüse verwendet. Man gibt ihn in Suppen, Soßen und Marinaden. In Japan dient er – wie in China – dazu, den Geruch von Fisch zu übertönen. Frisch geriebener Ingwer und sein Saft werden in Dips für Tempura, in Dressings und zu gegrillten und frittierten Gerichten gegeben. Auch in Korea würzt man viele Gerichte mit Ingwer, etwa Kimchi, ein beliebtes milchsauer eingemachtes Gemüse.

In Südostasien zieht man dem Ingwer meist den Galgant vor, obwohl manche Gerichte beide Gewürze enthalten.

Ingwer und Knoblauch sind natürliche Partner: Viele nordindische Gerichte basieren auf einer Paste aus Ingwer, Knoblauch und Zwiebeln, mit der man das Bratöl würzt, bevor man das Fleisch oder Gemüse hinzugibt. Im Süden besteht die Mischung eher aus Ingwer, Knoblauch, Chili und Kurkuma. Man gibt ihn in Chutneys und Relishes, Fleisch- und Fischmarinaden und Salate. Ingwer gibt mit Limettensaft und Chat masala ein gutes Salatdressing für Hülsenfrüchte, und mit Chilis, Zucker, Fischsoße und Wasser gemischt eine vietnamesische Dipsoße für Fisch. Frischer Ingwer hat auch in die europäische und amerikanische Küche Einzug erhalten.

Ingwersaft kann man herstellen, indem man frischen Ingwer reibt und das Mus durch ein Mulltuch oder einen Teebeutel presst. Man verwendet Ingwersaft in Soßen und Marinaden, die nach einem dezenten Ingweraroma verlangen. Einige Spritzer kann man auch über Fleisch geben.

KOMBINATIONEN

Passt zu Ananas, grünen Bohnen, Brokkoli, Fisch, Hähnchen, Krebsfleisch, Kürbis, Melone, Pastinaken, Rind, Roter Bete, Weißkohl, Zitrusfrüchten.

Harmoniert mit Basilikum, Chili, Fischsoße, Frühlingszwiebeln, Galgant, Kaffirlimette, Knoblauch, Kokosnuss, Koriander, Kurkuma, Limettensaft, Minze, Sojasoße, Tamarinde, Zitronengras.

Frischer Saft
Frischer Ingwer lässt sich leicht reiben, um einen aromatischen Saft für Soßen und Dressings zu gewinnen.

Junger Ingwer
Manchmal bekommt man im Frühsommer in Asialäden blassen jungen Ingwer mit feuchter, durchsichtiger Schale. Sein Fleisch ist cremeweiß, die Spitzen der Triebe sind rosa, und das Fleisch ist knackig. Er duftet unverfälscht und hat den eindeutigen Ingwergeschmack, ohne beißend zu sein. Die zarten Rhizome lassen sich ungeschält verwenden. Man kann jungen Ingwer in Stücke schneiden und pfannengerührt als Gemüse genießen – oder kurz gekocht zu Fisch und Meeresfrüchten, besonders zu Krabben. In China wird junger Ingwer häufig eingelegt. Dünn geschnittener Ingwer und »feuchter« Knoblauch passen in Salate mit grünen Bohnen, Tomaten oder Roten Beten. Erstaunlich gut schmeckt er zu kaltem Roastbeef.

Eingelegter Ingwer
In Japan werden Ingwerknollen süßsauer eingelegt und hauchdünn geschnitten als verdauungsförderndes Gari zu Sushi gereicht. Er schmeckt recht mild und wird durch das Einlegen rosa. Auch hierzulande lohnt es sich, Gari zu Fisch, Meeresfrüchten und Gemüsesalat zu probieren.

Beni Shoga nennt sich ein in Streifen geschnittener, eingelegter Ingwer, der durch Perillablätter in der Lake kräftig rot gefärbt ist. Da er schärfer ist als Gari, schmeckt er gut zu Krabben und anderen Meeresfrüchten. Hajikami Shoga sind eingelegte Ingwertriebe, die zu gegrilltem Fisch gereicht werden. Gari, Beni Shoga und Hajikami Shoga erhält man in Gläsern oder Packungen in Asialäden.

Eingelegte Triebe
Hajikami Shoga heißen die manchmal grell-, manchmal zartrosa jungen Triebe der Ingwerpflanze.

Geraspelter Ingwer
Das scharfe Beni Shoga wird erst in Salz, dann in Essig eingelegt. Zu Meeresfrüchten bildet dieses leuchtend rote Pickle farblich und geschmacklich einen starken Kontrast.

Ingwer in Scheiben
Beim Gari handelt es sich um dünn geschnittenes und in süßem Essig eingelegtes Ingwerrhizom.

Konservierter Ingwer
In Sirup eingelegter oder kandierter Ingwer wird ganz schlicht als Süßigkeit verzehrt oder als Gewürz in Dessertsoßen, Eiscreme, Gebäck und Kuchen verwendet.

Mioga-Ingwer
Sowohl in Japan wie in Korea begeistert man sich für die mild aromatischen jungen Triebe und Knospen des Mioga-Ingwers, *Zingiber mioga*. Sie werden in Scheiben geschnitten und würzten schon immer Suppen, Tofu, Salate und eingelegte Beilagen zu Gegrilltem. Man kann ihn in Asialäden in eingelegter Form und in der Saison vielleicht sogar frisch bekommen.

Ingwerblüten
Die attraktiven Blüten des wilden Ingwergewächses *Alpinia elatior* nutzt man in Thailand und Malaysia. Die Knospen und jungen Triebe der sogenannten Ingwerlilie *(siehe S. 170)* werden roh zu Nam Prik, in Scheiben in Salaten, in Streifen geschnitten in Laksa-Suppen oder wegen der milden Schärfe zu Fischcurrys gegeben. Außerhalb Asiens sind sie schwer zu finden.

Indische Gewürzlilie, Kencur, *s. S. 170.*

Ingwer in Sirup
Junge Ingwerknollen lässt man mehrfach in starkem Sirup ziehen, bis das Gewebe mit Sirup getränkt ist. Manchmal spricht man auch von »Stem ginger«, da sowohl Stängel als auch das Rhizom verwendet werden.

Frische Mioga-Knospen
Die Mioga-Knospen werden im Frühling gepflückt. Sie duften, besitzen kaum Schärfe und haben eine zarte, knackige Konsistenz.

Kandierter Ingwer
Um diese leicht scharfe Süßigkeit herzustellen, werden junge Ingwerknollen in einem dicken Sirup gekocht, an der Luft getrocknet und in Zucker gewälzt.

Getrockneter Ingwer

Zingiber officinale

Die Küchen des Vorderen Orients und Europas sind mehr an den Gebrauch getrockneten Ingwers gewöhnt, denn in dieser Form kam er über die Karawanenstraßen dort an. Schon die Assyrer und Babylonier verwendeten Ingwer in der Küche, später die Ägypter, Griechen und Römer. Ab dem 9. Jh. verwendete man in ganz Europa Ingwer als Tischgewürz. Die Nachfrage wurde so groß, dass ihn die Spanier und Portugiesen ab dem 16. Jh. in ihren neuen tropischen Territorien anbauten.

AROMA

Ganzer getrockneter Ingwer ist weniger aromatisch als frischer *(S. 222)*, zerdrückt oder gemahlen verströmt er aber einen pfeffrigen Geruch mit leicht zitronenartiger Note. Er schmeckt brennend scharf und durchdringend.

VERWENDETE TEILE

Getrocknete Rhizome.

KAUF UND LAGERUNG

Getrockneter Ingwer kann als Knolle, in Scheiben oder als Pulver gekauft werden. Bei getrocknetem Ingwer ist die Qualität entscheidend: Der beste ist scharf und zitronenartig, Ingwer von schlechter Qualität dagegen ist scharf, beißend und faserig. Die Rhizome lassen sich schwer mahlen, es empfiehlt sich eher, eine kleine Menge als Pulver zu kaufen. Im luftdichten Behälter behalten gute Qualitäten ihr Aroma mindestens 2 Jahre.

ERNTE

Soll Ingwer getrocknet werden, wird er 9–10 Monate nach dem Pflanzen geerntet, wenn er ausgereift, scharf und faserreich ist. Die Rhizome werden in der Sonne getrocknet. Ingwer von bester Qualität wird vorher geschält, andere bleiben ungeschält oder werden vor dem Schälen und Trocknen gekocht.

Gemahlene Rhizome
Gemahlener Ingwer ist für viele Brote, Kuchen und Gebäck unverzichtbar. Getrockneter Ingwer schmeckt anders als frischer, deshalb sollte der eine nicht durch den anderen ersetzt werden.

Getrocknete Rhizomstücke
Die getrockneten, blassbeigen Rhizome geben, wenn sie gequetscht werden, ein angenehm wärmendes Aroma ab. Im Ganzen werden die Stücke meist als Pickles-Gewürz verwendet.

In der Küche

In Asien wird getrockneter Ingwer in vielen scharfen Gewürzmischungen verwendet. Im Westen, wo er zu den Eckpfeilern früher Gewürzmischungen gehörte, findet er sich heute in den Quatre Épices und als Einlegegewürz wieder. Zu Kürbis, Möhren und Süßkartoffeln passt er ausgezeichnet. In den arabischen Ländern gibt man ihn mit anderen Gewürzen in Tagines, Couscous und langsam gekochte Fleischgerichte mit Obst. Man schätzt ihn in Lebkuchen, Kuchen und Gebäck, und die Getränke-Industrie verwendet Ingwer in Gingerbier, Wein und alkoholfreien Getränken. Obst und Ingwer passen gut zusammen (Bananen, Birnen, Grapefruit, Orangen). Somit ergibt er auch ein gutes Konfitürengewürz.

Die verschiedenen Sorten
Qualität und Aroma des Ingwers variieren stark je nach Herkunft. Im Handel weisen bestimmte Güteklassen darauf hin, wie der Ingwer vor dem Trocknen behandelt worden ist. Jamaika-Ingwer galt lange wegen des zarten Aromas, der hellen Farbe und des feinen Pulvers als der beste. Er ist teuer und rar. Indien ist der Hauptexporteur für getrockneten Ingwer. Von höchster Qualität ist der hellbraune, teils geschälte Cochin-Ingwer mit scharfem, zitronenartigem Aroma. Chinesischer Ingwer erinnert noch mehr an Zitrone und schmeckt weniger scharf als Cochin-Ingwer. Die afrikanischen Sorten, besonders aus Sierra Leone und Nigeria, werden oft ungeschält verarbeitet und schmecken daher eher grob und pfeffrig mit einer Kampfernote.

Ingwer aus Australien hat deutliche Zitronennoten.

KOMBINATIONEN

Unentbehrlich in Berbere, Curry- und Masala-Mischungen, Fünf-Gewürze-Pulver, Einlegegewürzen, Quatre Épices, Ras el-Hanout.

Passt zu Äpfeln, Bananen, Birnen, Kürbis, Lamm, Rind, Wurzelgemüsen und Zitrusfrüchten.

Harmoniert mit Honig, Kardamom, Muskat, Nelken, Nüssen, Paprika, Pfeffer, Rosenwasser, Safran, Zimt, eingelegten Zitronen.

Quatre Épices
Diese klassische französische Mischung wird zur Zubereitung von Schwein und anderem Fleisch verwendet. Die vier Gewürze sind: schwarze Pfefferkörner, Nelken, getrockneter Ingwer und Muskat *(Rezept S. 285)*.

Piment, Nelkenpfeffer

Pimenta dioica

Piment ist auf den tropischen Inseln Mittelamerikas zu Hause, vor allem auf Jamaika. Als Kolumbus ihm auf den karibischen Inseln begegnete, glaubte er den lang gesuchten Pfeffer gefunden zu haben, daher sein spanischer Name »Pimienta«, Pfeffer, der als Piment übernommen wurde. Später wurde er wegen seiner Herkunft in Jamaikapfeffer umbenannt. Nach wie vor kommt die beste Qualität von dieser Insel. Piment ist das einzige wichtige Gewürz, das noch immer fast ausschließlich aus dieser Region stammt – und auch das einzige, das nahezu exklusiv in der Neuen Welt angebaut wird.

AROMA

Piment schmeckt angenehm scharf. Schon seine Bezeichnung als Nelkenpfeffer, im Englischen als Allspice, deutet die pfeffrige Mischung von Nelken-, Zimt-, Muskat- und Muskatblütenaroma an. Das stärkste Aroma enthalten die Schalen, weniger die darin enthaltenen Samen.

VERWENDETE TEILE

Getrocknete Beeren.

KAUF UND LAGERUNG

Piment wird ganz oder gemahlen angeboten. Ganze Beeren, die wie große braune Pfefferkörner aussehen, sind immer vorzuziehen. Sie lassen sich bei Bedarf leicht mahlen und halten im luftdichten Behälter fast unbegrenzt.

ERNTE

Pimentbeeren werden vorrangig von Plantagenbäumen geerntet. Man pflückt sie vor der Reife noch grün von Hand. Dann lässt man sie einige Tage schwitzen, bevor sie bis zu einer Woche auf schwarzen Betonplatten getrocknet werden, wobei sie sich rotbraun färben. Nach dem Trocknen (wenn die Samen in der Schale klappern) werden sie von der Spreu getrennt und nach Größe sortiert. Noch immer werden in den Regenwäldern Mexikos und Guatemalas die größeren, minderwertigen wilden Beeren gesammelt.

Ganze getrocknete Beeren
Piment von Jamaika besitzt den höchsten Anteil an geschmacksbestimmendem ätherischem Öl. Eine seiner wichtigsten Komponenten, das Eugenol, ist auch das wichtigste aromatische Element von Nelken.

Gemahlene Beeren
Gemahlener Piment verliert schnell seine Würzkraft.

In der Küche

Lange vor der Entdeckung Amerikas verwendeten die Bewohner der Karibik Piment zum Konservieren von Fisch und Fleisch. Die Spanier lernten von ihnen und gaben Piment in Escabeches und andere Konservierungsflüssigkeiten. In Jamaika ist er immer noch ein wichtiges Gewürz in sogenannten Jerks – das sind Gewürzpasten, mit denen man Huhn, Fleisch oder Fisch vor dem Grillen einreibt. Auch sonst wird Piment in Suppen, Eintöpfen und Currys verwendet, allerdings häufiger zerstoßen als gemahlen. Im Vorderen Orient würzt Piment Braten, in Indien auch Pilaws und einige indische Currys. In Europa verwendet man ganze Körner entweder in Pickles und Marinaden, oder man gibt sie gemahlen etwa in Spekulatius, Pudding, Marmeladen und Obstkuchen. Piment steigert das Aroma von Grapefruit, Pflaumen, Schwarzen Johannisbeeren und Äpfeln.

Den größten Teil der Welternte braucht die Lebensmittelindustrie für Ketchup und andere Soßen sowie Würste, Fleischpasteten, saure Heringe und Sauerkraut.

KOMBINATIONEN

Unentbehrlich in Lebkuchengewürz, Fleisch- und Wildmarinaden.

Passt zu Auberginen, den meisten Früchten, Kürbis, Süßkartoffeln und anderem Wurzelgemüse.

Harmoniert mit Chili, Ingwer, Knoblauch, Koriandersamen, Muskatblüte, Nelken, Pfeffer, Rosmarin, Senf, Thymian.

Lebkuchengewürz
Für dieses Gewürz werden Pimentbeeren, Koriandersamen, Nelken, Muskatblüte, Muskat und Zimt gemeinsam vermahlen *(Rezept S. 286)*.

AROMA

Nelken duften intensiv, mit Pfeffer- und Kampfernoten. Der Geschmack ist fruchtig, jedoch auch scharf, pfeffrig und bitter, im Gaumen hinterlassen sie ein betäubendes Gefühl. Wie bei Piment wird der typische Geschmack vom Eugenol im ätherischen Öl bestimmt.

VERWENDETE TEILE

Getrocknete Blütenknospen.

KAUF UND LAGERUNG

Ganze Nelken variieren stark in Bezug auf Größe und Aussehen, sie sollten aber sauber und unversehrt sein. Auf Druck mit den Fingernägeln scheiden gute Nelken etwas Öl aus. Im luftdichten Behälter halten sie ein Jahr. Wegen ihrer Härte kann man sie nur elektrisch mahlen. Gemahlene Nelken sollten dunkelbraun sein, helleres, sandiges Pulver stammt vermutlich von Blütenstängeln, die weniger ätherisches Öl enthalten. Pulver verliert schnell an Würzkraft.

ERNTE

Zweimal im Jahr, zwischen Juli und September, bilden sich die Nelkenknospen in kleinen Trugdolden. Sie werden vor dem Aufblühen gepflückt, sobald sich der Blütenboden rosa verfärbt. Beim Trocknen in der Sonne auf Matten verlieren sie fast ihr ganzes Gewicht und werden rötlich bis dunkelbraun.

Gewürznelken

Syzygium aromaticum

Der tropische, immergrüne Gewürznelkenbaum trägt duftende Blätter. Seine Blüten mit rotem Blütenboden und weißen Blütenblattkappen entwickeln sich selten, da die Knospen als Gewürz dienen. Aus seiner Heimat, der indonesischen Inselgruppe der Molukken, gelangte das Gewürz in der Römerzeit über Alexandrien nach Europa. Die Gewürzinseln wurden von den Portugiesen und später von den Niederländern erobert, bis es 1772 gelang, Setzlinge nach Mauritius zu schmuggeln. Heute sind Sansibar, Madagaskar und Tansania die Hauptexporteure. Indonesien verbraucht fast seine ganze riesige Produktion selbst.

Ganze Nelken
Qualitativ hochwertige Nelken haben rotbraune Stiele mit einer helleren Knospe. Sie fühlen sich rau an und sollten sauber brechen.

Gemahlene Nelken
Von ihrer würzigen Schärfe profitieren Masalas und Currypulver, das Fünf-Gewürze-Pulver, Berbere und Baharat.

In der Küche

Nelken sind sparsam zu verwenden, denn sie übertönen leicht andere Gewürze. Sie passen ebenso zu süßen wie pikanten Gerichten. Fast überall in der Welt würzen sie Backwaren, Desserts, Sirup und Eingemachtes. In Europa werden Nelken als Gewürz zum Einlegen oder für Glühwein verwendet. Die Franzosen stecken eine Nelke in eine Zwiebel und würzen damit Eintöpfe, Brühen oder Soßen, die Niederländer verwenden Nelken großzügig in Käse, die Briten häufig allzu ausgiebig in Apfeltorte. In Deutschland verwendet man sie in Weihnachtsgebäck, in Amerika in Schinken mit Rohrzuckerglasur. In die kandierten Walnüsse aus Turin wird eine Nelke gesteckt. Im Nahen Osten und in Nordafrika gibt man Nelken in Gewürzmischungen für Fleischgerichte oder Reis, oft mit Zimt und Kardamom. In Asien werden sie häufig in Currypulver gemischt. In Indien kommen sie in Garam masala, in China in Fünf-Gewürze-Pulver, in Frankreich in Quatre Épices. In Indonesien werden Nelken für die berühmten Kretek-Zigaretten mit Tabak gemischt. Diese knistern beim Brennen und haben ein einzigartiges Aroma.

KOMBINATIONEN

Unentbehrlich in Fünf-Gewürze-Pulver, Garam masala und Quatre Épices.

Passt zu Möhren, Kürbis, Orangen, Roten Beten, Rotkohl, Schinken, Schokolade, Schwein, Süßkartoffeln, Zwiebeln.

Harmoniert mit Chili, Curryblättern, Fenchel, Ingwer, Kardamom, Koriandersamen, Lorbeer, Muskatblüte, Muskat, Piment, Tamarinde, Zimt.

Fünf-Gewürze-Pulver

Diese chinesische Gewürzmischung aus Nelken, Sternanis, Kassiazimt, Fenchelsamen und Sichuanpfeffer passt gut zu Huhn, Ente und Schwein *(Rezept S. 272)*.

Die hohen, dichtkronigen **Gewürznelkenbäume** *wachsen in Plantagen. Sie würden wunderschön blühen, pflückte*

man nicht die Blütenknospen vor dem Öffnen. Noch immer werden die Knospen von Hand geerntet und sortiert.

Asant, Riesenfenchel

Ferula asafoetida

Asant ist ein getrocknetes Gummiharz, das von drei Ferula-Arten gewonnen wird. Heimat und Anbaugebiet der hohen, unangenehm riechenden mehrjährigen Doldenblütler finden sich in den Salzsteppen Irans und Afghanistans. Die römische Küche schätzte das anfangs aus Nordafrika, später aus Persien und Armenien eingeführte Gewürz über alles. Die Mogul-Herrscher brachten Asant nach Indien. Dort wurde es zum beliebten Gewürz, das allerdings nur in Kaschmir angebaut wird.

AROMA

Gemahlener Asant hat einen starken, unangenehmen Geruch, der an eingelegten Knoblauch erinnert und so durchdringend ist wie der von Trüffeln. Der Geschmack ist bitter, moschusartig und beißend scharf – für sich genossen scheußlich, doch angenehm zwiebelartig, wenn das Gewürz kurz in Öl geröstet wird.

VERWENDETE TEILE

Getrocknetes Harz von den Stängeln, Wurzeln oder Pfahlwurzeln.

KAUF UND LAGERUNG

In Indien wird Asant in vielen verschiedenen Qualitäten verkauft. Das leichtere, wasserlösliche Hing ist dem dunklen, in Öl löslichen Hingra vorzuziehen. Im Westen kauft man Asant in fester Form oder als Pulver. In einer luft- und aromadichten Dose aufbewahrt, hält sich Asant mehrere Jahre, in Pulverform nur etwa ein Jahr.

ERNTE

Kurz vor der Blüte werden die Stängel von mindestens 4 Jahre alten Pflanzen abgeschnitten und die großen Pfahlwurzeln freigelegt. Diese kerbt man ein, sodass ein milchiges Harz austritt, das an der Luft aushärtet und sich rotbraun färbt. Während dieses Vorgangs ist Sonneneinwirkung zu vermeiden, das Licht würde den Pflanzensaft verderben. Nach dem Absammeln des Harzes werden neue Schnitte gezogen.

Körnchen und Klumpen

Asant ist entweder als Körnchen oder als Klumpen erhältlich. Letztere bestehen aus zu einer einheitlichen Masse verarbeiteten Körnchen. Fester Asant riecht kaum, doch beim Zerstoßen werden die für den Geruch verantwortlichen Schwefelbestandteile im ätherischen Öl frei.

In der Küche

Asant ist zuallererst ein indisches Gewürz. In West- und Südindien würzt er Hülsenfrüchte und Gemüsegerichte, Suppen, Pickles, Relishes und Soßen. Sein Aroma ist vor allem bei Brahmanen und Dschainas beliebt, in deren Küche Knoblauch und Zwiebeln verboten sind. Sehr gut passt Asant in Fischgerichte. In seiner Heimat Iran wird er überhaupt nicht verwendet und in Afghanistan nur mit Salz, um luftgetrocknetes Fleisch damit zu präparieren.

Asant sollte immer sparsam eingesetzt werden. Er passt in jedes Gericht anstelle von Knoblauch. Schon eine kleine Prise steigert das Aroma eines Gerichts oder einer Gewürzmischung wie das Sambarpulver.

KOMBINATIONEN

Unentbehrlich in Chat masala, einigen Currypulvern, Sambarpulver.

Passt zu frischem und gesalzenem Fisch, gegrilltem oder gebratenem Fleisch, Getreide, Hülsenfrüchten und den meisten Gemüsen.

Zerstoßene Körner
Um festen Asant im Mörser zu zerstoßen, gibt man ein Wasser absorbierendes Pulver hinzu, etwa Reismehl. Für ein einzelnes Gericht wird nur ein kleines Stück benötigt.

Gemahlenes Pulver
Asant ist meist in Pulverform erhältlich, dem Stärke oder Gummi arabicum beigemischt ist, damit es nicht klumpt. Braunes Pulver ist grobkörnig und hat ein starkes Aroma, gelbes Pulver schmeckt milder (seine Färbung rührt meist von der beigemischten Kurkuma her).

Senf

Brassica-Arten

Schwarzer und Weißer Senf, *Brassica nigra* bzw. *Sinapis alba*, stammen aus Südeuropa und Westasien, Seraptasenf mit seinen braunen Körnern, *B. juncea*, aus Indien. Weißer Senf ist seit Langem in Europa und Nordamerika heimisch. Schon die Römer bereiteten Senf zu, und im Mittelalter war Senf in Europa das einzige Gewürz, das sich einfache Leute leisten konnten. Die Franzosen begannen im 18. Jh., ihn mit anderen Zutaten zu mischen, wohingegen die Briten das Pulver verfeinerten, indem sie die Schalen vor dem Mahlen der Körner entfernten.

AROMA

Ganze Senfkörner haben fast kein Aroma. Gemahlen schmecken sie scharf, beim Erhitzen entfalten sie ein beißendes, erdiges Aroma. Schwarze Körner entwickeln beim Kauen ein kräftiges Aroma, braune sind zunächst leicht bitter, dann beißend und aromatisch. Weißer Senf schmeckt anfangs unangenehm süßlich.

VERWENDETE TEILE

Getrocknete Samenkörner.

KAUF UND LAGERUNG

Weiße und braune Körner gibt es überall, schwarze seltener. Braune Körner ersetzen die schwarzen, sind aber weniger scharf. Gemahlener Weißer Senf ist relativ grob, da er die Schalen mit enthält. Senfpulver ist das fein gesiebte Mehl aus den Samen. Alle Sorten halten sich trocken gelagert gut.

ERNTE

Die Senfpflanzen werden kurz vor Aufplatzen der Schoten gemäht, damit die Samenkörner nicht vorzeitig ausfallen. Schwarzer Senf ist dafür besonders anfällig, weshalb er im kommerziellen Anbau weitgehend durch Seraptasenf ersetzt wurde. Nach dem Trocknen werden die Schoten gedroschen. Seine gelbe Farbe erhält Senfpulver von beigemischter Kurkuma.

Ganze Samen

Der scharfe Geschmack von Senf stammt von dem Enzym Myrosinase. Es wird durch Wasser aktiviert und spaltet die Aromastoffe ab.

Weiße Samen
Die sandfarbenen europäischen Körner sind größer als die des in Japan verwendeten orientalischen Typs.

Schwarze Samen
Schwarze Senfkörner sind größer als braune und eher länglich als rund. Ihre Schärfe steigt in Nase, Augen und Gaumen.

In der Küche

In der westlichen Küche verwendet man die Samen des Weißen Senfs hauptsächlich als Gewürz zum Einlegen, Konservieren und Beizen.

Die braunen Körner des Seraptasenfs (indisch »Rai«) haben in der indischen Küche zunehmend die schwarzen verdrängt. Sie spielen vor allem in der südindischen Küche eine Rolle: Für ein Tadka oder Baghar werden ganze Körner meist ohne oder mit Öl oder Ghee geröstet, um ihr Nussaroma zu entwickeln. Die Gerichte sind nicht scharf, weil das heiße Öl das Enzym zur Abspaltung der Aromastoffe nicht aktiviert. In Bangladesch gibt man gemahlene Körner in Pasten für Currys, bei Fisch vor allem in die Senfsoße. Das sehr scharfe Senföl wird aus *B. juncea* und anderen Arten hergestellt. Es wird häufig als Bratöl verwendet, vor allem in Bangladesch: Man erhitzt es dort, bis es raucht, damit es weniger stark riecht, und kühlt es dann vor Gebrauch ab. Sein pfeffriges Aroma trägt zum typischen Geschmack vieler indischer Gerichte bei. Senfpulver würzt Barbecuesoßen und Fleischgerichte, es passt auch gut zu den meisten Wurzelgemüsen. Man fügt es erst kurz vor Ende der Garzeit hinzu, denn bei Hitze verliert es schnell an Schärfe.

Neben Samen kann man auch die frischen Sprossen verwenden. Sie passen wie Kresse in Salate. In Japan und neuerdings in Europa wird das federblättrige Mizuna als Salatkraut gezogen und neben chinesischem rotem Senf und anderen Sorten in Supermarkt-Mischungen gegeben. Klein geschnitten garniert es Wurzelgemüse, Kartoffel- und Tomatensalate. In Vietnam werden die Blätter mit Schweinefleisch, Krabben und Kräutern gefüllt.

KOMBINATIONEN

Unentbehrlich in
Panch Phoron, Sambarpulver.

Gut zu kaltem Braten, Currys, Dals, Fisch und Meeresfrüchten, Grillfleisch, Huhn, würzigem Käse, Kaninchen, Kohl, Roastbeef, Wurst.

Harmoniert mit
Bockshornklee, Chili, Dill, Estragon, Fenchel, Honig, Knoblauch, Koriander, Kümmel, Kurkuma, Lorbeer, Petersilie, Pfeffer, Schwarzkümmel.

WEITERE SENF-ARTEN

Eine gelbe Sorte des *B. juncea* wird in der japanischen Küche verwendet (für gefüllte Lotuswurzeln in Tempura-Teig) und als scharfe Würzsoße im englischen Stil zu Oden, einer Auswahl von kalten rohen und gekochten Speisen, serviert.

Herbstrübe, *B. rapa subsp. rapa*, und Rapssamen, *B. napus:* Die Samen beider Arten dienen zur Herstellung von Senföl.

Senföl
Senföl ist leichter verdaulich, wenn es für kurze Zeit sehr stark erhitzt wird.

Braune Körner
Die braunen Samen des Seraptasenfs besitzen eine lang anhaltende Schärfe, vergleichbar mit der Intensität des Schwarzen Senfs.

SENFMISCHUNGEN

Um Senf herzustellen, werden die Senfkörner zunächst in Wasser eingeweicht, um das Enzym Myrosinase zu aktivieren. Ist die gewünschte Schärfe erreicht, wird die Aktivität des Enzyms gestoppt. Essig ergibt einen milden Geschmack, Wein oder Mostrich eine würzigere Schärfe, Bier eine noch pikantere. Am schärfsten wird Senf, wenn er mit Wasser zubereitet wird, doch kommt dadurch die Aktivität des Enzyms nicht zum Stillstand, sodass die Schärfe nicht stabil bleibt. Zubereiteter Senf wird, selbst nach dem Öffnen des Glases, am besten bei Zimmertemperatur aufbewahrt. Er hält sich etwa 2–3 Monate, trocknet dabei allerdings etwas aus und verliert an Aroma.

Die vergleichsweise milden französischen Senfsorten gibt es in dreierlei Arten: Bordeaux-Senf ist braun, obwohl er aus Weißem Senf hergestellt ist, und enthält Zucker und Kräuter, meistens Estragon. Dijonsenf aus braunen (aber geschälten) Senfkörnern ist heller und kräftiger und wird mit Weißwein oder Traubenmost und anderen Zutaten zubereitet. Meaux ist ziemlich scharf, er wird aus zerstoßenen und gemahlenen Körnern hergestellt und geht in Richtung jener körnigen Senfsorten, deren Schärfe durch Beimischung von grünem Pfeffer oder Chilis noch verstärkt wird.

Meaux-Senf
Im französischen Meaux wird seit dem 17. Jh. Senf produziert. Dieser körnige Senf, der meist in einem Steinguttopf verkauft wird, schmeckt zunächst scharf, dann aber sehr ausgewogen. Ein ausgezeichneter Tischsenf.

Bordeaux-Senf
Beim Bordeaux-Senf sind noch einige Schalen in der Mischung belassen, weshalb er dunkler ist. Er schmeckt mild würzig mit leichter Süße und passt gut zu Wurst- und Käseplatten.

Dijonsenf
Er unterliegt der Qualitätskontrolle Appellation contrôlée. Der Name steht für einen Senftyp, der blass, glatt und rein im Geschmack ist. Als klassischer Senf für Soßen und Salatdressings genießt er weltweites Ansehen.

In Deutschland entspricht der Bayerische Senf dem Bordeaux-Typ, während Düsseldorfer Senf eine scharfe Version des Dijonsenfs darstellt. Aus dem niederländischen Zwolle stammt ein Dillsenf, der ideal zu Lachs passt. Der milde, dünne Amerikanische Senf wird aus Weißem Senf mit etwas zu viel Kurkuma hergestellt. Der aromatische, milde Savora-Senf wurde um 1900 in England entwickelt und ist in ganz Südamerika populär. Englisches Senfpulver wird mit kaltem Wasser angerührt, dann etwa 10 Minuten stehen gelassen, um seinen unverfälschten, scharfen Geschmack zu entwickeln. Nach der Zubereitung hält der Senf nicht lange.

Fertigsenf verwendet man hauptsächlich zum Würzen von Ochsenschwanzsuppe oder anderen Fleischeintöpfen, zu Roastbeef, Schinken und anderem kaltem Fleisch. Die verschiedenen Sorten eignen sich für alle Arten von Soßen, von Vinaigrette bis Mayonnaise, als Dressings für grüne oder andere Salate, für Gemüseplatten und gedünsteten oder geräucherten Fisch. Gibt man gegen Ende der Garzeit Senf hinzu, kann man damit viele Schmortöpfe, etwa Kaninchen, pikant würzen.

Auch zu Käse passen sie gut. Mit süßem Honigsenf kann man Huhn, Schinken oder Schwein dünn bestreichen, und sogar Obstsalat erhält damit eine pikante Note.

Englischer Senf
Englisches Senfpulver ist eine Mischung aus fein gemahlenen braunen und weißen Senfkörnern, Reis- oder Weizenmehl und Gewürzen. Seine leicht säuerliche Schärfe passt gut zu Roastbeef und Ochsenschwanzsuppe.

Amerikanischer Senf
Der milde, süße Amerikanische Senf hat unter Hotdog-Liebhabern begeisterte Anhänger, doch kann der Kurkuma-Anteil, der die Gelbfärbung ausmacht, den Geschmack beeinträchtigen.

Moutarde au Cassis
Der körnige Senf aus Dijon enthält den Likör Crème de Cassis, der ihm ein volles, fruchtiges Aroma und die rote Farbe verleiht.

Estragonsenf
Für den Estragonsenf wird in hellen Senf neben Estragon manchmal grüne Speisefarbe hineingemischt. Er schmeckt gut in Soßen zu Fisch und Huhn.

Cayennepfeffer, Chili, Peperoni

Capsicum-Arten und -Sorten

Die in Mittel- und Südamerika sowie in der Karibik beheimateten Paprika-Formen werden dort seit Jahrtausenden kultiviert. Kolumbus brachte Pflanzen nach Spanien, wo sie wegen ihrer Schärfe den Namen »Pimiento« (Pfeffer) bekamen. Und obwohl die *Capsicum*-Früchte nicht mit der Pfefferpflanze verwandt sind, sprechen wir beispielsweise von Peperoni oder Cayennepfeffer.

AROMA

Capsicum-Früchte schmecken von fruchtig mild bis feurig scharf. Der eigentliche Cayenne- oder Chilipfeffer, *C. frutescens*, ist in der Regel schärfer als die Sorten von *C. annuum*. Am schärfsten schmeckt *C. chinense*. Große, fleischige Sorten sind meist milder als kleine Früchte mit dünner Haut.

VERWENDETE TEILE

Frische und getrocknete Früchte, botanisch sind es Beeren. Unreif sind die Früchte grün, mit zunehmender Reife gelb, orange, rot, braun oder violett.

KAUF UND LAGERUNG

Frische Paprika sollte glänzend, glatthäutig und festfleischig sein. Im Gemüsefach des Kühlschranks halten die Früchte eine Woche und länger. Man kann sie blanchieren und einfrieren, roh eingefroren verlieren sie meist an Aroma und Schärfe. Getrocknete Chilis sehen je nach Sorte verschieden aus. Ein versierter Händler kann Auskunft geben über Herkunftsland, Typ, Aroma und Schärfe. Sie halten, luftdicht aufbewahrt, fast unbegrenzt.

ERNTE

Grüne Früchte sind etwa nach 3 Monaten erntereif, zum Ausreifen und Ausfärben bleiben sie länger an der Pflanze hängen. Sie werden in der Sonne oder im Dörrofen getrocknet.

Ganze frische Schoten

Gewürzpaprika, Peperoni und Chilis gibt es in vielen Farben, Formen und Größen: Sie können winzig sein wie junge Erbsenschoten oder bis zu 30 cm lang. Viele wirken nicht nur wegen ihrer Schärfe, sondern auch wegen ihrer fruchtigen, blumigen, nussigen, tabak- oder anisähnlichen Aromen appetitanregend.

In der Küche

Paprika sind ausgezeichnete Spender von Vitamin A und C, und Millionen nutzen sie in der Küche als preiswerte Möglichkeit, eine ansonsten reizlose, eintönige Kost aufzupeppen. In den Anbaugebieten, sprich in Gesamtasien, Afrika und Südwestamerika, werden Paprika und Chilis ausgiebig verwendet. Indien ist der größte Produzent und Konsument von frischem grünem wie getrocknetem (meist gemahlenem) rotem Paprika. Jede Region hat ihre eigene Sorte. Am vielfältigsten setzt die mexikanische Küche frische wie getrocknete Chilis ein.

Die feurige Schärfe stammt vom Capsaicin in Samen, Scheidewänden und Haut der Chilis. Die Menge an enthaltenem Capsaicin hängt von der Sorte und dem Reifegrad ab. Entfernt man Samen und Scheidewände, schmecken die Früchte weniger scharf. Capsaicin stimuliert die Verdauung und Blutzirkulation. Das bewirkt Schwitzen und hat in der Folge eine kühlende Wirkung auf den Körper. Chiliflocken spielen in der Küche des Nahen Ostens eine wichtige Rolle wie der fast schwarze Pul Biber Isot in der Türkei.

KOMBINATIONEN

Unentbehrlich in Berbere, Chilipulver (immer eine Kombination von Gewürzen), Currypulvern und -pasten, Harissa, Kimchi, Mole, Nam Prik, Pipián, Romesco-Soße, Sambals.

Harmoniert mit den meisten Gewürzen, Kokosmilch, Koriander, Limettensaft, Lorbeer, Rau ram und Zitrone.

Die Schärfe von Gewürzpaprika wird von 1–10 klassifiziert, von 1/10 für milde Schoten bis 10/10 für die extrem scharfen Scotch Bonnets.

Gemahlener Chili
Gemahlener Chili wird aus scharfen, getrockneten roten Chilis hergestellt. Die Pulver unterscheiden sich eher durch Schärfe als durch Aroma und haben, je nach Sorte, die Schärfegrade. 5–9/10

Ganze getrocknete Chilis
Beim Trocknen verändert sich der Geschmack von Chilis ebenso wie beim Reifen.

Chiliflocken
Sie stammen von mild- bis halbscharfen Chilis und sind in Ungarn, der Türkei und im Nahen Osten Tischgewürz. In Korea und Japan verwendet man schärfere Chiliflocken. 2–5/10

Chilistreifen
Rote Chilis dienen in Korea als Hauptgewürz. Als hauchfeine Streifen sind sie Garnitur.

Paprikaprodukte

Aus Gewürzpaprika, Peperoni und Chili werden weltweit Pulver, Pasten, Soßen und Öle hergestellt. Gutes Chilipulver riecht fruchtig, erdig, scharf und enthält Spuren von natürlichem Öl, das die Finger etwas färbt. Ist es hellorange, enthält es einen hohen Samenanteil, der die Schärfe ausmacht. Dünne, scharfe Soßen tragen Namen wie Salsa picante oder Hot-Pepper-Soße. Einige kombinieren Chilis mit säuerlichen Zutaten wie Limetten oder Tamarinde. Dicke Soßen auf der Basis von Tomaten, Zwiebeln, Knoblauch und Kräutern sind mild oder scharf, häufig süßlich. Mit am schärfsten sind die indonesischen Sambals und Thai-Chili-Jam. Die Chinesen verwenden für ihre mittel- bis ganz scharfen Soßen Sojasoße, Schwarze Bohnen, Ingwer und Knoblauch.

Chiliöl
Es gibt zwar Gewürzöl mit getrockneten roten Chilis zu kaufen, doch lässt es sich leicht selbst herstellen: Eine Flasche wird zur Hälfte mit getrockneten Chilis gefüllt und mit Sonnenblumenöl aufgegossen. Gut verschlossen einen Monat lang stehen lassen. In Sichuan röstet man zerstoßene Chilis in sehr heißem Öl an und seiht es abgekühlt ab. Man erhält ein tiefrotes Öl, das sich für viele kalte Soßen und als Dip eignet.

Chilipulver
Diese Mischung aus gemahlenem Chili, getrocknetem Oregano, Paprika und Knoblauchpulver wird für Chili con Carne und andere mexikanische Gerichte verwendet. **1–3/10**

Gelbes Chilipulver
Chilipulver kann gelb bis rot oder rotbraun sein. Das in Südamerika gebräuchliche gelbe Chilipulver schmeckt mild oder scharf.

Cayennepfeffer
Der extrem scharfe Cayennepfeffer wird aus kleinen, reifen Chilis gemahlen. Er schmeckt etwas bitter, leicht rauchig und scharf. **8/10**

Würzsoßen
Diese bestehen aus einer Mischung von zerstoßenen Chilis, Gewürzen und Essig und sind sehr scharf. Am bekanntesten ist Tabasco.

Chilisoßen
Fast überall, wo Chilis wachsen, gibt es auch Chilisoßen. Bei den einfachsten werden ganze Chilis in Lake oder Essig eingelegt. Dicke Soßen als Dip oder Würzsoßen werden aus gekochten oder rohen Chilis zubereitet.

Chilirelish und Sambal
Chilipasten und dicke Soßen beleben pfannengerührte und langsam gekochte Gerichte. Am Ende dieses Buchs finden Sie Rezepte für Chiliwürzpaste *(S. 293)*, Chilisoße und Sambals *(S. 294–295)*.

Mexiko

In Mexiko werden frische Chilis manchmal anders genannt als getrocknete. Jedes Gericht verlangt einen speziellen Typ, wählt man den falschen, verändert sich die Harmonie der Aromen. Die großen, fleischigen Poblanos verwendet man, oft gefüllt, als Gemüse, Jalapeños und Serranos in Salsas, Füllungen und Pickles, getrocknete Anchos und Pasillas werden zum Andicken einer Soße häufig gemahlen. Bei frischen Chilis bevorzugen die Mexikaner die grünen Früchte, die vor der Zubereitung oft entkernt und geschält werden.

Serrano *C. annuum*

Gelbgrün, zylindrisch, knackig, mit intensiv frischem, grasigem Aroma und sehr scharfen Samen und Scheidewänden. Reif wird die Frucht leuchtend rot. Meist in Soßen verwendet. **6–7/10**

Jalapeño *C. annuum*

Grasgrün, gelegentlich dunkler gefleckt, abgerundete Spitze, prall, knackig, dickfleischig. Wird manchmal geröstet und geschält. Jalapeños duften schwach und sind mittelscharf. Reif und rot schmecken sie süßer und weniger scharf. Es gibt sie eingelegt (»en Escabeche«) in Dosen zu kaufen. Beliebtes Tafelgewürz. **5–6/10**

Habanero *C. chinense*

Lampionförmig, grünlich, später gelb, orange und tiefrot, dünnfleischig und fruchtig. In Yucatán roh oder geröstet zu Bohnen und Soßen beliebt. Geröstete Habaneros mit Salz und Limettensaft geben eine scharfe Soße. **10/10**

Chilaca *C. annuum*

Schlank, tiefrot und glänzend mit Längsfurchen. Der intensive Geschmack enthält einen Hauch Lakritz. Geröstet und geschält gibt man die Chilaca in Gemüsegerichte, zu Käse und in Soßen. Manchmal eingelegt im Handel erhältlich. **6–7/10**

WEITERE SORTEN

Mulato *(C. annuum)* ähnelt dem Ancho, ist aber süßer und schokoladenbraun, dabei voll im Geschmack, mit Noten von getrockneter Kirsche, mild bis halbscharf. Wird meist geröstet und gemahlen für Soßen verwendet. 3–5/10

De Arból *(C. annuum)* bekommt man selten frisch. Getrocknet bleibt die Frucht leuchtend rot. Sie ist schlank, spitz und krumm, dünn- und glattfleischig, brennend scharf, mit harzigem Geschmack. Eingeweicht und püriert wird sie in Eintöpfen und zum Würzen verwendet. 3–5/10

Poblano *(C. annuum)* ist dunkelgrün und glänzend mit einer Rille um die Stängelbasis. Die dreieckigen und dickfleischigen Poblanos sind unten sehr spitz. Geröstet und geschält kann man sie füllen oder frittieren. Sie passen mit ihrem vollen Aroma zu Mais und Tomaten. 3–4/10

Pasilla *(C. annuum)* ist die getrocknete Chilaca, schlank, runzlig und fast schwarz. Ihr adstringierender, aber voller Geschmack mit krautigen Noten ist komplex und wirkt lange nach. Geröstet und gemahlen wird sie in Würzsoßen oder gekochten Soßen zu Fisch verwendet. 6–7/10

Güero *(C. annuum)* ist blassgelb, glatt, lang und spitz. Schmeckt leicht blumig, mild bis mittelscharf. Frisch in Salsas und Moles. 4–5/10

Cascabel *C. annuum*

Rund, rotbraun, mit glatter, transparenter Schale. Die Samen rasseln beim Schütteln. Schmeckt leicht säuerlich nach Rauch und nach dem Rösten angenehm nussig. Mittelscharf, wird für Salsas oder Tomaten- und Tomatillo-Soße geröstet oder über Eintöpfe gestreut. 4–5/10

Chipotle *C. annuum*

Der geräucherte Jalapeño. Braun bis kaffeebraun, runzlig, ledrig, mit rauchig-süßem Schokoladengeruch und -geschmack. Wird häufig ganz zum Würzen von Suppen und Eintöpfen verwendet. Eingeweicht und püriert kommt die Frucht in Soßen. Im Handel in Lake eingelegt erhältlich. 5–6/10

Ancho *C. annuum*

Der getrocknete Poblano. Tief rotbraun, runzlig, fruchtig und süß mit reichem Tabak-, Pflaumen- und Rosinenaroma, etwas scharf. Anchos werden für Soßen geröstet und gemahlen oder gefüllt. Auch als Pulver oder feste Paste erhältlich. Der beliebteste getrocknete Chili. 3–4/10

Guajillo *C. annuum*

Lang und schmal, mit stumpfer Spitze, kastanienfarben mit Brauntönen und glatt, mit zäher Haut. Sehr säuerlich, schmeckt angenehm bitter und scharf. Wird für Enchiladas eingeweicht oder über Eintöpfe gestreut. Gibt einem Gericht Farbe. 4/10

Südwest-Staaten und Karibik

In der Karibik liebt man scharfe Chilis in Marinaden, Würzsoßen und Eintöpfen. Früher mischte man für scharfe Soßen Chilis mit Cassava-Saft, heute runden Knoblauch, Zwiebeln und andere Gewürze karibische Chilisoßen ab. In New Mexico werden für mexikanisch inspirierte Rezepte mexikanische Chilis importiert, denn die eigenen grünen oder roten Sorten sind recht mild. Diese Chilis werden in leuchtend roten Zöpfen zum Trocknen aufgehängt und danach als Chimayo-Pulver oder Chile Colorado verkauft.

Jamaican Hot *C. chinense*

Leuchtend rot, rundlich und dünnfleischig. Die Früchte schmecken süß und sehr scharf. In Salsas, Pickles und Currys verwendet. 9/10

New Mexico *C. annuum*

Kräftig grün oder tiefrot. Süßer, erdiger Geschmack. Halten sich gegrillt und geschält gut im Kühlschrank. Grüne eignen sich für Guacamole, Tacos und Tamales, rote für Soßen, Suppen und Chutneys. Getrocknet haben sie ein rundes Trockenfruchtaroma. Für rote Chilisoße und andere Würzsoßen. 2–3/10

Scotch Bonnet *C. chinense*

Gelbgrün bis orangerot. Sehr ähnlich der eng verwandten Habanero, jedoch mit faltiger Spitze und plattem Stängelansatz. Sehr scharf, mit tiefem, fruchtigem, rauchigem Aroma. In vielen karibischen scharfen Soßen verwendet. 10/10

Chili, Tabasco *C. frutescens*

Dünnfleischig und gelb, ausgereift orange oder rot. Im Geschmack beißend scharf mit einem Hauch Sellerie. Hauptsächlich für Tabasco-Soße verwendet. 8/10

Lateinamerika

In den Anden-Ländern, wo sie Ají heißen, kommen Chilis häufig als Gewürz und Würzsoße zum Einsatz. Ein Schälchen Uchu Llajwa – eine feurigscharfe Salsa aus Chilis und Quillquiña (ein lokaler »Koriander«) – steht immer auf dem Tisch. Viele Sorten tragen nur regionale Bezeichnungen. Einige sind mild, andere – wie besonders die gelben – schmecken bitter, und einige erinnern getrocknet intensiv an Rosinen und Pflaumen. Auch in der Küche von Bahia in Brasilien spielen Chilis eine wichtige Rolle.

Rocoto *C. pubescens*

Der Baumchili stammt aus den Anden. Die rundliche, gelbe bis orangerote Rocoto wird in Soßen und Würzsoßen immer frisch verwendet oder als Gemüse mit Fleisch und Käse gefüllt. 8–9/10

Mirasol *C. annuum*

Der beliebte peruanische Chili wird auch in Mexiko in allen Farbabstufungen und getrocknet als Guajillo verwendet. Mit seinem fruchtigen, lebhaften Aroma gibt er jedem Gericht Farbe. Gut zu Fleisch, Bohnen und Gemüse. 5/10

Ají amarillo *C. baccatum*

In Peru frisch und getrocknet (als »Cusqueño«) weit verbreitet. Spitz und scharf mit Rosinenaromen. Wird für Wurzelgemüse, Meerschweinchen (die dortige Spezialität), Ceviche und Meeresfrüchte verwendet und ist auch als Paste erhältlich. 7/10

WEITERE SORTEN

Ají dulce *(C. annuum)* ist süß, mild, moschusartig und kräuterähnlich. In Mittelamerika, Kolumbien und Venezuela viel verwendet, vor allem zu Bohnen. 1/10

Rocotillo *(C. chinense)*, eine milde Frucht aus den Anden, tiefrot und kürbisähnlich. Wird als Würzsoße zu Mais, Bohnen und Wurzelgemüse gegessen. 3–4/10

Malagueta *(C. frutescens)* ist blass oder grünlich, dünnfleischig, spitz zulaufend und winzig. Stammt aus Bahia (Brasilien) und ist sehr beliebt in der afro-brasilianischen Küche und als Würzsoße. Malagueta heißen in Portugal auch kleine in Essig eingelegte Chilis. 8/10

Asien

Asiatische Sorten der Gewürzpaprika lassen sich noch schwerer eindeutig bezeichnen als die lateinamerikanischen. Meist unterscheidet man sie nach Typen: die großen, roten und grünen Paprika, die man grillt und in Südostasien in Dips und Soßen verwendet; die mittelgroßen, glänzenden und mittelscharfen Peperoni der indonesischen und malaysischen Küche; und die schärferen Chilis für thailändische und indische Currys. Die japanischen Santakas und Hontakas ähneln dem Cayennepfeffer.

Thai-Chili *C. annuum*

Eine schlanke, dunkelgrüne oder rote, fleischige Frucht mit anhaltender Schärfe. Frisch und getrocknet verwendet. Ganz wird sie in Currys und Wok-Gerichte gegeben, gehackt in Pasten und Dips. 8/10

Korean-Chili *C. annuum*

Dieser dunkelgrüne, gebogene Chili ist mit Thai-Chili eng verwandt. Frisch wird die Frucht mit Fisch, Fleisch und Gemüseeintöpfen gekocht, in Wok-Gerichte gegeben oder gefüllt und geschmort. 6–7/10

Bird's-Eye-Chili *C. frutescens*

Die winzigen grünen, orangefarbenen und roten Chilis geben Gerichten eine feurige Schärfe. Wird oft im Ganzen verwendet. 9/10

Kaschmir-Chili *C. annuum*

Wird nicht nur in Kaschmir, sondern auch in anderen Teilen Indiens angebaut. Der tiefrote Chili hat süße Noten und ist mild-scharf. In Indien heißt er Lal Mirch. 7/10

Europa

Einige Gewürzpaprika-Sorten sind typisch europäisch, andere werden aufgrund ihrer Beliebtheit importiert oder inzwischen hier kultiviert. Hauptsächlich Ungarn, Spanien und Portugal kochen mit eher milden Früchten aus eigenem Anbau.

WEITERE SORTEN

Cherry *(C. annuum)* ist frisch orange bis tiefrot, getrocknet rotbraun. Eine dickfleischige Frucht mit vielen Samen. Fruchtiges Aroma, mild bis mittelscharf. Wird meistens eingelegt verkauft. 1–5/10

Peri Peri *(C. annuum)* lautet der portugiesische Name für die kleinen Chilis. Sie werden in den ehemaligen portugiesischen Kolonien angebaut. In Afrika für das Jindungo-Chili verwendet. 9/10

Piment d'Espelette *(C. annuum)* aus dem Baskenland hat eine Appellation contrôlée. Süßlich-fruchtig und mild pikant. Im Handel getrocknet, ganz oder als Pulver sowie in Form von Püree (Coulis) erhältlich. 3/10

Guindilla *C. annuum*

Dieser spanische Typ ist ziegelrot, glatt, lang und spitz und wird getrocknet. Eingeweicht sorgt er, in einem Gericht mitgekocht, für Extra-Schärfe. Die Frucht wird vor dem Servieren entfernt. 5/10

Ñora *C. annuum*

Eine milde und angenehm erdige Paprika. Wird eingeweicht für Reisgerichte und Eintöpfe verwendet. Ñoras sind unverzichtbar in Romesco-Soße und süßem Paprika. Die größere glockenförmige Choricero ist ähnlich und wird, wie der Name andeutet, für Chorizo verwendet. 1–2/10

Banana *C. annuum*

Diese grünlich gelbe und später rote, milde Paprika mit der wächsernen Haut hat eine schärfere ungarische Verwandte. Sie wird frisch, geröstet, eingelegt oder zum Garnieren verwendet. 1/10

Peperoncino *C. annuum*

Diese schlanken, runzligen, oft gekrümmten Früchte haben ein süßliches Aroma. Sie kommen frisch, grün oder rot in Pickles und Tomatengerichte. 1–4/10

Gewürze vorbereiten

Gewürze quetschen oder zerkleinern

Viele Gewürze müssen vor der Verwendung vorbereitet werden. Das Quetschen, Schneiden und Mahlen dient dazu, die ätherischen Öle und den Duft eines Gewürzes freizusetzen. Große gequetschte Gewürzstücke, die nur aromatisieren sollen, werden vor dem Auftragen entfernt. Nur milde Gewürze isst man manchmal klein geschnitten im Gericht mit. Meist aber werden sie gerieben, dünn in Scheiben geschnitten oder gehackt.

Gewürze quetschen

Gewürze mit weichem Gewebe wie Zitronengras, Ingwer, Galgant, Zitwerwurzel und Kurkuma werden oft vor dem Kochen gequetscht, um ihr Aroma freizusetzen, die im Ganzen mitgegarten Pflanzenteile werden später entfernt.

1 Beim Zitronengras oberes Stängelstück abschneiden (bei den anderen Gewürzen das Rhizom schälen).

2 Dickes unteres Ende des Zitronengrases (oder das geschälte Rhizom) mit einem flachen Messer oder Nudelholz quetschen.

Saftgewinnung aus Ingwer

Viele asiatische Gerichte verlangen das reine Aroma des Ingwersafts. Er lässt sich aus einem frischen Rhizom schnell gewinnen.

1 Ingwer reiben oder im Mixer sehr klein hacken.

2 Das Mus in ein Mulltuch oder in einen Teebeutel füllen und den Saft in ein Schüsselchen pressen.

Gewürze schneiden und hacken

Manche Rezepte verlangen, dass das frische Gewürz in Scheiben, andere, dass es in Streifen geschnitten oder gehackt beigefügt wird. Wie man bei Ingwer, Galgant oder Kurkuma vorgeht, wird unten beschrieben. Zitronengras wird ab der Basis bis zum Beginn des faserigen Teils in feine Ringe geschnitten. Kaffirlimettenblätter werden, falls man sie mitessen möchte, in feinste Streifen geschnitten.

1 Ein beliebig großes Stück frische Knolle, Rhizom oder Wurzel schälen und holzige oder trockene Teile entfernen.

2 Mit einem scharfen Messer runde, dünne Scheiben schneiden.

3 Die Scheiben stapeln, zusammenpressen und in feine Streifen schneiden.

4 Die Streifen nebeneinander gelegt in Querrichtung klein schneiden. Um sie noch feiner zu hacken, aufhäufeln und wie beim Kräuterhacken vorgehen.

Frische Gewürze reiben

Frische Wurzeln, Rhizome und Knollen wie Wasabi, Meerrettich, Ingwer u. a. werden am besten gerieben. Die japanische Oroshigane, eine spezielle Wasabi- und Ingwerraffel *(S. 113)*, reibt feiner als jede westliche Gemüsereibe.

Galgant reiben
Mit einer scharfen Reibe hiesiger Machart lässt sich ein Mus reiben, das sich zum Saftauspressen u. Ä. ganz gut eignet.

Trockene Gewürze reiben

Obwohl die meisten Gewürze gemahlen werden, lassen sich einige größere besser reiben. Für Muskat eignet sich eine Muskatreibe oder eine normale Reibe.

Getrockneten Ingwer reiben
Getrockneter Ingwer, Kurkuma und Zitwerwurzel sind sehr hart, am besten auf einer feinen Zitrusreibe oder Raspel reiben.

Gewürze mit oder ohne Öl rösten

Besonders in der indischen Küche werden häufig ganze Gewürze in einer trockenen Pfanne geröstet. Das konzentriert die Aromen und erleichtert das Mahlen. Andere Gerichte erfordern, dass die Gewürze erst in Öl angebraten werden, bevor andere Zutaten hinzukommen. Durch das Anbraten entfaltet sich ihr Aroma und geht ins Öl über. Das Aroma gebratener Gewürze durchzieht ein Gericht stärker, als es bei rohen Gewürzen der Fall ist.

Gewürze ohne Fett rösten

Da manche Gewürzsamen, vor allem Senfsamen, beim Rösten hochspringen, ist es ratsam, mit Deckel zu rösten. Ein Esslöffel Gewürze benötigt 2–3 Minuten, eine größere Menge braucht zum gleichmäßigen Bräunen 8–10 Minuten. Bei großen Mengen wird jede Gewürzart einzeln geröstet.

1 Eine schwere Bratpfanne erhitzen, bis der Boden Hitze abstrahlt.

2 Auf mittlere Hitze zurückschalten und die Gewürze einfüllen. Fortwährend umrühren und die Pfanne ständig rütteln. Sobald die Gewürze dunkler werden und etwas rauchen, duften sie betäubend. Nicht zu schnell bräunen, sondern die Hitze reduzieren, damit die Samen nicht verbrennen. Vor dem Mahlen in einer Schüssel auskühlen lassen.

Rösten in Backofen und Mikrowelle

◀ Im Backofen rösten
Eine große Gewürzmenge lässt sich einfacher in einem auf 250°C vorgeheizten Backofen rösten. Die Gewürze bleiben im Ofen, bis sie gebräunt und aromatisch werden, dabei das Blech hin und wieder bewegen. Vor dem Mahlen abkühlen.

In der Mikrowelle rösten
Eine Schicht Gewürze wird auf einem Teller oder einer Platte ausgebreitet und unbedeckt auf höchster Stufe erhitzt. Das Rösten von 2–4 EL dauert 4–5 Minuten; einmal wenden. Vor dem Mahlen abkühlen.

Gewürze in Öl rösten

Alle Zutaten für ein Gericht vorbereiten, dann die Gewürze rösten, einige nur ein paar Sekunden lang, andere bis zu einer Minute. Alle werden dunkler, einige blähen sich auf. Die Pfanne von der Platte nehmen und weitere Zutaten hinzugeben, dabei schnell umrühren, damit sie im Öl nicht anbrennen.

1 Einen dünnen Sonnenblumenöl-Film in eine schwere Pfanne gießen und erhitzen, bis das Öl etwas zu rauchen beginnt.

2 Ganze Gewürze immer vor gemahlenen Gewürzen rösten, in der gleichen Abfolge, wie es das Rezept vorsieht. Die Gewürze sollen beim Kontakt mit dem heißen Öl zischen und fast augenblicklich bräunen. Vorsicht, dass sie nicht verbrennen.

Mahlen, zerstoßen, Gewürzpasten herstellen

Frisch gemahlene oder zerstoßene Gewürze sind immer aromatischer als gekaufte. Sie werden den Unterschied sofort feststellen, wenn Sie beispielsweise zweimal im Abstand von einer Stunde je einen Teelöffel Koriandersamen mahlen. Riechen Sie an dem frisch gemahlenen und an dem bereits älteren Häufchen – dort hat sich schon ein Teil des Aromas verflüchtigt.

Gewürze mahlen

Einige ganze Gewürze müssen gemahlen oder zerstoßen werden, um ihr Aroma freizusetzen. Bei einer größeren Menge ist eine Küchenmaschine praktisch, doch die meisten Gewürze sind für ein gleichmäßiges Mahlergebnis zu hart.

◀ **Mahlen mit Mörser und Stößel**
Der Mörser sollte tief, stabil und innen rau sein, denn viele Gewürze sind sehr hart, und man braucht einige Kraft, um sie von Hand zu mahlen.

Mahlen mit der Kaffeemühle
Die meisten Gewürze lassen sich in einer elektrischen Kaffeemühle mahlen, bis auf einige Ausnahmen wie Anardana (getrocknete Granatapfelkerne), die zu klebrig sind.

Gewürze zerstoßen

Einige Gewürze müssen nur zerstoßen, nicht gemahlen werden. Das geht im Mörser sehr gut, denn man kann verfolgen, wie grob oder fein das Gewürz bereits zerstoßen ist – während man schon das Aroma genießt.

◀ **Verwendung eines Nudelholzes**
Das Gewürz kommt in eine Kunststofftüte, auf harter Unterlage wird es mit dem Nudelholz kräftig zerstoßen.

Gewürzpasten herstellen

Gewürzpasten sind eine Mischung aus geriebenen frischen Gewürzen (wie Knoblauch, Ingwer, Galgant oder Kurkuma), getrockneten Gewürzen oder Kräutern und manchmal etwas Flüssigkeit. In Indien, Südostasien und Mexiko sind sie weit verbreitet. Die Herstellung erfolgt im Mörser oder Mixer.

◀ **Herstellen einer trockenen Gewürzmischung**
Getrocknete Gewürze werden zuerst im Mörser oder Mixer gemahlen.

◀ **Herstellen einer feuchten Gewürzmischung**
Frische Gewürze zerstoßen, dann die gemahlenen und zuletzt eventuell Flüssigkeit zugeben.

Zubereitung frischer Chilis

Es gibt unzählige Formen, Farben und Größen von Chilis, und ebenso verschieden ist ihr Aroma, je nachdem, ob sie jung und grün, rot oder schon rotbraun sind. Getrocknet ist ihr Aroma wieder anders. Oft kommen frische Chilis ganz oder geschnitten in ein Rezept, manchmal aber ist es besser, sie zu entkernen oder zu rösten.

Frische Chilis rösten

Die meisten Chilis werden ungeschält verwendet, andere aber schält man besser, weil sie das zarter und schmackhafter macht. Kleine Chilis lassen sich auf einem vorgeheizten Gitter oder in einer schweren Pfanne trocken rösten. Ständig wenden, bis sie dunkel und weich werden.

1 Die Chilis direkt über eine Gasflamme halten und von Zeit zu Zeit drehen, damit sie gleichmäßig rösten und das Fleisch nicht verbrennt. Man legt auf dem Elektroherd ein Gitter über die Kochplatte oder wendet sie dicht unter dem Grill so lange, bis sie Blasen werfen und schwarz werden.

2 Wenn sie gleichmäßig geröstet sind, in eine Schüssel legen, diese mit Folie bedecken und die Chilischote 10–15 Minuten schwitzen lassen.

3 Die Haut behutsam abziehen und die Früchte abspülen. Auf Küchenpapier trocknen lassen.

Chilis einfrieren

Frische Chilis kann man nach dem Rösten einfrieren. Man braucht sie nicht zu schälen, weil die Haut sich nach dem Auftauen ablöst.

◀ **Ungeröstete Chilis einfrieren**
Ungeröstete Chilis mit intaktem Stängelansatz 3 Minuten blanchieren, dann in einem Sieb abtropfen. Nach dem völligen Erkalten in einem Gefrierbeutel einfrieren.

Samen und Scheidewände von frischen Chilis entfernen

Capsaicin, die scharfe, brennende Komponente von Chili und Peperoni, ist in unterschiedlicher Konzentration in den Samen, weißen Scheidewänden und der Haut enthalten. Entfernt man Samen und Scheidewände vor dem Kochen, wird ein Gericht weniger scharf.

1 Stängelansatz entfernen und jede Chilifrucht halbieren.

2 Scheidewände und Samen herausschneiden, dann abspülen.

Vorsicht

- Tragen Sie Gummihandschuhe zum Schutz vor dem Capsaicin.
- Denken Sie daran: Samen und Scheidewände sind die schärfsten Teile der Chilis. Beim Vorbereiten nie die Augen reiben, und wenn es passiert ist, die Augen sofort mit viel Wasser auswaschen.
- Nach dem Umgang mit Chilis Hände, Arbeitsfläche und Kochutensilien gründlich mit Lauge reinigen.
- Brennen die Hände, so halten Sie sie einfach in kaltes Wasser oder Öl.
- Brennt der Mund von zu viel Chili, macht Wassertrinken alles schlimmer. Stattdessen ein Stück Brot essen oder es mit Joghurt oder Milch versuchen.

Getrocknete Chilis vorbereiten

Große, getrocknete Chilis, wie sie überall in der mexikanischen und mittelamerikanischen Küche üblich sind, werden vor der Verwendung meist geröstet, dann eingeweicht und püriert. Für mildere Gerichte werden die Chilis nur eingeweicht. In Mexiko mahlt man die kleinen Chilis häufig direkt in die Soße oder püriert sie damit. Die asiatische Küche röstet sie vor dem Pürieren.

Samen und Scheidewände entfernen

Wie bei frischem Chili reduziert auch bei getrocknetem Chili das Entfernen von Samen und Scheidewänden die Schärfe des Gerichts. Am besten geschieht dies vor dem Rösten, damit man die Schoten danach gleich einweichen oder mahlen kann.

◀ Samen ausschütteln
Die Chilis sauber reiben, dann entweder aufbrechen oder die Stängel ausbrechen und die Samen ausschütteln.

Getrocknete Chilis rösten

Geröstete, getrocknete Chilis werden dunkler und bekommen Blasen und Risse. Lassen Sie sie nicht verbrennen, sonst schmecken sie bitterscharf. Nach dem Rösten werden sie eingeweicht oder gemahlen.

◀ Backblech oder Pfanne
Legen Sie die getrockneten Chilis für 1–2 Minuten auf ein angewärmtes Backblech oder in eine gusseiserne Pfanne; wenden, damit sie nicht anbrennen. Alternativ kann man sie für 2–3 Minuten in einem vorgeheizten Ofen bei 250°C rösten.

Getrocknete Chilis einweichen

Werden für eine asiatische Gewürzpaste kleine eingeweichte Chilis gebraucht, werden sie zerbröckelt und in Wasser eingeweicht. Nach 15 Minuten sind sie gebrauchsfertig.

1 Geröstete oder gesäuberte getrocknete Chilis in eine Schüssel geben und mit fast kochendem Wasser übergießen. Die Chilis, mit einer Platte oder einem Teller unter Wasser gedrückt, 30 Minuten oder bis sie weich sind, einweichen lassen.

2 Die weichen Chilis durch ein Sieb passieren, um die zähen Schalen zu entfernen. Danach kann man sie mit anderen Zutaten und etwas Einweichflüssigkeit für eine Soße verwenden.

Getrocknete Chilis mahlen

Die Chilis sauber reiben, Stängel entfernen und die Schoten in Stücke brechen. Soll ein Gericht extrascharf sein, können Samen und Scheidewände bleiben, ansonsten entfernt man sie vor dem Mahlen.

◀ **In der elektrischen Mühle**
Getrocknete Chilis lassen sich in einer elektrischen Kaffeemühle sehr fein mahlen. Das Ergebnis ist noch besser, wenn sie vorher geröstet wurden.

Salz

Natriumchlorid

Speisesalz ist ein Mineral, das hauptsächlich aus Natriumchlorid (NaCl) besteht und in den meisten Teilen der Welt vorkommt. In den Ozeanen stellt es 78 % des Mineralstoffgehalts, und in kristalliner Form kennt man es als Steinsalz. Obwohl es für uns lebenswichtig ist, betrachten wir es als Selbstverständlichkeit und machen uns wenig Gedanken über seine Herstellung oder Geschichte.

GESCHICHTE

Einige der ersten bekannten Salzgärten befanden sich in der chinesischen Provinz Shanxi am Yuncheng-Salzsee, wo im Sommer Wasser verdunstete und Salzablagerungen zurückblieben. Um sie wurden schon vor 6000 Jahren Kriege geführt. Solche Konflikte zwischen Erzeuger- und Abnehmerstaaten sind in der Geschichte gang und gäbe. Salz war ein wertvolles Gut, und in der antiken Welt entstanden Salzstraßen, begleitet von Städten, die durch Besteuerung der Händler viel Geld verdienten. Reichtümer häuften auch Privatleute und Regierungen an: Meist hatten die Staaten das Monopol auf Salz und erhoben Steuern darauf – ähnlich wie im 20. Jahrhundert beim Erdöl. Zu manchen Zeiten wurden römische Soldaten mit Salz entlohnt, woraus das Wort »Salär« entstand.

Salz galt als Geschenk der Götter und war von Mythen und Aberglaube umrankt. In Ägypten wurde es als Grab-

Maldon-Meersalz
An der Küste der englischen Grafschaft Essex wird seit 2000 Jahren Salz gewonnen. Dazu erhitzt man Meerwasser über Feuern in Töpfen, bis es verdampft ist. Das heutige Maldon-Salz wird von einem 1882 gegründeten Familienunternehmen produziert und ist eines der feinsten Meersalze der Welt mit einer typischen knusprigen Konsistenz.

Cheshire-Steinsalz
Die Römer ließen sich zum Teil deswegen in dieser Region Englands nieder, weil es dort Salzquellen gab, und seit etwa 2000 Jahren wird hier Salz erzeugt. Heute gibt es noch ein riesiges Bergwerk, das Speisesalz und Streusalz für den Winter produziert.

beigabe gefunden, in Vietnam sind Salz, Wasser und Reis ebenfalls Opfergaben für das Leben in der nächsten Welt. In der christlichen und der jüdischen Religion steht Salz für Langlebigkeit und Beständigkeit. Und noch heute schenkt man Menschen beim Einzug in eine neue Wohnung Brot und Salz als Symbole für Nahrung und Schutz.

HERKUNFT

Ein Salzlieferant ist das Meer, andere sind Salzseen wie bei Yuncheng in China, der Salar de Uyuni in Bolivien und die Seen der Rocky Mountains in den USA. Die größten Lagerstätten befinden sich jedoch in der Erde. In Deutschland etwa sollen unterirdisch geschätzte 100 000 km^3 Steinsalz lagern.

Salz aus Meeren und Seen wird durch kontrollierte Verdunstung gewonnen und ist mit seinen kleinen symmetrischen Kristallen praktisch rein. Steinsalz wird auf der ganzen Welt abgebaut, wobei sich die größten Bergwerke beim kanadischen Goderich und bei Khewra in Pakistan befinden. Salz aus Khewra wird heute als Himalajasalz verkauft und erfreut sich großer Beliebtheit. Eines der ältesten und größten Salzbergwerke Europas liegt beim polnischen Wieliczka und ist heute ein Museum. Die Namen von Städten in Abbauregionen weisen oft auf ihre Verbindung zu Salz hin wie Salzburg oder Salt Lake City in den USA.

VERWENDUNG

Von frühester Zeit an wurde Salz zur Leichenkonservierung und Haltbarmachung von Lebensmitteln verwendet. Die Ägypter benutzten es für ihre Mumien, und in Zentralasien und Südamerika lagerte man Tote in salzhaltigen Wüstenböden.

Als vor Tausenden Jahren Menschen ihre auf Jagd und Fischerei basierende Ernährung aufgaben und mit Viehzucht und Ackerbau begannen, brauchten sie Salz, da es in Pflanzengewebe geringer dosiert ist als in Fleisch. Frühe Kulturen im Mittelmeerraum salzten bereits ihr Essen, und einige – wie die Römer – aßen sehr salzig. Zudem benutzten sie Salz zum Konservieren von

Meersalz aus Trapani
Trapani ist der Name einer Küstenprovinz auf Sizilien, die von Salzbergen, Salzpfannen und Windmühlen geprägt ist. Das Salz wird von Hand gewonnen, nachdem das Meerwasser in den Pfannen verdunstet ist, und zu hohen Bergen aufgetürmt.

Fleur de sel
Für Fleur de sel (Blume des Salzes) werden kleine Salzblumen, die an der Wasseroberfläche der Salzpfannen entstehen, abgeschöpft. Seine Kristalle sind feiner als bei anderem Meersalz. In Frankreich wird es in der Bretagne, der Camargue und auf der Île de Ré produziert. Aber auch Portugal und Spanien liefern hochwertiges Fleur de sel.

Fisch, Oliven und anderen Gemüsen. Sie salzten frische Gemüse, um sie zu entbittern, und schenkten uns so das Wort »Salat«. Fleisch und Käse wurden als Wintervorräte eingesalzen.

Die Römer bereiteten auch Garum zu, eine Soße, für die Fisch und Salz in Gefäße geschichtet und beschwert wurden. In China und Japan wurden noch früher Fisch und Gemüse mit Salz fermentiert, wobei Milchsäure entstand, die als Konservierungsmittel wirkte. In der ostasiatischen Küche spielen Pickles bis heute eine wichtige Rolle, während Salz selten als Tischwürze dient. In der gesamten Region findet man gesalzenen und getrockneten Fisch, ebenso auf Fisch oder Meeresfrüchten und Gewürzen oder Sojabohnen basierende fermentierte Soßen und Pasten – Nam pla und Kapi in Thailand, Teuk trey und Prahok in Kambodscha, Nuoc mam und Tuong ot in Vietnam, Blachan und Terasi in Indonesien und Malaysia.

Salz als Würze und Konservierungsmittel ist seit der Jungsteinzeit Bestandteil der Speisenzubereitung, wobei es nicht nur Geschmack verleiht, sondern auch lebenswichtig ist. Fast jeder Teil des menschlichen Körpers enthält Salz, das, zusammen mit Wasser, für die Zell-

Himalajasalz
Das Salz kann rötlich, rosa oder, wenn es fein ist, fast transparent sein. Aufgrund seines recht hohen Mineralstoffgehalts ist es bei gesundheitsbewussten Menschen beliebt. Salzblöcke können als Serviergefäße oder zur Speisenzubereitung verwendet werden.

Algensalz
Algensalz wird an immer mehr Orten produziert, wo man Meersalz gewinnt. Die am häufigsten verwendeten Algen sind Braunalgen, Rotalgen, Nori und Meersalat, die getrocknet, gemahlen und mit Salz vermischt werden. Die meisten Algen schmecken säuerlich bis salzig, Nori aber süßlich-salzig. Algensalz harmoniert gut mit Kartoffeln und Eiern.

Gewürzsalz
Hierfür eignen sich viele verschiedene Gewürze wie Piment, Cayennepfeffer, Chilipulver, Gewürznelken, Koriander, Kreuzkümmel, Macis oder schwarzer Pfeffer. Die Gewürze werden fein gemahlen und dann mit grobem Salz vermischt. Harmoniert mit Grillgut, Braten, Gemüsen und Hülsenfrüchten.

Falksalt
Diese schwedische Firma produziert seit 1830 Salz, das auf traditionelle Art auf Zypern gewonnen wird. Einer Sorte wird Pflanzenkohle hinzugefügt, um sie schwarz zu färben. Die großen Kristalle lassen sich zwischen den Fingern zerbröseln und sehen mit fein gehackter Petersilie über Reis gestreut großartig aus.

Selleriesalz
Im Handel erhältliches Selleriesalz wird mit gemahlenen Selleriesamen oder ätherischem Öl hergestellt. Da es rasch muffig schmeckt, sollte man nur kleine Mengen kaufen oder es mit gehackten Staudenselleriеblättern selbst herstellen. Traditionell wird das Salz für Bloody Mary verwendet.

versorgung notwendig ist. Natrium ist wichtig für den Sauerstofftransport im Körper, die Weiterleitung von Nervenimpulsen, für die Verdauung und für die Atmung. Durch Stoffwechselfunktionen verliert der Körper ständig Salz, das ersetzt werden muss. Gleichwohl benötigt er nur kleine Mengen, und eine dauerhafte Überdosierung ist gesundheitsschädlich, vor allem für das Herz-Kreislauf-System und die Nieren. Die von Ärzten empfohlene tägliche Zufuhr sollte fünf bis sechs Gramm nicht überschreiten, doch viele Menschen nehmen mehr Salz zu sich, insbesondere durch industriell verarbeitete Lebensmittel.

Auf Tafelsalz, das Rieselhilfen enthält, damit es nicht verklumpt, sollte man am besten verzichten. Koscheres Salz besteht aufgrund des Herstellungsprozesses aus relativ großen Kristallen. Seinen Namen verdankt es der Tatsache, dass es zum Koschern von Fleisch verwendet wird.

Kräuter und Gewürze verleihen Speisen auch ohne Salz Geschmack. Frische Kräuter passen gut zu Nudeln, Gemüse, Fisch, Fleisch und Reis. Marinaden geben Fleisch und Fisch Aroma (S. *302–303*), Chili, Knoblauch und Ingwer peppen Pfannengerührtes, Soßen und Dips auf (S. *289–301*), Zitrusschale passt zu fast jedem Gericht.

Matchasalz
Für dieses japanische Produkt wird Salz mit Matchatee vermischt, einer besonders edlen Sorte grünen Tees. Das Salz hat eine grüne Farbe und sieht über Speisen gestreut oder als Dip für Frittiergut hübsch aus. Es wird in japanischen Geschäften angeboten, lässt sich aber einfach daheim zubereiten. Dazu vermischt man 2 TL Salz mit ½ TL Matchateepulver.

Gomashio
Gomashio ist eine japanische Würzmischung aus geröstetem Sesam und grobem Salz. Besonders schön sieht sie mit schwarzem Sesam zubereitet aus. Sie eignet sich als Dip und zum Würzen von Reis, Gemüse und Salaten. Gomashio wird in Naturkostläden angeboten, kann aber leicht zu Hause hergestellt werden *(Rezept s. S. 271)*.

Geräuchertes Meersalz aus Cornwall
Geräucherte Salze entstehen durch Kalträuchern. Die dafür am häufigsten verwendeten Holzarten sind Erle, Apfel, Hickory und Mesquite. Die Intensität des Raucharomas hängt vom verwendeten Holz ab. Geräuchertes Salz kann Speisen einen rauchigen Geschmack verleihen.

Murray-River-Salz
Dieses Salz wird aus »Binnenlaken« im australischen Murray-Darling-Becken gewonnen. Es hat einen milden Geschmack, eine feine Konsistenz und eine weiße oder blassrosa Farbe. Für Letztere sind abgelagerte natürliche Pigmente einer Alge verantwortlich.

Rezepte

Kräutermischungen

Getrocknete oder frische Kräuter lassen sich in vielen Kombinationen verwenden. Selbst bei klassischen Mischungen wird die Zusammenstellung von der Art des Gerichts bestimmt, für die sie gedacht ist – bei Bouquets garnis ebenso wie bei iranischen oder lateinamerikanischen Mischungen, die häufig neben Kräutern auch Gewürze enthalten. Passen Sie die Proportionen einer Mixtur einfach Ihrem Geschmack an.

Bouquets garnis

Diese Kräutersträußchen werden in der französischen Küche zum Würzen von langsam gegarten Gerichten verwendet. Das mit einem Faden gebundene oder in einem Mullsäckchen zugegebene Sträußchen wird vor dem Anrichten entfernt. Meist besteht es aus einem Lorbeerblatt, 2–3 Petersilienstängeln und 2–3 Thymianzweigen, doch kann sich die Zusammenstellung je nach Gericht ändern. Hier einige Vorschläge:

ZU LAMM

Rosmarin, Knoblauch, Oregano oder Majoran und Thymian
Lavendel, Bohnenkraut und Myrte
Zitronenthymian, Minze und Petersilie

ZU GEFLÜGEL

Petersilie, Lorbeer, Estragon und gequetschtes Zitronengras
Majoran, Rosmarin und Bohnenkraut
Zitronenthymian, Liebstöckel, Petersilie, ein äußeres Porreeblatt

ZU WILD

Petersilie, Wacholderbeeren, Thymian und Lorbeer
Zitronenmelisse, Majoran, Minze und Sellerie
Rosmarin, Myrte und ein Streifen Orangenschale

ZU FISCH

Petersilie, Estragon, Thymian und ein Streifen Zitronenschale
Fenchel, Lorbeer und Zitronenthymian
Dill, Petersilie, Grüne Zwiebel und Zitronenmelisse

ZU RIND

Lorbeer, Petersilie, Thymian und ein äußeres Porreeblatt
Oregano, Lorbeer, Knoblauch und ein Streifen Orangenschale
Thymian, Bohnenkraut, Majoran und etwas Ysop

ZU SCHWEIN

Salbei, Sellerie, Petersilie, Thymian
Liebstöckel, Rosmarin, Bohnenkraut
Orangenthymian, Estragon und Lorbeer

Schwarze-Johannisbeeren-Salbei

Fines Herbes

Fines Herbes, ein anderer Klassiker der französischen Küche, ist eine Mischung von zart duftenden, gehackten Sommerkräutern: Kerbel, Schnittlauch, Petersilie, Estragon, wobei von den ersten drei gleich viel, vom Estragon nur die Hälfte genommen wird. Fines Herbes sind ein ausgezeichnetes Gewürz für Omelettes und andere Eierspeisen, Sahnesoßen und Salate.

Estragon

Persillade

Eine Knoblauchzehe und eine kleine Handvoll glatter Petersilie zusammen hacken. Die Mischung einige Minuten vor dem Anrichten in das Gericht geben oder vor dem Anrichten darüber streuen. Auf diese Weise gibt die Persillade Geflügel, Fisch und Gemüse frische Würze. Mit Semmelbröseln gemischt, kann man auch gegen Ende der Bratzeit Lammkoteletts damit einreiben.

Gremolata

Eine Persillade *(s. o.)* zubereiten und mit der abgeriebenen Schale einer halben unbehandelten Zitrone mischen. Diese klassische Garnierung für Osso buco Milanese schmeckt auch zu gegrilltem oder gebackenem Fisch, Linsen- und Bohnensuppen und Salaten. Ebenso passt sie zu Fleisch- und Geflügel-Eintöpfen.

Kräuter der Provence

Diese veränderbare Mischung besteht traditionell aus getrockneten Kräutern, doch könnte man selbstverständlich auch frische nehmen. Statt der Variante hier können Sie Fenchelsamen, Salbei, Basilikum, Lorbeer und Ysop verwenden. Kräuter der Provence passen zu Schmorfleisch und Wild, besonders wenn es in einer Rotweinsoße gegart wird, zu Tomatengerichten und Wurzelgemüse.

3 EL getrockneter Thymian
2 EL getrockneter Majoran
1 TL getrockneter Rosmarin
1 EL getrocknetes Bohnenkraut
1 TL getrocknete Lavendelblüten

Die Gewürze zerstoßen oder mahlen und luftdicht verschlossen bis zu 2–3 Monate aufbewahren.

Farcellets

Im Katalanischen heißt ein kleines Bündel »Farcellet«. Solch ein kleines, eng in Lorbeerblätter eingewickeltes Kräuterpäckchen enthält Zweige von getrocknetem Bohnenkraut, Oregano und Thymian. Man gibt es in lange gekochte Fleisch-, Geflügel- oder Gemüsegerichte. Vor dem Auftragen entfernen.

Chilenischer Aliño

Aliño bedeutet Würze oder Dressing und wird in ganz Südamerika für Kräuter- und Gewürzmischungen zu Fleisch, Geflügel oder Fisch und in Suppen oder Schmortöpfen verwendet. Auf jedem Markt kann man Aliño in kleinen Bündeln oder abgepackt kaufen. Diese Variante stammt aus *Three Generations of Chilean Cuisine* von Mirtha Umaña-Murray.

1 EL getrockneter Thymian
1 EL getrockneter Rosmarin
1 EL getrockneter Oregano
1 EL getrockneter Salbei
1 EL getrocknete Minze
1 EL getrocknete Zitronenmelisse
1 EL getrockneter Majoran
1 EL getrockneter Estragon

Die Kräutermischung zerreiben und in einem luftdichten Behälter im Gefrierfach aufbewahren.

Kubanischer Adobo

Auf den Spanisch sprechenden karibischen Inseln beginnt man beim Kochen häufig mit einem Sofrito, einer Mischung aus angeschmorten Kräutern, Gewürzen und Gemüse, die einem Gericht die nötige Aromen-Grundlage gibt. Die andere Grundmischung, Adobo, wird entweder trocken zum Einreiben oder flüssig als Marinade verwendet. Für das Einreibgewürz lässt man den Orangensaft weg. Adobos kennt man überall in Mittel- und Südamerika.

1 EL frischer Thymian
1 EL frischer Oregano
2 Handvoll Korianderblätter und -zweige
3 Knoblauchzehen, zerdrückt
1 TL gemahlener Kreuzkümmel
2 TL gemahlener schwarzer Pfeffer
100 ml Bitterorangen- oder Limettensaft

Alles in der Küchenmaschine mischen und 4–5 Tage im Kühlschrank aufbewahren. Als Gewürz verwenden *(S. 269)*.

Winterkräuter

Diese einfache Mischung stammt von einem Gärtnerfreund: Man zerstößt oder mahlt gleiche Teile von getrocknetem Thymian, Majoran und Winter-Bohnenkraut und bewahrt die Mischung auf. Majoran kann auch durch Oregano ersetzt werden.

Kräuterpfeffer

Ergibt eine gute Mischung für Wurzelgemüse, als Hähnchenfüllung und in Wintersuppen.

1 EL getrockneter Rosmarin
1 EL getrocknetes Winter-Bohnenkraut
1 EL getrockneter Thymian
1 EL getrockneter Majoran
1 EL gemahlener schwarzer Pfeffer
1 EL gemahlener Macis

Rosmarin

Die Kräuter fein zerreiben oder mahlen. Durch ein Sieb geben und mit Pfeffer und Macis mischen. Im luftdichten Behälter 2–3 Monate aufbewahren. Als pikante Variante mit einer zerdrückten Knoblauchzehe und etwas geriebener Zitronenschale kombinieren.

Mediterrane Kräuter- und Gewürzmischung

1 EL getrocknete Minze

1 EL getrocknetes Bohnenkraut oder Ysop

1 EL getrockneter Oregano

1 EL Fenchelsamen

1 EL gemahlener Kreuzkümmel

1 EL gemahlener Koriander

Kräuter mahlen und mit Fenchelsamen, Kreuzkümmel und Koriander vermischen. In einem luftdichten Behälter lagern oder in einem Folienbeutel im Gefriergerät. Zum Einreiben von Grillfleisch oder Braten oder für langsam gegarte Fleisch- und Geflügelgerichte oder Gemüse verwenden.

Grünes Masala

Dieses indische Masala passt ausgezeichnet zu Fisch oder Huhn.

60 g frischer Ingwer

2 Knoblauchzehen

4–6 frische grüne Chilis

1 große Handvoll Korianderblätter und junge Stängel

½ TL Salz

Ingwer und Knoblauch schälen und hacken. Chilis entkernen und klein schneiden. Alle Zutaten in die Küchenmaschine geben und mit etwas Wasser zu einer Paste verrühren. Die Mischung hält, gut verschlossen, im Kühlschrank bis zu 2 Wochen, tiefgefroren bis zu 3 Monate. Gegebenenfalls Koriander für ein einfacheres Masala weglassen.

Adjika

Diese Chili-Kräuter-Paste ist in Georgien und seinen Nachbarländern beliebt.

2 frische rote Chilis, Samen entfernt

5 Knoblauchzehen, zerdrückt

je 1 Handvoll gehackte Petersilie und gehackter Dill

3 EL gehackte Walnusskerne

Salz

3–4 EL Olivenöl

Alle Zutaten, ausgenommen das Öl, im Mixer mit der Pulsfunktion zu einer groben Paste zerkleinern. Nach und nach so viel Öl hinzufügen, bis die Paste glatt ist. Sie passt zu Fleisch- und Geflügelgerichten oder zu langsam gegarten Bohnen.

Khmeli-suneli

Diese Mischung stammt aus Georgien. Auf den Märkten in Tiflis werden vielerlei Gewürzmischungen unter dem Namen Khmeli-suneli angeboten, denn jede Region und jede Familie kennt ihre eigene. Hier ist eine davon:

1 EL gemahlener Koriander

1 TL getrocknete Bockshornkleeblätter

1 TL gemahlene Ringelblumen

1 TL gemahlene Minze

1 TL getrockneter Dill

1 TL getrocknetes Sommerbohnenkraut

½ TL Fenchelsamen

½ TL gemahlener Zimt

1 große Prise gemahlene Gewürznelken

Alle Zutaten im Mörser oder in der Küchenmaschine vermahlen. 2–3 Monate im geschlossenen Behälter aufbewahren. Die Mischung für Marinaden oder zum Einreiben von Grillfleisch, in Gemüsegerichten, Suppen und Eintöpfen verwenden.

Bohnenkraut

Swaretisches Gewürzsalz

Hierbei handelt es sich um eine Kräutersalzmischung aus der georgischen Kaukasusregion Swanetien, wo man für sie häufig den dort weit verbreiteten etwas milderen Blauen Bockshornklee oder Schabzigerklee verwendet.

1 TL gemahlener Koriander

1 TL gemahlener Bockshornklee

½ TL gemahlene Chili

3 Knoblauchzehen, zerdrückt

2 EL Meersalz

Koriander, Bockshornklee, Chili und Knoblauch vermischen, dann das Salz unterrühren. Die Mischung eignet sich zum Würzen von Gemüsen und Salaten oder, mit Olivenöl verrührt, als Dip.

Seasoning

Diese Pasten werden auf den Englisch sprechenden karibischen Inseln zum Würzen von Fleisch, Geflügel und Fisch verwendet. Zutaten und Rezepte variieren von Insel zu Insel, doch meist bestehen sie aus frischen Kräutern wie Petersilie, Minze, Thymian, Sellerie, Oregano, Koriander, Culantro, Schnittlauch, Zwiebelgrün und Knoblauch sowie Gewürzen wie Ingwer, Nelken, Zimt, Piment, Curry, Paprika, Pfeffer und Chilis, außerdem Zutaten wie Worcestersoße, Bitterorangensaft, Limettensaft, Essig und Öl.

Meist wird Seasoning als Marinadenpaste verwendet, sie kann aber auch Soßen oder Eintöpfe würzen. Zum Marinieren Fleisch, Fisch oder Geflügel mit der Paste einreiben und bei kleinen Mengen 1–2 Stunden, bei größeren 3–4 Stunden und bis zu 12 Stunden bei einem ganzen Braten oder Geflügel einwirken lassen.

Bajan-Seasoning

Wie der Name besagt, kommt diese Seasoning-Variante aus Barbados.

6–8 Frühlingszwiebeln, grob gehackt
4 Knoblauchzehen, zerdrückt
1 Handvoll Petersilienblätter mit Stielen
1 EL frische Thymianblätter
1 kleines Bund Schnittlauch
1 Scotch-Bonnet-Chili, entkernt, grob gehackt
4 EL Limettensaft

Alle Zutaten in der Küchenmaschine zu einer Paste mixen. Nach Belieben salzen und mehr Limettensaft zugeben. Bis zu 4–5 Tage im Kühlschrank aufbewahren.

Trinidad-Seasoning

6–8 Frühlingszwiebeln, grob gehackt
1 kleine Zwiebel, grob gehackt
3 Knoblauchzehen, zerdrückt
1 Bund Culantro oder Korianderkraut, grob gehackt
1 kleine Handvoll Minzeblätter
1 kleines Stück frischer Ingwer, grob gehackt
1 grüne Chili
1 gute Prise schwarzer Pfeffer
4 EL Limettensaft

Alle Zutaten im Mixer zu einer Paste mischen. Nach Geschmack mehr Limettensaft und Salz zugeben. Aufbewahrungsdauer wie Bajan-Seasoning *(oben)*.

Jamaica-Jerk-Seasoning

Diese Würzpaste besteht aus mehr Gewürzen als Kräutern. Hauptsächlich wird sie zum Einreiben von Schweine- und Hühnerfleisch vor dem Grillen verwendet.

3–6 Scotch-Bonnet-Chilis, ohne Samen, grob gehackt
4–6 Frühlingszwiebeln, grob gehackt
3 Schalotten, geviertelt
3 Knoblauchzehen, zerdrückt
1 kleines Stück frischer Ingwer, grob gehackt
3 EL frische Thymianblätter
1 EL gemahlener Piment
2 TL gemahlener schwarzer Pfeffer
1 TL gemahlener Zimt
½ TL geriebene Muskatnuss
½ TL gemahlene Gewürznelken
3–4 EL Sonnenblumenöl

Alle Zutaten in einer Küchenmaschine mischen. Wenn nötig, etwas Wasser oder mehr Öl zufügen. Bis zu 6 Wochen im Kühlschrank aufbewahren.

Muskatnuss

Gemischter Kräuterteller

Eine iranische Mahlzeit wird fast immer von einer Schale mit Kräutern begleitet: Minze, Schnittlauch, Frühlingszwiebeln, Petersilie, Dill, Estragon werden als Appetithappen oder Teil eines Gerichts auf den Tisch gestellt.

Im Libanon gehört immer ein Teller mit frischem Gemüse und Kräutern zur Mezze-Tafel, meist Gurken, Radieschen, Tomaten, Römischer Salat, Petersilie, Minze, Portulak, Brunnenkresse und Frühlingszwiebeln. Die Vietnamesen teilen diese Leidenschaft für frische Kräuter. Keine Mahlzeit ist vollständig ohne Basilikum, Koriander, Rau ram, rote und grüne Perilla, Minze, Gurke und Kopfsalatblätter.

Iranische Kräutermischungen

Die Iraner übertragen ihre Leidenschaft für Kräuter auf ihre gekochten Gerichte.

Reis-Mischung (Sabzi Polo) ist zu gleichen Teilen Petersilie, Koriander, Schnittlauch und manchmal Dill.

Eintopf-Mischung (Sabzi Ghormeh) besteht aus Petersilie, Schnittlauch, Koriander und Bockshornklee. Unverzichtbar ist Limettenpulver, auch Dill und Minze gehören dazu.

Suppen-Mischung (Sabzi Âshe) muss unbedingt Petersilie, Schnittlauch und Koriander enthalten, manchmal auch Minze und Bockshornklee.

Tschubritza

Tschubritza ist der bulgarische Name für Sommerbohnenkraut, das sich in Bulgarien großer Beliebtheit erfreut und getrocknet mit Paprikapulver und Salz vermischt als Scharena sol (buntes Salz) gern als Tischwürze verwendet wird. Zudem kombiniert man es zum Würzen von Fleischeintöpfen und Bohnengerichten auch mit kleineren Mengen getrockneten Bockshornkleeblättern, mit getrockneter Minze, Paprikapulver, Chili und Salz. Auch Mandeln oder Samen wie Kürbiskerne können hinzugefügt werden. Zur Zubereitung der Mischung werden die getrockneten Blätter gemahlen und dann durch ein Sieb gedrückt, um ein Pulver herzustellen. Nüsse oder Samen röstet man, falls verwendet, ohne Fett, lässt sie abkühlen, zermahlt sie und mischt sie dann unter die anderen Zutaten.

Marokkanische Minze

Bockshornklee

Gewürzmischungen

Die Kunst des Gewürzemischens wird in vielen Teilen der Welt seit Jahrhunderten praktiziert. In fast ganz China, in Japan, auf dem indischen Subkontinent, im Nahen Osten und in Lateinamerika sind diese Mischungen ein wichtiges Merkmal, in dem sich die regionalen Küchen voneinander unterscheiden. Wandeln Sie das Mischungsverhältnis ruhig ab, wenn es nicht ganz Ihrem Geschmack entspricht.

Japan

Höchstes Ziel der japanischen Küche ist es, den Eigengeschmack jedes Nahrungsmittels zur Geltung zu bringen. Sie verwendet viele aromatische Zutaten wie Sojaprodukte, Algen, Dashi, getrockneten Bonito-Fisch, doch wenig Gewürze. Wasabi, Sansho, Chili, Senf, Ingwer und Sesam werden zurückhaltend eingesetzt.

Sieben-Gewürze-Pulver

Shichimi Togarashi bedeutet »Sieben-Zutaten-Chili«. Je nach Region gibt es verschiedene Varianten. Als Zutaten kommen auch Perilla, Senfsamen, gerösteter oder getrockneter Chili infrage. Selbst bei mehr als sieben Gewürzen bleibt die Bezeichnung gleich. Als stärkstes Aroma schmeckt man die Tangerinenschale und die Jod-Noten des Nori (Seetang) heraus; am stärksten tritt der Geschmack von Chili hervor, der aber nichts übertönt. Das grobkörnige Pulver gibt es als milde und als scharfe Variante. Wer Shichimi selbst herstellt, kann die Chilimenge dem eigenen Geschmack anpassen. Als säuerliches Element kann etwas Yuzu-Schale hinzugegeben werden. Shichimi passt gut zu Udon (Weizenmehlnudeln), Suppen, Nabemono (Eintopf-Gerichte) und Yakitori (Hühnchen- und Gemüsespieße).

2 TL weiße Sesamsamen

1 TL zerstoßene getrocknete Tangerinenschale

2 TL Noriflocken (Aonori)

2 TL Chiliflocken

1 EL Sansho

1 TL schwarze Sesamsamen

1 TL Hanf- oder weiße Mohnsamen

Die weißen Sesamsamen mit der Tangerinenschale grob mahlen. Nori- und Chiliflocken hinzufügen, erneut mahlen. Übrige Zutaten hineinrühren. Luftdicht verschlossen oder in einer Kunststofftüte im Gefrierfach aufbewahren.

Gomashio

Goma bedeutet Sesam. Mit dieser schlichten Mischung werden Reis, Gemüse und Salate gewürzt.

4 TL schwarze oder weiße Sesamsamen

2 TL grobes Meersalz

Die Sesamsamen 1–2 Minuten leicht rösten, dabei die Pfanne rütteln. Abkühlen lassen, dann mit dem Salz kurz grobkörnig mahlen. Luftdicht verschlossen aufbewahren. Da Sesam in Korea sehr beliebt ist, würde man für eine koreanische Mischung bis zu 60 g geröstete Sesamsamen auf 2 TL Salz nehmen.

Sesam

China

Die chinesische Küche verwendet Gewürze einzeln, für ein reicheres Aroma das Fünf-Gewürze-Pulver und für Brühen zum langsamen Garen von Schweine- oder Rindfleisch eine noch umfangreichere Gewürzmischung mit Sojasoße und Zucker.

Chinesisches Gewürzsalz

Gewürzsalz verwendet man häufig für gegrilltes Fleisch und Geflügel. Meist wird es in kleinen Schalen serviert und kurz vor dem Essen über die Speisen gestreut.

3 EL grobes Meersalz

1 EL Fünf-Gewürze-Pulver

Salz und Fünf-Gewürze-Pulver in einer schweren Pfanne ohne Fett vermischen und rösten, dabei die Pfanne schütteln und die Mischung durchrühren, damit sie nicht ansetzt. Nach etwa 5 Minuten sollte sie aromatisch duften und leicht geröstet sein. Auf einem Teller abkühlen lassen, dann in einem luftdichten Behälter aufbewahren.

In Sichuan röstet man 1 EL Sichuanpfeffer ohne Fett, bis er aromatisch duftet, mahlt ihn nach dem Abkühlen und rührt ihn unter das Salz.

Fünf-Gewürze-Pulver

In der chinesischen Esskultur war schon immer die Ausgewogenheit der fünf Aromen (salzig, sauer, bitter, scharf und süß) eine Voraussetzung für gesundheitliche und kulinarische Bekömmlichkeit. Das Fünf-Gewürze-Pulver wird manchmal mit getrocknetem Ingwer, Kardamom oder Süßholz auf sieben erweitert. Man würzt damit sparsam Brühen, Marinaden, Fleisch oder Geflügel.

6 Sternanis

1 EL Sichuanpfeffer

1 EL Fenchelsamen

2 TL Gewürznelken

2 TL gemahlener Kassia- oder Cylonzimt

Alle Gewürze zu Pulver vermahlen. Durch ein Sieb geben und in einem luftdichten Behälter oder in einer Kunststofftüte im Gefrierfach aufbewahren.

Sichuanpfeffer

Thailand

Der Erfolg der Thai-Küche hängt immer von der raffinierten Kombination von Aromen in einer Currypaste, Soße, Suppe oder einem Dip ab. Die geschickte Mischung von Kräutern, Gewürzen und Zutaten wie Fischsoße, getrockneten Garnelen und Garnelenpaste gibt Gemüsen, Fisch, Fleisch und Geflügel ihre Würze. Currypasten sind von Region zu Region und von Haus zu Haus verschieden. Meist werden sie bei Bedarf und nicht im Voraus zubereitet, doch die Pasten halten sich, gut verschlossen, etwa 2 Wochen im Kühlschrank oder können in kleinen Töpfchen eingefroren werden.

Rote Currypaste

10 getrocknete rote Chilis

1 TL Garnelenpaste (Kapi)

1 EL Koriandersamen

2 TL Kreuzkümmelsamen

5 Knoblauchzehen, zerdrückt

6 Schalotten, gehackt

2 Stängel Zitronengras, nur unteres Drittel, in Scheiben

6 Scheiben Galgant

1 TL abgeriebene Schale von 1 Bio-Kaffirlimette

2 EL gehackte Korianderwurzeln

1 TL gemahlener schwarzer Pfeffer

Chilis klein schneiden und in etwas warmem Wasser 10–15 Minuten einweichen. Garnelenpaste zwischen Alufolie von jeder Seite 1–2 Minuten rösten. Koriander- und Kreuzkümmelsamen ohne Fett rösten, abkühlen und mahlen.

Chilis mitsamt dem Wasser und alle übrigen Zutaten im Mixer oder Mörser zu einer glatten Paste verrühren. Passt gut zu Rind, Wild, Ente und Schweinefleisch.

Grüne Currypaste

Grüne Currypaste ist die schärfste Paste überhaupt, doch kann man auch weniger Chilis nehmen oder sie entkernen. Grüne Currypaste passt zu Fisch und Meeresfrüchten, Huhn und Gemüse.

2 TL Koriandersamen
1 TL Kreuzkümmelsamen
1 TL Garnelenpaste (Kapi)
2 TL gehackter oder 1 TL getrockneter Galgant
2 TL gehackte oder 1 TL getrocknete Fingerwurz (Krachai)
2 Stängel Zitronengras, nur unteres Drittel, gehackt
1 TL abgeriebene Bio-Kaffirlimettenschale
4 Schalotten, gehackt
3 Knoblauchzehen, gehackt
1 TL gemahlener schwarzer Pfeffer
½ TL geriebene Muskatnuss
1 kleines Bund Korianderkraut mit jungen Stängeln und Wurzeln, gehackt
4 EL gehacktes Thai-Basilikum
15 kleine grüne Chilis, gehackt

Koriander und Kreuzkümmel ohne Fett rösten, bis sie braun sind, abkühlen lassen, dann mahlen. Die Garnelenpaste zwischen Alufolie 1–2 Minuten von jeder Seite ohne Fett rösten. Abkühlen lassen. Alle Zutaten im Mörser oder Mixer zu einer glatten Paste verrühren.

Chilis

Massaman-Currypaste

Diese Paste hat ihren Namen von den muslimischen Händlern, die Gewürze nach Thailand brachten. Einige Gewürze darin werden mehr in Indien verwendet. Ihr Aroma ist wohltuend kräftig.

2 EL Koriandersamen
2 TL Kreuzkümmelsamen
6 grüne Kardamomkapseln
½ Zimtstange
6 Gewürznelken
10 getrocknete rote Chilis
½ TL geriebene Muskatnuss
½ TL gemahlener Macis
1 TL Garnelenpaste (Kapi)
2 EL Sonnenblumenöl
5 Schalotten, gehackt
4 Knoblauchzehen, gehackt
1 EL gehackter Galgant
1 EL gehackte Korianderwurzel
2 Stängel Zitronengras, nur unteres Drittel, in Scheiben

Alle ganzen Gewürze und Chilis ohne Fett rösten, abkühlen lassen, dann die Kardamomhülsen entfernen und alles zu Pulver vermahlen. Mit Muskat und Macis mischen. Die Garnelenpaste in Alufolie rösten, bis sich ihr Aroma entwickelt.

Das Öl erhitzen und Schalotten und Knoblauch goldgelb andünsten, dann Galgant, Korianderwurzel und Zitronengras zugeben. Gut eine Minute braten, danach in den Mörser oder die Küchenmaschine füllen.

Alle übrigen Zutaten hinzugeben und zu einer glatten Paste vermahlen. Zu Fleisch und Geflügel verwenden.

Kreuzkümmel

Kambodscha

Speisen werden in Kambodscha ebenso stark gewürzt wie in seinen Nachbarländern. Auf den Märkten des Landes türmen sich an den Ständen Chilis, Knoblauch, Ingwer, Galgant, Kokosnüsse, Kräuter, Fischpaste (Prahok) und Soßen. Kambodschanische Fischsoße enthält gemahlene Erdnusskerne, die sonst nirgendwo hinzugefügt werden. Zu vielen Gerichten wird Kroeung, eine Kräuterpaste, gegeben, die aus sieben oder acht Grundzutaten und, je nach Gericht, noch aus weiteren Ingredienzien besteht. Die Paste kann rot (durch Chilis), gelb (durch Kurkuma) oder grün (durch Zitronengras) sein.

Kroeung-Paste

Zubereitete Würzpaste wird meist sofort verwendet, hält sich aber gekühlt in einem luftdichten Behälter 2–3 Tage. Traditionell stellt man sie im Mörser her, einfacher geht es aber in einer Küchenmaschine. Nötigenfalls gibt man etwas Wasser dazu.

50 g Zitronengras, nur unteres Drittel, in Scheiben geschnitten

1 EL gehackter frischer Galgant

1 große Knoblauchzehe, gehackt

2 Schalotten, gehackt

5 Kaffirlimettenblätter

80 g Erdnusskerne, ohne Fett geröstet

2 EL Palmzucker oder brauner Zucker

1 TL gemahlene Kurkuma

1 TL Salz

2 TL Fischsoße

125 ml dicke Kokosmilch

Alle Zutaten in der Küchenmaschine glatt pürieren. Nötigenfalls mehr Kokosmilch oder etwas Brühe oder Wasser hinzufügen, damit eine glatte Paste entsteht. Sie eignet sich für Gemüse, Fisch oder Meeresfrüchte, Fleisch und Geflügel und zum Würzen mancher Flüssigkeiten.

Kurkuma

Grüne Kroeung-Paste

100 g Zitronengras, gehackt

50 g frischer Großer Galgant, gehackt

1 EL gemahlene Kurkuma

½ EL Kleiner Galgant, gehackt

4 Knoblauchzehen, gehackt

4 Schalotten, gehackt

3 getrocknete rote Chilis

Alle Zutaten in einer Küchenmaschine glatt pürieren. Paste wie links verwenden.

Zitronengras

Rund um Indien

Die erste Anforderung an einen indischen Koch ist, ein guter Masalchi oder Gewürzmischer zu werden. Masala ist eine Gewürzmischung, die zwei, drei, ein Dutzend und mehr Gewürze enthalten kann. Ganz oder gemahlen werden sie in unterschiedlichen Kochphasen zugegeben. Für Reis und manche Fleischgerichte sind ganze Gewürze üblich. Von den gemahlenen Mischungen sind in der nordindischen Küche die Garam masalas (wörtlich »scharfes Gewürz«) besonders beliebt. Garam masala wird meist gegen Ende der Garzeit hinzugegeben, damit die anderen Zutaten ihren Geschmack entwickeln und die Aromen bewahrt bleiben. Auswandernde Inder nahmen ihre Masalas in alle Gegenden der Welt mit – nach Malaysia, Südafrika und in die Karibik. Currypulver stammt aus Chennai (Madras), wo im 18. Jh. einheimische Köche in britischen Haushalten indische Gerichte einführten.

Garam masala, Grundmischung

Dieses Masala und seine Abwandlungen eignen sich besonders für Fleisch- und Geflügelgerichte, vor allem für solche mit Tomaten- oder Zwiebelsoße. Auch in würziger Bohnen- oder Linsensuppe schmeckt es köstlich.

2 EL schwarze Kardamomkapseln

1 ½ Zimtstangen

4 EL Koriandersamen

3 EL Kreuzkümmelsamen

2 EL schwarze Pfefferkörner

1 EL Gewürznelken

2 Tejpatblätter (oder Lorbeer), zerrieben

Die Kardamomkapseln enthülsen. Die Zimtstangen brechen. Alle Gewürze bei mittlerer Hitze etwa 8–10 Minuten ohne Fett rösten. Die Gewürze abkühlen lassen, zu Pulver vermahlen und sieben. Masala hält im luftdichten Behälter oder in einer Kunststofftüte eingefroren 2–3 Monate.

VARIANTEN

Gujarati-Masala
1 EL Sesamsamen, 2 TL Fenchelsamen, 1 TL Ajowansamen und 3–4 getrocknete Chilis hinzufügen.

Kashmiri-Masala
Schwarze Kümmelsamen und grünen Kardamom statt des schwarzen verwenden, dazu 2 Macisstreifen und ¼ geriebene Muskatnuss hinzugeben.

Punjabi-Masala
Nur 2 EL Koriandersamen und 1 EL Kardamomkapseln, aber 2 EL grünen Kardamom, 2 EL Fenchelsamen, 2 Macisstreifen, 1 EL schwarze Kreuzkümmelsamen, 2 TL gemahlenen Ingwer und 1 EL getrocknete Rosenblüten dazugeben.

Dhana-jeera-Pulver

Diese einfache Mischung aus vier Teilen Koriandersamen und einem Teil Kreuzkümmel ist in Gujarat und Maharashtra beliebt und wird oft als Grundmischung für Masalas verwendet.

Bombay-Masala

Dieses Masala bekommt seinen runden Geschmack und die körnige Konsistenz durch Kokosnuss, Sesam- und Mohnsamen. Es passt gut zu Linsen und Gemüse. Gibt man es zu Beginn der Garzeit hinzu, verleiht es dem Gericht ein feines Aroma, am Ende hinzugefügt, wird der Geschmack intensiver.

8 grüne Kardamomkapseln

1 kleines Stück Zimtstange

2 Tejpatblätter oder 1 Zweig Curryblätter

1 TL schwarze Pfefferkörner

2 TL Koriandersamen

1 TL Kreuzkümmelsamen

6 Gewürznelken

2 EL ungezuckerte geraspelte Kokosnuss

2 TL Sesamsamen

2 EL Mohnsamen

Die Samen aus den Kardamomkapseln lösen. Zimtstange und getrocknete Tejpatblätter zerkrümeln, Curryblätter von den Stängeln abzupfen. Kardamomsamen, Zimt, Tejpat- bzw. Curryblätter, Pfefferkörner, Koriander, Kreuzkümmel und Nelken ohne Fett rösten, bis sie hellbraun sind. Kühl stellen.

Kokosnuss, Sesam- und Mohnsamen bei schwacher Hitze rösten, bis sie Farbe annehmen; die Kokosnuss sollte dunkelbraun sein. Abkühlen lassen und mit den Gewürzen mischen. Hält sich 2–3 Monate im luftdichten Gefäß oder in einer Kuststofftüte im Gefrierfach.

Tandoori masala

Kommt die Sprache auf indisches Essen, denkt man bei uns fast automatisch an Tandoori-Huhn. Das rauchige Aroma von Tandoori-Fleisch oder -Fisch kommt vom Tonofen, in dem das Essen gegart wird, der säuerliche Geschmack von der würzigen Joghurt-Marinade. Man kann das Masala für Gerichte verwenden, die sowohl im Ofen als auch auf dem Grill gebraten werden. Damit jedoch ein Tandoori-Gericht seine tieforange Färbung erhält, braucht man etwas Farbe aus dem Asialaden. Steinsalz wird in indischen Läden als rosa Pulver oder in rötlichen Brocken verkauft. Sein starker Schwefelgeruch verliert sich beim Kochen. Man kann es durch etwas mehr Meersalz ersetzen.

½ Zimtstange
1 EL Koriandersamen
2 TL Kreuzkümmelsamen
6 Gewürznelken
3 Macisstreifen
2 TL Kurkuma
2 TL gemahlener Ingwer
1 TL gemahlener Chili
1 TL Amchur
1 TL Steinsalz
1 TL Meersalz

Amchur

Zimtstange leicht zerstoßen und die ganzen Gewürze ohne Fett rösten, bis sie dunkel werden und zu rauchen beginnen. Abkühlen lassen und mahlen. Alle Gewürze mit dem Salz mischen.

Für die Marinade 200 g Joghurt cremig schlagen und mit 2–3 TL Masala mischen.

Bengalischer Panch Phoron

Eine Mischung aus ganzen Gewürzen für Hülsenfrüchte und vegetarische Gerichte.

1 EL Kreuzkümmelsamen
1 EL Fenchelsamen
1 EL Senfkörner
1 EL Schwarzkümmelsamen
1 EL Bockshornkleesamen

Alles mischen und in einem luftdichten Behälter aufbewahren. Man aromatisiert damit heißes Öl, bevor die Zutaten hinzukommen, oder würzt damit Ghee (geklärte Butter), die man vor dem Servieren an Linsen, Bohnen oder Kichererbsen gibt.

Aromatisches Garam masala

Diese Mischung ist mild mit einer feinen Betonung des Kardamoms. Sie wird für Kebabs und klassische Moghul-Gerichte mit Butter und Sahne oder Joghurt verwendet.

2 EL grüne Kardamomkapseln
½ Zimtstange
2 Macisstreifen
2 TL schwarze Pfefferkörner
1 TL Gewürznelken

Die Samen aus den Kardamomkapseln schälen. Zimtstange in Stücke brechen. Alle Gewürze zu Pulver vermahlen, danach sieben. Hält im luftdichten Behälter oder in einer Kunststofftüte im Gefrierfach 2–3 Monate.

Chat masala

Dieses Masala wird in kleinen Mengen über Obst- und Gemüsesalate gestreut. Es schmeckt frisch und säuerlich.

1 TL Kreuzkümmelsamen
1 TL schwarze Pfefferkörner
½ TL Ajowansamen
1 TL Anardana
1 TL Steinsalz (s. links)
1 TL grobes Meersalz
3 TL Amchur
¼ TL Asant
½ TL zerstoßene getrocknete Minze
½ TL gemahlener Chili

Alle ganzen Gewürze und das Salz zu Pulver vermahlen, dann die übrigen Zutaten untermischen. Hält sich im luftdichten Gefäß 2 Monate.

Masala für Fisch

1 EL Kreuzkümmelsamen
2 EL Koriandersamen
½ TL Ajowansamen
1 EL Ingwersaft *(S. 223)*

Die Gewürze mahlen und mit dem Ingwersaft mischen. Fisch damit einreiben und vor dem Garen etwa 1 Stunde marinieren lassen.

Sambarpulver

Dieses Pulver wird in der überwiegend vegetarischen südindischen Küche verwendet. Hülsenfrüchte, Gemüse, Soßen und Suppen werden damit gewürzt. Die Dal sorgen für cremige Konsistenz und nussigen Geschmack.

4 EL Koriandersamen
2 EL Kreuzkümmelsamen
1 EL schwarze Pfefferkörner
1 TL Senfkörner
2 TL Bockshornkleesamen
10 getrocknete Chilis
¼ TL Asant
1 EL Kurkuma
1 EL Sonnenblumenöl
1 EL Channa Dal (gespaltene weiße Kichererbsen)
1 EL Urad Dal (gespaltene schwarze Mungobohnen)

Die ganzen Gewürze 4–5 Minuten ohne Fett rösten. Sobald sie gebräunt und ihre Aromen freigesetzt worden sind, Asant und Kurkuma hinzufügen und 1 Minute lang umrühren. In ein Schälchen geben. Die Dal im Öl braten, bis sie bräunen. Ständig rühren. Zu den Gewürzen geben, gut vermischen, abkühlen lassen, danach mahlen. Luftdicht aufbewahren, innerhalb von 2 Wochen aufbrauchen.

Senfkörner

Madras-Currypulver

2 getrocknete Chilis
4 EL Koriandersamen
2 EL Kreuzkümmelsamen
1 TL Senfkörner
1½ EL schwarze Pfefferkörner
6 Curryblätter
½ TL gemahlener Ingwer
1 TL Kurkuma

Die ganzen Gewürze ohne Fett rösten und abkühlen lassen. Die Curryblätter kurz in der Pfanne trocknen und zu den Gewürzen geben. Alles zu Pulver mahlen, sieben und Ingwer sowie Kurkuma untermischen. Hält im luftdichten Behälter oder in einer Kunststofftüte im Gefrierfach 2 Monate.

Tamilen-Currypulver

Diese südindische Mischung wird zum Würzen von Reis verwendet oder kurz vor dem Auftragen in ein Gemüsecurry gerührt.

10 Zweige Curryblätter
1 EL Sonnenblumenöl
1 EL Koriandersamen
3 getrocknete Chilis
1 Prise Asant
1 TL Toor Dal (gelbe Linsen)
1 TL Urad Dal (gespaltene schwarze Mungobohnen)

Blätter abzupfen und in Öl andünsten, bis sie sich etwas färben. Aus der Pfanne nehmen und die übrigen Zutaten unter Umrühren bräunen lassen, dabei die Pfanne ständig rütteln. Abkühlen lassen. Curryblätter mahlen, übrige Zutaten hinzugeben und zu Pulver mahlen. In einem luftdichten Gefäß bis zu 2 Wochen aufbewahren.

Massalé

Die Gewürzmischung der französischen Inseln Mauritius und Réunion im Indischen Ozean. Die Menge der Zutaten variiert. Massalé wird mit Kurkuma in Gerichte gegeben, die man dort Cari, Currie oder Massalé nennt.

2 EL Koriandersamen
2 TL Kreuzkümmelsamen
2 TL schwarze Pfefferkörner
1 TL grüne Kardamomkapseln
1 TL Nelken
1 Stückchen Zimtstange
1 TL gemahlener Chili
1 TL geriebene Muskatnuss

Die ganzen Gewürze ohne Fett rösten, bis sie leicht braun sind. Abgekühlt fein mahlen und Chili und Muskat untermischen. Hält sich 2–3 Monate im luftdichten Gefäß.

geriebene Muskatnuss

Sri-Lanka-Currypulver

1 EL roher Reis
2 EL Koriandersamen
½ Zimtstange
3 grüne Kardamomkapseln
3 Gewürznelken
1 TL schwarze Pfefferkörner
1 EL Kreuzkümmelsamen
2 Stiele Curryblätter

Den Reis ohne Fett rösten. Gewürze und abgezupfte Curryblätter zugeben. Bei schwacher Hitze, damit nichts anbrennt, rühren, bis alle Gewürze dunkelbraun sind.

Nach dem Abkühlen fein mahlen und sieben. 1–2 TL davon kurz vor dem Anrichten in das Currygericht rühren.

Malaysische Currypaste

2 Stängel Zitronengras, nur unteres Drittel
1 daumengroßes Stück Galgant, gehackt
6 Knoblauchzehen, gehackt
2 Schalotten, gehackt
6 frische Chilis, entkernt, gehackt
1 TL gemahlener Macis
1 TL schwarze Pfefferkörner
1 EL Sonnenblumenöl
½ TL Salz
1 EL Kurkuma

Alle Zutaten im Mixer zu einer glatten Paste mischen, falls nötig etwas mehr Öl oder Wasser hinzugeben. Hält sich im Kühlschrank im luftdichten Behälter eine Woche.

Galgant

Malaysisches Currypulver

Malaysische Currygewürze spiegeln den Einfluss des großen Anteils an Indern in der Bevölkerung wider.

½ Zimtstange
5 getrocknete Chilis
1 TL grüne Kardamomsamen
6 Gewürznelken
1 TL Kreuzkümmelsamen
1 EL Koriandersamen
2 TL gemahlene Kurkuma
1 TL gemahlener Galgant

Die ganzen Gewürze zu einem Pulver mahlen und Kurkuma und Galgant hineinrühren. 2–3 Monate im luftdichten Behälter oder in einer Kunststofftüte im Gefrierfach aufbewahren.

Indonesien

Diese Würzpaste wird in ganz Indonesien verwendet und variiert von Insel zu Insel, abhängig von den Traditionen der jeweiligen regionalen Küche. Zudem können indonesische Bumbus weiß, gelb, rot oder orange sein.

Bumbu bali

2 Knoblauchzehen, gehackt
20 Schalotten, gehackt
6 rote Chilis, nach Entfernen der Samen gehackt
1 fingerlanges Stück frischer Galgant, gehackt
1 fingerlanges Stück frische Kurkuma, gehackt
1 kleines Stück Chinesischer Ingwer, gehackt
5 Keriminusskerne (ersatzweise Macadamianusskerne)
2 TL Garnelenpaste (Trassi)
1 TL schwarze Pfefferkörner
1 EL Koriandersamen
3 Gewürznelken
1 EL Palmzucker oder brauner Zucker
3 EL Kokosöl oder Pflanzenöl
2 Stängel Zitronengras, nur unteres Drittel, gehackt
2 Kaffirlimettenblätter, in Streifen geschnitten

Alle Zutaten bis auf Öl, Zitronengras und Limettenblätter im Mixer mit der Pulsfunktion zu einer glatten Paste verarbeiten, nötigenfalls etwas Wasser hinzufügen.

Das Öl im Wok oder in einer schweren Pfanne erhitzen. Die Paste darin mit Zitronengras und Limettenblättern unter ständigem Rühren bei starker Hitze garen, bis sie aromatisch duftet und etwas dunkler geworden ist.

In sterilisierte Gläser füllen, vor Gebrauch abkühlen lassen. Mit Öl bedeckt gekühlt aufbewahren oder einfrieren.

Naher Osten und Nordafrika

Iranische Gewürzmischungen sind eher mild, denn sie enthalten Sesam, Safran, Zimt, Rosenblätter, Koriander und in kleinen Mengen Kardamom, Kümmel und Kreuzkümmel. Auch säuerliche Gewürze wie Gerbersumach, getrocknete Limetten, Berberitze oder Granatapfel spielen eine wichtige Rolle. Die Advieh genannten Gewürzmischungen unterscheiden sich in den Regionen am Golf und in der zentralen Hochebene beträchtlich. Sie werden speziell für bestimmte Gerichte gemischt.

Während man am Golf extrem scharf gewürzte Gerichte schätzt, hat jedes der Länder seine eigene Gewürzmischung, das Baharat (wörtlich »Gewürz«). In sämtlichen arabischen Ländern würzt man mit Hingabe, wogegen in Israel und in der Türkei mildere Mischungen zusammengestellt werden. Die weit verbreiteten roten Paprikaflocken können brennend scharf, aber auch recht mild sein.

Advieh für Eintöpfe

2 Zimtstangen

2 EL Koriandersamen

1 ½ EL grüner Kardamom

1 EL schwarze Pfefferkörner

1 EL Kreuzkümmelsamen

2 TL geriebene Muskatnuss

2 TL Limettenpulver

Zimtstangen in Stücke brechen, alle ganzen Gewürze mahlen, sieben und mit Muskat und Limettenpulver mischen. Hält im luftdichten Behälter oder in einer Kunststofftüte im Gefrierfach 1 Monat.

Advieh für Reis

2 EL gemahlener Zimt

2 EL gemahlene getrocknete Rosenblätter

1 EL gemahlene Kreuzkümmel- oder grüne Kardamomsamen

Die Gewürze mischen und zum Würzen von gedämpftem Reis oder für die iranische Variante von »Reis mit Kräutern« *(S. 324)* verwenden. Im luftdichten Gefäß oder in einer Kunststofftüte im Gefrierfach 1 Monat haltbar.

Iranisches Advieh

Libanesische Sieben-Gewürze-Mischung

Dies ist das Rezept von Anissa Helou.

1 EL gemahlener schwarzer Pfeffer

1 EL gemahlenes Piment

1 EL gemahlener Zimt

1 TL geriebene Muskatnuss

1 TL gemahlener Koriander

1 TL gemahlene Gewürznelken

1 TL gemahlener Ingwer

Alle Gewürze vermischen. In einem luftdichten Behälter aufbewahren oder in einer Kunststofftüte im Gefrierfach.

Bizar a'Shuwa

Diese Mischung stammt aus Oman. Ihr liegt ein Rezept zugrunde aus *Al Azaf, The Omani Cookbook* von Lamees Abdullah Al Taie.

1 EL Kreuzkümmelsamen

1 EL Koriandersamen

1 EL Kardamomsamen

1 TL gemahlener Chili

½ TL Kurkuma

2–3 EL Essig

2 Knoblauchzehen, zerdrückt

Die ganzen Gewürze mahlen und mit Chili und Kurkuma mischen. Mit Knoblauch und genügend Essig zu einer dicken Paste verrühren. An langsam gegarte Gerichte geben oder Fleisch und Geflügel damit einreiben.

Grundrezept Baharat

Das Rezept für diese Gewürzmischung variiert je nach Land und Region. Durch kurzes Rösten der ganzen Gewürze wird ihr Aroma noch besser. Dazu gibt man diese in eine kleine heiße Pfanne und schüttelt sie, damit sie nicht verbrennen. Wenn sie nach 3–4 Minuten aromatisch duften, schüttet man sie zum Abkühlen auf einen Teller. Dann werden sie gemahlen und mit den anderen Zutaten vermischt.

2 EL schwarze Pfefferkörner
1 EL Koriandersamen
1 kleines Stück Kassia- oder Ceylonzimt
2 TL Kreuzkümmelsamen
2 TL Gewürznelken
Samen von 6 grünen Kardamomkapseln
½ Muskatnuss, gerieben
2 EL Paprikapulver

Ganze Gewürze mahlen, dann mit Muskatnuss und Paprikapulver vermischen. Durch ein Sieb geben und maximal 2 Monate in einem luftdichten Behälter oder im Gefriergerät aufbewahren. Mitunter werden auch Fenchelsamen und Kurkuma hinzugefügt. Geeignet für Kibbehs, Fleischfüllungen in Pasteten, Soßen, Eintöpfe und Suppen.

Iranische Baharat

1 EL frisch gemahlener schwarzer Pfeffer
1½ EL Kreuzkümmelsamen
2 TL Piment
1 EL Koriandersamen
1 EL grüne Kardamomsamen
1 TL Gewürznelken
1 EL gemahlener Zimt
2 TL Kurkuma
1 TL gemahlener Ingwer
1 TL geriebene Muskatnuss
1 EL Paprikapulver
1 EL Limettenpulver

Ganze Gewürze rösten und abkühlen lassen, dann mahlen und mit den anderen Gewürzen vermischen. In einem luftdichten Behälter aufbewahren oder in einer Kunststofftüte im Gefrierfach.

Syrische Baharat

1 EL schwarze Pfefferkörner
2 EL Piment
15 Gewürznelken
1 TL grüne Kardamomsamen
2 TL geriebene Muskatnuss
1 EL gemahlener Zimt

Ganze Gewürze, falls gewünscht, rösten, abkühlen lassen, mahlen und gut mit Muskat und Zimt vermischen. In einem luftdichten Behälter aufbewahren. Mitunter wird auch gemahlener Galgant hinzugefügt.

Muskatnuss

Saudische Baharat

Diese Mischung wird auch Golf- oder Kabsa-Baharat genannt, da sie rund um den Golf verwendet und zudem häufig in Kabsa gegeben wird, ein beliebtes saudisches Gericht mit Hähnchen.

1 EL grüne Kardamomsamen
1 EL Kreuzkümmelsamen
1 EL schwarze Pfefferkörner
1 EL Koriandersamen
1 EL Fenchelsamen
1 TL Safranfäden, zerstoßen
2 TL gemahlener Zimt
1 TL geriebene Muskatnuss
1 TL Limettenpulver

Ganze Gewürze, falls gewünscht, rösten. Nach dem Abkühlen mahlen und mit den anderen Zutaten vermischen. In einem luftdichten Behälter aufbewahren.

Safran

Türkische Baharat

2 EL schwarze Pfefferkörner

2 EL Kreuzkümmelsamen

1 EL Koriandersamen

10 Gewürznelken

1 TL grüne Kardamomsamen

1 kleines Stück Kassia- oder Ceylonzimt

1 TL geriebene Muskatnuss

1 EL getrocknete Minze

Die ganzen Gewürzen rösten, dann abkühlen lassen und mahlen. Die Minze mit den Fingern zerbröseln. Alle Zutaten vermischen. In einem luftdichten Behälter aufbewahren.

Türkische rote Chilipaste

In der Südosttürkei werden häufig Tomaten- und Chilipasten verwendet. Die von Mandel- und Pistazienbaumhainen umgebene Stadt Gaziantep ist für ihre exzellente Küche bekannt, und diese Paste wird dort am heimischen Herd aus sonnengetrockneten Paprikaschoten und Chilis zubereitet. Man bekommt sie in türkischen Läden, kann sie aber auch selbst herstellen, sofern Paprikaschoten und Chilis in der heißen Sonne getrocknet wurden.

3 rote Paprikaschoten

6 lange rote Chilischoten

Saft von 1 Zitrone

1 TL frisch gemahlener schwarzer Pfeffer

2 TL Meersalz

Paprika- und Chilischoten grillen oder bei 200°C 15–20 Minuten im Backofen rösten, zwischendurch drehen. Wenn die Haut schwarz wird, die Schoten in einen Folienbeutel legen und abkühlen lassen. Dadurch lässt sich die Haut leichter abziehen.

Die Paprika enthäuten, bei den Chilis nötigenfalls mit einem scharfen Messer das Fleisch von der Haut lösen. Das gesamte Fleisch in Stücke schneiden und pürieren.

Zitronensaft, Salz und Pfeffer hinzufügen. Die Paste abschmecken. In einem sterilisierten Glas im Kühlschrank aufbewahren.

Für Fleischspeisen, Marinaden, Weizen- und Bohnengerichte oder als Tischwürze verwenden.

Jemenitische Hawaij

Diese Mischung empfiehlt sich für Suppen, gegrilltes Fleisch und Gemüsegerichte.

1 EL schwarze Pfefferkörner

1 EL Kümmel

1 TL grüne Kardamomsamen

1 TL Safranfäden

2 TL Kurkuma

Alle Zutaten in der Küchenmaschine zu Pulver mahlen. Hält sich bis zu 2 Monate in einem luftdichten Gefäß oder in einer Kunststofftüte im Gefrierfach.

Jemenitische Hilbeh

2 EL gemahlene Bockshornkleesamen

1 großes Bund Korianderkraut und kleine Stängel

4 Knoblauchzehen, zerdrückt

Meersalz und frisch gemahlener schwarzer Pfeffer

3–4 Kardamomsamen, zerstoßen

¼ TL Kümmelsamen

2–4 grüne Chilis, entkernt und gehackt

Saft von 1–2 Zitronen

Den gemahlenen Bockshornkleesamen in viel heißem Wasser einweichen und über Nacht bzw. mindestens 8 Stunden stehen lassen. Es wird sich oben eine klare Flüssigkeit und darunter eine gelatineartige Mischung abscheiden. Die Flüssigkeit abgießen und beiseitestellen. Koriander, Knoblauch und die anderen Zutaten mit dem Zitronensaft mischen. Bockshornkleesamen hinzugeben und erneut mischen. Abschmecken und, wenn nötig, mehr Zitronensaft und Salz hinzugeben. Fügt man etwas Wasser hinzu, wird die Paste geschmeidiger, durch den Bockshornkleesamen wird sie etwas schaumig, sie schmeckt säuerlich und etwas bitter. Hilbeh wird am Ende der Garzeit in Eintöpfe gerührt, als Würzpaste (mit Zimmertemperatur) zu Gerichten gereicht oder einfach mit Fladenbrot gegessen. Manchmal fügt man gehackte Tomaten hinzu. Hält sich zugedeckt im Kühlschrank bis zu 1 Woche.

Bockshornkleesamen

Jemenitische Zhug

Diese Paste kombiniert nach Belieben Knoblauch, Paprikaschoten und Gewürze. Von Israel aus, wo sie sehr beliebt ist, hat sie sich weit über die Küche jemenitischer Juden hinaus verbreitet.

2 kleine rote Paprikaschoten

2 rote Chilis

8 Knoblauchzehen, grob gehackt

2 TL Koriandersamen

1 TL Kreuzkümmelsamen

Samen von 6 grünen Kardamomkapseln

1 Handvoll Korianderblätter mit jungen Stängeln

Paprika- und Chilischoten entkernen und klein schneiden. Alle Zutaten in der Küchenmaschine zu einer Paste mischen. Hält sich im geschlossenen Behälter, mit einer Ölschicht bedeckt, 1–2 Wochen im Kühlschrank.

Zhug wird als Würzpaste, als Soße für gegrillten Fisch oder Fleisch verwendet und kurz vor dem Auftragen in Suppen und Eintöpfe gegeben. Ein oder zwei Löffel Zhug kann auch in Hilbeh *(s. S. 281)* gegeben werden.

Aleppo-Mischung

Diese Mischung verwendet man für gegrilltes und gebratenes Huhn und Lamm, für Köfte und Kibbeh.

1 EL schwarze Pfefferkörner

1 EL Piment

Samen von 5 grünen Kardamomkapseln

½ Muskatnuss

1 TL Koriandersamen

1 TL Kreuzkümmelsamen

1 EL gemahlener Zimt

1 EL türkische rote Paprikaflocken oder Paprikapulver

1 TL Gerbersumach

Alle ganzen Gewürze mahlen und mit Zimt, roten Paprikaflocken und Gerbersumach mischen. Hält sich luftdicht verschlossen oder in einer Kunststofftüte im Gefrierfach 2–3 Monate.

Zimtstangen

Dukka

Diese ägyptische Gewürzmischung mit Nüssen fällt von Familie zu Familie verschieden aus. Man serviert sie zum Frühstück oder als Snack zwischendurch. Sie kommt jetzt in Mode als Vorspeise und ist überall zu finden: auf Bruschetta, gebratenem Gemüse, gegrilltem Fisch oder Lamm.

120 g Sesamsamen

90 g Haselnusskerne

60 g Koriandersamen

30 g Kreuzkümmelsamen

Salz nach Belieben

Olivenöl zum Dippen

Alle Zutaten einzeln rösten, bis der Sesam golden ist, die Haselnüsse ihre Haut verlieren und Koriander und Kreuzkümmel dunkel geworden sind und ihr Aroma entfaltet haben. Große Mengen röstet man im Ofen bei 250° C. Abkühlen lassen.

Die Häute von den Haselnüssen abreiben und die Zutaten in der Küchenmaschine zu einem groben Pulver mahlen. Nicht zu lange mahlen, sonst wird die Masse breiig wegen des Ölanteils in den Nüssen und im Sesam. Luftdicht aufbewahren und bei Raumtemperatur mit Fladenbrot und Olivenöl servieren. Das Brot wird in das Öl und dann in die Dukka getunkt.

Ras el-Hanout

Ras el-Hanout ist eine marokkanische Mischung von 20 und mehr Gewürzen. Viele Varianten enthalten neben Kräutern und Gewürzen auch Aphrodisiaka. Eine typische Mischung könnte Folgendes enthalten: Chufa-Nüsse, Ebereschenbeeren, Galgant, Ingwer, Iriswurzel, schwarzen und grünen Kardamom, Kassiazimt, Kubebenpfeffer, gemahlene Kurkuma, Lavendel, Macis, Mönchspfeffer, Muskat, Nelken, Paradieskörner, schwarze Pfefferkörner und Langen Pfeffer, Piment, Rosenknospen, Schwarzkümmel und die möglicherweise riskante Tollkirsche und Cantharides (Spanische Fliege). Ras el-Hanout wird meist je nach Bedarf ganz oder gemahlen verkauft. Es wird für Wild, Lamm, Couscous und Reis verwendet.

Za'atar

Za'atar ist der Oberbegriff für eine Reihe von Kräutern mit Thymian-Bohnenkraut-Oregano-Aroma *(S. 98)*. Diese im Vorderen Orient beliebte Mischung streut man auf Fleischbällchen, Kebabs und Gemüse oder verwendet sie als Dip. Mit Olivenöl zu einer Paste verrührt, kann man damit Brot vor dem Backen bestreichen.

60 g Sesamsamen

30 g gemahlener Gerbersumach

30 g getrockneter Za'atar oder Thymian, gemahlen

Sesamsamen einige Minuten unter Rühren ohne Fett rösten. Abkühlen lassen, dann mit Gerbersumach und Za'atar oder Thymian mischen. Hält sich luftdicht verschlossen oder in einer Kunststofftüte im Gefrierfach 2–3 Monate.

La Kama

Diese marokkanische Mischung wird für die am Ende der Fastenzeit zubereitete Harira-Suppe, für Eintöpfe und als Gewürz für Huhn verwendet.

1 EL frisch gemahlener schwarzer Pfeffer

1 EL gemahlener Ingwer

1 EL Kurkuma

1 TL geriebene Muskatnuss

2 TL gemahlener Kreuzkümmel

Mischen und im luftdichten Gefäß oder in einer Kunststofftüte im Gefrierfach 1–2 Monate aufbewahren.

Taklia

Diese Mischung von Knoblauch und Koriander wird zum Würzen von Suppen und Eintöpfen verwendet.

3 Knoblauchzehen

Salz

2 EL Sonnenblumenöl

1 EL gemahlener Koriander

½ TL Cayennepfeffer

Den Knoblauch mit etwas Salz zerdrücken und in Öl goldgelb anbraten. Mit Koriander und Cayennepfeffer zu einer Paste mischen und diese unter Rühren 2 Minuten braten. Sofort verwenden.

Tunesische Baharat

Die einfachste Art besteht zu gleichen Teilen aus gemahlenem Zimt und gemahlenen getrockneten Rosenknospen oder -blüten, manchmal zusätzlich mit etwas schwarzem Pfeffer. Sie wird für Fisch, gebratenes und gegrilltes Fleisch, Couscous und Tagines verwendet.

gemahlener Zimt

Qâlat daqqa

Diese Mischung aus fünf Gewürzen stammt aus Tunesien, wo sie überwiegend für Lamm und Gemüsegerichte verwendet wird. Sie schmeckt besonders gut zu Kürbis, Auberginen, Spinat, Kichererbsen und anderem Gemüse.

2 TL schwarze Pfefferkörner

2 TL Gewürznelken

1 TL Paradieskörner

1 TL gemahlener Zimt

3 TL geriebene Muskatnuss

Die ganzen Gewürze zu einem Pulver mahlen und mit dem Zimt und Muskat mischen. Hält sich 2–3 Monate im luftdichten Behälter oder in einer Kunststofftüte im Gefrierfach.

Tabil

Tabil bedeutet Koriander und ist gleichzeitig der Name einer Gewürzmischung, die es wohl nur in Tunesien gibt.

3 EL Koriandersamen

1 EL Kümmel

1 TL gemahlener Kreuzkümmel

2 Knoblauchzehen, geschält und zerdrückt

2 TL Chiliflocken

Alle Zutaten zusammen im Mörser oder in der Küchenmaschine grob mahlen, dann, falls möglich, in der Sonne, sonst im Backofen bei 130 °C für 30–45 Min. trocknen. Nach dem Erkalten zu feinem Pulver mahlen. Tabil wird für Eintöpfe, geschmorte und gefüllte Gemüse und Rindfleischgerichte verwendet. Hält sich luftdicht verschlossen oder in einer Kunststofftüte im Gefrierfach 1–2 Monate.

Afrika

Am Horn von Afrika und entlang der Ostküste haben sich die Menschen mit ihren Gewürzen immer in östlicher Richtung orientiert. In Westafrika dagegen dominieren die Chilis zusammen mit den regionalen Kräutern und Gewürzen. Die südafrikanische Küche wurde von indischen und malaysischen Einwanderern mit ihren Currys, Sambals und Blatjangs beeinflusst.

Westafrikanische Pfeffermischung

Pfeffermischungen werden zum Würzen von Fisch, Fleisch und Gemüse verwendet. Sie können trocken oder als Paste gemischt sein, zusammen mit Zwiebeln, Knoblauch, Tomaten, süßen roten Gewürzpaprikas, getrockneten Shrimps und Palmöl.

2 EL schwarze Pfefferkörner
2 EL weiße Pfefferkörner
1 EL Kubebenpfeffer
1 EL Piment
2 TL Paradieskörner
2 TL gemahlener Ingwer
1 EL Chiliflocken

Die ganzen Gewürze mahlen und mit Ingwer und Chiliflocken mischen. Hält sich im luftdichten Behälter oder in einer Kunststofftüte im Gefrierfach 2–3 Monate.

Südafrikanisches Currypulver

Diese Mischung stammt vom Kap. Sie wird in eine aus Ingwer, Knoblauch und Salz gerührte Paste gegeben. Es können noch 2 TL Kurkuma hinzukommen.

2 TL Fenchelsamen
2 TL Koriandersamen
2 TL Kreuzkümmel
1 kleines Stück Zimtstange
5 Kardamomsamen

Alle Zutaten vermahlen. Im luftdichten Behälter oder in einer Kunststofftüte im Gefrierfach 2–3 Monate haltbar.

Kardamom

Berbere

Berbere ist eine in Äthiopien und Eritrea verwendete feurig scharfe Mischung. Ähnlich wie Garam masala *(S. 275)* wird diese Mischung aus vielerlei Gewürzen jeweils auf das Gericht und den eigenen Geschmack abgestimmt. Vor allem ist es ein Gewürz für Fleisch-, Gemüse- oder Linseneintöpfe (Wats), aber auch für alles, was gegrillt oder gebraten werden soll. Chilis, Ingwer und Nelken bilden die Grundlage, alle anderen Gewürze variieren und sind zum Teil außerhalb der Region nicht zu bekommen.

15–20 getrocknete rote Chilis
1 TL Koriandersamen
Samen von 5 Kapseln schwarzem Kardamom
12 Pimentbeeren
1 TL Kreuzkümmelsamen
1 TL Bockshornkleesamen
8 Gewürznelken
½ Zimtstange, in Stücke gebrochen
½ TL Ajowan
1 TL schwarze Pfefferkörner
1 TL gemahlener Ingwer

Eine große, schwere Pfanne erhitzen und die Chilis 2–3 Minuten unter Rühren ohne Fett rösten. Die übrigen ganzen Gewürze hinzugeben, weitere 5–6 Minuten unter Rühren rösten, bis sie dunkel werden.

Abkühlen, mahlen und den Ingwer zufügen. Hält sich im luftdichten Behälter oder in einer Kunststofftüte im Gefrierfach 2–3 Monate.

Wat-Gewürz

Diese einfache Mischung lässt sich schnell zubereiten.

3 Schoten von Langem Pfeffer

1 EL schwarze Pfefferkörner

1 EL Gewürznelken

½ Muskatnuss

2 EL Chilipulver

2 TL gemahlener Ingwer

1 TL gemahlener Zimt

Pfeffer, Nelken und Muskat ohne Fett rösten und nach dem Erkalten mahlen. Chili, Ingwer und Zimt hineinrühren. Gegen Ende der Garzeit den Wat (Eintopf) damit würzen. Hält sich im luftdichten Behälter oder gefroren 2–3 Monate.

Mitmita

1–2 TL Chiliflocken

½ TL gemahlene Gewürznelken

1 TL gemahlener Kreuzkümmel

1 TL gemahlener Koriander

½ TL gemahlenes Piment

1½ TL gemahlener Ingwer

1 TL frisch gemahlener schwarzer Pfeffer

¼ TL gemahlene Kurkuma

1 TL Salz

Zutaten vermischen und in einen luftdichten Behälter füllen. Wie Berbere verwenden.

Chili

Europa

In Europa würzten die Reichen im Mittelalter ihre Speisen vor allem mit Pfeffer, Zimt, Nelken und Ingwer. Man süßte mit Honig, später mit Zucker und säuerte mit Essig. Ab dem 16. Jh. etwa wurde weniger gesüßt, und als die Gewürze im 17. und 18. Jh. leichter zugänglich wurden, verwendete man sie weniger aufdringlich. Im 19. Jh. erwähnen Kochbücher erstmals Currypulver (in Rezepten, die Kolonialbeamte nach Hause sandten) sowie Mischungen, die häufig als »Küchenpfeffer« bezeichnet wurden. Heute sind nur noch wenige europäische Gewürzmischungen gebräuchlich, obwohl die Europäer Unmengen von gewürzten Speisen aus aller Welt konsumieren.

Quatre Épices

Die klassische französische Mischung wird in erster Linie für Wurst und andere Fleischprodukte verwendet. Man würzt damit häufig vor dem Braten glasierten Schinken und frisches Schweinefleisch.

6 TL schwarze oder weiße Pfefferkörner

1 TL Gewürznelken

2 TL geriebene Muskatnuss

1 TL gemahlener Ingwer

Pfefferkörner und Nelken fein mahlen, mit Muskat und Ingwer mischen. Hält sich luftdicht verschlossen oder in einer Kunststofftüte im Gefrierfach etwa 1–2 Monate.

Manchmal wird der Ingwer durch Zimt ersetzt, und gelegentlich findet man Mischungen, die Piment statt Nelken und Macis anstelle von Muskat verwenden.

Italienische Gewürzmischung

Mit dieser Mischung lassen sich wunderbar Brathähnchen oder Schweinekoteletts, eine gefüllte Schweinelende oder eine langsam in Alufolie gebratene Lammschulter mit Aprikosenleder (Amardine) oder anderen Trockenfrüchten würzen.

3 TL weiße oder schwarze Pfefferkörner

½ Muskatnuss

1 TL Wacholderbeeren

¼ TL Gewürznelken

Alle Gewürze in der Elektromühle mahlen – eventuell die Muskatnuss vorher mit dem Nudelholz zerstoßen. Das Pulver hält sich im luftdichten Behälter oder in einer Kunststofftüte im Gefrierfach 3–4 Monate.

Wacholderbeeren

Lebkuchengewürz

Diese Mischung passt in Gebäck, Früchtebrot, Hackfleisch und warme englische Puddings. Die Auswahl und Mengenanteile der Gewürze unterscheiden sich nach dem persönlichen Geschmack, manchmal kommen noch Ingwer, Sternanis oder Zitrusschalen hinzu.

½ Zimtstange
1 EL Piment
1 EL Koriandersamen
2 TL Gewürznelken
4 Macisstreifen
2 TL geriebene Muskatnuss

Die ganzen Gewürze zu feinem Pulver mahlen und mit dem Muskat mischen. Hält sich im luftdichten Behälter oder in einer Kunststofftüte im Gefrierfach 2–3 Monate.

Pickles-Gewürz

Diese britische Mischung von ganzen Gewürzen wird zum sauren Einlegen von Obst und Gemüse verwendet.

2 EL getrocknete Ingwerstücke
1½ EL gelbe Senfkörner
2 EL Macisstreifen
3 EL Piment
2 EL schwarze Pfefferkörner
2½ EL Gewürznelken
2 EL Koriandersamen

Alle Gewürze mischen und den Einmachessig damit würzen. Entweder die Gewürze direkt oder in einem Mullsäckchen hineingeben, das hinterher entfernt wird.

Macis

Nord-, Süd- und Mittelamerika

In den USA und Kanada überwogen früher im Norden englische und französische Gewürzmischungen, doch heute sind mexikanische, karibische und afrikanische Rezepte beliebt. In der Karibik kann man die Vielfalt kolonialer Traditionen (der spanischen, französischen und englischen) sowie die Einflüsse der Einwanderer, vor allem aus Afrika, Indien, Sri Lanka und China, ablesen. In großen Teilen Südamerikas findet man Spuren spanischer oder portugiesischer Traditionen in Kombination mit kulinarischen Mustern der Andenregionen und afrikanischen Traditionen in Brasilien.

Ají-Paste

Ají-Pasten sind in den Andenländern beliebt und je nach der verwendeten Chilisorte sehr unterschiedlich in Geschmack und Schärfe. Die kräftige Chilipaste mit Knoblauch stammt aus Bolivien, wo sie als Grundwürze für Eintöpfe und dicke Suppen dient. Meist kommen vor dem Anrichten noch frische Kräuter wie Koriander, Quillquiña, Basilikum oder Oregano hinzu.

60 g getrocknete Chilis, entkernt
4 Knoblauchzehen
½ TL Salz
3 EL Sonnenblumen- oder Olivenöl

Die Chilis 30 Minuten in 5–6 EL heißem Wasser einweichen, abtropfen lassen und zerkleinern *(S. 259)*. Knoblauch mit Salz zerstoßen.

Alle Zutaten mit dem Wasser zu einer glatten Paste verrühren. Hält sich im Kühlschrank, mit etwas Öl bedeckt, etwa 1 Monat.

Chilis

Barbecue-Gewürz

Mit dieser mittelscharfen Gewürzmischung wird Fleisch vor dem Grillen eingerieben.

1 TL schwarze Pfefferkörner
½ TL Kreuzkümmelsamen
½ TL getrockneter Thymian
½ TL getrockneter Majoran
½ TL Cayennepfeffer
2 TL Paprikapulver
1 TL Senfpulver
½ TL Salz
1 EL Rohrzucker

Pfefferkörner und Kreuzkümmel mahlen, die Kräuter, wenn nötig, zerreiben, dann alle Zutaten mischen. Fleisch damit würzen und 2–3 Stunden vor dem Grillen einziehen lassen.

Cajun-Gewürz

Alle Gumbos (Eintopfgerichte) und Jambalayas (Reisgerichte), der geschwärzte Fisch und das Grillfleisch der Cajun- und kreolischen Küche Louisianas verdanken ihr Aroma Kräutern, Chilis und anderen Gewürzen. Die kommerziellen Mischungen enthalten getrockneten Knoblauch und Zwiebeln, Zutaten, die man besser durch frische ersetzen sollte.

1 TL Paprikapulver
½ TL frisch gemahlener schwarzer Pfeffer
1 TL gemahlene Fenchelsamen
½ TL gemahlener Kreuzkümmel
½ TL Senfpulver
1 TL Cayennepfeffer
1 TL getrockneter Thymian
1 TL getrockneter Oregano
½ TL getrockneter Salbei
½ TL Salz
1–2 Knoblauchzehen
½ kleine Zwiebel

Alle gemahlenen und getrockneten Zutaten mischen. Knoblauch und Zwiebeln im Mörser zerreiben und zu dem Pulver hinzugeben. Fleisch oder Fisch mit der Mischung einreiben, etwa 1 Stunde einziehen lassen, dann knusprig braten oder grillen. Man kann mit der Mischung auch Reisgerichte oder Gumbos würzen.

Würzsalz der Jungferninseln

Einst waren die Jungferninseln (Virgin Islands) ein wichtiger Zwischenstopp für die britische Marine. Noch heute werden dort Fisch, Fleisch und Geflügel gepökelt und eingesalzen.

3 EL Meersalz
2 TL schwarze Pfefferkörner
¼ TL Gewürznelken
½ TL geriebene Muskatnuss
¼ TL getrockneter Thymian
2 Knoblauchzehen, zerrieben
½ kleine Zwiebel, gehackt
2 Petersilienstängel

Alle Zutaten im Mörser oder in der Küchenmaschine vermahlen und im Kühlschrank aufbewahren. Fisch, Steak oder Hähnchen vor dem Grillen oder Braten damit einreiben.

Will man eine trockene Mischung, ersetzt man Knoblauch, Zwiebeln und Petersilie durch ein zerkrümeltes Lorbeerblatt und ¼ TL getrockneten Rosmarin. Hält sich im luftdichten Behälter 2–3 Monate.

Colombo-Pulver

Dieser Curry wird auf den französischen Karibik-Inseln zubereitet, wurde aber ursprünglich von Landarbeitern aus Ceylon mitgebracht. Das Pulver hat nicht die feurige Schärfe der Currys manch anderer Inseln und ähnelt stark dem Sri-Lanka-Currypulver *(S. 278)*.

1 EL roher Reis
1 EL Kreuzkümmelsamen
1 EL Koriandersamen
1 TL schwarze Pfefferkörner
1 TL Bockshornkleesamen
1 TL schwarze Senfkörner
4 Gewürznelken
1½ EL gemahlene Kurkuma

Den Reis unter häufigem Rühren ohne Fett rösten, bis er leicht gebräunt ist. Zur Seite stellen und abkühlen lassen. Die ganzen Gewürze in der Pfanne rösten, bis das Aroma freigesetzt wird und sie dunkelbraun sind. Abkühlen lassen.

Reis und Gewürze in der Elektromühle zu Pulver mahlen, dann Kurkuma hineinrühren. Hält sich im luftdichten Behälter oder in einer Kunststofftüte im Gefrierfach 2–3 Monate.

Westindische Masala

So wie Landarbeiter aus Ceylon das Colombo-Pulver auf die französischen Inseln brachten, nahmen Hindus aus ihrer Heimat ihre Masalas nach Trinidad und Tobago mit. Dieses Rezept stammt aus Trinidad.

3 EL Koriandersamen
1 TL Anissamen
1 TL Gewürznelken
1 TL Kreuzkümmelsamen
1 TL Bockshornkleesamen
1 TL schwarze Pfefferkörner
1 TL schwarze Senfkörner
1 TL gemahlene Kurkuma
gemahlener Chili nach Belieben
3 Knoblauchzehen, zerdrückt
1 mittelgroße Zwiebel, gehackt

Die ganzen Gewürze ohne Fett rösten und abkühlen lassen. Fein mahlen, dann mit Kurkuma und etwas gemahlenem Chili mischen.

Mit dem Knoblauch und den Zwiebeln im Mörser oder in der Küchenmaschine zu einer glatten Paste verrühren. Eventuell etwas Wasser, Tamarindenwasser oder Zitronensaft hinzugeben. Hält sich im Kühlschrank 3–4 Tage.

Steak-Recado

Die Halbinsel Yucatán im Süden Mexikos ist für ihre Gewürzpasten, die Recados, berühmt. Auf Marktständen türmen sich Gefäße mit roten, schwarzen und olivgrünen Pasten. Hier die olivgrüne Variante:

8 Knoblauchzehen
1 TL Piment
1 TL schwarze Pfefferkörner
¼ TL Kreuzkümmelsamen
½ Zimtstange
1 TL Koriandersamen
4 Gewürznelken
2 TL getrockneter Oregano
½ TL Salz
1 EL Wein- oder Apfelessig

Den Knoblauch zerstoßen und mit allen Zutaten in der Küchenmaschine zu einer Paste mischen. In den Kühlschrank stellen. Nach einem Tag entwickelt sich das Aroma. Die Paste hält sich mehrere Wochen.

Man verwendet Recado zum Würzen von Steaks vor dem Braten, häufiger noch für Huhn oder andere Speisen »en Escabeche« (ein leicht gewürztes Pickle).

Recado rojo: Rote Annatto-Paste

1½ EL Annattosamen
½ EL Koriandersamen
½ EL schwarze Pfefferkörner
½ TL Kreuzkümmelsamen
3 Gewürznelken
2 TL getrockneter Oregano
5 Knoblauchzehen
1 TL Salz
1–2 EL Weinessig oder Saft von Sevilla-Orangen

getrockneter Oregano

Die ersten sechs Zutaten in einer Kaffee- oder Gewürzmühle mahlen. Annattosamen sind sehr hart, deshalb braucht dies Zeit. Den Knoblauch mit Salz im Mörser zerstoßen und die gemahlenen Gewürze nach und nach einarbeiten. Eventuell eine rote Chilischote mit dem Knoblauch zerstoßen. Mit Essig oder Saft zu einer glatten Paste rühren.

Aus der Paste kleine Scheiben oder Kugeln formen und trocknen lassen oder die Paste in einem luftdicht verschlossen Glas aufbewahren. In jeder Form hält sie sich im Kühlschrank einige Monate.

Vor der Verwendung mit Orangensaft cremig rühren. Recado ist wichtig für die einheimische Spezialität Pollo Pibil, in Bananenblättern gedämpftes oder gebratenes Hühnerfleisch. In gleicher Weise können Fisch und Schweinefleisch zubereitet werden, auch Suppen und Eintöpfen gibt die Mischung Würze.

Soßen und Würzsoßen

Die meisten Regionen der Welt haben ihre Lieblingssoßen entwickelt – als Dip, als Begleitung zu Gerichten oder als eigenständiger Bestandteil des Kochprozesses. In kolonialer Zeit wurden einige Würzsoßen und Soßen auf der Grundlage von Kräutern und Gewürzen weltweit beliebt; somit gehörten sie zu den ersten kommerziell hergestellten Lebensmitteln.

Salsa verde

2 Handvoll Petersilie, gehackt

einige Stängel Minze oder Basilikum, gehackt

1 Knoblauchzehe, zerdrückt

1 EL Kapern, gehackt

4 Sardellenfilets, gehackt

etwa 150 ml bestes Olivenöl

Salz und frisch gemahlener schwarzer Pfeffer

Kräuter, Knoblauch, Kapern und Sardellenfilets in der Küchenmaschine zu einer groben Paste mischen. Nach und nach unter Rühren Öl hineinträufeln, bis eine geschmeidige Soße entsteht. Abschmecken. Zu gedünstetem oder gebackenem Fisch, Grillfleisch, Artischocken, Blumenkohl oder Brokkoli servieren.

Basilikum

Petersiliensoße mit Zitrone

1 EL Dijonsenf

Saft von 1 Zitrone

150 ml bestes Olivenöl

Salz und frisch gemahlener schwarzer Pfeffer

90 g Petersilie, fein gehackt

2 Schalotten, fein gehackt

Den Senf unter den Zitronensaft schlagen, das Öl hinzufügen, salzen, pfeffern und die Petersilie mit den Schalotten hineinrühren. Zu gegrilltem Fisch, Meeresfrüchten oder Huhn reichen.

Pesto

Diese Genueser Pasta-Soße schmeckt auch zu Gemüse und als Dip oder Aufstrich für Bruschetti. In dünnerer Version passt sie sehr gut zu Fisch.

4 Handvoll Basilikumblätter

1 große Knoblauchzehe, zerdrückt

5–6 EL bestes Olivenöl

30 g Pinienkerne

30 g Parmesan oder Pecorino, gerieben

Basilikum und Knoblauch in einer Küchenmaschine (oder im großen Mörser) mischen. Nach und nach Olivenöl hineinträufeln, bis eine sämige grüne Soße entsteht. Für eine dünnere Soße mehr Olivenöl zugeben. Nach und nach die Pinienkerne und abwechselnd geriebenen Käse und Öl zugeben, bis eine dicke Paste entsteht. Je nach gewünschter Konsistenz mehr Öl zugeben.

ABWANDLUNGEN:

Koriander-Pesto
Das Basilikum durch Korianderkraut und die Pinienkerne durch Walnüsse ersetzen.

Petersilien-Pesto
Das Basilikum durch Petersilie ersetzen und entweder Pinienkerne oder abgezogene Mandeln verwenden.

Rucola-Pesto
Das Basilikum durch Rucola ersetzen und Walnüsse oder Pinienkerne verwenden.

Rucola

Basilikumsoße mit Pfefferminze und roter Paprika

3–4 Stängel Pfefferminze

1 große Handvoll Basilikumblätter

1 Paprikaschote

1 kleine Knoblauchzehe, fein gehackt

Salz und frisch gemahlener schwarzer Pfeffer

2 EL Rotweinessig

3 EL Olivenöl

Die Pfefferminzblätter und das Basilikum fein hacken. Die rote Paprika rösten, bis sie rundum schwarz ist. In einem Kunststoffbeutel abkühlen lassen, dann die Haut abziehen. Samen und Scheidewände entfernen, die Schote abspülen, trocken tupfen und fein hacken. Knoblauch und Gewürze mit Essig mischen, dann Öl zugeben. Kräuter und rote Paprika unterrühren. Diese Soße passt gut zu kaltem Fisch.

Minze

Apfel-Meerrettich-Soße

Diese österreichische Soße (Apfelkren) ist eine Abwechslung zur normalen Meerrettichsoße. Sie passt gut zu Rindfleisch, geräuchertem Fleisch oder Wurst, Räucheraal und geräucherter Forelle. Mit mehr Sahne oder untergerührten Semmelbröseln wird die Soße milder.

2 EL Zitronensaft

60 g geriebener Meerrettich

1 großer Kochapfel

Salz und Zucker nach Geschmack

100 g Sahne

1 EL Zitronensaft in den Meerrettich rühren, damit er sich nicht verfärbt. Den Apfel schälen, entkernen, reiben und mit dem restlichen Zitronensaft in den Meerrettich rühren. Mit etwas Salz und Zucker abschmecken und 15 Minuten stehen lassen. Die leicht geschlagene Sahne unterziehen.

Sauce tartare

Man mischt in 300 g Mayonnaise jeweils 1 TL gehackte Gewürzgurken, Kapern, grüne Oliven, Petersilie und Schalotten. Ergibt eine gute Soße zu kaltem wie warmem Fisch und Meeresfrüchten.

Remouladensoße

300 g Mayonnaise mit 1 TL Dijonsenf und einer zerdrückten Sardelle verrühren und jeweils 2 TL gehackte Gewürzgurken, Estragon, Kapern, Kerbel und Petersilie unterziehen. Passt gut zu Hummer und anderen Meeresfrüchten.

Sauce ravigote

150 ml Vinaigrette mit 1 EL gehackten Kapern, 1 EL gehackten Schalotten und 2–3 EL gehackten Kräutern (Estragon, Kerbel, Petersilie, Schnittlauch) mischen. Schmeckt in Kartoffelsalat und zu gebratenem Fisch.

Sauerampfersoße

Eine schnelle Soße zu Fisch und Eiern. In etwas dickerer Variante schmeckt sie auch gut zu Lammkoteletts.

200 g Sauerampferblätter

15 g Butter

etwa 100 g Crème fraîche oder Crème double

Salz und frisch gemahlener schwarzer Pfeffer

Dicke Stiele vom Sauerampfer entfernen und die Blätter sachte in Butter dünsten. Sie fallen schnell zusammen. Wegen der Säure im Sauerampfer ist es wichtig, die Crème fraîche sehr langsam unterzurühren, damit sie nicht gerinnt. Mit etwas Salz und Pfeffer abschmecken.

Romesco-Soße

Diese berühmte katalanische Soße ist vor allem in Tarragona beliebt. Sie wird zu Fisch, Huhn und gegrilltem Gemüse gereicht.

2 Ñora-Chilis

1 kleine scharfe getrocknete Chili

2 EL geschälte Mandelkerne

2 EL Haselnusskerne

6 EL Olivenöl

3 Knoblauchzehen

1 Scheibe Weißbrot, die Rinde entfernt

2 Piquillo-Paprikaschoten (Spitzpaprika) oder 1 andere rote Paprikaschote, geröstet, entkernt, enthäutet und gewürfelt

2 TL Tomatenmark

1 mittelreife Tomate, enthäutet, entkernt und gehackt

2 EL Weißweinessig

Salz und frisch gemahlener schwarzer Pfeffer

Die Chilis aufbrechen, die Samen entfernen, die Frucht 30 Minuten in heißem Wasser einweichen.

Erst die Mandeln, dann die Haselnüsse ohne Fett rösten und deren Haut mit einem trockenen Geschirrtuch abreiben.

2 EL Öl erhitzen und zwei der Knoblauchzehen darin anbräunen. Den Knoblauch herausnehmen und im gleichen Öl das Brot goldbraun rösten.

Die abgetropften Chilis, allen Knoblauch, Brot, Nüsse, geröstete Paprikas und das Tomatenmark in einen Mixer geben. Ist die Soße glatt, diese in eine Schüssel füllen und die Tomate, das übrige Öl und den Essig untermischen. Salzen und pfeffern. Ist die Soße zu dick, etwas Olivenöl, Essig oder Wasser hinzufügen. Die Soße hält sich zugedeckt im Kühlschrank 2–3 Tage.

Ñora-Chilischoten

Sauce béarnaise

Dies ist die klassische französische Soße zu gegrilltem Steak.

150 ml trockener Weißwein

3 EL Weißwein- oder Estragonessig

3 Schalotten, fein gehackt

5 Estragonstängel

frisch gemahlener weißer Pfeffer

180 g Butter

3 Eigelb

Salz

1 EL fein gehackte Estragonblätter oder eine Mischung aus Estragon und Kerbel

Wein, Essig, Schalotten, Estragonblätter und eine gute Prise Pfeffer in einen kleinen, schweren Topf geben und auf niedriger Stufe erhitzen. Unbedeckt köcheln lassen, bis die Flüssigkeit auf 2–3 EL eingekocht ist. Durch ein feines Sieb streichen, die Schalotten und den Estragon dabei wegen des Aromas gut auspressen. Die Flüssigkeit zurück in den Topf geben. In einem kleineren Topf Butter schmelzen lassen und beiseitestellen. Wenn sie lauwarm abgekühlt ist, die abgesonderte klare Flüssigkeit trennen und zur Seite stellen, den weißen Rest weggießen.

Den Topf mit der Mischung aus Wein und Essig bei schwacher Temperatur aufsetzen und das Eigelb mit etwas Salz unterschlagen. Die geklärte Butter löffelweise unter ständigem Schlagen unterziehen. Vor jeder nächsten Löffelzugabe muss die vorige untergemischt sein. Vor dem letzten Löffel den Topf vom Herd ziehen; die Soße ist noch heiß genug, damit sich die Butter mit der Soße verbindet. Den Estragon hineinrühren und abschmecken.

Die Soße lässt sich eine Weile in einer Schüssel über warmem, aber nicht kochendem Wasser warm halten.

ABWANDLUNG

Sauce Paloise

Ersetzen Sie den Estragon durch Pfefferminze und servieren Sie die Soße zu gedämpftem Fisch, Grillhähnchen oder Lamm.

Apfelminze

Grüne Mojo

Grüne Mojo ist eine Dipsoße von den Kanarischen Inseln, die gewöhnlich zu Papas arrugadas (Runzligen Kartoffeln) serviert wird:

Junge, ungeschälte Kartoffeln knapp mit Wasser bedeckt aufsetzen. 100 g Salz auf 500 g Kartoffeln hineingeben, aufkochen, dann die Hitze reduzieren; etwa 15 Minuten köcheln lassen, bis alle Kartoffeln gar sind. Abschütten, die Kartoffeln im Topf bei schwacher Hitze auf dem Herd lassen und sie von Zeit zu Zeit schütteln. Sie werden außen runzlig und salzig, innen weich und zart.

Mit Mojo schmecken sie ausgesprochen lecker. Mojo passt auch gut zu Fisch, Fleisch und Salaten.

1 grüne Spitzpaprikaschote

3 grüne Chilis

10 Knoblauchzehen

1 TL grobes Salz

1 Bund Petersilie, nur die Blätter

1 TL gemahlener Kreuzkümmel

4 EL Weinessig

6 EL Olivenöl

Samen und Scheidewände von Paprikaschote und Chilis entfernen, das Fruchtfleisch grob hacken. Knoblauch mit Salz zerdrücken. Alle Zutaten in einer Küchenmaschine oder im Mörser mischen und zu einer glatten Paste verarbeiten. Eventuell mit Wasser verdünnen. In einem verschlossenen Gefäß hält sich die Soße – mit Öl bedeckt – im Kühlschrank 2 Wochen.

Harissa

Diese feurige Chilisoße gibt es inzwischen fast überall zu kaufen. Sie ist aber schnell und einfach selbst zu machen und Sie werden sehen, dass sie so mehr Geschmack hat als die kommerzielle, bei der Chili vorherrscht. Man begegnet Harissa in ganz Nordafrika, aber in Tunesien ist sie besonders beliebt. Sie wird normalerweise mit getrockneten Chilis zubereitet. Der dortige Chili ähnelt der schlanken kastanienbraunen mexikanischen Guajillo. Sollten Sie für eine Tischsoße lieber frische Chilis nehmen wollen, rechnen Sie die gleiche Menge wie bei getrockneten. Harissa wird zum Kochen und als Würzsoße zu Eiern, Couscous und Tagines verwendet.

100 g getrocknete Chilis

2 Knoblauchzehen, geschält

½ TL Salz

1 TL gemahlene Kreuzkümmelsamen

1 TL gemahlene Kümmelsamen

½ TL gemahlener Koriander

Olivenöl

Die Chilis aufbrechen und die Samen entfernen. 30 Minuten in fast kochendem Wasser einweichen, bis sie weich sind. Inzwischen Knoblauch mit Salz zerdrücken. Chilis abgetropft im Mörser oder Mixer mit Knoblauch und Gewürzen pürieren. 1–2 TL Olivenöl hinzugeben, um die Mischung geschmeidig zu machen. In einem Schälchen mit etwas Öl bedeckt 3–4 Tage aufheben. Man verdünnt Harissa meist mit Öl und Zitronensaft, Wasser oder einigen Löffeln heißer Brühe desjenigen Gerichts, zu dem sie serviert werden soll.

Chilis

Koriander

Eingelegte Zitronen

Eingelegte Zitronen sind eine Spezialität Marokkos, obwohl sie auch anderswo in Nordafrika verwendet werden. Traditionell gebraucht man sie zum Würzen von Fleisch, Fisch und Gemüse, doch ihr ausgeprägter, leicht salziger Geschmack passt auch gut in Salate, Salsas und Dressings.

10 Bio-Zitronen

grobes Meersalz

Man schneidet 5 Zitronen der Länge nach in Viertel bis kurz vor dem Stängelansatz und zieht sie behutsam auseinander. Auf das sichtbare Fleisch etwa 1 EL Salz pro Zitrone streuen, die Zitrone wieder schließen und in ein Einmachglas legen. Gut aufeinanderpressen, mit einem Gewicht (z. B. einem schweren Stein) beschweren und das Glas verschließen.

Nach 2–3 Tagen ist aus den Zitronen Saft ausgetreten. Nun mit dem Saft der übrigen 5 Zitronen vollständig bedecken und 1 Monat stehen lassen. Sollte ein Stück Zitrone der Luft ausgesetzt worden sein, bildet sich ein harmloser weißer Belag, den man abwaschen kann.

Die Zitronen halten bis zu einem Jahr, ihr Geschmack wird mit der Zeit immer intensiver. Man verwendet nur die gehackte Schale; Fruchtfleisch und Kerne wegwerfen.

Nam prik

Diese Soße, die wörtlich übersetzt Chili-Wasser heißt, ist in ganz Thailand beliebt. Sie wird zu Reis, Fisch und rohem oder kurz gekochtem Gemüse gereicht und enthält getrocknete Garnelen, Garnelenpaste, mit Palmzucker zerriebene Chilis und Knoblauch, Fischsoße und Limettensaft. Auch Schalotten, Erdnüsse, kleine Auberginen und unreife Früchte werden verwendet.

4 frische rote Chilis, entkernt und gehackt

4 Knoblauchzehen, gehackt

2 EL getrocknete Garnelen

1 EL Palm- oder Kristallzucker

2 EL Fischsoße

Limettensaft

Chilis, Knoblauch, getrocknete Garnelen und Zucker mit 1 EL Wasser in einem Mörser zerreiben oder in einer Küchenmaschine pürieren. Nach und nach Fischsoße zugeben und mit etwa 3–4 EL Limettensaft glatt rühren. Im verschlossenen Gefäß hält sich die Soße im Kühlschrank 1–2 Wochen.

Thailändische Chiliwürzpaste

Diese Würzpaste, in Thailand Nam prik Pad genannt, wird am Tisch zum Würzen bereitgestellt oder in Suppen, Wok- und Reisgerichte gerührt.

1 TL Garnelenpaste (Kapi)

8 große rote Chilis, frisch oder getrocknet

8 Knoblauchzehen, halbiert

8 Schalotten, halbiert

4 EL getrocknete Garnelen

3 EL Sonnenblumenöl

1 EL Fischsoße

2 EL Palmzucker

2 EL Tamarindenwasser *(S. 157)*

Die Garnelenpaste zwischen Alufolie in einer Pfanne oder im Ofen bei 200° C einige Minuten ohne Fett rösten. Stielansätze und, wenn nötig, Kerne der Chilis entfernen. Chilis, Knoblauch und Schalotten getrennt auf dem Ofenblech ohne Fett rösten. Nicht anbrennen lassen. Wenn sie weich sind, mit der Garnelenpaste im Mixer pürieren. Die Garnelen im Mörser zerstoßen und zur Mischung geben. Das Öl erhitzen und die Paste braten, bis sie duftet, dann Fischsoße, Zucker und Tamarindenwasser hineingeben und so lange kochen, bis alles gut vermischt und etwas reduziert ist. Abkühlen, dann in einem Gefäß im Kühlschrank 2–3 Wochen aufbewahren.

Geröstete Nam prik

1 TL Tamarindenkonzentrat

2 EL Erdnusskerne

5 Knoblauchzehen, ungeschält

5 Schalotten, ungeschält

5 frische rote Chilis

etwas Garnelenpaste (Kapi)

1 EL Palm- oder Kristallzucker

Die Tamarinde in 2 EL heißem Wasser auflösen. Eine schwere Bratpfanne erhitzen und die Erdnüsse rasch ohne Fett rösten. Beiseitestellen. Knoblauchzehen und Schalotten ohne Fett rösten, bis beide außen dunkelbraun und innen weich sind. Chilis in Alufolie wickeln und rösten, bis sie weich werden. Gleichzeitig die Garnelenpaste in Alufolie wickeln und auf beiden Seiten 1–2 Minuten ohne Fett rösten, bis sie dunkel wird.

Knoblauch und Schalotten schälen, Chilis, falls gewünscht, entkernen und das Fruchtfleisch hacken. Alles im Mörser oder in der Küchenmaschine zu einer Paste vermahlen. Hält sich 1–2 Wochen im geschlossenen Behälter im Kühlschrank.

Süße Chilisoße

Diese einfache Soße passt gut zu gebratenem und gegrilltem Fisch, zu Meeresfrüchten und Frühlingsrollen.

6 EL Zucker

4 mittelgroße rote Chilis, entkernt und fein gehackt

2 Knoblauchzehen, fein gehackt

1 kleines Stück Ingwer, in dünne Streifen geschnitten

5 EL Reis- oder Apfelessig

1 EL Fischsoße

3–4 EL gehacktes Korianderkraut

120 ml Wasser mit dem Zucker zu Sirup einkochen, etwas eindicken lassen und alle Zutaten bis auf den Koriander zugeben. Aufkochen und 3 Minuten köcheln lassen. Die Soße in eine Schüssel füllen und abkühlen lassen, dann den Koriander hineinrühren. Abschmecken und eventuell nachsalzen.

Minze-Dip

Hier ein vietnamesischer Dip, der gut zu Frühlingsrollen passt, ebenso zu Salat-Wraps mit gegrillten Garnelen und Gemüsen und Kräutern von einer Gemüse-Kräuter-Platte (*S. 270*).

1 Handvoll Minzeblätter

2 Knoblauchzehen, gehackt

1 Bird's-Eye-Chili, nach Entfernen der Samen gehackt

2 EL Reisessig

3 EL Limettensaft

2 EL Fischsoße

2 EL Palmzucker oder brauner Zucker

Minze, Knoblauch und Chili in einer Küchenmaschine zu einer Paste zerkleinern. Die anderen Zutaten mit 2–3 EL Wasser vermischen und rühren, bis sich der Zucker aufgelöst hat, dann unter die Paste mischen.

Schwarze Pfefferminze

Nuoc cham

Nuoc cham ist die Dipsoße, die zu jeder vietnamesischen Mahlzeit serviert wird. Je nach Region gibt es verschiedene Zubereitungen: Im Norden besteht die Soße oft nur aus Fischsoße (Nuoc Mam) und Wasser mit gehackten Chilis, während im Süden Knoblauch, Zucker und Limettensaft hinzukommen. Am besten passen Bird's-Eye-Chilis, doch können sie auch durch andere frische Chilis ersetzt werden.

2 EL Limettensaft

3 EL Fischsoße

2 EL Zucker

1 Bird's-Eye-Chili, entkernt und fein gehackt

1 Knoblauchzehe, fein gehackt

Die Flüssigkeiten mit 3 EL Wasser zusammengießen und den Zucker darin auflösen. Chili und Knoblauch hinzugeben.

VARIANTEN

Ein kleines Stück Ingwer schälen, fein hacken und zur Soße geben.

Die Fischsoße durch Sojasoße ersetzen und nur 1 EL Zucker zugeben.

Sambals

Anders als Currypasten oder Masalas sind die indonesischen Gewürzmischungen oder Bumbus fester Bestandteil jeder Mahlzeit. Ihr Basisrezept besteht gewöhnlich aus Zwiebeln, Knoblauch, Koriander und Kreuzkümmel, Sojasoße und Tamarinde oder Limettensaft. Die anderen Gewürze und Kräuter variieren je nach Gericht. In Indonesien gibt es auch aromatische, auf Chili basierende Tischwürzen, die Sambals. Einige sind sehr scharf.

Sambal bajak

Dieses Sambal wird aus großen Chilis hergestellt und ist wegen der Zugabe von Schalotten, Knoblauch und Kokosmilch recht mild und süß. Es passt gut zu Reisgerichten wie Nasi Goreng.

10 große rote Chilis

8 Schalotten, gehackt

5 Knoblauchzehen, gehackt

1 TL Garnelenpaste (Trassi)

5 Kemirinusskerne (Früchte des Lichtnussbaumes, Aleurites moluccanus)

1 TL Tamarindenkonzentrat

½ TL gemahlener Galgant

2 Kaffirlimettenblätter, zerrieben

2 EL Sonnenblumenöl

1 TL Salz

2 TL Palmzucker

250 ml Kokosmilch

Die Stängelansätze herausschneiden und nach Belieben die Chilis entkernen, dann grob hacken. Chilis, Schalotten, Knoblauch, Garnelenpaste, Kemirinüsse, Tamarinde, Galgant und Limettenblätter pürieren.

Das Öl erhitzen und die Paste 10 Minuten andünsten. Die übrigen Zutaten hineingeben und 20–25 Minuten köcheln lassen, bis die Mischung andickt und sich eine Ölschicht zeigt. Das Öl in das Sambal unterrühren, abkühlen und in ein Glas füllen. Hält sich im Kühlschrank 2–3 Wochen.

Limettenblätter

Sambal oelek

Dieses einfache Sambal verwendet Lombok-Chilis, doch können sie durch andere Chilis ersetzt werden. Man kann das Sambal in größerer Menge herstellen, es hält sich verschlossen im Kühlschrank 2–3 Wochen und lässt sich überdies in kleinen Portionen einfrieren.

500 g rote Chilis

2 TL Salz

1 EL Zitronensaft

Stängelansätze entfernen und die Chilis kurz ohne Fett rösten, bis sie weich werden. Nicht anbrennen lassen. Nach dem Abkühlen entkernen und in der Küchenmaschine mit Salz und Zitrone zu einer Paste pürieren.

VARIANTEN

Sambal Kemiri

Die halbe Menge Sambal oelek zubereiten. 10 Kemirinusskerne ohne Fett rösten, mahlen und untermischen.

Sambal manis

Halbe Menge Sambal oelek mit 2 TL Palmzucker vermischen.

Koreanische Dipsoßen

In Korea gibt es zahlreiche Dipsoßen, die auf Kombinationen von Sesam, Chili, Essig und Sojasoße basieren. Sie werden zu Klößen und Pfannkuchen, rohem Fisch, Gemüse und Grillfleisch serviert.

Jon-Dip

1 TL Zucker

4 EL Sojasoße

2 TL Reis- oder Apfelessig

1 TL Sesamöl

2 TL geröstete Sesamsamen

1 Frühlingszwiebel, in dünne Ringe geschnitten

½ TL scharfes Chilipulver

Den Zucker mit Sojasoße und Essig verrühren, bis er sich aufgelöst hat. Die anderen Zutaten untermischen. Im Kühlschrank aufbewahrt hält sich der Dip mehrere Tage.

Gochujang-Soße

Dieses Rezept stammt aus *Flavours of Korea* von Marc und Kim Millon. Gochujang ist eine fermentierte Gewürzpaste aus Klebreis und Chilis und eine wichtige Zutat in der koreanischen Küche. Man bekommt sie in asiatischen Lebensmittelgeschäften und manchen Supermärkten.

2 EL Gochujang

2 Knoblauchzehen, zerdrückt und fein gehackt

1 EL Reis- oder Apfelessig

1 EL Sojasoße

1 TL Sesamöl

2 TL geröstete Sesamsamen

2 Frühlingszwiebeln, schräg in schmale Streifen geschnitten

2 TL Zucker

Alle Zutaten vermischen und als Dip in Schalen zu gegrilltem Fleisch, rohem Fisch oder Gemüse servieren.

Yuzukosho

Hierbei handelt es sich um eine japanische Würzpaste aus der Provinz Kyushu, in der die Yuzu-Frucht angebaut wird. Sie besteht aus Yuzu-Schale, (meist grünen) Chilis und Salz und wird fermentiert. Heute wird sie kommerziell hergestellt. Sollten Sie Yuzus bekommen, verwenden Sie die abgeriebene Schale von 4 Früchten und zwei von den Samen befreite, fein gehackte scharfe Chilis, die Sie mit ½–1 TL Salz in einem Mörser zu einer Paste zerreiben. Im Kühlschrank hält sich die Paste bis zu 2 Wochen.

Traditionell wird sie zu Nabemonos (Eintöpfe und Suppen) serviert, heute reicht man sie auch zu Ramen- und Udon-Nudeln, Sashimi, Tempura und gegrilltem Hähnchen und verwendet sie für Dressings oder Spaghettisoße.

Ponzu

Diese Soße findet in der japanischen Küche häufig Verwendung. Für ihre Zubereitung köchelt man Reisessig, Mirin, Sojasoße, Bonitoflocken und Kombu (Tang). Die Flüssigkeit wird anschließend abgeseiht und abgekühlt, dann fügt man Yuzu- oder Bitterorangensaft nach Geschmack hinzu. Wer die Soße selbst herstellen will, verwendet 2½ EL Reisessig, 3 EL Mirin, 1 EL Sojasoße und 1½ EL Bonitoflocken. Nach dem Abseihen und Abkühlen gibt man Zitrussaft nach Geschmack hinzu.

Ponzu wird als Dip zu Nabemonos (Eintöpfe und Suppen), gegrilltem Fisch und Sashimi gereicht.

Ingwer-Soja-Dip

Eine chinesische Soße, die zu Teigtaschen und gebratenen Meeresfrüchten wie auch zu gegrilltem Hähnchen passt. Auf Wunsch kann ihr etwas Chilisoße hinzugefügt werden.

3 EL helle Sojasoße

3 EL Reisessig

1 TL geriebener Ingwer

1 Frühlingszwiebel, in dünne Ringe geschnitten

einige Stängel Korianderkraut, gehackt

Sojasoße und Essig vermischen, dann die anderen Zutaten unterrühren.

Ingwersaft

Limetten-Chili-Soße

In der Karibik gibt es zahlreiche verschiedene Varianten dieser Soße. Diese hier stammt aus Guadeloupe.

2 frische rote Chilis

1 EL Meersalz

250 ml Limettensaft

Die Chilis entkernen und in feine Streifen schneiden. Salz in Limettensaft auflösen, die Chilis in ein Gefäß schichten und den Limettensaft darübergießen. Nach drei Tagen schmeckt die Soße am besten, sie hält sich aber bis zu 1 Monat. Zu Fisch oder gegrilltem Gemüse servieren.

Ajilimójili

Diese puertoricanische Soße wird mit Ají dulce, milden Chilis, zubereitet. Man serviert sie zu Tostones (gebratenen grünen Kochbananen), aber sie passt auch gut zu gebratenem oder gegrilltem Fisch oder Fleisch.

3 frische rote Chilis

3 rote Paprikaschoten

4 Pfefferkörner

4 Knoblauchzehen, zerdrückt

2 TL Salz

150 ml Limettensaft

150 ml Olivenöl

Chilis und Paprikaschoten entkernen und die Scheidewände entfernen, dann grob hacken. Mit Pfefferkörnern, Knoblauch und Salz im Mixer sämig pürieren.

Limettensaft und Olivenöl zugeben und geschmeidig schlagen. Hält sich gut verschlossen im Kühlschrank 3–4 Wochen.

Mole verde

Moles sind mexikanische gekochte Soßen mit Chilis und Kräutern. Die grüne Mole passt zu gedünstetem Huhn.

100 g Kürbiskerne

6 Tomatillos, frisch oder aus der Dose

4 Serrano-Chilis, entkernt und gehackt

2 Knoblauchzehen, zerdrückt

1 kleine Zwiebel, gehackt

10 Blätter Römischer Salat, zerpflückt

3 EL gehacktes Korianderkraut

Blätter von 3 Stängeln frischer oder getrockneter Epazote

¼ TL gemahlener Kreuzkümmel

2 EL Sonnenblumenöl

250 ml Hühnerbrühe

Die Kürbiskerne ohne Fett rösten, dabei ständig rühren, damit sie nicht anbrennen. Abkühlen lassen und mahlen. Die Tomatillos (die frischen erst entkernen und klein hacken) mit den Gemüsen, Kräutern und Gewürzen mischen. Öl in einer Pfanne erhitzen und die Soße unter ständigem Rühren bei starker Hitze etwa 5 Minuten einkochen. Beiseitestellen. Die Kürbiskerne in die Brühe rühren und zur Soße geben. Langsam erhitzen, doch nicht kochen lassen, sonst verliert sie die Farbe. Ohne Deckel 15 Minuten unter Rühren köcheln lassen.

Salsa fresca

Dies ist in ganz Mexiko die Standard-Salsa.

4 Tomaten, geschält, entkernt und gehackt

1 rote Zwiebel, fein gehackt

4 Jalapeño-Chilis, entkernt und in dünne Ringe geschnitten

5 EL gehacktes Korianderkraut

5 EL Limettensaft oder Sherryessig

Salz

Alle Zutaten mischen und vor Gebrauch mindestens 30 Minuten stehen lassen.

Jalapeño-Chilis

Kubanische Mojo

Eine Mojo ist eine Tafelsoße, ähnlich wie eine mexikanische Salsa. Meist wird dazu der Saft von (sauren) Sevilla-Orangen verwendet.

4 EL Olivenöl

2 Knoblauchzehen, fein gehackt

1 Schalotte, fein gehackt

½ TL Salz

1 TL getrockneter Oregano

1 TL gemahlener Kreuzkümmel

100 ml Saft von Bitterorangen oder ersatzweise ⅓ Süßorangen- und ⅔ Limettensaft

3 EL gehacktes Korianderkraut

Das Öl erhitzen und Knoblauch und Schalotten goldgelb rösten. Vom Herd nehmen und Salz, Oregano, Kreuzkümmel und Orangensaft zufügen. Umrühren und abkühlen lassen. In ein Schälchen füllen und den Koriander hineinrühren. Die Mojo hält sich in einer Flasche oder einem Glas im Kühlschrank 2–3 Wochen, doch am besten schmeckt sie frisch zu Steaks, Huhn, Gemüse.

Ganze Kreuzkümmelsamen

Mango- und Papaya-Mojo

1 reife Mango

1 reife Papaya

2 Frühlingszwiebeln, in dünne Ringe geschnitten

1 kleines Stück frischer Ingwer, fein gehackt

2 EL gehackte Minzeblätter

100 ml Limettensaft

Das Fleisch der Mango und Papaya klein würfeln und mit den übrigen Zutaten mischen. Zu gegrilltem Fisch, Meeresfrüchten oder Huhn servieren.

Xni-pec

Diese extrem scharfe Soße kommt aus Yucatán im südlichen Mexiko.

2–3 Habanero-Chilis

4 große reife Tomaten, gehackt

1 Zwiebel, fein gehackt

1 große Handvoll Korianderblätter, gehackt

4 EL Bitterorangen- oder Limettensaft

Salz nach Geschmack

Die Habaneros rösten (*S. 244 und 256*), enthäuten und von den Samen befreien. Das Fleisch hacken, dann mit Tomaten und Zwiebel vermischen. Den Koriander unterrühren und den Saft darübergießen. Die Salsa nach Geschmack salzen und 1 Stunde bei Zimmertemperatur durchziehen lassen.

In Yucatán wird die Salsa regelmäßig zu gegrilltem Fleisch, Fisch und Meeresfrüchten serviert. Zudem eignet sie sich gut als Dip für Maischips. Am besten schmeckt sie frisch zubereitet.

Pebre

Eine in ganz Chile beliebte Salsa, für die jede Region und jeder Koch ein eigenes Rezept hat.

1 Zwiebel, fein gehackt

1–2 Knoblauchzehen, fein gehackt

1 großes Bund Korianderkraut

3 reife Tomaten, nach Entfernen der Samen gehackt (nach Belieben)

1–2 EL Ají-Paste (*S. 286*) oder 1–2 frische Chilis

2 EL Rotweinessig oder nach Geschmack

3 EL Olivenöl oder nach Geschmack

Salz

Zwiebel und Knoblauch in einer Schüssel vermischen. Korianderblätter und kleine Stängel fein hacken, aber – falls eine Küchenmaschine verwendet wird – nicht pürieren. Zu Zwiebel und Knoblauch geben und ggf. die Tomaten hinzufügen. Die Ají-Paste unterrühren oder die Chilis nach Entfernen der Samen hacken und ebenfalls hinzufügen. Essig und Öl unterrühren, dann etwas Salz.

Die Salsa 3–4 Stunden durchziehen lassen, dann zu kaltem Fleisch, Meeresfrüchten oder im Backofen gegartem Gemüse servieren.

Argentinische Salsa criolla

Dies ist eine ausgezeichnete Beilage für gegrilltes Fleisch.

1 rote Zwiebel, fein gehackt
1 rote Paprikaschote, fein gehackt
2 Tomaten, nach Entfernen der Samen gehackt
1 Knoblauchzehe, fein gehackt
1 kleine Handvoll Petersilienblätter, gehackt
Saft von 1 Limette
2 EL helles Olivenöl
Salz und frisch gemahlener schwarzer Pfeffer

Alle Zutaten in einer Schüssel vermischen und abgedeckt 1–2 Stunden stehen lassen, damit die Aromen verschmelzen. Als Beilage zu Fisch, Fleisch und Geflügel reichen.

Chimichurri

Diese argentinische Kräutersoße wird zu gegrilltem Fleisch serviert. Sie passt zu Gemüse, Pasteten und Suppen.

4 Knoblauchzehen, fein gehackt
1 TL frisch gemahlener schwarzer Pfeffer
½ TL Chiliflocken
1 TL Paprikapulver
2 TL Oreganoblätter, fein gehackt
1 große Handvoll Petersilienblätter und -stängel, fein gehackt
100 ml Olivenöl
5 EL Rotweinessig
Salz nach Belieben

Alle Zutaten in einem Schraubglas mischen und gut schütteln. Vor Gebrauch 3–4 Stunden stehen lassen.

Paprika

Peruanische Salsa criolla

Die Ají Amarillo kann man durch eine Scotch-Bonnet-Chili oder eine mildere Jalapeño ersetzen.

1 rote Zwiebel, in ganz dünne Scheiben geschnitten
1 Ají-Amarillo-Chili, Samen entfernt, fein gehackt
1 kleine Handvoll Korianderkraut, gehackt
2 Tomaten, nach Entfernen der Samen gewürfelt (nach Belieben)
3 EL Limettensaft
2 EL helles Olivenöl
Salz

Die Zwiebel für 15 Minuten in kaltes Wasser geben. Gut abtropfen lassen, dann mit den anderen Zutaten vermischen. Die Salsa 1–2 Stunden stehen lassen, damit die Aromen verschmelzen. Passt zu Fisch, Fleisch und Geflügel.

Peruanische Petersilien-Salsa

Diese Salsa serviert man zu Mais-, Kartoffel- und Fleischgerichten.

1 kleine Zwiebel, fein gehackt
1 TL Oregano
Salz und frisch gemahlener schwarzer Pfeffer
Weinessig
3 Handvoll Petersilienblätter
1 Tomate

Zwiebel und Oregano in eine Schüssel geben, würzen und mit Essig bedecken. 30 Minuten marinieren lassen, dann den Essig abgießen. Die Petersilienblätter im Mixer zu einer Paste pürieren und zu der Zwiebel und dem Oregano geben.

Die Tomate überbrühen, häuten und das Fleisch fein gehackt oder gerieben in die Salsa geben. Alles gut verrühren.

Oregano

Grünes Mangorelish

1 große grüne Mango, etwa 500 g

1 Knoblauchzehe, fein gehackt

1 kleine grüne Chili, fein gehackt

½ TL Salz

1 EL Olivenöl

1 Handvoll Petersilien- oder Minzeblätter, gehackt

Chutneys nennt man eingemachte Gemüse-Obst-Kombinationen, Relishes dagegen sind süßsauere Chutneys. Die Mango fein hacken und mit den anderen Zutaten mischen. Das Relish hält sich 2–3 Tage, wenn es gut verschlossen mit einer Ölschicht bedeckt im Kühlschrank aufbewahrt wird.

Nepalesisches Minzechutney

1 große Handvoll Minzeblätter, fein gehackt

2 Knoblauchzehen, fein gehackt

¼ TL Chilipulver

½ TL Salz

Saft von 1 Zitrone

2 EL Senf- oder Sonnenblumenöl

½ TL Bockshornkleesamen

½ TL gemahlene Kurkuma

Minze, Knoblauch, Chilipulver, Salz und Zitronensaft mischen. Öl erhitzen und die Bockshornkleesamen sehr dunkel rösten. Kurkuma hinzugeben und kurz rühren. Abgekühlt in die Minze-Mischung geben. Zu Reis oder Brot servieren.

Apfelminze

Minzerelish

100 g frische Minzeblätter

1 Knoblauchzehe, fein gehackt

2–4 kleine grüne Chilis, Samen entfernt, gewürfelt

½ TL Salz

Saft von 1 Limette

1–2 EL Pflanzenöl

1 Prise weißer Zucker (nach Belieben)

90 g Joghurt (nach Belieben)

Minze, Knoblauch, Chilis, Salz, Saft und ausreichend Öl in einer Küchenmaschine vermischen, nötigenfalls Zucker hinzufügen. Das Relish passt gut zu gegrilltem Fleisch. Als Beilage für Reis Joghurt untermischen.

Frisches Tomatenchutney

Dieses Rezept kommt ebenso wie das vorangegangene aus Myanmar (Burma). Beide basieren auf Rezepten aus *The Burma Cookbook* von Robert Carmack und Morrison Polkinghorne. Sie eignen sich als Beilage für ein Curry oder Fleisch und Hähnchen vom Holzkohlengrill. Chilis sind in Myanmar verglichen mit denen in anderen Ländern Asiens mild, weshalb man für einen authentischen Geschmack besser Paprikapulver oder milde Chiliflocken verwendet. Das Chutney ist schnell zubereitet und sollte noch am gleichen Tag verzehrt werden.

500 g Tomaten, geschält und nach Entfernen der Samen grob gehackt

1 kleine Zwiebel, fein gehackt

1 TL scharfes Paprikapulver oder Chiliflocken

2 TL weißer Zucker oder nach Geschmack

1 EL Reisessig

½ TL Salz

Alle Zutaten kurz vermischen. Das Chutney bis zum Servieren in den Kühlschrank stellen.

Gurken-Sambal

In Indonesien und Malaysia würzt man gern mit scharfen, süßen und sauren Sambals. Diese hier passt gut zu Hühner-Satay, gegrilltem Fisch oder Gemüse.

1 Gurke

1 EL fein gehackte Zwiebel

1 kleine rote Chili, entkernt und in Streifen geschnitten

1 EL gehackte Petersilie oder Korianderkraut

½ TL gemahlene Fenchelsamen

1 TL Zucker

Salz und frisch gemahlener schwarzer Pfeffer

2–3 EL Zitronensaft

2 EL Sonnenblumenöl

Die Gurke innen auskratzen und in feine Streifen schneiden. Mit Zwiebel, Chili und Petersilie oder Koriander mischen. Die Gewürze mit dem Zitronensaft mischen, das Öl hineinrühren und die Gurke in die Mischung geben.

Tomaten-Sambal

4 Schalotten, in Scheiben geschnitten

3 Chilis, entkernt und in Scheiben geschnitten

3 große Tomaten, gehackt

3 EL gehackte Minze oder Basilikum

Saft von 1 Zitrone oder Limette

Salz nach Belieben

Alle Zutaten mischen und bei Raumtemperatur servieren. Passt gut zu Hühner- oder Schweinefleisch-Satay.

Kachumber

Dieses Relish ist eine schöne Ergänzung für viele indische Gerichte.

Salz

2 Zwiebeln, fein gehackt

1 EL Tamarindenpaste

1 EL Palmzucker oder brauner Zucker

4 Tomaten, gewürfelt

1 kleine Salatgurke, halbiert und nach Entfernen der Samen in dicke Scheiben geschnitten

2–3 rote oder grüne Chilis, nach Entfernen der Samen in feine Scheiben geschnitten

1 EL geraspelter Ingwer

Minzeblätter zum Garnieren

Die Zwiebeln mit Salz bestreuen und 1 Stunde stehen lassen, dann abspülen und ausdrücken. Die Tamarindenpaste mit etwas Wasser verrühren und den Zucker untermischen. Tomaten, Gurke, Chilis und Ingwer sorgfältig untermischen. Kalt stellen, zum Servieren mit Minzeblättern garnieren.

Pili-Pili-Soße

Diese Tischwürze ist in Westafrika beliebt.

250 g frische rote Chilis

1 kleine Zwiebel

1 Knoblauchzehe

Saft von 1 Zitrone

Stängelansätze und eventuell Kerne der Chilis entfernen und alle Zutaten mischen und pürieren.

Korianderchutney

Dieses Chutney passt gut zu Kebabs, Samosas, Pakoras und gebratenem oder gegrilltem Gemüse. Die Zahl der Chilis lässt sich nach Belieben variieren.

60 g Sesamsamen

1 TL Kreuzkümmelsamen

250 g Korianderblätter mit jungen Stängeln

2–6 grüne Chilis, entkernt und gehackt

1 EL gehackter frischer Ingwer

Salz

Saft von 1 Zitrone

Sesamsamen und Kreuzkümmelsamen getrennt ohne Fett rösten. Alle Zutaten bis auf Salz und Zitronensaft mit dem Pürierstab mixen. Nach Belieben salzen und nur so viel Zitronensaft hinzufügen, dass die Paste geschmeidig wird, aber ziemlich dick bleibt. Im geschlossenen Gefäß hält sich das Chutney im Kühlschrank eine Woche.

Knoblauchpüree

6 junge Knoblauchknollen

Salz

Olivenöl

Die Knoblauchknollen in einem Topf mit Wasser bedeckt aufkochen. 15–20 Minuten köcheln lassen, bis sie weich sind. Abgießen, abkühlen lassen, dann häuten und im Mixer mit etwas Salz pürieren. 4–6 EL fruchtiges Olivenöl untermischen und das Püree in ein Glas füllen. Mit einer Schicht Olivenöl abdecken und verschlossen im Kühlschrank aufbewahren. Nach jedem Gebrauch die Ölschicht erneuern. Hält sich bis zu 2 Wochen.

Chilis

Marinaden

Mit Marinaden kann man Fleisch, Geflügel und Fisch zarter, würziger und auch haltbarer machen. Zum Mischen der Zutaten sollte man ein säurefestes Gefäß (z. B. aus Glas oder Keramik) wählen. Wichtig ist, dass die Teile vollständig mit Marinade bedeckt sind und regelmäßig darin gewendet werden. Stellen Sie das Mariniergut in den Kühlschrank, aber bringen Sie es vor dem Braten wieder auf Raumtemperatur. Fisch wird für 1–2 Stunden mariniert, Meeresfrüchte bis zu 1 Stunde, Fleisch- oder Geflügelteile 3–4 Stunden, große oder ganze Teile können über Nacht in der Marinade bleiben. Man kann die Marinade während des Bratens zum Begießen verwenden, sollte sie jedoch nicht aufheben.

Ingwer-Limetten-Marinade

Für Lachs und festen Fisch wie Schwertfisch.

1 kleines Stück Ingwer, fein gehackt
2 Knoblauchzehen, zerstoßen
abgeriebene Schale von 1 Bio-Limette
4 EL Limettensaft
2 EL Sojasoße
1 EL Sesamöl
1 EL trockener Sherry

Joghurtmarinade

Zu Lamm oder Huhn.

200 g Naturjoghurt
1 Knoblauchzehe, zerdrückt
2 EL gehackte Minze
2–3 TL Tandoori masala *(S. 276)* oder Massalé *(S. 277)*

Pernodmarinade

Für Fisch und Meeresfrüchte.

3 EL Zitronensaft
1 EL Fenchelsamen oder 1 Handvoll frische Fenchelblätter
4 TL Olivenöl
1 kleines Glas trockener Weißwein
3 EL Pernod oder anderer Anisbranntwein

Rotweinmarinade

Für große Stücke Rindfleisch, Reh und Hase.

½ Flasche Rotwein
2 EL Oliven- oder Sonnenblumenöl
1 Zwiebel, in Scheiben geschnitten
1 Stange Sellerie, in Stücke geschnitten
2 Lorbeerblätter
1 Zweig Rosmarin
2 Zweige Thymian
8 zerstoßene schwarze Pfefferkörner
4 zerstoßene Pimentbeeren

Lorbeer

Barbecue-Marinade

Für Steaks, Schweinekoteletts und Schälrippchen.

2 Schalotten, gehackt
¼ TL gemahlene Gewürznelken
¼ TL gemahlenes Piment
3 EL Sonnenblumenöl
1 EL Honig
2 EL Sojasoße
3 EL trockener Sherry

Orientalische Marinade

Für Schälrippchen, Geflügel oder Fisch.

2 Schalotten, gehackt
1 kleines Stück Ingwer, gehackt
1 Chili, in Scheiben geschnitten
2 TL Zucker
4 EL gehackter Koriander (Wurzel, Blätter und Stängel)
4 EL Limettensaft
2 EL Fischsoße
5 EL Reisessig

Adobo für Schweinelende

Diese Marinade für eine Schweinelende stammt aus Chile. Das Fleisch kann ein Rippenstück, eine ausgebeinte Lende oder ein Rollbraten sein. Es wird rundum mit Adobo bestrichen und über Nacht mariniert.

3–4 EL Weinessig
3–4 EL Oliven- oder Sonnenblumenöl
2 TL zerriebener Oregano
1 TL gemahlener Kreuzkümmel
1 EL (oder mehr) Ají-Paste *(S. 286)*
4 TL spanisches Paprikapulver (Pimentón)
½ TL Salz

Trockener Adobo

Solche trockenen Gewürzmischungen zum Einreiben sind in der Spanisch sprechenden Karibik üblich.

2 EL Kreuzkümmelsamen
4 EL grobes Meersalz
1 EL Fenchelsamen
½ EL schwarze Pfefferkörner
2 EL Chiliflocken
1 EL getrockneter Oregano

Die Kreuzkümmelsamen ohne Fett rösten, bis sie Farbe annehmen. Abkühlen lassen und mit Salz, Fenchelsamen und Pfefferkörnern vermahlen, dann mit Chili und Oregano mischen.

Fleisch oder Geflügel vor dem Grillen mit der Mischung bestreuen. Adobo bleibt luftdicht verschlossen 3–4 Monate frisch.

Mexikanische Marinade

Zum Marinieren von Grillfleisch.

3 Pasilla-Chilis
½ TL gemahlener Kreuzkümmel
3 TL getrockneter Oregano
3 TL getrockneter Thymian
Saft von 1 Limette und ½ Orange
½ kleine Zwiebel, in Scheiben geschnitten
2 Knoblauchzehen
4 EL Olivenöl

Stängelansätze und Kerne der Chilis entfernen. Die Chilis 1–2 Minuten in einer vorgeheizten Pfanne rösten. In eine Schüssel geben und mit kochend heißem Wasser bedeckt 30 Minuten einweichen.

Die übrigen Zutaten mit dem Pürierstab mischen, die Chilis zugeben und mit etwas von dem Einweichwasser eine flüssige Marinade herstellen.

Weinmarinade mit Wacholderbeeren

Für Ente und Federwild.

10 Wacholderbeeren, leicht zerdrückt
10 schwarze Pfefferkörner, zerdrückt
1 Rosmarinzweig
250 ml Rot- oder Weißwein
3 EL Cognac
3 EL Olivenöl

Mediterrane Marinade

Für Lamm, Huhn oder Schwein. Die frischen Kräuterzweige können durch 1 EL Kräuter der Provence *(S. 267)* ersetzt werden und der schwarze Pfeffer durch 1 TL Italienische Gewürzmischung *(S. 285)*.

1 Knoblauchzehe, zerstoßen
2–3 Thymian- oder Zitronenthymianzweige
3–4 Lavendel- o. Rosmarinzweige
1 TL zerstoßene schwarze Pfefferkörner
Saft von 2 Orangen und 1 Zitrone

Zitronenthymian

Suppen, kleine Gerichte und Salate

Pikante Kürbissuppe

Nach dem Vorbereiten des Kürbisses ist diese Suppe rasch zubereitet. Der zarte süßliche Geschmack von Kürbis harmoniert gut mit Kokosmilch, und die Gewürze heben ihn zusätzlich.

FÜR 4–6 PERSONEN

2 EL Sonnenblumenöl

½ TL Koriandersamen

½ TL Fenchelsamen

1 TL Kurkuma

1 große Zwiebel, gehackt

2 cm frischer Ingwer, gehackt

2 Knoblauchzehen, gehackt

1 kg Kürbis, geschält und nach Entfernen der Samen gewürfelt

2 getrocknete Chilis

2 Stängel Zitronengras, gequetscht

Salz nach Geschmack

600 ml Gemüsebrühe

400 ml Kokosmilch

Limettensaft (nach Belieben)

Das Öl in einer großen, schweren Pfanne erhitzen. Koriander, Fenchel und Kurkuma darin braten, bis sie aromatisch duften. Zwiebel, Ingwer und Knoblauch unterrühren und einige Minuten braten. Kürbis, Chilis und Zitronengras hinzufügen. Die Zutaten gut durchrühren und etwas salzen, dann die Brühe dazugießen. Den Topfinhalt zugedeckt köcheln lassen, bis der Kürbis weich ist. Die Kokosmilch untermischen. Den Deckel nicht mehr auflegen, damit die Kokosmilch nicht gerinnt.

Die Suppe wieder zum Köcheln bringen und garen, bis sich der Kürbis mit einem Holzlöffel zerdrücken lässt. Chilis und Zitronengras wegwerfen. Die Suppe pürieren und abseihen, dann abschmecken und, falls gewünscht, etwas Limettensaft hinzufügen. Mit Bauernbrot servieren.

Fenchel

Scharfsaure Suppe

Scharfsaure Suppen findet man in ganz Südostasien. Diese Suppe erhält durch Chilischote eine scharfe und durch Essig eine säuerliche Note. Anstelle von Schweinefleisch können Hähnchenbruststreifen oder mehr Gemüse verwendet werden. Besondern fein wird die Suppe mit Chinkiang-Essig (chinesischer schwarzer Reisessig).

FÜR 4 PERSONEN

4 getrocknete Shiitake oder 1 Handvoll frische Shiitake, in Scheiben geschnitten

750 ml Hühner- oder Gemüsebrühe

1 kleines Stück Ingwer, in dünne Scheiben geschnitten

1–2 rote Chilis, nach Entfernen der Samen in Streifen geschnitten

100 g Bambussprossen, in Stifte geschnitten

100 g mageres Schweinefleisch, in Streifen geschnitten

100 g fester Tofu, in Streifen geschnitten oder gewürfelt

1 EL Sojasoße

Salz nach Geschmack

1–2 EL Reisessig

1 EL Maisstärke

1 Ei

1 TL Sesamöl

2 Frühlingszwiebeln, in dünne Scheiben geschnitten

Getrocknete Shiitake für etwa 30 Minuten in warmem Wasser einweichen. Abtropfen lassen und nach Entfernen der Stiele in dünne Scheiben schneiden. Die Brühe in einem großen Topf zum Kochen bringen. Ingwer, Chili, Pilze, Bambussprossen und Fleisch hineingeben und zugedeckt 10 Minuten köcheln lassen. Tofu, Sojasoße, Salz und Essig untermischen. Die Suppe abschmecken.

Die Maisstärke mit 2 EL Wasser zu einer Paste verrühren. Sobald die Suppe wieder köchelt, die Hälfte der Paste unterrühren, dann die Suppe bei ganz schwacher Hitze köcheln lassen. Sie sollte leicht eindicken, aber nicht klebrig werden. Nötigenfalls noch etwas Maisstärke hinzufügen. Das Ei verquirlen und durch ein Sieb oder die Zinken einer Gabel in die Suppe gießen, sodass es Fäden bildet. Sesamöl und Frühlingszwiebeln unterrühren, dann die Suppe sofort servieren.

Granatapfel-Kräuter-Suppe

Dieser tiefgrünen Wintersuppe aus dem Iran verleiht Granatapfelsirup ein fruchtiges süßsaures Aroma. Durch Hinzufügen von Fleischbällchen wird sie gehaltvoller.

FÜR 6 PERSONEN

120 g gelbe Spalterbsen

120 g Reis

3 EL Sonnenblumenöl

2 Zwiebeln, in Scheiben geschnitten

½ TL Kurkuma

½ TL Zimt

Fleischbällchen (nach Belieben)

150 g glatte Petersilie

150 g Korianderkraut

100 g Minze

100 g Frühlingszwiebeln

Salz und frisch gemahlener schwarzer Pfeffer

3 EL Granatapfelsirup

Limettensaft (nach Belieben)

1 TL getrocknete Minze

Erbsen und Reis getrennt mindestens 4 Stunden in reichlich Wasser einweichen. In einem großen Topf 2 EL Öl erhitzen. Die Zwiebeln darin sautieren, bis sie weich und leicht gebräunt sind. Die Gewürze unterrühren. Erbsen und Reis abtropfen lassen und in einem Topf mit 1,5 Liter Wasser zum Kochen bringen. Zugedeckt etwa 1 Stunde köcheln lassen, dabei ab und zu umrühren, damit sie nicht ansetzen. Dann ggf. die Fleischbällchen hinzufügen.

Große Stängel der Kräuter entfernen, die Frühlingszwiebeln putzen. Alles in einer Küchenmaschine zusammen hacken. In die Suppe rühren und 30 Minuten garen, dabei ab und zu umrühren und nötigenfalls noch etwas Wasser hinzufügen. Die Suppe salzen und pfeffern. Den Granatapfelsirup unterrühren. Die Suppe abschmecken und eventuell mehr Granatapfelsirup dazugeben oder etwas Limettensaft, falls der Suppe Säure fehlt.

Die getrocknete Minze im restlichen Öl braten und über die Suppe geben, dann sofort servieren.

Melasse

Koriandersuppe

Diese Suppe basiert auf einem Rezept, das ich vom Chefkoch des Visalam Hotels in Karaikkudi, einer der großartigen Städte im indischen Bundesstaat Tamil Nadu, bei einem dortigen Besuch erhielt.

FÜR 4–6 PERSONEN

80 g frische Korianderblätter und kleine Stängel

2 EL Erdnuss- oder Sonnenblumenöl

1 EL Kreuzkümmelsamen

½ TL schwarze Senfkörner

½ TL Kurkuma

1 Zwiebel, gehackt

5 Knoblauchzehen, gehackt

1 grüne Chili, nach Entfernen der Samen in Streifen geschnitten

4–5 EL Kokosmilch

1 TL Salz

Das Korianderkraut hacken. Das Öl in einem großen Topf erhitzen. Kreuzkümmel und Senfkörner darin braten, bis die Senfkörner zu platzen beginnen, dabei die Pfanne schütteln. Kurkuma, Zwiebel und Knoblauch hinzufügen und unter Rühren sanft braten, sodass sie Farbe annehmen, aber nicht verbrennen. Korianderkraut und Chili sorgfältig untermischen und die Zutaten braten, bis sie weich sind. Abkühlen lassen, dann mit der Kokosmilch zu einer glatten Paste vermischen.

Den Topf säubern. Die Paste hineingeben und etwa 1 Liter Wasser hinzufügen. Die Mischung zum Kochen bringen, salzen, gut umrühren und mit Brot servieren.

Senfkörner

Kalte Rote-Bete-Suppe mit Joghurt

Diese frische, tiefrote Suppe ist rasch zubereitet und ein perfektes Sommergericht.

FÜR 4–6 PERSONEN

500 g kleine Rote Bete

1 Salatgurke, geschält

1 Handvoll Dill, Stängel entfernt

1 Knoblauchzehe, gehackt

1 TL gemahlener Kreuzkümmel

500 g Vollmilchjoghurt

Salz und frisch gemahlener schwarzer Pfeffer

Zitronensaft (nach Belieben)

Die Roten Bete in einem Topf mit Wasser bedecken, zum Kochen bringen und je nach Größe und Alter 30–40 Minuten köcheln lassen, bis sie sich mit einem Messer einstechen lassen. Unter fließendem kaltem Wasser gut abspülen und abkühlen lassen, dann schälen und hacken. Die Gurke längs halbieren und die Samen entfernen. Eine Hälfte in mittelgroße, die andere in kleine Würfel schneiden.

Die Bete in eine Küchenmaschine füllen. Einige kleine Stängel Dill aufbewahren, die übrigen zu den Rüben geben. Dann mittelgroße Gurkenwürfel, Knoblauch, Kreuzkümmel, Joghurt sowie großzügig Salz und Pfeffer hinzufügen und alles pürieren. Die kleinen Gurkenwürfel unterrühren. Die Suppe abschmecken und, falls gewünscht, etwas Zitronensaft dazugeben.

Die Suppe für mindestens 1 Stunde in den Kühlschrank stellen, dann mit dem fein gehackten restlichen Dill bestreut servieren.

Knoblauch

Sassoun

Hierbei handelt es sich um ein altes Rezept aus Roquebrune in der Provence. Die Konsistenz dieser Soße erinnert mehr an eine dicke Mayonnaise, und sie ist ein ungewöhnlicher, frischer Aufstrich für Bruschetta oder Sauerteigbrot.

FÜR 4 PERSONEN

5–6 Sardellenfilets

100 g abgezogene Mandelkerne

1 Stängel Gewürzfenchel

4 Minzeblätter

3–4 EL Olivenöl

Salz

Zitronensaft (nach Belieben)

Die Sardellen abspülen, um überschüssiges Salz zu entfernen, dann beiseitestellen. Die Mandeln in einer Küchenmaschine oder im Mörser grob zerkleinern. Sardellen, Fenchel und Minze hinzufügen und zu einer groben Paste zerreiben. Nach und nach Öl und 4–6 EL Wasser hinzufügen, um eine dicke glatte Mischung herzustellen. Etwas Salz dazugeben und nötigenfalls ein klein wenig Zitronensaft.

Tapenade

Tapenade wird meist mit schwarzen Oliven zubereitet, man kann aber auch grüne Oliven verwenden.

FÜR 6–8 PERSONEN

1 Knoblauchzehe

Salz

250 g große schwarze Oliven, entsteint

4 Sardellenfilets

2 EL Kapern

1 TL gehacktes frisches Bohnenkraut oder 1 Prise getrocknetes Bohnenkraut

1 Prise Cayennepfeffer oder Piment d'Espelette

3–4 EL Olivenöl

Den Knoblauch mit etwas Salz zerreiben. Alle Zutaten bis auf das Öl in einer Küchenmaschine mit der Pulsfunktion grob pürieren. Nach und nach das Öl hinzufügen, bis es gut untergemischt ist. In einem luftdichten Behälter gekühlt aufbewahren. Als Dip oder zu gegrilltem Fisch reichen.

Gegrillte Auberginenscheiben mit Ricotta, Minze und Pinienkernen

Gegrillte Auberginen lassen sich rasch zubereiten und harmonieren mit vielen anderen Zutaten.

FÜR 3–4 PERSONEN

2 große Auberginen, geschält und in etwa 1 cm dicke Scheiben geschnitten

2–3 EL Olivenöl

100 g Ricotta

2 EL gehackte Minze

3 EL ohne Fett geröstete Pinienkerne

Salz und frisch gemahlener schwarzer Pfeffer

Auberginenscheiben einölen und beidseits 4 Minuten grillen, bis sie weich und leicht gebräunt sind. Zerkrümelten Ricotta mit dem größten Teil von Minze und Pinienkernen mischen, gut salzen und pfeffern. Auf den Auberginenscheiben verteilen. Mit den restlichen Zutaten bestreut servieren.

VARIANTEN

Für den Aufstrich:
3 EL Granatapfelsirup mit 1 EL Rotweinessig, ¼ TL gemahlene Chilischote und 80 g fein gehackten Walnusskernen vermischen.

Korianderkraut, grüne Chili und frischen Ingwer hacken und mit dickem Naturjoghurt vermischen.

Gegrillte rote Paprikaschote mit gehackten Sardellenfilets, Petersilie und schwarzen Oliven vermischen.

Lahmacun

Lahmacun, auch türkische Pizza genannt, ist ein bekannter türkischer Snack aus Fladenbrot mit einem pikanten Belag, der abhängig von der Jahreszeit und vorhandenen Zutaten variiert werden kann. Beliebt ist eine Mischung aus Tomaten und roten Paprikaschoten, für einen anderen Belag werden Lammfleisch, Walnüsse und Granatapfelsirup verwendet, für einen dritten Fleisch, Walnüsse und grüne Oliven. Petersilie und rote Paprikaflocken fehlen in keinem Belag.

ERGIBT 10 STÜCK

FÜR DEN TEIG

½ TL Salz

500 g Mehl Type 550 sowie Mehl zum Bestäuben

7 g Trockenhefe

1 TL Zucker

1 EL Olivenöl

FÜR DEN BELAG

1 EL Olivenöl

1 Zwiebel, fein gehackt

2 Knoblauchzehen, fein gehackt

1 großes Bund glatte Petersilie, große Stängel entfernt

250 g Lammhackfleisch

2 Eiertomaten, geschält, ohne Samen gewürfelt

1 EL Tomatenmark

1 TL Paprikamark (nach Belieben)

1 TL Salz

1 TL rote Paprikaflocken

Gerbersumach

Für den Teig das Salz in etwa 300 ml warmem Wasser auflösen. Das Mehl in einer großen Schüssel mit Hefe und Zucker vermischen. In der Mitte eine Mulde machen und das Wasser hineingießen. Die Zutaten sorgfältig vermischen. Das Öl hinzufügen und den Teig zu einer Kugel formen. In einer Schüssel abgedeckt 10–15 Minuten gehen lassen. Dann auf die dünn bemehlte Arbeitsfläche setzen und kneten, bis er glatt und elastisch ist. Die Schüssel abwaschen. Den Teig wieder hineinlegen und mit einem Tuch abgedeckt 1 Stunde gehen lassen, bis er sein Volumen verdoppelt hat.

Für den Belag das Öl in einer Pfanne erhitzen. Die Zwiebel darin einige Minuten braten, dann den Knoblauch hinzufügen. Beide Zutaten braten, bis sie weich und leicht gebräunt sind. Beiseitestellen. Die Petersilie hacken. Alle Zutaten für den Belag in einer großen Schüssel sorgfältig vermischen. Sie sollten fast die Konsistenz einer groben Paste haben.

Den Backofen auf 220 °C vorheizen. Den Teig auf der dünn bemehlten Arbeitsfläche noch einmal kneten. Dann zu einer langen Wurst formen und in 10 Stücke gleicher Größe teilen. Jedes zu einem möglichst dünnen Oval ausrollen. Den Belag gleichmäßig bis zum Rand verteilen. Die Lahmacun auf Backbleche legen und 6–8 Minuten backen. Warm mit Gerbersumach bestreut servieren, falls gewünscht, eine Schale mit dickem Joghurt und Salat dazu reichen.

Krebsfleisch mit Avocado und Ingwer

Krebsfleisch und Avocado haben eine natürliche Affinität und harmonieren beide gut mit dem feinen Aroma von eingelegtem Ingwer.

ALS LEICHTES GERICHT FÜR 2 PERSONEN, ALS BEILAGE FÜR 4 PERSONEN

250 g weißes Krebsfleisch, zerteilt, Schalenreste entfernt

2 EL eingelegter Ingwer, abgetropft, in Streifen geschnitten

abgeriebene Schale von ½ Bio-Limette

Saft von ½–1 Limette

1 Avocado

1 Handvoll Rucola- oder Brunnenkresseblätter

bestes Olivenöl

gemahlener Sansho (*S. 220*)

Krebsfleisch für 30 Minuten in Ingwer, Limettenschale und einem Großteil des Safts marinieren. Avocado halbieren, aus der Schale lösen, in Scheiben schneiden, mit dem übrigen Saft einpinseln. Rucola oder Kresse auf einem Teller verteilen. Avocado auf eine Seite, Krebsfleisch und Ingwer auf die andere Seite setzen. Mit etwas Öl beträufeln und mit Sichuanpfeffer bestreuen.

Granatapfelsalat mit Oliven und Walnüssen

Dieser Salat kommt aus Gaziantep in der Südosttürkei, wo alle Zutaten auf den Hügeln rund um die Stadt wachsen.

FÜR 4 PERSONEN

2 Granatäpfel

125 g grüne Oliven, entsteint und grob gehackt

1 Bund Korianderkraut, gehackt

2–3 Schalotten, gehackt

125 g Walnusskerne, grob gehackt

4 TL Zitronensaft

3 EL Olivenöl

½ TL rote Paprikaflocken

Salz

Die Kappe der Granatäpfel abschneiden und sie mit den Daumen aufbrechen. Die Samen herauskratzen, aber alle beigefarbenen Anteile wegwerfen. Die Samen mit den Oliven, Koriander, Schalotten und Walnüssen in eine Schüssel geben.

Aus den übrigen Zutaten ein pikantes Dressing zubereiten und, falls übrig, Granatapfelsaft hinzufügen. Über den Salat gießen, mischen und mit Brot servieren.

Paprikaschoten in Tomatensoße

Dieses aromareiche Gericht aus dem Mahgreb eignet sich ausgezeichnet als Vorspeise. Zudem passt es wunderbar zu gegrilltem Hähnchenfleisch oder Fisch.

FÜR 4–6 PERSONEN

2 kg reife Tomaten

6 EL Olivenöl

Salz und frisch gemahlener schwarzer Pfeffer

1 TL Paprikapulver

5–6 rote Paprikaschoten

5–6 ungeschälte Knoblauchzehen

1 konservierte Zitrone (*S.293*)

4 EL gehackte Petersilie

Den Grill vorheizen. Die Tomaten schälen, nach Entfernen der Samen hacken und bei schwacher Hitze mit Salz, Pfeffer und Paprikapulver sanft im Olivenöl garen. Ab und zu durchrühren, bis die gesamte Flüssigkeit verdampft und eine dicke Soße entstanden ist, die zu braten beginnt. Bei wasserreichen Tomaten kann dies bis zu 30 Minuten dauern. Vom Herd nehmen.

In der Zwischenzeit Paprikaschoten und Knoblauch unter den Grill legen und immer wieder drehen, bis die Haut der Paprikaschoten schwarz und die des Knoblauchs braun wird. Beim Knoblauch geht dies rascher als bei den Paprikaschoten. Den Knoblauch abkühlen lassen, dann aus der Schale drücken. Unter die Tomaten rühren. Die Paprikaschoten in einen Folienbeutel legen und abkühlen lassen.

Die Paprikaschoten enthäuten und nach Entfernen von Samen und Scheidewänden würfeln. Mit Zitrone und Petersilie in die Pfanne geben und alles bei schwacher Hitze unter Rühren weitere 10–15 Minuten garen. Vor dem Servieren abkühlen lassen.

Thai-Chilis

Fattoush

Die wichtigsten Zutaten dieses libanesischen Salats sind Gerbersumach, frische Kräuter und Brot. Portulak könnte durch Brunnenkresse oder mehr Minze und Petersilie ersetzt werden.

FÜR 6 PERSONEN

1 Pitabrot

1 Salatgurke

3 Tomaten, in Stücke geschnitten

1 Handvoll Radieschen, halbiert

6 Frühlingszwiebeln, klein geschnitten

1 große Handvoll glatte Petersilie, grob gehackt

1 große Handvoll Minze, grob gehackt

1 kleines Bund Portulak, Stängel und Blätter

einige große Salatblätter, zerpflückt

1 EL Gerbersumach

Salz und frisch gemahlener schwarzer Pfeffer

6 EL Zitronensaft

6 EL Olivenöl

Das Pitabrot aufschneiden und mit der offenen Seite unterm Grill hellgolden anrösten. In kleine Stücke reißen.

Die Gurke der Länge nach vierteln, dann klein schneiden. Alle Gemüse und Kräuter in eine Schüssel geben, die Brotstücke darüberstreuen.

Gerbersumach, Salz und Pfeffer mit dem Zitronensaft verrühren und das Öl unterschlagen. Das Dressing über den Salat gießen, mischen und sofort servieren, bevor das Brot aufweicht.

Feigen mit Walnüssen und Ziegenkäse

Hier sind unbedingt vollreife Feigen, frischer Käse, bestes Olivenöl und Balsamico-Essig nötig. Den Ziegenkäse kann man durch Mozzarella ersetzen.

FÜR 4 PERSONEN

6 große reife Feigen

1 Handvoll Walnusskerne

250–300 g junger Ziegenkäse

1 Handvoll oder mehr kleine Salatblätter (nach Belieben)

Salz und frisch gemahlener schwarzer Pfeffer

1 EL Balsamico-Essig

2–3 EL bestes Olivenöl

junge Minze- und Basilikumblätter

Die Feigen in jeweils 4 oder 6 Stücke teilen. Die Walnusskerne in große Stücke brechen. Den Ziegenkäse zerkrümeln. Die Salatblätter, sofern verwendet, auf einer Platte verteilen. Andernfalls die Feigen direkt auf die Platte setzen, Walnüsse und Käse um sie herum verteilen. Die Zutaten etwas salzen und pfeffern, dann mit Essig und Öl beträufeln. Minze- und Basilikumblätter darüberstreuen.

Spinat mit Sesamdressing

Dieser frische japanische Salat ist rasch zubereitet.

FÜR 2–4 Personen

500 g Spinat

2 EL Sesamsamen

2 TL Mirin (oder Zucker)

2 TL Reisessig

2–3 EL Sojasoße

Große Stiele vom Spinat entfernen. Den Spinat waschen und nass in einen großen Topf geben. Unter Rühren garen, bis er zusammengefallen ist. Unter fließendem kaltem Wasser abschrecken, um den Garprozess zu beenden. Sorgfältig ausdrücken, dann grob hacken.

Eine schwere Pfanne erhitzen. Den Sesam darin ohne Fett rösten, bis er gerade braun wird. Im Mörser relativ fein zerstampfen, aber hier keine Küchenmaschine verwenden, da sonst eine Paste entstehen kann. Den Sesam in eine Servierschüssel geben. Mirin, Reisessig und Sojasoße hinzufügen und sorgfältig zu einem Dressing vermischen. Den Spinat unter das Dressing heben. Den Salat mit Zimmertemperatur oder gekühlt servieren.

Fisch

Frittierter Kalmar

Küchenfertig vorbereiteter Kalmar ist in Fischgeschäften und manchen Supermärkten erhältlich. Es gibt auch tiefgefrorenen Kalmar im Angebot, frischer ist jedoch schmackhafter. Als Beilage eignet sich Gurken-Sambal *(S. 300)* gut.

FÜR 2 PERSONEN

400 g Baby-Kalmare, gesäubert

½ TL Sichuanpfeffer

1 TL Meersalz

frisch gemahlener schwarzer Pfeffer

4 EL Kartoffelmehl

Sonnenblumenöl zum Frittieren

2 Frühlingszwiebeln, in dünne Scheiben geschnitten

1 rote Chili, Samen entfernt, in Streifen geschnitten

1 Knoblauchzehe, in dünne Scheiben geschnitten

1 EL dunkle Sojasoße

2 Limetten

einige frische Korianderstängel

Die Tentakel der Kalmare abtrennen und nötigenfalls in kleine Stücke schneiden. Beiseitestellen. Die Körper an der Seite aufschneiden und innen rautenförmig einritzen, dann in kleinere Stücke schneiden, am besten in Rauten. Alle Stücke mit Küchenpapier trocken tupfen.

Eine kleine Pfanne erhitzen und den Sichuanpfeffer etwa 1 Minute rösten, bis er aromatisch duftet. Im Mörser mit dem Salz zu einem Pulver zerreiben. Etwas schwarzen Pfeffer untermischen. Das Kartoffelmehl in eine flache Schüssel geben und die Würzmischung unterrühren.

So viel Öl in einen Wok oder breiten Topf gießen, dass es die Kalmarstücke bedecken wird. Erhitzen, bis es 170 °C hat oder ein kleines Stück Brot darin rasch gebräunt wird.

Die Kalmarstücke gleichmäßig mit dem gewürzten Mehl überziehen, dann, nötigenfalls portionsweise, goldbraun frittieren. Dabei behutsam rühren, damit sie nicht am Topf festkleben. Mit einem Schaumlöffel herausheben und auf Küchenpapier abtropfen lassen.

Das Öl bis auf 1 EL aus dem Topf gießen. Zwiebeln, Chili und Knoblauch im Topf braten. Die Kalmare untermischen. Sojasoße und etwas Limettensaft unterrühren.

Das Gericht auf einem Servierteller anrichten und mit einigen Korianderstängeln und Limettenspalten servieren.

Ceviche

Ceviche ist das Nationalgericht Perus und hat eine etwa zweitausendjährige Geschichte. Damals konservierten die Menschen der Moche-Kultur an der Küste im Norden Perus Fisch mit dem Saft der Curuba, die mit der Passionsfrucht verwandt ist.

Nachdem die Spanier neue Zutaten eingeführt und auch Zitrusfrüchte mitgebracht hatten, traten diese anstelle der traditionellen Curuba. Heute gibt es in allen Andenländern der Küste Ceviche-Varianten. Peruanisches Ceviche wird traditionell mit Maiskolben und Süßkartoffeln serviert.

FÜR 4 PERSONEN

FÜR DIE MARINADE

Saft von 6 Limetten

¼ TL Salz

1 Knoblauchzehe, zerdrückt

1 kleine rote Zwiebel, in dünne Scheiben geschnitten

1 kleine Handvoll Korianderblätter, gehackt

1–2 Chilis, nach Entfernen der Samen in Streifen geschnitten, oder 2 TL Chilipaste

FÜR DEN FISCH

600 g sehr frisches festes Fischfilet, etwa von Brasse, Wolfsbarsch oder Petersfisch

1 Avocado, gewürfelt

2 Maiskolben, gegart und halbiert (nach Belieben)

1 Süßkartoffel, im Backofen gegart und in Scheiben geschnitten (nach Belieben)

Alle Zutaten für die Marinade in einer großen korrosionsbeständigen Schüssel vermischen. Den Fisch würfeln, in die Marinade geben und für 10 Minuten in den Kühlschrank stellen.

Die Avocadowürfel behutsam unter den Fisch heben und das Ceviche, falls gewünscht, mit Mais und Süßkartoffel servieren.

Mirasol

Lachs in Gin-Wacholder-Holunder-Marinade

Dieses Gericht wird auf die gleiche Weise wie skandinavischer Graved Lachs zubereitet.

FÜR 4–6 PERSONEN

500 g Lachsfilet aus der Mitte, mit Haut
50 g grobes Meersalz
10 g Zucker
1 TL weiße Pfefferkörner
¾ TL Wacholderbeeren
¾ TL Koriandersamen
4 EL Gin
4 EL Holunderblütensirup
Dillstängel

Nötigenfalls vorhandene Gräten mit einer Pinzette aus dem Fisch ziehen. Salz, Zucker, Pfefferkörner, Wacholderbeeren und Koriandersamen zusammen mahlen. Die Hälfte der Mischung in beide Seiten des Fischfilets reiben. Den Rest mit Gin und Holunderblütensirup verrühren. Die Hälfte dieser Mischung in eine flache Schüssel gießen, in der der Lachs gerade Platz hat. Den Fisch mit der Hautseite nach unten hineinlegen. Mit der übrigen Ginmischung begießen und mit Frischhaltefolie abgedeckt und einem Brett beschwert für 48 Stunden in den Kühlschrank stellen, bis er sich fest anfühlt, zwischendurch zwei- oder dreimal drehen.

Den Fisch herausnehmen, kurz abspülen, um die Gewürze zu entfernen, und mit Küchenpapier trocken tupfen. Mit einem langen scharfen Messer schräg in sehr dünne Scheiben schneiden. Dann mit Dillstängeln garniert servieren, dazu Roggenbrot reichen. Fest in Frischhaltefolie eingewickelt hält sich der Fisch gekühlt 4–5 Tage.

Petersfisch in Koriander-Walnuss-Soße

Für dieses libanesische Gericht kann jeder Fisch mit festem weißem Fleisch verwendet werden.

FÜR 4 PERSONEN

125 g Walnusskerne
Saft von 1 Zitrone
Salz
½ TL rote Paprikaflocken
200 g Korianderblätter
3 Knoblauchzehen
1 kleine Zwiebel
2 EL Olivenöl
4 Petersfischfilets

Die Walnusskerne in einer Küchenmaschine grob mahlen. 6 EL Wasser und den Zitronensaft hinzufügen und mit 1 Prise Salz und den Paprikaflocken kurz untermischen. Den Backofen auf 180° C vorheizen.

Koriander, Knoblauch und Zwiebel zusammen hacken – das geht auch mit der Küchenmaschine. Das Öl erhitzen und die Mischung darin einige Minuten braten. Die Walnussmischung unterrühren und 2–3 Minuten köcheln lassen, dann abschmecken. Etwas Soße auf dem Boden einer ofenfesten Form verteilen, in der die Fischfilets gerade nebeneinander Platz haben.

Den Fisch hineinlegen, mit der übrigen Soße übergießen und 20–25 Minuten im Ofen garen. Vor dem Servieren auf Zimmertemperatur abkühlen.

Zitronen

Gebackener Wolfsbarsch mit Sternanis

FÜR 4 PERSONEN

1 Wolfsbarsch à 1,5 kg
1 EL gehackter frischer Ingwer
2 EL Reiswein oder trockener Sherry
1 TL Fünf-Gewürze-Pulver *(S. 272)*
4 grüne Zwiebeln oder Frühlingszwiebeln, fein gehackt
1 EL Sojasoße
1 TL Sesamöl und etwas mehr zum Bepinseln
Salz
3 Sternanis

Jede Seite des Barschs zweifach schräg einschneiden. Ingwer mit Reiswein und Fünf-Gewürze-Pulver mischen und den Fisch damit einreiben. Eine Stunde lang marinieren. Den Ofen auf 220° C vorheizen. Die Zwiebeln mit Sojasoße, Sesamöl und etwas Salz mischen, Sternanis zugeben und die Mischung in den Fisch füllen.

Ein Stück Alufolie auf das Backblech legen, mit Öl bepinseln und den Fisch darin einwickeln. An den Seiten doppelt einschlagen und gut zusammendrücken.

Den Barsch etwa 35 Minuten backen. Das Paket öffnen. Wenn sich das Fleisch beim Einstechen mit einem Messer dicht an der Rückengräte auffächert, ist es gar. Mit dem Bratensaft servieren.

Snapper mit Chermoula

FÜR 4 PERSONEN

3 Knoblauchzehen

1 TL Salz

1 kleine Zwiebel, fein gehackt

1 kleines Bund Koriander, gehackt

1 kleines Bund Petersilie, gehackt

1 TL Paprikapulver

½ TL Chilipulver

½ TL gemahlener Kreuzkümmel

6 EL Olivenöl

Saft von 1 Zitrone

2 Snapper, jeder etwa 800 g

800 g reife Tomaten

150 g zerstoßene grüne Oliven

Chermoula ist ein marokkanisches Fischgewürz. Den Knoblauch mit dem Salz zerdrücken und zu den Zwiebeln, Kräutern und Gewürzen geben. Mit Olivenöl und Zitronensaft zu einer Paste verrühren.

Den Fisch seitlich jeweils an zwei oder drei Stellen einschlitzen und mit Chermoula einreiben, auch in den Einschnitten und innen. In eine Form legen und zugedeckt mindestens 2 Stunden oder über Nacht im Kühlschrank marinieren lassen. 30 Minuten vor dem Braten herausnehmen und in eine ofenfeste Form legen. Den Ofen auf 190 °C vorheizen. Die Tomaten in Scheiben auf den Fisch legen. Etwas salzen, die Oliven darüberstreuen und das restliche Chermoula darüber verteilen.

Mit Alufolie bedeckt, je nach Größe des Fischs, 35–45 Minuten backen. Er ist gar, wenn sich sein Fleisch an der Rückengräte beim Einstechen auffächert.

Wolfsbarsch in Salzkruste

Dieses Gericht könnte einfacher nicht sein. Sie benötigen dazu lediglich einen schönen Fisch und viel grobes Salz. Anstelle von Wolfsbarsch kann auch eine Brasse oder ein Snapper verwendet werden. Für eine asiatische Note gibt man vor dem Garen des Fischs Kaffirlimettenblätter und Zitronengras in die Bauchhöhle und serviert den Fisch mit Olivenöl und Limettenvierteln.

FÜR 4 PERSONEN

1 Wolfsbarsch, etwa 1–1,5 kg

2–3 Stängel Zitronengras (nach Belieben)

3–4 Kaffirlimettenblätter (nach Belieben)

1,5 kg grobes Salz

Den Backofen auf 220°C vorheizen. Der Fisch sollte ausgenommen, aber nicht entschuppt sein, damit das Salz nicht zu stark in die Haut eindringen kann. Limettenblätter und Zitronengras, falls verwendet, in die Bauchhöhe des Fisches geben. In einer ofenfesten Form, in der der Fisch gerade Platz hat, eine etwa 1 cm dicke Schicht Salz verteilen. Den Fisch darauflegen.

Den Fisch vollkommen mit Salz bedecken, bis er nicht mehr sichtbar ist. Einen 1 kg schweren Fisch 25 Minuten im Backofen garen, einen 1,5 kg schweren Fisch 35 Minuten, einen 2 kg schweren Fisch 40 Minuten. Bei weniger als 1 kg Gewicht die Garzeit auf 20 Minuten reduzieren.

Den Fisch herausnehmen. Die Salzkruste behutsam aufbrechen. Die Haut entfernen. Die oberen Filets abheben, die Rückengräte entfernen und die unteren Filets herausheben. Mit Olivenöl, Zitronenspalten und schwarzem Pfeffer oder Salsa verde *(S. 289)* servieren.

Zitronengras

Muscheln mit Zitronengras und Ingwer

FÜR 4 PERSONEN

2 kg Muscheln

2 Stängel Zitronengras (nur der untere helle Teil), dünn geschnitten

2 Knoblauchzehen, gehackt

4 Kaffirlimettenblätter

1 kleines Stück Ingwer, geschält und gehackt

frisch gemahlener schwarzer Pfeffer

200 ml Kokosmilch

3 EL gehackte Korianderblätter

Die Muscheln säubern und entbarten, zerbrochene oder beim Klopfen sich öffnende Muscheln entfernen. 6 EL Wasser mit Zitronengras, Knoblauch, Limettenblättern, Ingwer und Pfeffer aufsetzen. Die Muscheln darin zugedeckt bei großer Hitze kochen, dabei den Topf gelegentlich rütteln, bis sich die Muscheln nach etwa 2–3 Minuten öffnen. Herausheben und in eine vorgewärmte Schüssel geben. Den Sud auf die Hälfte einkochen, die Kokosmilch dazugeben und aufkochen, damit sie etwas andickt, anschließend über die Muscheln gießen. Die Limettenblätter entfernen und das Gericht mit Koriander bestreut servieren.

Fischcurry nach Art der Seychellen

FÜR 4 PERSONEN

1 kg Snapper- oder Mönchfisch-Filet

Salz und frisch gemahlener schwarzer Pfeffer

3 EL Sonnenblumenöl

2 Zwiebeln, gehackt

2 EL Massalé *(S. 277)*

½ TL gemahlene Kurkuma

2 Knoblauchzehen, gehackt

1 kleines Stück Ingwer, geschält und gehackt

3 EL Tamarindenwasser *(S. 157)*

Blätter von 2 Thymianzweigen

½ TL Anissamen

450 ml Fischbrühe oder Wasser

Den Fisch in mundgroße Stücke schneiden, mit Salz und Pfeffer würzen, beiseitestellen.

In einer schweren Pfanne Öl erhitzen und die Zwiebeln goldbraun werden lassen. Massalé mit Kurkuma dazugeben und etwas braten. Die Fischstücke und die übrigen Zutaten hineingeben. Zum Köcheln bringen und etwa 10 Minuten ziehen lassen, bis der Fisch gar ist. Mit Reis servieren.

Garnelencurry mit Kokosmilch

FÜR 3–4 PERSONEN

500 g mittelgroße oder große rohe Garnelen, geschält

Salz

½ TL Senfkörner

½ TL gemahlene Kurkuma oder Zitwerwurzel

2 TL gemahlener Koriander

1 TL gemahlener Anis

3 EL Sonnenblumenöl

2 EL grüne Masala-Paste *(S. 268)*

2 Zwiebeln, dünn in Scheiben geschnitten

400 ml Kokosmilch

Die Garnelen nach Entfernen des Darms salzen und beiseitestellen. Die Senfsamen schnell rösten, dann die übrigen Gewürze hinzufügen. Umrühren und die Pfanne rütteln. Die Gewürze, sobald sie duften, in ein Schälchen schütten und beiseitestellen.

In einer schweren Pfanne das Öl erhitzen und die grüne Masala-Paste 2–3 Minuten braten, Zwiebeln zugeben und eine Weile weiterrühren. Die Gewürze und die Kokosmilch zugeben. Ohne Deckel 8–10 Minuten unter ständigem Rühren köcheln lassen. Die Garnelen zugeben und weitere 4–6 Minuten köcheln lassen, bis sie gar sind. Mit Reis servieren.

Anis

Fleischgerichte

Lamm-Korma

Bei diesem Moghul-Gericht wird das Lamm in einer würzigen, mit Mohnsamen und Mandeln angedickten Joghurtsoße geschmort.

FÜR 6–8 PERSONEN

450 g dicker Joghurt
1 kleines Stück Ingwer, geschält und gehackt
4 grüne Chilis, entkernt, gehackt
4 Knoblauchzehen, gehackt
2 EL abgezogene Mandelkerne
2 EL Mohnsamen
1 kleines Stück Zimt
3 Macisstreifen
½ TL Kreuzkümmel oder Schwarzkümmel
4 Gewürznelken
4 Samen von braunen Kardamomkapseln
10 schwarze Pfefferkörner
3 EL Sonnenblumenöl oder Ghee
1 große Zwiebel, in Scheiben geschnitten
1 kg mageres Lammfleisch, in Würfel geschnitten
¼ TL Safranpulver in 1 EL Wasser aufgelöst
Salz
3 EL gehacktes Korianderkraut

Ein Haarsieb auf eine Schüssel setzen und den Joghurt darin eine Stunde lang abtropfen lassen. Die Molke weggießen. Ingwer, Chilis, Knoblauch und 3 EL Wasser zu einer Paste verrühren. Mandeln mit allen Gewürzen zusammen mahlen.

In einer großen, schweren Pfanne Öl erhitzen und die Zwiebeln bräunen. Ingwerpaste und Mandelmischung hineinrühren und 2–3 Minuten braten. Das Fleisch dazugeben und gut umrühren, damit es rundum gewürzt wird. Joghurt und Safran zugeben, salzen und die Pfanne zudecken. Bei sehr schwacher Hitze 1½–2 Stunden köcheln lassen. Häufig umrühren, damit es nicht anhängt. Wenn nötig etwas Wasser nachgießen. Mit Koriander garnieren.

Gebratenes Lammkarree mit Dukka

Dukka wird meist als Dip zu in Olivenöl getauchtem warmem Pitabrot serviert. Zudem kann sie über Reis und Suppen gestreut werden und eignet sich gut als Kruste für Lammfleisch.

FUR 4 PERSONEN

1 Lammkarree
Olivenöl
2–3 EL Dukka (*S. 282*)

Den Backofen auf 220° C vorheizen. Das Karree mit Olivenöl einreiben und 2–3 EL Dukka in die Fettschicht drücken. Das Karree in den Backofen schieben – für rare 20 Minuten, für medium rare einige Minuten länger. Mit gewürzten Linsen *(S. 319)* und glasierten Möhren *(S. 320)* servieren.

Pikante Lammhaxe

Lammhaxen lassen sich einfach zubereiten. Man kann sie mehrere Stunden köcheln lassen, damit eine leckere dicke Soße entsteht.

FÜR 4 PERSONEN

4 Lammhaxen, pariert

2 EL Olivenöl

¾ TL Zimt

¾ TL gemahlener Ingwer

½ TL Kreuzkümmelsamen

¼ TL Piment

¼ TL geriebene Muskatnuss

1 große Zwiebel, gehackt

400 g Dosentomaten

Salz nach Geschmack

250 ml Brühe

Den Backofen auf 150°C vorheizen. Die Haxen in einem großen Topf im Öl anbraten. Herausnehmen und beiseitestellen, dann die Gewürze im Öl leicht rösten. Die Zwiebel hinzufügen und 3–4 Minuten braten. Die Haxen wieder in den Topf legen. Tomaten, etwas Salz und so viel Brühe dazugeben, dass sie fast bedeckt sind. Alles zum Kochen bringen und zugedeckt im Backofen 2–3½ Stunden köcheln lassen. Ab und zu prüfen, ob die Haxen noch eingetaucht sind und nicht zu rasch garen. Die Lammhaxen behutsam herausheben, in eine vorgewärmte Schüssel legen und abdecken. Die Garflüssigkeit etwas einkochen lassen, dann die festen Zutaten pürieren, um eine Soße herzustellen. Durch ein Sieb wieder in den abgewaschenen Topf gießen. Die Lammhaxen dazugeben und nötigenfalls wieder sanft erhitzen.

Die Haxen mit Reis, cremiger Polenta oder Couscous und einer Schale Harissa servieren.

Kreuzkümmelsamen

Schweinekoteletts mit Fenchel und Kartoffeln

Dieses nahrhafte rustikale Gericht ist eine wunderbare Wintermahlzeit, die rasch zubereitet ist und langsam im Backofen garen kann.

FÜR 4 PERSONEN

4 Schweinekoteletts

700 g Kartoffeln, geschält und in sehr dünne Scheiben geschnitten

1 Zwiebel, in sehr dünne Scheiben geschnitten

1 TL Fenchelsamen, grob zerstoßen

1 EL helles Olivenöl

4 kleine oder 2 große Knoblauchzehen, zerdrückt

Salz und frisch gemahlener schwarzer Pfeffer

100 g in Scheiben geschnittener durchwachsener Speck

1 Glas Weißwein

Den Backofen auf 170°C vorheizen. Überschüssiges Fett von den Koteletts entfernen. Die Hälfte der Kartoffeln und Zwiebeln in einer ofenfesten Form mit Deckel verteilen, in der die Koteletts nebeneinander Platz haben, dann salzen und pfeffern. Die Koteletts beidseits mit den Fenchelsamen einreiben, im Öl anbraten und in die Form legen. Neben jedes etwas Knoblauch stecken. Die restlichen Kartoffeln und Zwiebeln darauf verteilen, salzen, pfeffern und mit dem Speck bedecken. Den Wein darübergießen. Zwei Lagen Alufolie darüberlegen, dann den Deckel aufsetzen. Für etwa 3 Stunden in den Backofen schieben. Vor dem Servieren das Fett am besten abgießen.

Als Beilage eignet sich in dünne Scheiben geschnittener Gemüsefenchel mit einem Dressing aus Öl und Zitronensaft.

VARIANTE

Anstelle von Fenchelsamen nach dem Anbraten auf jede Seite der Koteletts 2 Salbeiblätter drücken. Als Beilage einen Salat aus Brunnenkresse servieren.

Fenchel

Schweinebauch mit Wacholderbeeren

Schweinebauch ist rasch vorbereitet und kann dann im Backofen bei niedriger Temperatur mehrere Stunden gegart werden. Die Wacholderbeeren mit ihrem erfrischenden bittersüßen Aroma harmonieren wunderbar mit Schweinebauch und werden am häufigsten bei der Zubereitung von Terrinen und Pasteten verwendet.

FÜR 4 PERSONEN

Meersalz und frisch gemahlener schwarzer Pfeffer

1 kg Schweinebauch, die Schwarte eingeschnitten

6 reife Eiertomaten, halbiert

10 Knoblauchzehen, zerdrückt

2 TL Wacholderbeeren, zerdrückt

2–3 Lorbeerblätter

1 kleine Handvoll Thymianzweige

Die Schwarte des Schweinebauchs mit einer Handvoll Salz einreiben. Das Fleisch für 2 Stunden in den Kühlschrank stellen. Den Backofen auf 150° C vorheizen. Einen kleinen Bräter hineinsetzen und einige Minuten erhitzen.

Das Fleisch behutsam waschen, um das Salz zu entfernen, und mit Küchenpapier trocken tupfen. Den Bräter aus dem Ofen nehmen. Die Tomaten hineingeben, salzen und pfeffern. Knoblauch, Wacholderbeeren, Lorbeerblätter und Thymian darüberstreuen. Den Schweinebauch mit der Schwarte nach oben darauflegen und 3–3½ Stunden langsam garen.

Den Grill zuschalten. Den Schweinebauch 5–6 Minuten grillen, bis die Schwarte kross ist. Das Fleisch mit Alufolie abdecken und 10 Minuten ruhen lassen. Tomaten und Knoblauch aus dem Bräter heben, das Fett aber darinlassen.

Den Schweinebauch mit der Knoblauch-Tomaten-Soße und Salzkartoffeln oder Kartoffelpüree servieren.

Malaysisches Rendang

FÜR 6 PERSONEN

8 Schalotten, gehackt

4 Knoblauchzehen, zerstoßen

5 rote Chilis, entkernt und klein geschnitten

1 kleines Stück frischer Galgant, gehackt

1 l Kokosmilch

1 kg Steak vom Rinderkamm, in Würfel geschnitten

1 Salamblatt oder ein Zweig Curryblätter

2 EL gemahlener Koriander

1 TL gemahlener Kreuzkümmel

1 TL gemahlene Kurkuma oder 1 EL frische Kurkuma, gehackt

1 Stängel Zitronengras, nur unteres Drittel, gequetscht

2 TL Zucker

1 TL Tamarindenkonzentrat, in etwas warmem Wasser eingeweicht

Schalotten, Knoblauch, Chilis und Galgant mit 2–3 EL Kokosmilch zu einer glatten Paste verrühren. Paste und Fleisch zusammen in einen Wok geben und gut vermischen.

Die restlichen Gewürze zufügen und die Kokosmilch dazugießen. Gut umrühren, aufkochen, dann ohne Deckel bei geringer Hitze etwa 1½ Stunden köcheln lassen, bis die Flüssigkeit fast eingekocht ist. Wenn sich das Kokosöl zu trennen beginnt, ständig weiterrühren, bis es vom Fleisch aufgesogen ist. Zucker und Tamarinde unterrühren und den Wok vom Herd nehmen. Rendang mit Reis servieren. Am besten bereitet man ihn einen Tag im Voraus zu.

Thailändischer Rindercurry

FÜR 4 PERSONEN

2 EL Sonnenblumenöl

2 EL rote Currypaste ***(S. 272)***

750 g Roastbeef oder Rumpsteak, in Streifen geschnitten

750 ml Kokosmilch

2 EL Fischsoße

4 Kaffirlimettenblätter

2 rote Chilis, entkernt und klein geschnitten

1 EL Palmzucker oder brauner Zucker

4 EL geröstete Erdnusskerne, zerstoßen

2 EL gehacktes Korianderkraut

Einen Wok erhitzen, Öl hineingießen, die Currypaste darin braten, bis sie duftet. Das Rindfleisch hinzufügen und gut anbraten. Die Kokosmilch mit Fischsoße, Limettenblättern und Chilis dazugeben, aufkochen und etwa 20 Minuten köcheln lassen, bis das Rindfleisch zart ist.

Zucker und Erdnüsse hineinrühren, in eine Schüssel füllen und mit Koriander bestreuen. Zu Jasmin-Reis servieren.

Statt roter Currypaste könnte man die nach ihren indischen Gewürzen duftende Massaman-Currypaste *(S. 273)* wählen.

Wat mit Huhn

Äthiopische Wats sind gut gewürzte Eintöpfe, die meist mit Fladenbrot serviert werden, doch passen auch Reis und Couscous dazu.

FÜR 6 PERSONEN

1,5–1,8 kg Hähnchenteile ohne Haut

60 g Butter

4 große Zwiebeln, gehackt

3 Knoblauchzehen, fein gehackt

1 gehäufter EL Berbere oder Wat-Gewürz ***(S. 285)***

400 g reife Tomaten, gehackt oder 1 Dose Tomaten

Salz

Jedes Hühnerteil mit einem scharfen Messer leicht einritzen, damit das Soßenaroma eindringen kann. In einer großen, schweren Pfanne Butter erhitzen und die Zwiebeln goldbraun anbraten. Knoblauch dazugeben und weitere 1–2 Minuten braten. Die Gewürzmischung mit den Zwiebeln verrühren, danach die Tomaten hinzugeben.

Zugedeckt 15 Minuten köcheln, bis eine dicke Soße entsteht. Die Hühnerteile hineinlegen, erneut zum Köcheln bringen, wenn nötig, etwas Wasser hinzufügen. Zugedeckt 40–45 Minuten garen, bis das Huhn zart ist. Abschmecken und nach Belieben nachsalzen.

Hähnchen-Tikka

FÜR 4 PERSONEN

600 g ausgebeintes Hähnchen

200 g Joghurt

1 EL Tandoori masala ***(S. 276)***

2 EL Sonnenblumenöl

2 Zitronen

1 kleine Handvoll Korianderkraut oder Minze

Das Huhn in 5 cm große Würfel schneiden. Joghurt mit dem Schneebesen aufschlagen und Masala und Öl unterrühren. Das Huhn mindestens 2 Stunden im Joghurt marinieren. Den Ofen dann auf 220° C anheizen oder den Gartengrill vorbereiten. Die Hühnerstücke auf Spieße stecken und auf einen geölten Grillrost legen. Das Fleisch etwa 10 Minuten im Ofen grillen, dabei die Spieße einmal drehen. Beim Gartengrill rechnet man mit 10–12 Minuten, dabei die Spieße immer wieder drehen. Mit Zitronenschnitzen und gehacktem Koriander oder Minze servieren. Auch Korianderchutney *(S. 301)* passt gut dazu.

Karibisches Huhn mit Colombo-Pulver

Dieses Curryrezept von den französischen karibischen Inseln lässt sich mit Zicklein, Lamm, Rind, Schwein oder Huhn zubereiten.

FÜR 6–8 PERSONEN

1,5 kg Hähnchenteile, ohne Haut

3 EL Sonnenblumenöl

2 Zwiebeln, gehackt

4 Knoblauchzehen, gehackt

1 kleines Stück frischer Ingwer, gehackt

2 EL Colombo-Pulver ***(S. 287)***

2 EL Tamarindenwasser ***(S. 157)***

300 g Kürbisfleisch, in große Stücke geschnitten

300 g Süßkartoffeln, geschält und in große Stücke geschnitten

1 Chayote oder 1 Aubergine, geschält und in Stücke geschnitten

600 ml Hühnerbrühe

Salz

1 EL Limettensaft

1 Bund Schnittlauch oder 3 Frühlingszwiebeln, gehackt

In einem großen, schweren Topf die Hühnerteile in Öl anbraten, bis sie auf beiden Seiten gebräunt sind. In einer Schüssel beiseitestellen. Im gleichen Öl die Zwiebeln goldbraun braten, Knoblauch, Ingwer und Colombo-Pulver hinzufügen und 3–4 Minuten rühren, bis das Aroma der Gewürze freigesetzt wird. Das Huhn in den Topf zurück geben, Tamarindenwasser, Gemüse, Brühe sowie Salz zufügen.

Zugedeckt kurz aufkochen und etwa 45 Minuten weiterköcheln, bis Huhn und Gemüse zart sind. Dieses Rezept kann vorgekocht und wieder erhitzt werden. In jedem Fall erst kurz vor dem Servieren den Limettensaft hineinrühren und Schnittlauch oder Frühlingszwiebeln darüberstreuen.

Schnittlauch

Indische Gewürz-Poularde

FÜR 4 PERSONEN

1 Poularde, 1,5 kg

4 TL aromatisches Garam masala ***(S. 275)***

1 dicke Scheibe frischer Ingwer, fein gehackt

1 Knoblauchzehe, zerstoßen

½ TL Salz

30 g Butter

3 EL Sonnenblumenöl oder geklärte Butter

Die Poularde 2–3 Stunden vor dem Braten vorbereiten. Das Garam masala mit Ingwer, Knoblauch und Salz mischen, dann die Mischung mit der Butter zu einer Paste verkneten. Die Gewürzpaste unter die Haut des Huhns schieben und sie dabei in das Fleisch einreiben. 2–3 Stunden ruhen lassen, damit die Aromen ins Fleisch einziehen. Den Ofen auf 190° C vorheizen.

In einer schweren, ofenfesten Kasserolle, in die die Poularde gerade hineinpasst, das Öl erhitzen. Das Huhn seitlich gelegt hineingeben, den Deckel auflegen und 30–35 Minuten braten. Danach umdrehen und ungefähr weitere 30 Minuten braten. Zuletzt mit der Brust nach oben legen, mit dem Bratensaft begießen und den Topf unverschlossen noch 10–15 Minuten in den Ofen schieben, damit das Fleisch bräunt. Einen Schenkel an der dicksten Stelle mit dem Bratspieß einstechen; wenn der Saft klar fließt, ist das Huhn fertig. Nach dem Tranchieren das Fleisch mit dem Bratensaft begießen. Mit Zitronenschnitzen, einem Chutney oder Joghurt mit Kräuter-Dressing zu Reis servieren.

Frischer Knoblauch

Gemüse

Erbsen in Safransahne

Dieses Gericht wird am besten aus enthülsten frischen Erbsen zubereitet, es können aber auch junge tiefgekühlte Erbsen verwendet werden.

FÜR 6 PERSONEN

60 g Butter

2,25 kg Erbsen, enthülst etwa 600 g

1 TL Zucker

Salz und frisch gemahlener schwarzer Pfeffer

10 Safranfäden, zerstoßen

150 g Sahne

½ TL Mehl

1 EL gehackter Dill oder Schnittlauch

Die Butter mit 100 ml Wasser zum Kochen bringen. Die Erbsen mit Zucker, Salz und Pfeffer hineingeben und zugedeckt bei schwacher Hitze 8–10 Minuten garen, bis sie fast weich sind. Nötigenfalls die Flüssigkeit ohne Deckel auf einige EL einkochen lassen.

Den Safran mit 1 EL warmem Wasser vermischen und in die mit Mehl verquirlte Sahne rühren. Die Sahne zu den Erbsen geben. Sobald sie zu kochen beginnt, Dill oder Schnittlauch unterrühren, dann servieren.

Gewürzte Linsen

FÜR 4 PERSONEN

250 g Puy-Linsen

2 Lorbeerblätter

1 TL gemahlener Koriander

¾ TL gemahlener Kreuzkümmel

2 zerstoßene Kardamomsamen

1 mittelgroße Zwiebel

Salz

4 EL Crème fraîche oder Olivenöl

1 Knoblauchzehe, mit etwas Salz zerrieben

1 EL gehackte Minze

1 EL gehacktes Basilikum, vorzugsweise Thai- oder Anis-Basilikum

Die Linsen mit den Lorbeerblättern, Gewürzen und der ganzen Zwiebel mit 900 ml Wasser aufkochen, dann bei halb geschlossenem Deckel etwa 20 Minuten köcheln lassen. In den letzten 5 Kochminuten nach Belieben salzen.

Abgießen, im Sieb gründlich abtropfen lassen, Lorbeerblätter und Zwiebel entfernen. Crème fraîche oder Olivenöl erhitzen, Knoblauch einrühren und über die Linsen gießen. Gut vermischen. Mit Kräutern servieren.

Getrocknete Lorbeerblätter

Grüne Bohnen mit Miso-Sesam-Soße

Für dieses Gericht kann man sowohl junge Buschbohnen als auch Stangenbohnen verwenden, in beiden Fällen sollte man beim Putzen aber darauf achten, dass vorhandene Fäden entfernt werden. Dashi ist in Tüten erhältlich, die man in Naturkostläden bekommt oder in der gleichen Abteilung eines Supermarkts wie Mirin.

FÜR 4 PERSONEN

2 EL weiße Misopaste

2 EL Tahin (Sesampaste)

1 kleines Stück Ingwer, sehr fein gehackt

1 EL Mirin

2–3 EL Dashi

350 g junge Busch- oder Stangenbohnen

2 TL Sesamsamen, geröstet

Miso und Tahin mit Ingwer und Mirin vermischen. Nach und nach das Dashi hinzufügen, bis eine dicke Creme entstanden ist.

Dünne Buschbohnen 1 Minute in kochendem Wasser blanchieren, Stangenbohnen 2 Minuten. Die Bohnen abtropfen lassen, unter fließendem kaltem Wasser abschrecken und abkühlen lassen. Dann in 2 cm lange Stücke schneiden. Die Bohnen unter die Soße heben und mit dem Sesam bestreut zimmerwarm servieren.

Geschmorter Fenchel mit Sternanis

FÜR 4 PERSONEN

4 Fenchelknollen

2 Knoblauchzehen, in Scheiben geschnitten

2 Sternanis

4 EL Olivenöl

300 ml Gemüsebrühe

Salz und frisch gemahlener schwarzer Pfeffer

1 EL gehackter Schnittlauch

Fenchelknollen oben und unten zurechtschneiden und die Außenblätter ablösen. Die Knollen nebeneinander in einen schweren Topf setzen und den Knoblauch mit dem Sternanis dazwischen verteilen. Mit Olivenöl und Brühe – oder ersatzweise Wasser – übergießen, salzen und pfeffern.

Zugedeckt zum Kochen bringen, dann die Hitze reduzieren und 30–40 Minuten langsam schmoren, den Fenchel dabei einmal wenden. Wenn man den Fenchel mit dem Messer einstechen kann, ist er gar; er schmeckt besser, wenn er noch Biss hat.

Die Fenchelknollen aus dem Topf heben und halbieren. Mit etwas Sud übergießen und mit Schnittlauch bestreuen.

Glasierte Möhren mit Majoran

FÜR 4 PERSONEN

500 g Möhren, geschält und in dünne Scheiben geschnitten

Salz und frisch gemahlener schwarzer Pfeffer

60 g Butter

2 TL gehackter Majoran

Saft und abgeriebene Schale von ½ Bio-Orange

Die Möhren in kochendem Salzwasser etwa 4–5 Minuten kochen, bis sie gerade zart sind. Die Butter schmelzen, die Möhren hineingeben, mit Pfeffer, Majoran, Orangensaft und -schale abschmecken. 1–2 Minuten kochen, dann servieren.

Majoran

Rote Bete mit Dill

FÜR 4 PERSONEN

300 g rohe Rote Bete

2 EL Oliven- oder Walnussöl

1 EL Balsamico-Essig

2–3 EL gehackter Dill

Die Roten Beten schälen und raspeln (dazu am besten Handschuhe anziehen, da sie stark färben). Das Öl erhitzen und die Rüben darin unter Rühren 5–6 Minuten braten. In eine vorgewärmte Servierschüssel füllen und mit dem Balsamico beträufeln. Den meisten Dill untermischen, den Rest als Garnitur darüberstreuen. Das Gericht warm oder kalt servieren.

Kürbispüree

Aromatische Sorten wie Eichel-, Butternuss- oder Kabochakürbis ergeben wundervolle Pürees in variierenden Goldtönen und harmonieren gut mit Gewürzen wie Ingwer, Kardamom, Zimt, Macis oder Nelken und ein klein wenig Alkohol.

FÜR 2 PERSONEN

1 kleiner bis mittelgroßer Kürbis

Salz und frisch gemahlener schwarzer Pfeffer

¼–½ TL Mischung aus gemahlenen Gewürzen

60–80 g Butter

150–200 g Crème fraîche

2 EL Rum oder Whisky (nach Belieben)

Den Backofen auf 190 °C vorheizen. Den Kürbis halbieren und die Samen entfernen. Abhängig von Größe und Sorte 30–45 Minuten im Ofen garen. Dann das Fleisch aus der Schale schaben. Mit Salz, Pfeffer, Gewürzen nach Wahl und ausreichend Butter und Crème fraîche ein glattes Püree herstellen. Sofern verwendet, Rum oder Whisky unterrühren. Das Püree kann abgedeckt bei niedriger Temperatur 10–15 Minuten im Backofen warm gehalten werden.

Pasta, Reis und Couscous

Linguine mit Kräutern

Für dieses Gericht lohnt sich das Kochen nur mit wirklich frischen Kräutern und Olivenöl. Damit sie knackiger bleiben, hackt man die Kräuter am besten von Hand.

FÜR 4 PERSONEN

4 Stängel Basilikum

6 Stängel glatte Petersilie

3 Stängel Majoran

1 Zweig Rosmarin

1 kleiner Stängel Ysop

100 ml Olivenöl

Salz und frisch gemahlener schwarzer Pfeffer

1 Schalotte, geschält und fein gehackt

3–4 EL frische Weißbrotbrösel

600 g frische oder 400 g getrocknete Linguine

Die Kräuterblätter abzupfen und mitsamt den dünneren Stängeln hacken. Die harten Rosmarin- und Ysopblätter sehr klein hacken. Das Olivenöl bis auf 2 EL mit den Kräutern in eine große Servierschüssel geben und mit einer guten Prise aus der Pfeffermühle würzen. Das übrige Öl erhitzen und die Schalotte mit dem Weißbrot darin bräunen, bis die Krumen kross sind. In einem großen Topf Salzwasser zum Kochen bringen. Die Linguine al dente kochen und gut abtropfen lassen. Die Pasta über die Öl-Kräuter-Mischung häufen und mit Schalotten und Brotbröseln bestreut servieren.

Lakritz-Basilikum

Rishta mit Hähnchen, Erbsen und Bohnen

Rishta ist ein arabisches Wort für Bandnudeln. Sollten Sie keine kleinen, jungen Dicken Bohnen bekommen, kaufen Sie 500 g Bohnen mit Hülsen, die Sie einige Minuten in kochendem Wasser garen, dann abtropfen lassen und aus den Hülsen lösen.

FÜR 6 PERSONEN

2 EL Olivenöl

200 g Hähnchenschenkelfleisch ohne Knochen, in kleine Stücke geschnitten

1 Zwiebel, fein gehackt

250 g enthülste frische kleine Dicke Bohnen

200 g enthülste frische Erbsen

1 Handvoll gehackte glatte Petersilie

500 g geschälte, entkernte und gehackte Tomaten oder 1 Dose Tomatenstücke (etwa 400 g)

1 EL Harissa

Salz und frisch gemahlener schwarzer Pfeffer

300 g Fettuccine

Das Öl in einem schweren Topf erhitzen. Fleisch und Zwiebel darin unter gelegentlichem Rühren braten, bis sie leicht gebräunt sind. Bohnen, Erbsen, Petersilie, Tomaten, Harissa sowie Salz und Pfeffer hinzufügen. 150 ml Wasser dazugießen und die Zutaten 30 Minuten köcheln lassen, bis das Hähnchenfleisch gar ist.

In einem großen Topf Salzwasser zum Kochen bringen. Die Fettuccine hinzufügen und nach Gebrauchsanweisung auf der Packung al dente garen. Abtropfen lassen und unter die Fleisch-Gemüse-Mischung heben. Noch einmal 5 Minuten garen, dann servieren.

Nudeln mit Rindfleisch und Brokkoli

FÜR 2 PERSONEN

300 g mageres Rumpsteak

3 EL Sojasoße

2 EL Reisessig

1 TL gehackter Knoblauch

1 TL gehackter Ingwer

1 TL Zucker

4 EL Sonnenblumenöl

250 g Eiernudeln

200 g kleine Brokkoliröschen

4 Frühlingszwiebeln, fein geschnitten

3 EL gehacktes Korianderkraut

1 EL geröstete Sesamsamen

Das Steak in dünne Streifen schneiden. Sojasoße, Essig, Knoblauch, Ingwer, Zucker und 2 EL Öl mischen und das Fleisch darin 30 Minuten marinieren. Die Nudeln in reichlich ungesalzenem kochendem Wasser kochen, bis sie gerade weich sind. Abseihen und unter kaltem Wasser abspülen.

Einen Wok erhitzen, das übrige Öl hineingeben und durch Schwenken verteilen. Den Brokkoli 2 Minuten in der Pfanne rühren, die Nudeln hinzugeben und sie 2 Minuten wenden, dann das Fleisch mit der Marinade hinzufügen. Weitere 2 Minuten in der Pfanne rühren, dabei die Frühlingszwiebeln und den Koriander zufügen. In eine vorgewärmte Schüssel füllen und mit Sesamsamen bestreut servieren.

Laksa

Dieses malaysische Gericht mit Nudeln in einer würzigen Kokosmilchbrühe schmeckt sehr frisch. Kemirinüsse sind harte, ölhaltige und etwas bittere Nüsse, die zum Andicken verwendet werden; Ersatz bieten die süßeren Macadamianüsse. Kemirinüsse und getrocknete Garnelen erhält man in Asialäden.

FÜR 6 PERSONEN

400 g frische Reisnudeln

2 Knoblauchzehen

3 Stängel Zitronengras, unterer heller Teil

5 cm Ingwer oder Galgant

3 rote Chilis, entkernt

8 Schalotten

2 TL frische oder ½ TL gemahlene Kurkuma

5 Kemirinusskerne

2 EL getrocknete Garnelen, in etwas Wasser eingeweicht

3 EL Sonnenblumenöl

200 g Bohnensprossen

600 ml Fisch- oder Hühnerbrühe

600 ml Kokosmilch

400 g weißes Fischfilet, in 4 cm große Stücke geschnitten

300 g kleine Garnelen, gegart und geschält

Salz

Saft von 1 Limette

2 Frühlingszwiebeln, fein geschnitten

1 EL gehackter Rau ram oder gehacktes Korianderkraut

Die Nudeln in einem großen Topf mit ungesalzenem Wasser al dente kochen. Abseihen und gründlich unter kaltem Wasser abspülen.

Für die Gewürzpaste Knoblauch, Zitronengras, Ingwer, Chilis, Schalotten, frische Kurkuma und Kemirinüsse grob hacken. Mit den getrockneten Garnelen (und – falls verwendet – dem Kurkumapulver) pürieren. Wenn nötig, mit etwas Öl glatt rühren. Die Bohnensprossen eine Minute blanchieren, abseihen und abspülen – so bleiben sie knackig.
Das übrige Öl in einer großen Pfanne oder im Wok erhitzen. Die Gewürzpaste hineingeben und unter ständigem Rühren anbraten, bis sie aromatisch duftet und sich nach etwa 5 Minuten das Öl absondert. Den Fond zugießen, aufkochen und mit der Paste verrühren. Die Hitze reduzieren, die Kokosmilch zugießen, 2–3 Minuten köcheln lassen, dann den Fisch hineingeben und unter Rühren kurz gar ziehen lassen. Die frischen Garnelen zugeben und mit Salz und Limettensaft abschmecken.

Schälchen richten, Nudeln und Bohnenkeimlinge darauf verteilen und etwas Brühe und Fisch darüber schöpfen. Mit Frühlingszwiebeln und Rau ram garnieren.

Pfannengerührte Gemüse mit Eiernudeln

Für dieses Gericht kann man auch andere Gemüse verwenden, etwa Champignons, Staudensellerie oder dünne grüne Bohnen, in Stifte geschnitten, oder man brät 300g Schweinehackfleisch mit, sobald die Aromazutaten Farbe annehmen.

FÜR 3–4 PERSONEN

300g frische oder getrocknete Eiernudeln

1½ EL Sesamöl

2 EL Sonnenblumenöl

3 Knoblauchzehen, fein gehackt

3cm frischer Ingwer, fein gehackt

2 kleine Chilis, nach Entfernen der Samen gehackt (nach Geschmack auch mehr)

100g Möhren, in dünne Stäbchen geschnitten

1–2 Pak choi, Blätter getrennt, große Blätter in Streifen geschnitten

1 rote Paprikaschote, in Streifen geschnitten

100g Zuckerschoten

80g Bohnensprossen

2–3 EL Sojasoße

5–6 Frühlingszwiebeln, weißer Teil und etwas Grün, in Streifen geschnitten

1 große Handvoll Korianderblätter und kleine Stängel, gehackt

Frische Nudeln mit warmem Wasser abspülen, dann in einem großen Topf mit ungesalzenem kochendem Wasser garen, je nach Dicke 1–4 Minuten. Getrocknete Nudeln benötigen 4–10 Minuten. Die Nudeln schon vor Ablauf der empfohlenen Garzeit probieren, da sie nicht übergart werden sollten. Abtropfen lassen, abspülen, um anhaftende Stärke zu entfernen, und wieder abtropfen lassen.

Falls sie nicht sofort verwendet werden, die Nudeln in eine Schüssel geben und 1 EL Sesamöl untermischen. Später zum Wiedererhitzen die Nudeln kurz in einen Topf mit kochendem Wasser tauchen oder in einen Durchschlag geben und mit kochendem Wasser übergießen.

Einen großen Wok erhitzen. Das Sonnenblumenöl hineingeben und den Wok drehen, um es zu verteilen. Knoblauch, Ingwer und Chilis hinzufügen und unter Rühren rasch braten, dabei darauf achten, dass sie nicht anbrennen. Die Möhren dazugeben und 1–2 Minuten rühren, dann den Pak choi hinzufügen. Die Zutaten eine weitere Minute rühren, dann Paprikaschote und Zuckerschoten dazugeben, wieder rühren, und die Bohnensprossen unterheben. Restliches Sesamöl und die Sojasoße dazugießen. Die Nudeln unter die Gemüse mischen. Das Gericht in Schalen mit Frühlingszwiebeln und Koriander bestreut servieren.

Malabar-Pilaw

Dieser Pilaw stammt von den südwestlichen Hügeln Indiens, wo Gewürze im Überfluss wachsen. Er ist eine ausgezeichnete Beilage zu geschmortem Huhn oder Lamm oder zu einem Gemüseeintopf. Man trägt ihn mitsamt den Gewürzen auf, doch nur der Kümmel wird mitgegessen.

FÜR 4–6 PERSONEN

500g Basmatireis

2 EL Sonnenblumenöl oder geklärte Butter

1 große Zwiebel, gehackt

8 grüne Kardamomkapseln

1 Zimtstange

8 Gewürznelken

1 TL Kreuzkümmelsamen

12 schwarze Pfefferkörner

1 TL Salz

1–2 EL Sonnenblumenöl oder zerlassene Butter (nach Belieben)

Den gewaschenen Reis abmessen, in kaltem Wasser waschen, abtropfen und so lange abbrausen, bis das Wasser klar ist. Etwa 30 Minuten in kaltem Wasser einweichen. In einem Topf mit schwerem Boden Öl erhitzen und die Zwiebeln goldbraun anschmelzen. Die Kardamomkapseln leicht zerdrücken, die Zimtstange in drei Teile brechen. Alle Gewürze zu den Zwiebeln geben und etwa 30 Sekunden andünsten, bis die Gewürze etwas dunkel werden.

Den abgetropften Reis in den Topf geben. 2–3 Minuten unter Rühren anbraten, bis er glasig wird. Jeweils auf einen Teil Reis 1¼ Teile kochendes Wasser zugießen. Salzen und wieder aufkochen. Zugedeckt auf niedrigster Stufe 15 Minuten weiter köcheln lassen. Das Wasser wird aufgesaugt, und die Oberfläche des Reises bekommt unzählige winzige Dampflöcher. Wenn gewünscht, jetzt Öl oder Butter in den Reis geben.

Ein Geschirrtuch über den Topf legen und darauf den Deckel, die Tuchzipfel über dem Deckel verknoten. Den Topf weitere 5 Minuten auf dem Herd stehen lassen, dann die Hitze abschalten und weitere 5–10 Minuten dämpfen. In eine vorgewärmte Schüssel füllen und dabei etwas lockern.

Gewürznelken

Reis mit Kräutern

Ein schönes iranisches Gericht: Der Reis ist mit grünen Kräutern gesprenkelt und überrascht mit einer knusprigen Kruste am Pfannenboden. Am besten sind frische Kräuter, doch Sie können auch 15–20g getrocknete auf 500g Reis verwenden. Frische Kräuter müssen ganz trocken sein, wenn sie in den Reis kommen. Man trocknet sie vor dem Hacken am besten in einer Salatschleuder oder im Geschirrtuch.

FÜR 4–6 PERSONEN

500g Basmatireis

Salz

100g Butter oder 6EL Sonnenblumenöl

80g Dill, fein gehackt

80g Petersilie, fein gehackt

80g Korianderkraut, fein gehackt

80g Schnittlauch, fein gehackt

Den Reis in einen großen Topf geben, mit kaltem Wasser übergießen, herumschwenken, dann abseihen und abspülen, bis das Wasser klar wird. Den Reis in den Topf zurückgeben und mindestens 2 Stunden (eher länger) in Salzwasser einweichen. Den Reis abseihen.

Zu 2,5l Wasser 1EL Salz geben, aufkochen und den Reis unter Rühren hinzufügen. Ohne Deckel 2–3 Minuten kochen. Danach prüfen, ob er außen weich und innen noch fest ist. Abseihen und mit lauwarmem Wasser abspülen.

Die Hälfte der Butter oder des Öls mit 3EL Wasser in einen beschichteten, großen Topf geben. Wenn die Butter geschmolzen oder das Öl heiß ist, eine Schicht Reis hineingeben, dann ein Drittel der gemischten Kräuter. Entsprechend weiter verfahren, wobei jede Schicht etwas schmaler aufgetürmt wird als die vorige, sodass im Topf ein Kegel entsteht. Mit einer Reisschicht enden. Damit der Dampf entweichen kann, mit dem Kochlöffelstiel zwei oder drei Löcher durch den Kegel bis zum Topfboden bohren. Zum Schluss mit dem Rest Butter oder Öl begießen.

Den Topf mit einem Geschirrtuch und dem Deckel zudecken. Die Tuchenden über dem Deckel verknoten, damit nichts ansengt. Den Reis 3–4 Minuten stark erhitzen, bis er dampft, dann bei schwacher Hitze 30 Minuten im Dampf garen. Das Tuch nimmt überschüssigen Dampf auf, und der Reis wird körnig. Solange Tuch und Deckel auf dem Topf bleiben, bewahrt der Reis für weitere 20–30 Minuten seine Temperatur. Zum Servieren den Reis mit einer hölzernen Gabel in eine vorgewärmte Schüssel heben. Die Kruste herauslösen und um den Reis anrichten.

Arroz al horno

Dieses mit Reis und Kichererbsen zubereitete spanische Gericht wird im Backofen (horno) gegart. Spanischer Reis hat mittelgroße Körner und sollte am besten nicht durch Langkornreis ersetzt werden. Wenn man die Kichererbsen in Voraus gart, ist dieses Gericht in 30 Minuten fertig. Eine ganze Knoblauchknolle in der Mitte verleiht dem Reis ein wunderbares Aroma und schmeckt mild.

FÜR 4–6 PERSONEN

1 ganze Knoblauchknolle

80ml Olivenöl

3 Tomaten, geschält und gehackt

2 Kartoffeln, in dünne Scheiben geschnitten

1 TL geräuchertes Paprikapulver (Pimentón)

Salz

120g Kichererbsen, gegart

750ml Gemüse- oder Hühnerbrühe

400g Reis

Den Backofen auf 200°C vorheizen. Die äußere Schale der Knoblauchknolle entfernen, die Knolle aber ganz lassen. Das Öl in einer ofenfesten Kasserolle – in Spanien nimmt man Steingut – erhitzen und den Knoblauch darin 2–3 Minuten sautieren. Tomaten und Kartoffeln hinzufügen und ebenfalls einige Minuten sautieren. Mit Paprikapulver und Salz würzen, dann die Kichererbsen dazugeben. Die Brühe erhitzen. Den Reis in die Kasserolle füllen und sorgfältig untermischen. Die Brühe dazugießen. Die Knoblauchknolle in die Mitte setzen. Den Topfinhalt zum Kochen bringen, 2–3 Minuten köcheln lassen und dann etwa 20 Minuten im Ofen garen, bis der Reis weich ist. Die Knoblauchzehen voneinander trennen und mit dem Reis servieren.

VARIANTEN

Mancherorts werden dem Gericht kleine Stücke Blutwurst, Chorizo oder Rosinen hinzugefügt, anderswo ersetzt man die Kichererbsen durch weiße Bohnen. Stets sollten aber die angegebenen Mengen Reis und Kichererbsen (oder Bohnen) und eine Knoblauchknolle verwendet werden.

Quinoasalat mit Dicken Bohnen und Artischocken

Quinoa gehört zur Familie der Fuchsschwanzgewächse und ist eigentlich kein Getreide, wird aber genauso verwendet. Sie ist in den Anden heimisch und heute in Naturkostläden und vielen Supermärkten erhältlich.

FÜR 4 PERSONEN

200 g Quinoa

4–5 Artischockenherzen

1 EL Olivenöl

300 g enthülste Dicke Bohnen

100 g Cashewkerne

3 große Tomaten, gewürfelt

1 kleine rote Zwiebel, fein gehackt

1 Handvoll Mizuna, Kapuzinerkresse oder andere Salatblätter

2 TL gemahlener Kreuzkümmel

Salz und frisch gemahlener schwarzer Pfeffer

2–3 EL Weinessig

5–6 EL bestes Olivenöl

Basilikumblätter, zerzupft, oder Borretschblüten

Die Quinoa gut waschen und in 600 ml Wasser 15–20 Minuten garen, bis sie das Wasser aufgenommen hat und weich ist. Abtropfen lassen, unter fließendem kaltem Wasser abschrecken und auf einem sauberen Tablett verteilen.

TK-Artischockenherzen ggf. blanchieren. In Streifen schneiden und sanft in 1 EL Olivenöl sautieren. Die Dicken Bohnen in einem Topf mit Salzwasser zum Kochen bringen. Abtropfen lassen, abschrecken und aus den Häuten drücken. Die Cashewkerne ohne Fett leicht rösten.

Für das Dressing Kreuzkümmel, Salz, Pfeffer, Essig und bestes Olivenöl in eine Salatschüssel geben. Abgekühlte Artischockenherzen, Bohnen, Cashewkerne und die getrocknete Quinoa untermischen, dann die übrigen Zutaten behutsam unterheben, ausgenommen das Basilikum. Den Salat mit Basilikum oder Borretschblüten bestreut servieren.

Limetten-Basilikum

Couscous mit sieben Gemüsen

Dieses traditionelle Gericht kann mit den verschiedensten Gemüsen zubereitet werden: Statt der unten angegebenen eignen sich auch Kürbis, Erbsen, Kartoffeln, Artischocken oder schlicht Gemüse der Saison.

FÜR 6 PERSONEN

3 EL Olivenöl

1 TL frisch gemahlener schwarzer Pfeffer

1 EL Paprikapulver

1 EL Tabil *(S. 283)* oder gemahlener Kreuzkümmel und Koriander

2 Zwiebeln, grob gehackt

3 Tomaten, geschält und gehackt

60 g Kichererbsen, über Nacht eingeweicht, oder ½ Dose Kichererbsen, abgetropft und abgespült

2 Möhren, in dicke Stücke geschnitten

2 Zucchini, in dicke Stücke geschnitten

3 kleine weiße Speiserüben, geviertelt

200 g enthülste oder tiefgefrorene Dicke Bohnen

200 g Kohl, nur das Herz, in Stücke geschnitten

2 rote Paprikaschoten, gewürfelt

1 Handvoll Korianderblätter, gehackt

Salz

300 g Instant-Couscous

Harissa *(S. 292)*

Das Öl in einem großen Topf erhitzen, die Gewürze und die Zwiebeln hineingeben und bei mittlerer Hitze 3–4 Minuten andünsten, dann die Tomaten zugeben und einige Minuten weiterdünsten.

Wenn Sie eingeweichte Kichererbsen verwenden, diese abtropfen lassen und mit 900 ml Wasser zu der Mischung geben. Aufkochen und zugedeckt etwa 40 Minuten kochen lassen. Dann die übrigen Gemüse, Koriander und Salz zugeben und weitere 20–30 Minuten kochen, bis alle Gemüse gar sind. Kichererbsen aus der Dose kommen mit dem anderen Gemüse, mit Koriander und Salz in den Topf, anschließend das Wasser dazugießen, aufkochen und 20–30 Minuten bei schwacher Hitze garen.

Wenn der Gemüseeintopf fast fertig ist, das Couscous nach der Anweisung auf der Packung zubereiten. Zum Auftragen das Couscous in eine gewärmte Schüssel füllen, die Gemüse rundherum schichten und etwas Brühe darübergießen. Eine Kelle voll Brühe zum Verdünnen der Harissa verwenden und den Rest in eine getrennte Schale schütten. Couscous mit der zusätzlichen Brühe und der Harissa servieren.

Kuchen und Desserts

Marzipan-Mohn-Kuchen

Dieser leckere Kuchen passt gut zu einer Tasse Nachmittagstee. Das Marzipan harmoniert hier wunderbar mit dem mandelartigen Aroma des Mohns. In einer Blechdose aufbewahrt hält sich der Kuchen mehrere Tage.

ERGIBT EINEN 1 KG SCHWEREN KASTENKUCHEN

150 g Butter

120 g Zucker

3 Eier, getrennt

2 EL Rum

100 g Sauerrahm oder Kaffeesahne, mit 2 EL Zitronensaft verrührt

200 g Marzipan, 30 Minuten in das Gefriergerät gelegt, dann geraspelt

150 g Mehl

2 TL Backpulver

1 Prise Salz

60 g Mohn

Den Backofen auf 180° C vorheizen. Eine 1 kg Teig fassende Kastenform fetten und mit Backpapier auslegen. Butter und Zucker in einer Schüssel schaumig schlagen. Nacheinander die Eigelbe hinzufügen und sorgfältig unterrühren. Rum und Rahm untermischen, dann das Marzipan.

Mehl, Backpulver und Salz zusammen 2- bis 3-mal sieben. Den Mohn untermischen. Das Eiweiß schlagen, bis sich Spitzen bilden. Beiseitestellen. Mehl und Mohn unter die Buttermischung mengen, dann 2–3 EL Eischnee unterheben. Zuletzt den restlichen Eischnee mit einem großen Metalllöffel unterziehen.

Die Masse in die Form füllen und etwa 1 Stunde backen, bis ein in die Mitte geschobener Spieß beim Herausziehen noch sauber ist. Den Kuchen in der Form für 10 Minuten auf ein Kuchengitter stellen, dann herausheben und auf dem Kuchengitter vollständig auskühlen lassen.

Vanille-Eiscreme

FÜR 6 PERSONEN

450 ml Vollmilch

1 Vanilleschote, halbiert

4 Eigelb

150 g Zucker

150 g Sahne

Die Milch mit der Vanilleschote in einem schweren Topf aufsetzen und langsam aufkochen. Beiseitegestellt 20 Minuten ziehen lassen. Die Vanilleschote herausnehmen und das Mark in die Flüssigkeit schaben.

Eigelb mit Zucker schaumig rühren, bis es dickflüssig und blassgelb ist. Die Vanillemilch wieder langsam erhitzen und etwas davon mit dem Eigelb verrühren. Die Eiermischung in die Milch gießen und auf niedriger Stufe erhitzen. So lange rühren, bis die Masse dick genug ist, dass sie den Löffelrücken überzieht; das dauert einige Minuten. Nicht zum Kochen bringen. Den Topf vom Herd nehmen und weiterrühren, bis die Masse fast kalt ist. Die leicht geschlagene Sahne unterziehen. In einer Eismaschine zu Eis verarbeiten.

VARIATIONEN

Kardamom-Eis

Die Vanilleschote durch 8 leicht zerdrückte Kardamomsamen ersetzen. 30 Minuten ziehen lassen, abseihen und wie oben fortfahren.

Zimt-Eis

Die Vanilleschoten durch 1 EL fein gemahlenen Zimt ersetzen. Die Flüssigkeit braucht nicht zu ziehen. Wie oben weiterarbeiten.

Lavendel-Eis

Die Vanilleschote durch 3 EL frische Lavendelblüten ersetzen. 1 Stunde ziehen lassen. Kurz vor dem Einrühren der geschlagenen Sahne 1 EL fein gehackte Lavendelblüten zugeben.

Vanilleschoten

Gebackene Feigen mit Portwein und Zimt

Dies ist das richtige Rezept für nicht ganz reife Feigen. Die Gewürze kann man variieren: Ersetzen Sie etwa den Zimt durch die Samen von 4–5 Kardamomsamen oder 1 TL Lavendelblüten, den Portwein durch einen Muskat- oder anderen Dessertwein, den Sirup durch Orangensaft mit etwas Zucker.

FÜR 6 PERSONEN

60 g Zucker

6 EL Portwein

½ Zimtstange

12 Feigen

Den Ofen auf 200 °C vorheizen. 100 ml Wasser mit dem Zucker in einem kleinen Kochtopf erhitzen, bis der Zucker aufgelöst ist, dann den Sirup 3–4 Minuten köcheln lassen.

In eine ofenfeste Form, die gerade eine Lage Feigen fasst, den Sirup gießen. Den Portwein dazugeben. Den Zimt in zwei Teile brechen. Die Feigen in die Form setzen und den Zimt dazwischenstecken.

Je nach Reife der Feigen 20–30 Minuten backen. Die Feigen auf einer Platte anrichten. Den Sud in eine kleine Kasserolle gießen, etwas reduzieren und dann über die Feigen gießen. Sofort oder erst nach dem Erkalten servieren. Feste Pfirsiche und Nektarinen lassen sich ebenfalls gut backen.

Spekulatius

Spekulatius, der aus Belgien, Holland und Deutschland stammt, ist meist dünn und hart. Es handelt sich um ein klassisches Nikolausgebäck, dem traditionell durch einen Holz- oder Metallmodel ein Motiv aus der Nikolausgeschichte eingeprägt ist. Die typischen Spekulatiusgewürze sind Zimt, Muskatnuss, Piment, Gewürznelken und Kardamom. Mitunter wird auch Ingwer verwendet. Bei diesem Rezept ist der Spekulatius relativ dick.

ERGIBT JE NACH GRÖSSE 15–20 STÜCK

2 TL Zimt

1 große Prise gemahlenes Piment

¼ TL gemahlene Nelken

½ TL geriebene Muskatnuss

1 große Prise gemahlener Kardamom

200 g Mehl, mit 8 g Backpulver vermischt

125 g Butter

100 g Rohrohrzucker

Mandelblättchen (nach Belieben)

Alle Gewürze vermischen und unter das gesiebte Mehl rühren. Butter und Zucker nach und nach von Hand oder in einer Küchenmaschine vermischen. Nötigenfalls etwas Wasser hinzufügen, damit ein Teig entsteht. Den Teig auf die dünn bemehlte Arbeitsfläche setzen und 5 mm dick ausrollen. Den Backofen auf 180 °C vorheizen.

Mit einer Ausstechform den Teig ausstechen. Die Plätzchen auf ein mit Backpapier belegtes Blech setzen und, falls gewünscht, mit Mandelblättchen bestreuen. 15–20 Minuten backen, oder bis sie goldbraun sind. Auf einem Kuchengitter auskühlen lassen.

Gewürznelken

Register

Das Register ist in zwei Teile gegliedert: Triviale und wiss. Pflanzennamen (S. 328–332) und Rezepte sowie weitere Begriffe (S. 332–335)

E

F

G

H

I

J

K

Rezepte und Zubereitungen

Fett gedruckte Seitenzahlen beziehen sich auf Abbildungen

E

F

G

H

I

J

K

Über die Autorin

Jill Norman ist eine angesehene Autorin und Redakteurin mit einem breiten Wissens über Lebensmittel aus der ganzen Welt. In den 70er Jahren erstellte Sie die Essens- und Weinliste für Penguin Books. Dies führte nicht nur zu ausgiebigen Reisen, sondern auch zu einer Leidenschaft dafür, die Ursprünge von Kräutern und Gewürze und wie diese verwendet werden, zu entdecken. Sie ist eine international anerkannte Expertin für Kräuter und Gewürze. *The Complete Book of Spices* gewann mehrere Preise in Großbritannien und den USA, die erste Ausgabe von *Kräuter und Gewürze* wurde außerdem von der Gastronomischen Akademie Deutschlands e.V. ausgezeichnet. Alle Bücher der Autorin wurden in mehrere Sprachen übersetzt. Jill Norman war Herausgeberin der bekannten Kochbuchautorin Elizabeth David, heute ist sie außerdem Treuhänderin von Davids literarischem Nachlass.

Dank

Dank der Autorin

An erster Stelle danke ich meinem Mann, Paul Bareman. Er half mir nicht nur bei der Recherche und fertigte das Register an, er sprach mir auch stets Mut zu. Viele Freunde versorgten mich großzügig mit Informationen oder Anschauungsmaterial aus ihrem eigenen Umfeld oder Arbeitsgebiet. Ich danke hierfür Lynda Brown, Vic Cherikoff, Nevin Halıcı, Ian Hemphill, Richard Hosking, Philip Iddison, Aglaia Kremezi, Myung Sook Lee, Maricel Presilla, Diny Schouten, Maria José Sevilla, Margaret Shaida, David Thompson, Yong Suk Willendrup, Paula Wolfert und Sami Zubaida. William Penzey vom Spice House in Milwaukee ließ mir unzählige Gewürze und Informationen zukommen. Dr. P.S.S. Thampi vom Spices Board of India stellte hilfreiche Kontakte in Kerala her. Summa Navaratnam und N.M. Wickramasinghe beantworteten mir Fragen zur Produktion von Zimt, Patricia Raymond von Aust & Hachmann zu der von Vanille, die Handelsmissionen Ungarns und Spaniens zu Paprika und Pimentón. Sarah Wain von den West Dean Gardens führte mich durch ihre eindrucksvolle Sammlung von Chilis. Kevin Bateman von MSK besorgte Exemplare von Kashmir-Safran und Bourbon-Vanille. Chris Seagon von der Laurel Herb Farm besorgte Kräuter. Jason Stemm übersandte mir Statistiken der American Spice Trade Association, A.C. Whitely von der Royal Horticultural Society und Dr. Mark Nesbitt von den Royal Botanic Gardens in Kew halfen mir, Golpar zu identifizieren. Bei Dorling Kindersley konzipierte Mary-Clare Jerram als Lektorin mit ihrem Grafik-Team unter Carole Ash ein begeisterndes und ehrgeiziges Buch. Gillian Roberts erwies sich als vorbildlicher Verlagsleiter. Frank Ritter und Hugh Thompson redigierten das Buch mit Sorgfalt und konstruktiven Ideen. Toni Kay und Sara Robin sorgten für eine schöne, fantasievolle grafische Gestaltung und Dave King machte von allen Kräutern und Gewürzen lebendige, informative Fotos. Ihnen allen gilt mein Dank.

Aktualisierte Ausgabe 2016: Für die Neuausgabe war Herausgeberin Mary-Clare Jerram wieder einmal maßgeblich für die Koordination eines wunderbaren Teams verantwortlich. Dawn Henderson, Peggy Vance und Christine Keilty von DK London sowie Janashree Singha, Ivy Roy, Navidita Thapa und Alicia Ingty von DK Delhi waren durchweg konstruktiv, hilfreich und sehr geduldig. Mein wärmster Dank geht an sie.

Dank des Verlags

Dorling Kindersley möchte Marghie Gianni und Jo Gray für ihre Mithilfe bei der grafischen Gestaltung danken, Sarah Duncan für die Bildbeschaffung, Jo Harris für Recherche, Nancy Campbell für Recherche und Motivsuche für die Fotos, Jim Arbury für seine bildschöne Petersilienwurzel, Patty Penzey von The Spice House, Debbie Yakeley von Richters in Ontario, schließlich all jenen, die es uns in Florida ermöglichten, viele frische Kräuter und Gewürzpaprika zu fotografieren, als sie in England nicht zu bekommen waren – Linda Cunningham in Jacksonville und Maggie von Maggie's Herb Farm, Della und Tim Baldwin von Palm Valley Peppers und Paul Figura.

Bildnachweis

Wir danken folgenden Personen und Institutionen für die freundliche Abdruckgenehmigung ihrer Fotos.

o = oben, u = unten, M = Mitte; l = links, r = rechts

Photoarchiv Anthony Blake Sue Atkinson 75ur; Martin Brigdale 193r; Graham Kirk 212; Andrew Pini 75ul.

Jacques Boulay 151ur; 180–181

Corbis Jonathan Blair 44ul; Chris Bland 45ol; Michael Busselle 75or; Dean Conger 192u, 193ul; Ric Ergenbright 180ul; Owen Franken 74u, 151or, 232ol, 233ol, 233or; Michael Freeman 150–151u; Lindsay Hebberd 232–233; Chris Hellier 45or, 150ul; Dave G Houser 212Ml; Earl & Nazima Kowall 181ol; Gail Mooney 213ol; Caroline Penn 181or; Kevin Schafer 150o.

Flowerphotos Barbara Gray 192ol

Garden Picture Library David Cavagnaro 74–75; Brigitte Thomas 151ol; Michel Viard 213or; 213ur, 232or.

Oxford Scientific Films Deni Bown 193ol; Alain Christof 44–45; Bob Gibbons 213ul; TC Nature 233ur.

Das Dorling Kindersley Bildarchiv umfasst über 2,5 Millionen Bilder, u.a. zu den Bereichen Reise, Nahrungsmittel und Getränke. Weitere Informationen erhalten Sie unter **www.dkimages.com**